insel taschenbuch 4454
Herbert Schnierle-Lutz
Auf den Spuren von Hermann Hesse

Herbert Schnierle-Lutz

# Auf den Spuren von Hermann Hesse

Calw, Maulbronn,
Tübingen, Basel, Gaienhofen,
Bern und Montagnola

Insel Verlag

*Auf den Spuren von Hermann Hesse* ist die überarbeitete und aktualisierte Neuausgabe des 1997 erstmals im insel taschenbuch unter dem Titel *Hermann Hesse – Schauplätze seines Lebens* erschienenen Bandes.

Erste Auflage 2017
insel taschenbuch 4454
Originalausgabe
© Insel Verlag Berlin 2017
Alle Rechte vorbehalten, insbesondere das der
Übersetzung, des öffentlichen Vortrags sowie der
Übertragung durch Rundfunk und Fernsehen,
auch einzelner Teile.
Kein Teil des Werkes darf in irgendeiner Form
(durch Fotografie, Mikrofilm oder andere Verfahren)
ohne schriftliche Genehmigung des Verlages reproduziert
oder unter Verwendung elektronischer Systeme
verarbeitet, vervielfältigt oder verbreitet werden.
Vertrieb durch den Suhrkamp Taschenbuch Verlag
Umschlagabbildungen: Hermann Hesse im April 1937
(Vordergrund, © Martin Hesse); Hermann Hesse, *Cortivallo*, 1923
(Hintergrund, © Hermann Hesse-Editionsarchiv,
Dr. Volker Michels, Offenbach/Main)
Umschlaggestaltung: Schimmelpenninck. Gestaltung, Berlin
Satz: Satz-Offizin Hümmer GmbH, Waldbüttelbrunn
Druck: CPI – Ebner & Spiegel, Ulm
Printed in Germany
ISBN 978-3-458-36154-1

# Inhalt

Vorwort .................................... 9

## *Calw: Geburts- und Heimatstadt Hermann Hesses und das »Gerbersau« seiner Erzählungen*

Hermann Hesses Calwer Zeit 1877-1881 und 1886-1895    15
»Hermann-Hesse-Stadt Calw« ..................... 40
Ankunft in Calw auf den Spuren Hesses ............. 44
Rundgang auf Hesses Spuren durch Calw ........... 47
Weitere Gänge in Calw auf Hermann Hesses Spuren .. 127
Wanderungen nach Hirsau, Zavelstein und Teinach ... 142

## *Maulbronn: Grenzstation zwischen Kindheit und Erwachsenwerden*

Hermann Hesses Maulbronner Zeit 1891/92 ......... 155
Ankunft in Maulbronn und Rundgang durch das Kloster ....................................... 177
Spaziergang zu Hesses Lieblingssee, dem Hohenacker See ........................................ 205

## *Tübingen: Erste Schritte auf dem Weg zur Selbstständigkeit*

Hermann Hesses Tübinger Zeit 1895-1899 ........... 211
Rundgang durch Tübingen auf Hesses Spuren ....... 224
Auf den Spuren des Pressel'schen Gartenhauses ...... 240

## *Basel: Kinderheimat und Ort der künstlerischen Reifung*

Hermann Hesses erste Basler Zeit 1881-1886 ......... 245
Hermann Hesses zweite Basler Zeit 1899-1904 ....... 255
Auf Hermann Hesses Spuren durch Basel ........... 266

## Gaienhofen: Etablierung als Schriftsteller und Familienvater
Hermann Hesses Gaienhofener Zeit 1904-1912 ....... 325
Anreise nach Gaienhofen ........................ 336
Rundgang durch Gaienhofen auf Hesses Spuren ..... 338

## Bern: Zeit der Krise und der Entscheidung für das Künstlertum
Hermann Hesses Berner Zeit 1912-1919 ............. 367
Rundgang durch Bern und Gang zum Melchenbühlweg 380
Das Haus am Melchenbühlweg 26 ................. 387
Schloss Bremgarten und Landhaus ›Lohn‹ in Kehrsatz . 392

## Montagnola: Fluchtpunkt, Wahlheimat und Ort der endgültigen künstlerischen Entfaltung
Hesses Zeit in Montagnola 1919-1962 ............... 395
Anfahrt nach Montagnola ........................ 413
Hermann Hesses Grab auf dem Friedhof von Sant' Abbondio ........................................ 416
Rundgang durch Montagnola auf Hermann Hesses Spuren ........................................ 420
Spaziergänge in der Umgebung von Montagnola ..... 448
Auf den Spuren Klingsors von Montagnola nach Carona 456
Von Carona zur Wallfahrtskirche Madonna d'Ongero . 478

Literaturverzeichnis ............................ 489
Abbildungsverzeichnis .......................... 493

*»Letzten Endes muss alle Kunst, und namentlich die Dichtung, ihre Daseinsberechtigung daran erweisen, dass sie nicht nur Vergnügen macht, sondern auch direkt ins Leben wirkt, als Trost, als Klärung, als Mahnung, als Hilfe und Stärkung beim Bestehen des Lebens und beim Überwinden des Schweren.«*
Hermann Hesse im März 1961 in einem Brief


*»Mir das Leben leicht und bequem zu machen, habe ich leider niemals verstanden. Eine Kunst aber ist mir immer zu Gebote gestanden: die Kunst, schön zu wohnen.«*
Hermann Hesse 1954 in *Dank ans Tessin*

# Vorwort

Das faszinierende Leben und Werk des Schriftstellers Hermann Hesse weckt auch heute noch, über ein halbes Jahrhundert nach seinem Tod, das Interesse vieler Leserinnen und Leser. Der vorliegende Band will für dieses Interesse zweierlei zur Verfügung stellen: zum einen eine kompakte Biografie, die den Lebensweg Hermann Hesses übersichtlich und mit zahlreichen Originalzitaten vermittelt, und zum anderen einen Reiseführer, mit dem an die Lebensorte des Dichters gereist werden kann, um sein Leben und Werk dort noch intensiver nachvollziehen zu können – wobei diese Reise gegebenenfalls auch daheim im Lesesessel vonstattengehen kann.

Hermann Hesse hat stets aus seiner eigenen Biografie heraus geschrieben, und entsprechend stehen hinter vielen Schauplätzen seiner Werke die Schauplätze seines Lebens, die sich oft noch vor Ort auffinden lassen.

Das Hauptthema seiner Werke ist der Lebensweg und die Lebensgestaltung – ein Thema, das sich beim Lesen vielfältig verknüpft mit der Biografie des Lesers und dadurch erhellende Reflexionen des eigenen Lebens in Gang setzen kann. Hierdurch hat sich um Hermann Hesse eine der größten Lesergemeinden der Neuzeit gebildet. Sein Werk ist rund um den Globus in nahezu 70 Sprachen mit über 150 Millionen Büchern verbreitet.

Unzählige Leser haben den Erkenntniswert, der in Hesses Werk steckt, dankbar wahrgenommen, und Schriftstellerkollegen haben diesen Sachverhalt ebenfalls gewürdigt; so schrieb z. B. Luise Rinser 1947 dazu:

*»Alles was Hesse schrieb, ist ein Spiegel seines eigenen Lebens. Alles ist Bekenntnis. Die Beschränkung auf Selbstdarstellung und Bekenntnis kann manchem als Mangel erscheinen. Aber der Mangel ist zugleich höchster Vorzug, denn nichts in seinem Werk ist bloß ›Literatur‹; nirgendwo ist etwas Oberflächliches, eitel und spielerisch Hinzuerzähltes. Alles, was er sagt, trägt das Zeichen der Wahrheit, des eigenen Erlebens, trägt den Glanz von schwer erkauftem Glück und die Spuren von Tränen, schlaflosen Nächten und heftigen Auseinandersetzungen mit den Schwierigkeiten seines eigenen Wesens und mit den Fragen und dem Schicksal der Zeit.«*
Aus: Hermann Hesse im Urteil seiner Zeitgenossen,
Edition Isele 1996, S. 25

Der Schriftsteller Gerhard Roth bekannte 1993:

*»Ich las Hesse jedes Mal, wenn etwas umstürzte in mir. Hesse gibt Antworten auf die religiösen Zweifel, Sehnsüchte und geheimen Gedanken. Er hatte einen hellen Verstand, ein waches Auge und sah weit in die Zukunft, bis in die Mitte des menschlichen Herzens.«*
Aus: Hermann Hesse im Urteil seiner Zeitgenossen,
a. a. O., S. 67

Und der Schriftsteller Michael Kleeberg bestätigte 2012 anlässlich von Hermann Hesses 50. Todestag dessen weiterbestehende Wirkung:

*»Hermann Hesses gesamtes Werk war beständige Selbstanalyse, Spiegelung und Prüfung der eigenen Lebenssituation, Glasperlenspiel auf dem Thema der biografischen Konstellation und magisches Theater seiner individuellen Entwicklung. Und so*

*wird es auch immer Leser geben, die auf jeder Lebensstufe von der Dynamik zwischen Ich und Welt in seinem Werk profitieren.«*

Aus: Michael Kleeberg: Ist das Zen? In: Frankfurter Allgemeine Sonntagszeitung, 18. März 2012

Sein Werk vermag also ein verlässlicher Begleiter auf dem gesamten Lebensweg zu sein. *Unterm Rad* und *Demian* sind Bücher des Werdens aus den jugendlichen Krisen heraus; *Siddhartha* und *Der Steppenwolf* thematisieren die Gestaltung des Erwachsenenlebens; und *Das Glasperlenspiel* ist ein Erziehungsroman und eine Lebensutopie, entworfen aus dem gesammelten Wissensschatz des fortgeschrittenen Alters heraus.

Wer an die Orte reist, an denen Hermann Hesse gelebt hat, wird bestätigen können, dass er »*die Kunst, schön zu wohnen*« außergewöhnlich gut beherrscht hat. Auch ohne den literarischen Bezug wären diese Orte alle eine Reise wert:

Da ist zunächst die schöne Fachwerkstadt *Calw* mit ihren Gassen, Plätzen und Winkeln, am Rande des Nordschwarzwaldes in das idyllische Nagoldtal eingebettet, in der Hermann Hesse 1877 geboren wurde und einen großen Teil seiner Kindheit und Jugend erlebte und dessen Kleinstadtleben er später in seinen *Gerbersauer Erzählungen* umfassend und nuancenreich schilderte.

*Maulbronn*, wo er einen Teil seiner Schulausbildung erhielt und dabei Dramatisches erlebte, ist mit seiner zum UNESCO-Weltkulturerbe beförderten Klosterstadt sicherlich einer der Höhepunkte bei jeder Kulturreise durch Deutschland.

*Tübingen*, die auf einem Bergrücken überm Neckartal erbaute altehrwürdige Universitätsstadt, in der Hermann Hesse seine Buchhändlerausbildung absolvierte und seine ersten Bücher schrieb, gehört zweifellos ebenfalls zu den ebenso pittoresken wie quicklebendigen Schätzen Deutschlands.

*Basel*, das Hermann Hesse zwischen seinem vierten und neunten Lebensjahr kennenlernte und in dem er später als Buchhändler arbeitete und seine Schriftstellerkarriere mit seinem Erstlingsroman *Peter Camenzind* startete, hat mit seiner in das Rheinknie gebauten traditionsreichen Stadt und seinen zahlreichen Museen viel zu bieten.

*Gaienhofen*, auf der Halbinsel Höri am Untersee des Bodensees gelegen, verzaubert nicht nur durch die Landschaft und durch den nach Süden über den See gehenden Blick in Richtung Alpen, sondern auch durch die Kulturlandschaft, die sich in den letzten 120 Jahren gebildet hat, indem hier nicht nur Hermann Hesse »*seine erste legitime Werkstatt*« als Schriftsteller aufbaute, sondern auch zahlreiche andere Künstler.

*Bern*, wohin Hermann Hesse mit seiner Familie danach zog, muss man unbedingt auch einmal gesehen haben – diese hoch über der schäumenden Aare erbaute Hauptstadt der Schweizer mit ihren stolzen Bürgerhäusern und brunnengeschmückten Gassen.

Und *Montagnola*, hoch über Lugano auf der Collina d'Oro gelegen, dem »goldenen Hügel«, der als Halbinsel vom Luganer See umgeben ist, kommt dem Ideal einer südlichen Landschaft sehr nahe, auch wenn der Reichtum Luganos in den letzten Jahrzehnten zu baulichen Eingriffen in die Landschaft und Architektur geführt hat, die dieser nicht immer zuträglich sind.

Die Kapitel des vorliegenden Bandes orientieren sich an den oben genannten Lebensorten entlang von Hermann Hesses Lebensweg. Alle Kapitel haben einen identischen Aufbau:

Im ersten Teil wird ein Überblick über die biografischen Geschehnisse am jeweiligen Ort vermittelt, bevor im zweiten Teil Informationen zur Anreise an den Ort gegeben werden und im dritten Teil ein ausführlicher Rundgang auf Hermann Hesses Spuren beschrieben wird, der an alle Schauplätze führt, die sich mit dem Leben und Werk in irgendeiner Weise verbinden, wobei dies mit Zitaten Hesses belegt und veranschaulicht wird. Hinweise zu Museen und Sehenswürdigkeiten runden die Information ab.

Biografie, Literatur, Kultur, Stadt- und Landschaftserkundung verbinden sich solchermaßen zu einem Erlebnis, von dem der Verfasser wünscht, dass es Hermann Hesses Forderung gerecht wird:

*»Reisen sollte stets Erleben bedeuten, und etwas Wertvolles erleben kann man nur in Umgebungen, zu welchen man eine seelische Beziehung hat.«*

Im Frühjahr 2017
*Herbert Schnierle-Lutz*

# Calw:

## Geburts- und Heimatstadt Hermann Hesses und das »Gerbersau« seiner Erzählungen

### Hermann Hesses Calwer Zeit
### 1877-1881 und 1886-1895

»Zwischen Bremen und Neapel, zwischen Wien und Singapore habe ich manche hübsche Stadt gesehen, Städte am Meer und Städte hoch auf Bergen, und aus manchem Brunnen habe ich als Pilger einen Trunk getan, aus dem mir später das süße Gift des Heimwehs wurde.

Die schönste Stadt von allen aber, die ich kenne, ist Calw an der Nagold, ein kleines, altes, schwäbisches Schwarzwaldstädtchen. Wenn ich jetzt etwa wieder einmal nach Calw komme, dann gehe ich langsam vom Bahnhof hin abwärts, an der katholischen Kirche, am Adler und am Waldhorn vorbei und durch die Bischofstraße an der Nagold hin bis zum Weinsteg oder auch bis zum Brühl, dann über den Fluss und durch die untere Ledergasse, durch eine der steilen Seitengassen zum Marktplatz hinauf, an den zwei mächtigen alten Brunnen vorbei, unter der Halle des Rathauses durch, tue auch einen Blick hinauf gegen die alten Gebäude der Lateinschule, höre im Garten des Kannenwirts die Hühner gackern, wende mich wieder abwärts, am Hirschen und Rössle vorüber, und bleibe dann lang auf der Brücke stehen. Das ist mir der liebste Platz im Städtchen, der Domplatz von Florenz ist mir nichts dagegen.

Wenn ich nun von der schönen steinernen Brücke aus dem Fluss nachblicke, hinab und hinauf, dann sehe ich Häuser, von denen ich nicht weiß, wer in ihnen wohnt. Und wenn aus einem der Häuser ein hübsches Mädchen blickt (die es in Calw stets gegeben hat), dann weiß ich nicht, wie sie heißt.

Aber vor dreißig Jahren, da saß hinter all diesen vielen Fenstern kein Mädchen und kein Mann, keine alte Frau, kein Hund und keine Katze, die ich nicht gekannt hätte. Über die Brücke lief kein Wagen und trabte kein Gaul, von dem ich nicht wusste, wem er gehöre. Und so kannte ich alles, die vielen Schulbuben und ihre Spiele und Spottnamen, die Bäckerläden und ihre Ware, die Metzger und ihre Hunde, die Bäume und die Maikäfer und Vögel und Nester darauf, die Stachelbeersorten in den Gärten.

Daher hat die Stadt Calw diese merkwürdige Schönheit. Zu beschreiben brauche ich sie nicht, das steht in fast allen Büchern, die ich geschrieben habe. Ich hätte sie nicht zu schreiben brauchen, wenn ich in diesem schönen Calw sitzen geblieben wäre. Das war mir nicht bestimmt.

Aber wenn ich jetzt (wie es bis zum Krieg alle paar Jahre einmal geschah) wieder eine Viertelstunde auf der Brückenbrüstung sitze, über die ich als Knabe tausend Mal meine Angelschnur hinabhängen hatte, dann fühle ich tief und mit einer wunderlichen Ergriffenheit, wie schön und merkwürdig dies Erlebnis für mich war: einmal eine Heimat gehabt zu haben! Einmal an einem kleinen Ort der Erde alle Häuser und ihre Fenster und alle Leute dahinter gekannt zu haben! Einmal an einen bestimmten Ort dieser Erde gebunden gewesen zu sein, wie der Baum mit Wurzeln und Leben an seinen Ort gebunden ist.

Wenn ich ein Baum wäre, stünde ich noch dort. So aber kann ich nicht wünschen, das Gewesene zu erneuern. Ich tue das in meinem Träumen und Dichten zuweilen, ohne es in der Wirklichkeit tun zu wollen.

Jetzt habe ich hie und da eine Nacht Heimweh nach Calw.

*Wohnte ich aber dort, so hätte ich jede Stunde des Tags und in der Nacht Heimweh nach der schönen alten Zeit, die vor dreißig Jahren war und die längst unter den Bogen der alten Brücke hinweggeronnen ist. Das wäre nicht gut. Schritte, die man getan hat, und Tode, die man gestorben ist, soll man nicht bereuen.*

*Man darf nur zuweilen einen Blick dort hineintun, durch die Ledergasse schlendern, und eine Viertelstunde auf der Brücke stehen, sei es auch nur im Traum, und auch das nicht allzu oft.«*

Hermann Hesse: Heimat, Erinnerung (1918), SW 12, S. 76 f.

So lautet die schönste Liebeserklärung Hermann Hesses, die er 1918 im Rückblick dem Ort seiner Kindheit und Jugend gemacht hat, dem am Rande des Nordschwarzwaldes gelegenen Calw, das zu jener Zeit ein Oberamtsstädtchen mit gerade mal 4500 Einwohnern war.

Hier wurde er am 2. Juli 1877 geboren. Hier verbrachte er die ersten vier Jahre seiner Kindheit und – nach einer Unterbrechung von fünf Jahren, die er mit seiner Familie in Basel lebte (siehe Kapitel Basel, S. 245 ff.) – auch die prägenden Schüler- und Lausbubenjahre zwischen dem 9. und 13. Lebensjahr sowie die zwei Jahre der Krise und beruflichen Orientierung zwischen dem 16. und 18. Lebensjahr, die an die Zeit seiner auswärtigen Schulausbildung in Göppingen, Maulbronn und Cannstatt anschlossen.

Calw spielt in Hermann Hesses Leben und Werk eine bedeutendere Rolle als jeder andere Ort, an dem er im Laufe seiner 85 Lebensjahre gelebt hat. Vor allem diente ihm das Städtchen als Schauplatz für die Romane *Unterm Rad* und *Demian* sowie für die Geschichten um den Vagabunden *Knulp* und die rund zwei Dutzend *Gerbersauer Erzählungen*,

*Calw um die Mitte des 19. Jahrhunderts*

in denen er seiner Heimatstadt den poetischen Namen »*Gerbersau*« – die Aue der Gerber – gab, nach den Gerbern, die damals noch am Ufer des Flüsschens Nagold ihrem Handwerk nachgingen, und auch in Anspielung auf den berühmten benachbarten Klosterort Hirsau.

Über seine besondere Verbundenheit mit Calw hat Hermann Hesse einmal geschrieben:

»*Nie mehr ist eine andere Stadt in den Ländern, in denen ich seither gewohnt habe und gereist bin, mir so bekannt geworden; noch immer ist die Vaterstadt für mich Vorbild, Urbild der Stadt, und die Gassen, Häuser, Menschen und Geschichten dort Vorbild und Urbild aller Menschenheimaten und Menschengeschicke.*«
Hermann Hesse: Erlebnis in der Knabenzeit, SW 6, S. 52

Calw war ihm das Vorbild für das Städtchen, in dem sein Hans Giebenrath im Roman *Unterm Rad* eine glückliche Jugend erlebt, dann in ehrgeizige Pläne der Erwachsenen verstrickt wird und schließlich tragisch scheitert. Hier geht der zarte Knabe Emil Sinclair im Roman *Demian* zur Schule und wird von dem Gassenjungen Franz Kromer zu Schutzgeldzahlungen erpresst, bevor ihn der geheimnisvolle Max Demian unter seinen Schutz nimmt. Und hier ruht sich zu Zeiten der Vagabund *Knulp* in den gleichnamigen Erzählungen für ein paar Tage von seinem unsteten Wanderleben aus und kokettiert mit bürgerlicher Sesshaftigkeit, bis es ihn wieder hinaus in die Ferne zieht. Mit den *Gerbersauer Erzählungen* hat Hermann Hesse ein Werk geschaffen, in dem der ganze Kosmos einer schwäbischen Kleinstadt gegen Ende des 19. Jahrhunderts lebendig wird. Keine andere Stadt vergleichbarer Größe ist von einem Schriftsteller von Rang so umfassend porträtiert worden. Der Erzählzyklus hat dadurch nicht nur literarische, sondern auch kulturgeschichtliche Bedeutung.

Hermann Hesses Familie gehörte nicht zu den alteingesessenen Calwer Familien. Sein Vater wurde 1847 als Sohn einer deutsch-baltischen Arztfamilie in Estland in Weißenstein

*Calwer Marktplatz gegen Ende des 19. Jahrhunderts mit Hermann Hesses Geburtshaus (viertes von links)*

(estnisch: Paide) geboren. Seine Mutter kam 1842 in der zur Basler Mission gehörenden Missionsstation Talatscheri (heute: Talasseri) an der Westküste Indiens zur Welt; deren Mutter stammte aus Corcelles in der französischen Schweiz, während ihr Vater, der Missionar Hermann Gundert, in Stuttgart aufgewachsen war.

Mit Calw kam die Familie erst 1860 in Berührung. In diesem Jahr zog Marie Gundert, die spätere Mutter Hermann Hesses, mit ihren Eltern und den drei jüngsten ihrer fünf Brüder nach Calw. Ihr Vater hatte die Arbeit in Indien wegen einer schweren Ruhrerkrankung aufgeben müssen und war nun von der Basler Mission nach Calw delegiert worden, um hier die Leitung des Calwer Verlagsvereins zu übernehmen, der christliche Bücher und Traktate für die evangelisch-pietistische Missionsarbeit verlegte (siehe hierzu S. 51 ff.).

Hier lernte Marie Gundert zunächst ihren ersten Ehemann, den 25-jährigen Missionar Charles W. Isenberg, kennen, mit dem sie 1865 in die am Indus gelegene Missionsstation Haiderabad übersiedelte und zwei Söhne bekam, der aber bereits 1869 wegen einer schweren Lungenerkrankung nach Deutschland zurückmusste. Sie lebten noch ein halbes Jahr in Stuttgart zusammen, dann starb er, und die 28-jährige Witwe zog 1870 mit ihren Söhnen, dem einjährigen Karl und dem vierjährigen Theodor, zu den Eltern nach Calw. Dort half sie dem Vater bei der Verlagsarbeit, und außerdem arbeitete sie von Juni 1871 bis Juli 1872 als Lehrerin für Englisch an der örtlichen Knaben-Realschule – übrigens als erste weibliche Lehrkraft im höheren württembergischen Schuldienst, was nicht geringes Aufsehen erregte, da man misstrauisch war, ob eine Frau ältere Schüler in Zucht und Ordnung zu halten vermöge, was sie aber dann ohne Beanstandung meisterte.

Im Jahr 1873 schickte die Basler Mission einen jungen Missionar namens Johannes Hesse, der die Missionsarbeit in Indien wegen gesundheitlicher Probleme aufgeben hatte müssen, als Gehilfen für den Verlagsverein nach Calw. Dieser hielt 1874 um die Hand Marie Gundert-Isenbergs an und heiratete sie gegen Ende desselben Jahres. Unmittelbar nach der Hochzeit zog das Paar in die Wohnung am Marktplatz, in der Hermann Hesse dann am 2. Juli 1877 als zweites Kind aus dieser Ehe geboren wird (siehe hierzu Station 6 beim Rundgang durch Calw: Geburtshaus, S. 83f.). Bereits 1875 ist hier seine ältere Schwester Adele (1975-1949) zur Welt gekommen; zwei weitere Geschwister, Paul und Gertrud, sterben 1878 bzw. 1879 wenige Wochen nach der Geburt; 1880 wird seine jüngere Schwester Marie (1880-1953) geboren, die »Marulla« (baltendeutsch für »Mariechen«) gerufen wird.

Hermann Hesse ist von klein auf ein lebhaftes Kind mit

ganz eigenem Willen. Ein Jahr nach der Geburt notiert die Mutter z. B. in ihrem Tagebuch:

*»Hermännle klettert verwegen auf Trippel, Bänkchen und Tischchen herum und gibt den Engelein Arbeit, ihn zu hüten, denn mir ist er zu flink und mächtig.«* Über den Dreijährigen notiert sie: *»Hermännle ist unbeschreiblich lebhaft und intelligent, dabei leidet er an großer Heftigkeit.«*
Marie Hesse: Ein Lebensbild, S. 163 bzw. 169

Kurz vor Hermann Hesses viertem Geburtstag übersiedelt die Familie im April 1881 von Calw nach Basel. Vater Johannes Hesse ist von der Basler Mission berufen worden, im Missionshaus das Missionsmagazin herauszugeben und an der Missionsschule zukünftige Missionare in Missionsgeschichte und Missionslehre zu unterrichten. Die Eltern Hesse folgen diesem Ruf in die größere Stadt nicht ungern, da sie sich im kleinstädtischen Calw unter lauter Schwaben als »Zugereiste« immer etwas beengt gefühlt haben. (Hermann Hesse berichtet später einmal, dass zu seiner Jugendzeit bei den alteingesessenen Calwern noch die Enkel von Zugezogenen als »Zugereiste« oder schwäbisch ausgedrückt »Reingeschmeckte« gegolten hätten.) Zudem finden die Hesses im Umkreis der Missionszentrale, die Anlaufstelle für Missionare aus aller Welt ist, natürlich einen anregenden Kreis Gleichgesinnter.

Die Geschehnisse in Basel sind im Kapitel »Hermann Hesses erste Basler Zeit 1881-1886« ausführlich geschildert (siehe S. 245 ff.); deshalb seien hier nur die wichtigsten biografischen Ereignisse genannt: 1882 kommt der jüngere Bruder Hans (1882-1935) zur Welt. Zu dieser Zeit besucht Hermann die Kinderschulklasse im Knabenhaus der Mission,

*Hermann Hesse im Juli 1880 im Alter von drei Jahren*

die eine Art Vorschule ist. 1883 erwirbt die Familie, die durch die Herkunft des Vaters aus dem zum Zarenreich gehörenden Baltikum noch russische Pässe besitzt, die schweizerische Staatsangehörigkeit, nachdem sie die deutsche verweigert bekommen hat, da sie in Basel im Ausland wohnt. Vom 21. Januar bis zum 5. Juni 1884 wird Hermann ganz im Knabenhaus der Mission untergebracht und darf die Familie nur am Sonntag besuchen. Es sind zunehmende Erziehungsschwierigkeiten, welche die Eltern zu diesem drastischen Schritt veranlassen (siehe hierzu im Basel-Kapitel S. 250 ff.). Es bricht hier zwischen dem Sohn und den Eltern ein Konflikt aus, der für das weitere Leben Hermann Hesses weitreichende Konsequenzen haben wird. Hermann beginnt sich gegen die religiöse Weltanschauung der Eltern und die daraus abgeleitete Erziehung aufzulehnen. Die Eltern stehen ganz in der Nachfolge des protestantischen Pietismus, der die irdische Existenz als eine fortwährende Bewährungsprobe für die Erlangung der »ewigen Seligkeit im Reich Gottes« betrachtet. Entsprechend ist ihre Erziehung angelegt. Hermann Hesse wird darüber als 60-Jähriger im Rückblick schreiben:

*»Übrigens war auch mir meine Erziehung nicht leicht und sanft erschienen, trotz der unerschöpflichen Liebeskraft der Mutter und dem ritterlichen, delikaten und zarten Wesen des Vaters. Streng und hart waren nicht sie, sondern das Prinzip. Es war das pietistisch-christliche Prinzip, dass des Menschen Wille von Natur und Grund aus böse sei, und dass dieser Wille also erst gebrochen werden müsse, ehe der Mensch in Gottes Liebe und in der christlichen Gemeinschaft das Heil erlangen könne. So wurden wir – denn unsere Eltern liebten uns sehr und waren beide nichts weniger als hart – zwar nicht spartanisch erzogen und wurden weniger oft und weniger schwer gezüchtigt als viele unsrer Schulkameraden, deren Väter weder Christen waren noch Ideale hatten, jedoch mit Prügeln und Einsperren schnell bei der Hand waren; aber wir lebten unter einem strengen Gesetz, das vom jugendlichen Menschen, seinen natürlichen Neigungen, Anlagen und Bedürfnissen und Entwicklungen sehr misstrauisch dachte und unsre angeborenen Gaben, Talente und Besonderheiten keineswegs zu fördern oder gar ihnen zu schmeicheln bereit war.«*
Hermann Hesse: Erinnerung an Hans, SW 12, S. 343

Dem Kind, das noch nicht weiß, was für es gut ist, zu seinem Heile »den Willen zu brechen« und es so zur Unterordnung unter den göttlichen Willen zu bringen, ist ein Kernstück der pietistischen Pädagogik. Hermann Hesse wehrt sich gegen dieses Erziehungsprogramm von Anfang an. Er lässt sich nicht »brechen«, aber er wird durch die Versuche tief verletzt. Hierin ist auch eine Wurzel zu sehen für die dramatischen und unglücklichen Geschehnisse, die ihn im Verlauf der Pubertät aus dem Gleis und an den Rand des Abgrunds bringen werden und lebenslang nachwirken. Wohin diese Pädagogik führen kann, hat Hermann Hesse in seinem Roman *Der Steppenwolf* veranschaulicht, in dem es über den menschenscheuen Einzelgänger Harry Haller, der im Ansatz eines der vielen Spiegelbilder Hermann Hesses in seinem Werk ist, heißt:

*»Hier muss ich eine psychologische Anmerkung einfügen. Obgleich ich über das Leben des Steppenwolfs sehr wenig weiß, habe ich doch allen Grund zu vermuten, dass er von liebevollen, aber strengen und sehr frommen Eltern und Lehrern in jenem Sinne erzogen wurde, der das ›Brechen des Willens‹ zur Grundlage der Erziehung macht. Dieses Vernichten der Persönlichkeit und Brechen des Willens nun war bei diesem Schüler nicht gelungen, dazu war er viel zu stark und hart, viel zu stolz und geistig. Statt seine Persönlichkeit zu vernichten, war es nur gelungen, ihn sich selbst hassen zu lehren.«*
Hermann Hesse: Der Steppenwolf, Roman, SW 4, S. 14

1886 zieht die Familie Hesse wieder von Basel nach Calw zurück. Der mittlerweile 72-jährige und seit kurzem verwitwete Großvater Hermann Gundert hat die Basler Mission gebeten, ihm seinen Schwiegersohn wieder als Assistenten und Nachfolger im Calwer Verlagsverein zur Verfügung zu stellen. Die Mission gibt diesem Wunsch statt, und die Eltern Hesse fügen sich, was ihnen nicht leichtfällt, da sie sich in Basel wohlfühlen, wie das Tagebuch der Mutter zeigt.

Der nun neunjährige Hermann findet in Calw zunächst aber eine wirkliche Jugendheimat. Rasch ist er an den Ufern der Nagold, in den verwinkelten Gassen und den umliegenden Waldbergen zu Hause. Die folgenden drei Jahre gehören wohl zu den glücklichsten und unbeschwertesten seines Lebens. Die darin eingebetteten Erlebnisse und Abenteuer hat er an zahlreichen Stellen seines Werkes geschildert; z. B. in der Erzählung *Ein Knabenstreich*, in der er erzählt, wie er zusammen mit den anderen Lausbuben in der Stadt einen kauzigen Krämer neckt; oder in der Erinnerung *Floßfahrt*, in der er gegen den Willen der Eltern unternommene Fahrten auf Nagoldflößen beschreibt (siehe S. 73 ff.); oder in der Erzählung *Der Kavalier auf dem Eise*, in der er von seinen ersten schüchternen Annäherungsversuchen an das andere Geschlecht erzählt. – Wohl besonders auf diese Jahre bezieht sich Hermann Hesses Vision von der Jugend als »*Urheimat des Menschen*«. »*Wo wir Kinder gewesen sind und die ersten Bilder von Welt und Menschen empfangen haben, da ist unsere Heimat*«, schrieb er 1947 in seinem Dankbrief an die Stadt Calw für die Verleihung der Ehrenbürgerwürde. Dieser Begriff von Heimat zieht sich durch sein gesamtes Lebenswerk hindurch.

Natürlich sind aber auch diese Jahre nicht völlig ungetrübt. Die Eltern versuchen dem Lausbubenleben, wo immer es geht, Schranken zu setzen, und natürlich gibt es eine Tracht Prügel, Stubenarrest oder Liebesentzug, wenn die Bubenstreiche allzu deftig ausfallen. Und es gibt auch ernsthafte, tiefgehende Konflikte; einen schildert Hermann Hesse z. B. in seiner bedeutenden Erzählung *Kinderseele* (siehe hierzu S. 135 f.).

Die Lausbubenzeit geht 1889 zu Ende, als die Familie beschließt, Hermann für das Württembergische Landexamen vorbereiten zu lassen, dessen Absolvierung eine kostenlose

*Hermann Hesse (links) 1889 mit seinen Eltern und Geschwistern*

Schulausbildung am Maulbronner Seminar mit anschließendem Studium am Tübinger Evangelischen Stift eröffnet. Dahinter steht der Wunsch der Eltern, dass Hermann Pfarrer werden soll. Zur Vorbereitung wird er, der bislang mit der

Schule wenig Schwierigkeiten gehabt hat, einer strengeren Disziplin unterworfen. Zusätzlich zum Pensum der Calwer »Lateinschule«, eines Reallyceums, auf das er seit 1886 geht, unterrichtet ihn der Vater in Latein und Griechisch, und ein Lehrer gibt ihm Privatstunden in den anderen Fächern. Der Einbruch in die Kinderwelt, den diese Unterwerfung des Knaben unter die Vorstellungen und Anforderungen der Erwachsenen bedeutet, spiegelt sich drastisch in Hesses 1905 erscheinendem Roman *Unterm Rad*, in dem der damit verbundene Schulstress ebenso wie die Trauer über die verlorene Welt der Kindheit eindrücklich geschildert wird.

Von Februar 1890 bis Juli 1891 wird Hermann Hesse zur Absicherung des Erfolgs bei der Landexamensprüfung sogar in eine Schülerpension in das 80 km von Calw entfernte Göppingen gegeben, damit er die dortige Lateinschule besuchen kann, deren Rektor als besonders befähigt für die Vorbereitung gilt. Hermann Hesse berichtet im Rückblick über die Umstände, die dazu führten:

*»Es geschah dies zum Teil aus erzieherischen Gründen, denn ich war damals ein schwieriger und sehr unartiger Sohn geworden, und die Eltern wurden nicht mehr fertig mit mir. Außerdem aber war es notwendig, dass ich möglichst gut auf das Landexamen vorbereitet werde. Diese staatliche Prüfung, die jedes Jahr im Sommer für das ganze Land Württemberg stattfand, war sehr wichtig, denn wer sie bestand, der bekam eine Freistelle in einem der theologischen Seminare und konnte als Stipendiat studieren. Diese Laufbahn war auch für mich vorgesehen. Nun gab es einige Schulen im Lande, an denen die Vorbereitung auf diese Prüfung ganz speziell betrieben wurde, und auf eine von diesen Schulen wurde ich also geschickt. Es war die Lateinschule in Göppingen, wo seit Jahren der alte Rek-*

*tor Bauer als Einpauker fürs Landexamen wirkte, im ganzen Lande berühmt und Jahr für Jahr von einem Rudel strebsamer Schüler umgeben, die ihm aus allen Landesteilen zugesandt wurden.«*
Hermann Hesse: Aus meiner Schülerzeit, SW 12, S. 86

Diese pädagogische Maßnahme wirkt sich zunächst sehr positiv aus. Rektor Bauer, ein »*geschickter und höchst origineller Schulmeister*« (Hesse), erlangt einen positiven Einfluss auf Hermann. Nach einer Vorbereitung von etwas über einem Jahr absolviert er im Juli 1891 in Stuttgart das Landexamen als 28. von 36 Stipendiaten des Jahrgangs. Im September wird er daraufhin in das Evangelische Seminar im Kloster Maulbronn aufgenommen (siehe hierzu das Maulbronn-Kapitel, S. 155). Hermann gefällt es dort zunächst recht gut, und er stürzt sich in eine Vielzahl von Aktivitäten. Dabei überschätzt er aber wohl seine Kräfte und kommt in Konflikt mit der strengen Zucht dieser Schule. Ein Lehrer berichtet den Eltern, dass Hermann »überschwängliche, teilweise überspannte Gedichte« verfasse. Im März 1892 reißt er aus, treibt sich eine Nacht ziellos in der Gegend herum und wird von einem Gendarmen zurückgebracht. Die Schulleitung legt den Eltern nahe, Hermann aus dem Seminar zu nehmen. Wenige Tage später wird er vom Arzt wegen beständiger Kopfschmerzen und eines angegriffenen Allgemeinzustands nach Hause geschickt. Die Eltern versuchen ihn zu bekehren. Er hat aber anderes im Kopf. Er liest heimlich in der großväterlichen Bibliothek Bücher, welche die Eltern als Lektüre nicht billigen würden, und hantiert auf dem Hohen Felsen über der Stadt mit Feuerwerkskörpern, wobei er sich das Gesicht versengt. Nach einem Monat darf er trotzdem noch einmal nach Maulbronn zurückkehren. Doch als er gegenüber einem Mitschüler genialische Reden führt, in denen er gegen die christlichen Vorstellungen von Himmel und Hölle polemisiert, und dieser Mitschüler seinem Vater, der mit der Familie Hesse in Kontakt steht, mitteilt, dass er Hermann für geistesverwirrt halte, nehmen ihn die Eltern endgültig aus dem Seminar. Hesse schreibt darüber rückblickend:

*»Im Ganzen war ich in den sieben oder acht ersten Schuljahren ein guter Schüler, wenigstens saß ich stets unter den Ersten meiner Klasse. Erst mit dem Beginn jener Kämpfe, welche keinem erspart bleiben, der eine Persönlichkeit werden soll, kam ich mehr und mehr auch mit der Schule in Konflikt. Verstanden habe ich jene Kämpfe erst zwei Jahrzehnte später, damals waren sie einfach da und umgaben mich, wider meinen Willen, als ein furchtbares Unglück.*

*Die Sache war so: Von meinem dreizehnten Jahr an war mir das eine klar, dass ich entweder ein Dichter oder gar nichts werden wolle. Zu dieser Klarheit kam aber allmählich eine andre, peinliche Einsicht. Man konnte Lehrer, Pfarrer, Arzt, Handwerker, Kaufmann, Postbeamter werden, auch Musiker, auch Maler oder Architekt, zu allen Berufen der Welt gab es einen Weg, gab es Vorbedingungen, gab es eine Schule, einen Unterricht für Anfänger. Bloß für den Dichter gab es das nicht! Es war erlaubt und galt sogar für eine Ehre, ein Dichter zu sein: das heißt als Dichter erfolgreich und bekannt zu sein, meistens war man leider dann schon tot. Ein Dichter zu werden aber, das war unmöglich, es werden zu wollen, war eine Lächerlichkeit und Schande, wie ich sehr bald erfuhr. Rasch hatte ich gelernt, was aus der Situation zu lernen war: Dichter war etwas, was man bloß sein, nicht aber werden durfte. Ferner: Interesse für Dichtung und eigenes dichterisches Talent machte bei den Lehrern verdächtig, man wurde dafür entweder beargwöhnt oder verspottet, oft sogar tödlich beleidigt. [...]*

*So sah ich zwischen mir und meinem fernen Ziel nichts als Abgründe liegen, alles wurde mir ungewiss, alles entwertet, nur das eine blieb stehen: dass ich Dichter werden wollte, ob es nun leicht oder schwer, lächerlich oder ehrenvoll sein mochte. Die äußern Erfolge dieses Entschlusses – vielmehr dieses Verhängnisses – waren folgende:*

*Als ich dreizehn Jahre alt war, und jener Konflikt eben begonnen hatte, ließ mein Verhalten sowohl im Elternhaus wie in der Schule so viel zu wünschen übrig, dass man mich in die Lateinschule einer andern Stadt in die Verbannung schickte. Ein Jahr später wurde ich Zögling eines theologischen Seminars, lernte das hebräische Alphabet schreiben, als plötzlich von innen her Stürme über mich hereinbrachen, welche zu meiner Flucht aus der Klosterschule, zu einer Bestrafung mit schwerem Karzer und zu meinem Abschied aus dem Seminar führten.«*

Hermann Hesse: Kurzgefasster Lebenslauf, SW 12, S. 48 f.

Was sich im Rückblick als Pubertätskrise und Sturm-und-Drang-Phase eines mit großer Phantasie und mit Zukunftsträumen begabten Jugendlichen erweist, wird von seiner damaligen Umgebung als Symptom einer aufkeimenden Geisteskrankheit betrachtet. Die Erwachsenen können nicht verstehen, dass ein Jugendlicher, dem sich soeben mit dem Landexamen ein vollversorgter Lebensweg aufgetan hat – vom Seminar aufs Stift und von dort im Landesdienst auf Kanzel oder Katheder –, diesen einfach gefährdet durch »Spinnereien«. Man schließt daraus, dass in seinem Kopf etwas nicht stimmen könne. Es beginnt deshalb nun eine leidvolle Zeit für den Fünfzehnjährigen. Von der Mutter wird er am

7. Mai 1892 zu dem befreundeten Theologen Christoph Blumhardt (1842-1919) gebracht, der in Bad Boll ein christliches Kurhaus leitet und in dem Ruf steht, einen günstigen Einfluss auf geistig Erkrankte ausüben zu können. Doch dieser ist bereits nach wenigen Wochen mit seinem Latein am Ende: Der 15-jährige Hermann, dem das Leben im Kurhaus durchaus gefällt, hat sich dort Hals über Kopf in die mehr als doppelt so alte Pfarrerstochter Emilie Kolb aus Cannstatt verliebt und droht, als seine Empfindungen nicht erwidert werden, mit Selbstmord, wozu er sich mit geborgtem Geld bereits einen Revolver besorgt hat. Blumhardt schreibt daraufhin den Eltern, ihr Sohn sei reif fürs Irrenhaus, und empfiehlt ihnen, ihn in die Heil- und Pflegeanstalt in Stetten im Remstal zu bringen.

Die Eltern folgen dem Ratschlag, und die Untersuchungen dort erbringen die Diagnose »Melancholie« mit Verdacht auf »zeitweise Verrücktheit«. Dies schloss man wohl aus seinem Verhalten, das hin- und herschwankte zwischen einer Depression über seine Situation und empörtem Aufbegehren dagegen, dass er in einer Heilanstalt interniert wurde, bloß weil er eine andere Vorstellung vom Leben und von seinem Lebensweg hat als die Erwachsenen. An die Eltern schreibt er deshalb Briefe voll Verzweiflung und Aufbegehren; einmal bittet er um »*7 M[ark] oder gleich den Revolver*«, ein andermal erklärt er: »*Meine letzte Kraft will ich aufwenden, zu zeigen, dass ich nicht die Maschine bin, die man nur aufzuziehen braucht. [...] ich gehorche nicht und werde nicht gehorchen*«, und unterzeichnet mit »*H. Hesse, Nihilist*« oder »*H. Hesse, Gefangener im Zuchthaus zu Stetten*«. Er greift scharf die Weltanschauung der Eltern an: »*Ihr seid Christen, und ich – ich nur ein Mensch*«, und legt seine ganze Empörung in ein Gedicht:

*Leb wohl, du altes Elternhaus,*
*Ihr werft mit Schande mich hinaus,*
*Ade, ihr Lieben (?) groß und klein,*
*Von neuem bin ich jetzt allein!*

*Leb wohl, du Gott der ganzen Welt*
*Dem man den Bügel dienend hält,*
*Vom Dienen bin ich dumpf und matt,*
*Das Dienen hab ich lange satt.*

*Zum Teufel geht die Freiheit auch,*
*Sie war ja immer höchstens Rauch,*
*Ich werd' ins Irrenhaus geschickt,*
*Wer weiß – ich bin wohl gar verrückt.*
Hermann Hesse: Die Briefe, Band 1, 1881-1904,
S. 96 bis 110

Ein Vierteljahr führt er von Stetten aus einen Briefkrieg. Dann sehen die Eltern ein, dass es so nicht weitergehen kann. Der Vater sucht auf Anraten von Hermanns ehemaligem Erzieher am Basler Knabenhaus eine neue Schule für ihn. Nachdem ein Reutlinger Gymnasium seine Aufnahme verweigert hat, nimmt ihn das Cannstatter Gymnasium auf. Im November 1892 zieht er nach Cannstatt um, wo er in einer Schülerpension wohnt. Ein Jahr später legt er dort das Einjährig-Freiwilligen-Examen ab, das unserer heutigen mittleren Reife entspricht. Er vermag die Schulausbildung jedoch nicht zum Abitur hin fortzusetzen, da er beständig starke Kopfschmerzen hat. (Erst viele Jahre später wird man die Ursache dieser häufigen Kopfschmerzen in einer angeborenen Schwäche der Augenmuskulatur diagnostizieren, die auch für die Kurzsichtigkeit verantwortlich ist, unter der

*Hermann Hesse (links oben) 1893 mit seinen Geschwistern bei der Verlobung seines Halbbruders Theodor Isenberg*

Hermann Hesse lebenslang leidet.) Auf sein Bitten hin nehmen ihn die Eltern aus der Schule. Einen Versuch als Lehrling in einer Esslinger Buchhandlung gibt er nach wenigen Tagen auf, da er mit seinem Lehrherrn nicht auskommt.

Von November 1893 an wohnt er daraufhin wieder in Calw bei seinen Eltern, hilft gelegentlich seinem Vater im Verlag und vertreibt ansonsten seine Zeit mit Lesen und

Streifzügen durch die Umgebung. Die Calwer sind natürlich empört über diesen ganz uncalwerischen Lebenswandel. In ihren Augen ist er ein »Faulenzer« und »Tunichtgut«. Den Kindern wird er als abschreckendes Beispiel dafür dargestellt, wohin Ungehorsam gegen Eltern und Lehrer führe. Die Eltern, die noch unter dem Schock der Ereignisse stehen, lassen ihn weitgehend in Frieden, behandeln ihn behutsam, sind aber gottfroh, als er nach einem halben Jahr des Dahintreibens im Juni 1894 schließlich aus eigenem Antrieb den Wunsch nach einem Mechanikerpraktikum äußert. Angeregt wurde dies durch den befreundeten Sohn des Calwer Oberamtmanns, der gerade ein solches Praktikum im Hinblick auf ein späteres Studium am Polytechnikum begonnen hatte. Dieses Ziel hatte Hermann Hesse nicht im Auge; ihm kam es wohl eher darauf an, auf diesem Wege den Eltern und den Calwern zu zeigen, dass er durchaus in der Lage sei, etwas im praktischen Leben zu leisten.

Auf Vermittlung der Familie erhält er wenige Tage später eine Praktikumsstelle in der Mechanischen Werkstatt des Calwers Heinrich Perrot, dessen Spezialität der Turmuhrenbau ist. Und er hält, obwohl er körperlich stark gefordert wird, das Praktikum mehr als ein Jahr tadellos durch, und er festigt sich in dieser Zeit, da er einen verständnisvollen und originellen Lehrmeister hat, dem er später im *Glasperlenspiel* in der Gestalt des Erfinders Bastian Perrot ein ehrendes Andenken setzen wird. Seine Praktikumszeit resümiert Hermann Hesse in einem Brief an seinen Schulfreund Theodor Rümelin so:

*»In der Mechanik hab ich immerhin einiges gelernt, verstehe eine Nähmaschine zu zerlegen, eine Drahtleitung zu ziehen, Eisen zu drehen, Schrauben zu machen, eine Säge zu hauen,*

*kann Stahl, Eisen, Messing, Kupfer, Zinn, Zink, Antimonium etc. unterscheiden, Elementläutwerke einrichten, Most trinken, trocken Brot essen, Lehrlinge kommandieren, von Leitern herabfallen, Hosen zerreißen und was sonst zur Mechanik gehört.*
*Meine Freizeit gehört den Musen [...].«*
Hermann Hesse: Die Briefe, Band 1, 1881-1904, S. 175

Der letzte Satz zeigt, dass seine Neigung zur Dichtung auch während seiner Mechanikerzeit erhalten bleibt. Er beschäftigt sich in seiner freien Zeit intensiv mit Literatur, wie zahlreiche Briefe an den Maulbronner Schulkameraden Theodor Rümelin und auch an den von ihm geschätzten Cannstatter Lehrer Dr. Ernst Kapff belegen. Die Grundlage hierzu ist ihm die umfangreiche großväterliche Bibliothek, zu der er Zugang hat. Sein Lesebedürfnis führt sogar zu einem Kleinstadtskandal: Als er Heinrich Heines Werke, die damals als sittenverderbend und undeutsch gelten, in der Bibliothek nicht findet und sie deshalb kurzerhand von seinem Lehrgeld beim ortsansässigen Buchhändler bestellt, spricht sich das in Windeseile herum, und der Vater nimmt das Werk unter Verschluss. Dieser Vorgang macht Hermann Hesse deutlich, dass er aus Calw und dem Elternhaus wegmuss, wenn er sich nach seiner Vorstellung weiterentwickeln möchte.

Eine Zeitlang trägt er sich mit dem Gedanken, nach Brasilien auszuwandern. Da er hierzu aber die Zustimmung der Eltern nicht bekommt, willigt er schließlich in deren Vorschlag ein, eine dreijährige Buchhändlerlehre zu absolvieren. Zwar will er eigentlich nicht Buchhändler, sondern nach wie vor Schriftsteller werden, aber das sagt er aufgrund seiner früheren Erfahrungen nicht mehr laut. Seine Überlegung ist, dass sich durch diese Lehre für ihn die Chance eröffnet, aus dem Elternhaus und seiner Bevormundung hinauszukommen und zugleich in noch engeren Kontakt zu den geliebten Büchern treten zu können. Auf ein Stellengesuch im »Schwäbischen Merkur« meldet sich die Heckenhauer'sche Buchhandlung in Tübingen. Er bewirbt sich und bekommt die Lehrstelle.

Im Oktober 1895 zieht er daraufhin nach Tübingen um (siehe Kapitel Tübingen, S. 211). Danach kehrt Hermann Hesse nur noch gelegentlich zu Besuchen nach Calw zurück. Der einzige längere Aufenthalt fällt in die Monate zwischen seiner Basler und der Gaienhofener Zeit: Zwischen Herbst 1903 und Sommer 1904 hält er sich längere Zeit in Calw auf; in einem Brief an Stefan Zweig berichtet er, dass er sich in seinem »*behaglichen alten Stüblein, von dessen Fenstern aus ich den Schauplatz meiner Bubenstreiche überblicke*«, häuslich eingerichtet habe, um an diesem ruhigen Ort »*tüchtig zu arbeiten*«. Sein Arbeitsvorhaben ist der Roman *Unterm Rad*, in dem er sich die oben geschilderten Erlebnisse in Calw und Maulbronn von der Seele schreibt und dichterisch verarbeitet. Diese quasi therapeutische Funktion des Schreibens, die Hermann Hesses schriftstellerische Arbeit lebenslang mitbestimmen wird, wird von ihm selbst in einem 50 Jahre später verfassten kritischen Rückblick auf den Roman bestätigt:

»*In der Geschichte und Gestalt des kleinen Hans Giebenrath, zu dem als Mit- und Gegenspieler sein Freund Heilner gehört, wollte ich die Krise jener Entwicklungsjahre darstellen und mich von der Erinnerung an sie befreien, und um bei diesem Versuche das, was mir an Überlegenheit und Reife fehlte, zu ersetzen, spielte ich ein wenig den Ankläger und Kritiker jenen Mächten gegenüber, denen Giebenrath erliegt und denen einst*

*ich selber beinahe erlegen wäre: der Schule, der Theologie, der Tradition und Autorität.«*
Hermann Hesse: Begegnungen mit Vergangenem, SW 12, S. 571f.

Hans Giebenrath, die Hauptperson in *Unterm Rad*, zerbricht an den Verhältnissen. Hesse selbst überwindet sie nach heftigen Kämpfen. Hans Giebenrath muss stellvertretend für ihn in den Abgrund, wie *Werther* seinerzeit für Goethe. Den schriftstellerischen Wert des Romans sieht Hesse darin, dass dieser »*ein Stück wirklich erlebten und erlittenen Lebens*« zeige.

Die Arbeit an *Unterm Rad* in Calw, also gewissermaßen am Originalschauplatz, hat für Hesse noch einen wichtigen Nebeneffekt: Seine ganzen Calwer Erinnerungen – die guten, beglückenden und die schlechten, bedrängenden – werden in ihm wieder lebendig, und er beschließt, sie in einer Serie von kleinen und größeren Erzählungen festzuhalten und darzustellen. Auf diese Weise entsteht in den nächsten Jahren, zumeist in Gaienhofen geschrieben (vgl. S. 331), der bereits zu Beginn erwähnte Erzählzyklus der *Gerbersauer Erzählungen*. In diesem Kleinstadt-Kosmos stehen heitere Episoden, in denen die heilen, liebenswürdigen und idyllischen Seiten des Kleinstadtlebens geschildert werden, gleichberechtigt neben dunklen Episoden, in denen die beschränkten und engen Seiten gezeigt werden. In vielen Erzählungen durchdringen sich diese beiden Aspekte untrennbar und geben so ein lebensechtes Bild wieder. Hesse hat Calw auf diese Weise eine wertvolle literarische Chronik geschenkt, wie sie nur wenige Städte besitzen.

Die Anregung, doch wieder nach Calw zurückzusiedeln, die später von mancher Seite an ihn herangetragen wurde, war für Hesse nie ein Thema. 1912 erklärte er dazu:

*»Die Heimat will ich mir nicht dadurch verderben, dass ich meinen Werktag dahin verlege; Kindheit und Schwarzwald sind für mich Heiligtümer erster Ordnung, die ich nimmer gefährden will.«*
Hermann Hesse: Die Briefe, Band 2, 1905-1915, S. 299

Calw hatte sich ihm zum poetischen Ort »Gerbersau« verklärt, der ihm als solcher unschätzbare Dienste leistete, und das sollte so bleiben. Im Vorwort zu *Gerbersau*, einer (vergriffenen) Ausgabe seiner Calwer Erzählungen, schreibt Hesse 1948:

*»Je mehr das Alter mich einspinnt, je unwahrscheinlicher es wird, dass ich die Heimat der Kinder- und Jünglingsjahre noch einmal wiedersehe, desto fester bewahren die Bilder, die ich von Calw und von Schwaben in mir trage, ihre Gültigkeit und Frische. Wenn ich als Dichter vom Wald oder vom Fluss, vom Wiesental, vom Kastanienschatten oder Tannenduft spreche, so ist es der Wald um Calw, ist es die Calwer Nagold, sind es die Tannenwälder und die Kastanien von Calw, die gemeint sind, und auch Marktplatz, Brücke und Kapelle, Bischofstraße und Ledergasse, Brühl und Hirsauer Wiesenweg sind überall in meinen Büchern, auch in denen, die nicht ausdrücklich sich schwäbisch geben, wiederzuerkennen, denn alle diese Bilder, und hundert andere, haben einst dem Knaben als Urbilder Hilfe geleistet, und nicht irgendeinem Begriff von ›Vaterland‹, sondern eben diesen Bildern bin ich zeitlebens treu und dankbar geblieben, sie haben mich und mein Weltbild formen helfen, und sie leuchten mir heute noch inniger und schöner als je in der Jugendzeit.«*
Hermann Hesse: Geleitwort zu *Gerbersau* (1949),
S. 8; auch in: SW 12, S. 240

## »Hermann-Hesse-Stadt Calw«

Lange Zeit wusste man in Calw nicht so recht, was man von Hermann Hesse halten und wie man sich zu ihm verhalten solle. »*Tüchtige Bürger*«, wie es in *Unterm Rad* heißt, hat die Stadt seit jeher hervorgebracht, nicht aber so einen wie Hermann Hesse, der sich nicht von Handwerksgeschicklichkeit oder Kaufmannsfleiß nährte, sondern von Schriftstellerei, die sich zudem mit zum Teil recht fremdartig anmutenden Inhalten befasste. Dementsprechend ist die Geschichte des Verhältnisses Hesse – Calw recht wechselvoll.

Eine erste Annäherung der Stadt an Hesse, der mittlerweile als Verfasser von *Hermann Lauscher, Peter Camenzind, Unterm Rad, Gertrud, Roßhalde* und *Knulp* bereits weit über die Heimat hinaus bekannt geworden war, geschah 1920, als die Stadt einen Brunnen auf dem Platz nahe der Nikolausbrücke nach Hesse benannte. Zwischendurch ließ man sich aber immer wieder von patriotischen Tönen, die Hesse wegen seiner gegen Krieg und Nationalismus gerichteten Schriften und seines schweizerischen Wohnsitzes als »vaterlandslosen Gesellen« schmähten, zu distanziertem Verhalten ihm gegenüber verführen.

Kontinuierlichere Formen nahm das Verhältnis der Stadt zu ihrem Sohn erst nach dem Zweiten Weltkrieg an, als 1946 durch die fast gleichzeitige Verleihung des Literatur-Nobelpreises und des Frankfurter Goethe-Preises an Hesse unübersehbar wurde, dass aus den Mauern des Städtchens ein bedeutender, in aller Welt bekannter und verehrter Mann hervorgegangen ist. Einen Teil der Preisgelder stellte Hesse der Stadt Calw für Zwecke der Armen- und Schulpflege zur Verfügung. Die Stadt verlieh ihm daraufhin zu seinem 70. Geburtstag am 2. Juli 1947 die Ehrenbürgerwürde und benannte den bei der Nikolausbrücke gelegenen Platz, auf dem bereits seit 1920 der Hesse-Brunnen stand, nach ihm. Die 1957 zu seinem 80. Geburtstag vorgeschlagene Benennung des ortsansässigen Gymnasiums nach Hesse konnte dagegen wegen verschiedener Bedenken erst zehn Jahre später, fünf Jahre nach Hesses Tod, realisiert werden. Es wurde dabei ins Feld geführt, dass es sich um ein naturwissenschaftliches Gymnasium handle, das nur einen Naturwissenschaftler als Paten haben könne. Es wurde aber auch, sogar im Lehrerkollegium des Gymnasiums, das Argument laut, Hesses Werke würden die Jugend verderben und seien für Schüler nicht geeignet, was deutlich die in Calw weiterhin vorhandenen Ressentiments gegen ihn zeigte. Insgeheim wollte man natürlich die Schule auch ungern nach einem Mann benennen, der ein sehr kritisches Verhältnis zur Schule hatte (siehe *Unterm Rad*) und dessen wechselhafte, insgesamt wenig glückliche Schulkarriere man den Schülern des Städtchens auch nicht als Vorbild empfehlen wollte.

Der Grundstein für eine systematische Pflege des Hesse'schen Erbes in Calw wurde nach dem Krieg von dem mit Hesse befreundeten Rechtsanwalt und Heimatforscher Ernst Rheinwald (1878-1957) gelegt. In den 1960er-Jahren baute der Stadtarchivar Walter Staudenmeyer (1920-1999) darauf auf, indem er eine Hermann-Hesse-Gedenkstätte innerhalb des Heimatmuseums der Stadt Calw einrichtete, die im Jahr 1964 eingeweiht wurde, verbunden mit der erstmaligen Verleihung einer Hermann-Hesse-Medaille.

In den 1970er-Jahren nahm dann das »Internationale Hermann-Hesse-Kolloquium« in Verbindung mit der damals ortsansässigen Akademie für Lehrerfortbildung in Calw seine Arbeit auf und führte in zweijährigem Abstand mehrtägige Veranstaltungen mit internationalen Referenten zu Hes-

*Zu Hermann Hesses 125. Geburtstag 2002 wurde von Calwer Bürgern eine lebensgroße Bronzestatue des Dichters gestiftet, die an seinem Lieblingsplatz auf der Nikolausbrücke aufgestellt wurde*

ses Leben und Werk mit wechselnden Schwerpunktthemen durch. Seit kurzem vergibt die 2002 ebenfalls in Calw gegründete »Internationale Hermann-Hesse-Gesellschaft« diese Kolloquien auch an die anderen Hesse-Orte; so fand 2015 erstmals ein Kolloquium in der mit Calw partnerschaftlich verbundenen Tessiner Gemeinde Collina d'Oro an Hesses langjährigem Wohnort Montagnola statt.

Bereits 1989 hatte sich von Calw ausgehend eine »Calwer Hermann-Hesse-Stiftung« gegründet, die von der Sparkasse in Calw in Verbindung mit dem Südwestrundfunk getragen wird. Diese verleiht zweijährlich einen Calwer Hermann-Hesse-Preis an abwechselnd eine kreative Literaturzeitschrift oder einen verdienten Übersetzer literarischer Werke; seit

1995 kommt noch ein dreimonatiges Stipendium zur Förderung von Schriftstellern hinzu; mittlerweile (2017) haben fast 60 Schriftsteller drei Monate in der Stipendiatenwohnung verbracht, die sich unter dem Dach des Hesse-Geburtshauses befindet.

1990 erhielt die Hesse-Sammlung, die bis dahin im Heimatmuseum untergebracht, aber durch Schenkungen und Ankäufe von Erstausgaben, Handschriften, Gemälden und Erinnerungsstücken beträchtlich erweitert worden war, auf Beschluss der Stadtväter ein eigenes, von dem Hesse-Herausgeber Volker Michels in Verbindung mit dem Designer Heiko Rogge hervorragend konzipiertes Hermann-Hesse-Museum, welches das Leben und Werk des Dichters umfassend dokumentiert (siehe S. 104 ff.). Mit diesem Schritt hat Calw es geschafft, sich als Zentrum für die große weltweite Gemeinde der Hesse-Leser zu etablieren. Seit 2002 nennt Calw sich auch im Briefkopf offiziell »Hermann-Hesse-Stadt«. Ebenfalls 2002 wurde der 125. Geburtstag des Dichters mit zahlreichen Veranstaltungen gefeiert und 2012 der 50. Todestag begangen. Seit 2003 findet alljährlich zwischen dem Geburtstag am 2. Juli und dem Todestag am 9. August der »Gerbersauer Lesesommer« statt, bei dem kammermusikalisch umrahmt aus Hesses Erzählungen gelesen wird, die aus seinen Erinnerungen an seine Heimatstadt Calw entstanden sind. Ab 2017 wird die »Internationale Hermann-Hesse-Gesellschaft« einen Preis an Schriftsteller und Publizisten vergeben, deren Schaffen bedeutende Verbindungen zu Hesses Werk aufweist.

## Ankunft in Calw auf den Spuren Hesses

Wer »hessegemäß« in Calw ankommen möchte, muss eigentlich mit dem Zug anreisen. Das Zugfahren, das in Calw zur Zeit von Hesses Jugend noch eine relativ neue Sache war – die Bahnlinien wurden 1872 bzw. 1874 eingeweiht –, hat er immer sehr genossen und in seinem Werk an verschiedenen Stellen beschrieben:

*»Vorsichtig langsam fuhr der Zug in großen Windungen den Hügel abwärts, und mit jeder Windung wurden Häuser, Gassen, Fluss und Gärten der unten liegenden Stadt näher und deutlicher. Bald konnte ich die Dächer unterscheiden und die bekannten darunter aussuchen, bald auch schon die Fenster zählen und die Storchennester erkennen, und während aus dem Tale mir Kindheit und Knabenzeit und tausendfache köstliche Heimaterinnerung entgegenwehte, schmolz mein übermütiges Heimkehrgefühl und meine Lust, den Leuten da drunten recht zu imponieren, langsam dahin und wich einem dankbaren Erstaunen. Das Heimweh, das mich im Laufe der Jahre verlassen hatte, kam nun in der letzten Viertelstunde mächtig in mir herauf, jeder Ginsterbusch am Bahnsteig und jeder wohlbekannte Gartenzaun ward mir wunderlich teuer, und ich bat ihn um Verzeihung dafür, dass ich ihn so lange hatte vergessen und entbehren können.*

*Als der Zug über unserm Garten hinwegfuhr, stand im obersten Fenster des alten Hauses jemand und winkte mit einem großen Handtuch; das musste mein Vater sein. Und auf der Veranda standen meine Mutter und die Magd mit Tüchern, und aus dem obersten Schornstein floss ein leichter blauer Rauch vom Kaffeefeuer in die warme Luft und über das Städt-*

*chen hinweg. Das gehörte nun alles wieder mir, hatte auf mich gewartet und hieß mich willkommen.*

*Am Bahnhof lief der alte bärtige Portier mit derselben Aufregung wie früher auf und ab und drängte die Leute vom Geleise weg, und unter den Leuten sah ich meine Schwester und meinen jüngeren Bruder stehen und erwartungsvoll nach mir ausblicken. Mein Bruder hatte für mein Gepäck den kleinen Handwagen mitgebracht, der die ganzen Bubenjahre hindurch unser Stolz gewesen war. Auf den luden wir meinen Koffer und Rucksack, Fritz zog an, und ich ging mit der Schwester hinterdrein. [...] Wir kamen durch die Allee von Kirsch- und Vogelbeerbäumen, am oberen Steg und an einem neuen Kaufladen und vielen alten unveränderten Häusern vorbei. Dann kam die Brückenecke, und da stand wie immer meines Vaters Haus mit offenen Fenstern, durch die ich unseren Papagei pfeifen hörte, dass mir vor Erinnerung und Freude das Herz heftig schlug. Durch die kühle, dunkle Toreinfahrt und den großen steinernen Hausgang trat ich ein und eilte die Treppe hinauf, auf der mir der Vater entgegenkam.«*

Hermann Hesse: Schön ist die Jugend, Erzählung (1907),
SW 7, S. 34 ff.

Leider ist die hier beschriebene Anfahrt auf der Bahnlinie von Stuttgart, die mit einer großen Wendeschleife in den Calwer Talkessel hinabführt und von der einem schönste Aussichten auf die Stadt eröffnet werden, derzeit (2017) nicht mehr möglich. Die Deutsche Bundesbahn hat die Bahnstrecke ab Weil der Stadt im Jahr 1983 stillgelegt. Es gibt allerdings konkrete Pläne für eine Wiederaufnahme des Verkehrs auf dieser in vieler Hinsicht besonderen Bahnstrecke, deren Bau zu Beginn der 1870er-Jahre zu den Pioniertaten des württembergischen Bahnbaus gehörte. Wenn die Planungen wie projektiert verwirklicht werden, wird sie spätestens 2020 als »*Hermann-Hesse-Bahn*« vom S-Bahn-Knotenpunkt Renningen aus wieder zur Verfügung stehen!

Erfreulicherweise ist die Anfahrt auf der anderen Bahnstrecke, der Nagoldtalbahn Horb–Nagold–Calw–Pforzheim, ohne zwischenzeitliche Stilllegung erhalten geblieben. Auch sie hat Hermann Hesse oft benutzt, z. B. um ins Seminar nach Maulbronn zu fahren oder zu Fahrten von seinen späteren Wohnorten Tübingen und Gaienhofen nach Calw.

Dem Reisenden auf Hesses Spuren ist deshalb zu empfehlen, entweder von Norden über Pforzheim mit der ›Kulturbahn‹ durchs Nagoldtal nach Calw zu fahren oder von Süden über Horb–Nagold. Beide Bahnfahrten sind landschaftlich äußerst reizvoll. Eine andere Möglichkeit wäre die Fahrt mit der S-Bahn von Stuttgart bis Weil der Stadt und von dort mit dem Bus weiter nach Calw.

In Calw kommt der Reisende heute freilich nicht mehr auf dem alten stattlichen, etliche hundert Meter talaufwärts vom Stadtkern gelegenen Bahnhof an (s. das Foto auf S. 138), den Hesse benutzt und beschrieben hat, sondern auf dem in der Stadtmitte erbauten 1989 eröffneten Zentralen Omnibusbahnhof (ZOB), auf dessen oberstem Stockwerk sich der Bahnsteig befindet. Von seiner hochgelegenen Plattform hat man aber sogleich einen beeindruckenden Panoramablick über die Dächerlandschaft der Calwer Altstadt. Und von hier aus kann ein Rundgang durch die Stadt auf Hesses Spuren sehr gut angegangen werden. (Wer glaubt, nur mit dem Auto in das vom Verkehr geplagte Calw anreisen zu können, findet im geräumigen Parkhaus des ZOB auch Parkmöglichkeit.)

# Rundgang auf Hesses Spuren durch Calw

## 1 Hermann Hesses Elternhaus in der Bischofstraße

Um die ersten Sehenswürdigkeiten auf den Spuren Hermann Hesses zu besichtigen, braucht man die Plattform des Bahnhofs nicht einmal zu verlassen. Der neue Bahnhof (ZOB) liegt direkt neben seinem ›Elternhaus‹, dem ehemaligen Gebäude des Calwer Verlagsvereins. Heute müsste sein Gepäck also nicht mehr mit dem Handwagen am ehemaligen Bahnhof draußen vor der Stadt abgeholt werden (vgl. S. 45), da der Zug gewissermaßen vor der Haustüre halten würde. Das langgestreckte Haus mit seinem großen Dach begrenzt, wenn man mit dem Blick auf die Stadt gerichtet auf dem Bahnsteig steht, den ZOB auf der linken Seite.

In dieses Haus zog 1863 Marie Gundert, die spätere Mutter Hermann Hesses, mit ihren Eltern und drei ihrer Brüder ein, nachdem ihr Vater zum Verlagsleiter des Calwer Verlagsvereins berufen worden war, dem das Haus damals gehörte. Hier lernte sie 1873 auch den ihrem Vater als Assistent zugeteilten 26-jährigen Missionar Johannes Hesse kennen, mit dem sie nach der Heirat 1874 bis 1881 in dem Haus am Marktplatz wohnte; dort kam Hermann Hesse 1877 zur Welt (siehe S. 83 f.). 1886 zog die Familie Hesse, von Basel zurückkommend (siehe S. 25), in den rückwärtigen Teil des Verlagsvereinshauses; im vorderen Teil wohnte nach wie vor der Großvater. Um ein eigenständigeres Leben führen zu können, tauschte die Familie Hesse 1889 diese Hinterhauswohnung allerdings mit einer »*behaglichen und sonnigen*« Wohnung in der Lederstraße (siehe Station 9 des Rundgangs, S. 108 ff.). Nach dem Tod des Großvaters 1893 und der damit verbundenen Übernahme der Verlagsleitung durch den Va-

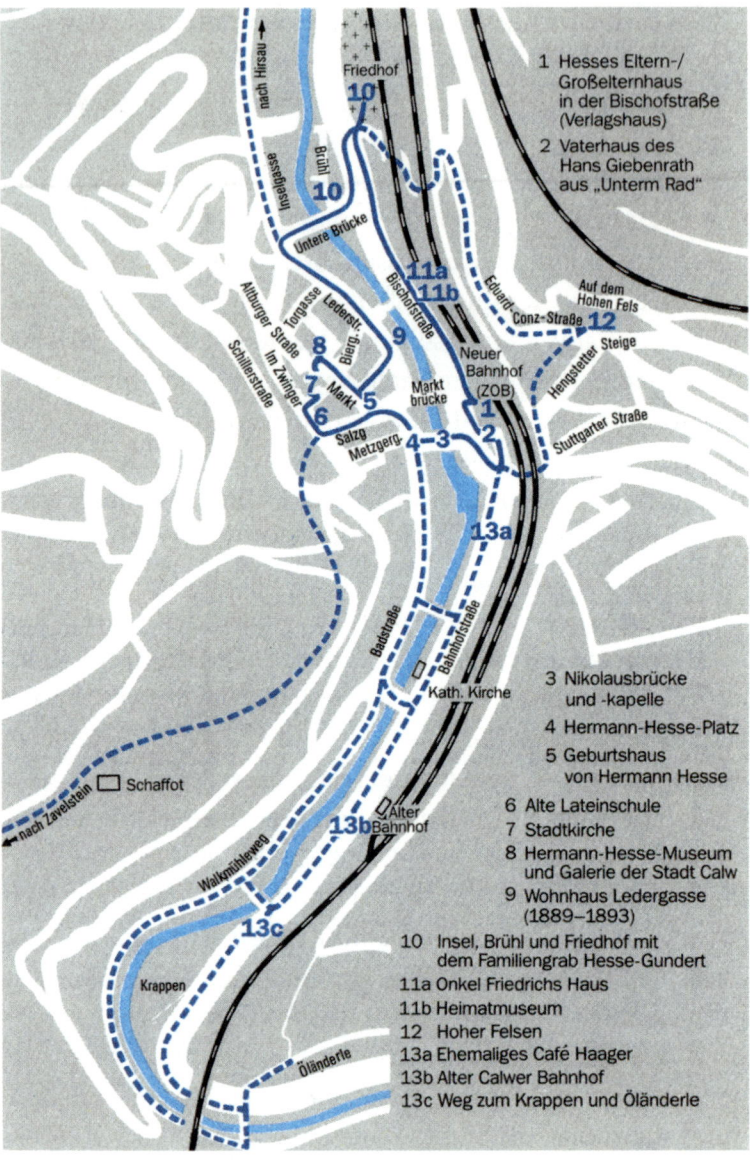

ter Hesse zog die Familie jedoch wieder in das Gebäude zurück, nun in die frei gewordene Verlagsleiterwohnung im 1. Stock des Vorderhauses. Diese blieb der Wohnsitz der Familie bis 1905, dann siedelte der mittlerweile verwitwete Vater Hesse, der von der jüngeren Tochter Marie (genannt Marulla) versorgt wurde, mit dieser in die pietistische Gemeindegründung Korntal bei Stuttgart über, wo er 1916 starb; sein Grab findet sich dort noch auf dem alten Friedhof.

Hinten am Verlagsvereinshaus befindet sich ein kleiner Holzanbau, umgeben von einem terrassierten Gärtchen, das vom Bahndamm begrenzt wird. Dies ist der ehemalige Garten und die vielbenutzte Veranda der Familie Hesse, die 1895 auf Wunsch der Mutter Hesse angebaut wurde, da sie damals eine Liegekur aufgrund einer Knochenerweichung machen musste. Leider ist heute die Sicht auf dieses einzige original erhaltene Relikt, das die Familie Hesse in Calw hinterlassen hat, durch eine hohe Sichtschutzwand sehr behindert; lediglich von den oberen Fensterlücken des daneben befindlichen Treppenabgangs des ZOB ist noch ein Blick auf die rot gestrichene Seitenwand der Veranda möglich.

In dieser Veranda schrieb Hermann Hesse 1899, zu einem kurzen Urlaub aus Tübingen nach Calw gekommen, den folgenden Brief an Helene Voigt-Diederichs, die Frau des Verlegers Eugen Diederichs, mit der er seit 1897 korrespondierte:

*»Meine Freundin!*
*Ich sitze auf der Veranda des väterlichen Hauses allein in der frühesten Morgensonne. Neben mir steigt eine breite Wand von Kapuzinern an Bindfäden in die Höhe, die Blätter hell gelbgrün und gegen die Sonne transparent, die Blüten rot in allen Stufen, karmin, rosa, purpur, ziegelrot; die Schatten dieser Blätter und Blüten bewegen sich auf diesem Papier über*

*Die von der Familie Hesse 1895 an das Hinterhaus des Verlagsvereinshauses angebaute Veranda*

*den eben geschriebenen Worten, mit wechselnden Sonnenflecken gemustert, von summenden Bienen und lautlos gleitenden Schmetterlingen durchsegelt. Über mir ist von Berg zu Berg über das Nagoldtal der Himmel gespannt, schmal, aber rein hellblau, von den schwarzen Rücken der Tannenwälder gesäumt. Ein Glöcklein läutet, ein ferner Eisenbahnzug wird laut, sonst ist wenig Leben in der Nähe meines Gartens. Und so sitze ich ziemlich jeden Morgen eine Weile, bis zwischen 8 und 9 Uhr. Um diese Zeit muss man sich vor der Hitze bergauf in den Wald flüchten. Dort wandere ich oder liege auf dem Rücken, meist von meiner jüngeren Schwester begleitet, die mir so im Laufen und Liegen nebenher französischen Unterricht erteilt. Vor Tisch schwimme ich dann noch eine Viertelstunde in der kalten Nagold. [...]*

*Und nun – wie geht es Ihnen und der lieben kleinen Ruth?*

*Ich denke viel an Sie beide. Falls Sie keine nordischen Reisepläne haben, rate ich Ihnen sehr zum Schwarzwald, der im August von Tag zu Tag schöner wird. Hirsau – Teinach – Liebenzell u. s. w. sind herrliche Kurdörflein, einfach aber sauber – und gesund! [...]*
*Darf ich mich auf ein Brieflein von Ihnen freuen? Adresse: H. H. in Calw (Schwarzwald). In Treue Ihr*
*H. Hesse.«*
Hermann Hesse: Die Briefe, Band 1, 1881-1904, S. 336 ff.

Wenn man den neben dem Haus gelegenen Treppenabgang des ZOB hinabgeht, lässt sich das ganze Haus recht gut betrachten. Es hat freilich durch eine Renovierung in neuerer Zeit sowohl seine klassizistische Fassade als auch die Fensterläden verloren, wodurch sein früherer architektonischer Reiz kaum noch nachvollziehbar ist. Gebaut wurde es Ende des 18. Jahrhunderts von dem herzoglich-württembergischen Baumeister Reinhard Ferdinand Fischer (1746-1812), der auch die beiden schräg gegenüberliegenden stattlichen Häuser rechts und links der Durchfahrt zur Nikolausbrücke geplant hat, bei denen die ursprüngliche Gestaltung noch besser erkennbar ist.

Ab 1854 war dieses Haus der Sitz des ›Calwer Verlagsvereins‹, der heute noch im ›Calwer Verlag‹ in Stuttgart weiterbesteht. In einer Stadtbeschreibung Calws von 1872 wird der ›Verlagsverein‹ folgendermaßen beschrieben:

*»Aus kleinstem Anfang ist der Verein zu einem großen Baum gewachsen, der seine Zweige über die ganze Erde ausstreckt. Der Hauptbegründer desselben ist Dr. Barth, welcher noch als Pfarrer von Möttlingen im Jahr 1829 mit Unterstützung der Londoner Traktatgesellschaft einen Traktatverein in Calw grün-*

*Das Haus des Calwer Verlagsvereins,
Hermann Hesses »Vaterhaus«*

dete. Dieser erweiterte sich 1833 zum Calwer Verlagsverein. Zum Hauptzwecke machte sich dieser Verein, gute Schulbücher in christlichem Geist herauszugeben und möglichst billig zu verbreiten. Der ursprüngliche Zweck wurde aber erweitert, und so erschienen nach und nach in der Verlagsbuchhandlung die biblischen Geschichten, die christliche Kirchengeschichte, Geschichte von Württemberg, Weltgeschichte, Reformationsgeschichte, biblische Naturgeschichte, biblische Geographie, biblische Alterthümer, Handbuch der Bibelerklärung, Missions-Geschichte und Geographie. Viele dieser Bücher sind auch in andere Sprachen übersetzt. Das verbreitetste Buch, die biblische Geschichte, welche in deutscher Sprache in mehr als 1 Million Exemplaren gedruckt wurde, ist in 64 verschiedene Sprachen übersetzt, darunter 24 europäische, 22 asiatische, 12 afrikanische, 3 amerikanische und 3 polynesische oder australische. An die Stelle von Dr. Barth trat nach dessen Tod Dr. Gundert, früher Missionar in Indien, welcher außerdem mehrere Missionsblätter und die von Dr. Barth begründeten ›Jugendblätter‹ herausgibt.«

Aus: Eduard Hochstetter: Die Württembergische Schwarzwaldbahn von Stuttgart nach Nagold – Mit besonderer Rücksicht auf Calw. 1872, Neuauflage 1991, S. 26

Der Großvater Hermann Gundert ist für Hermann Hesse die Autoritätsperson in der Familie. Ihn bewundert er, und vor ihm hat er den meisten Respekt. In der Prosaskizze *Großväterliches* schreibt er über ihn:

*»In diesem Großvater, bei dessen Tod ich sechzehnjährig war, habe ich nicht nur einen weisen und unbeschadet seiner großen Gelehrsamkeit sehr menschenkundigen alten Mann kennengelernt, sondern auch einen Nachklang, eine unter Frömmigkeit und Dienst am Reich Gottes etwas verborgene, aber doch sehr lebendig gebliebene Erbschaft von der wunderlich aus materieller Enge und geistiger Großartigkeit gemischten Schwabenwelt, die in den schwäbischen Lateinschulen, in den evangelischen Klosterseminaren und im berühmten Tübinger ›Stift‹ sich gegen zwei Jahrhunderte lang erhalten und immerzu mit wertvoller Tradition bereichert und ausgedehnt hat. Dies ist nicht bloß die Welt der schwäbischen Pfarrhäuser und Schulen, zu der auch Männer von großem Geist und vorbildlicher Seelenzucht wie Bengel, Oetinger, Blumhardt gehört haben, sondern in der auch Hölderlin, Hegel und Mörike großgeworden sind.«*

Hermann Hesse: Großväterliches (1952), SW 12, S. 583f.

*Hermann Gundert, Hermann Hesses gelehrter Großvater*

Zwar konnte Hermann Gundert zuweilen auch ein strenger Patriarch sein; einer seiner Söhne ist vermutlich daran zerbrochen, und auch sein Schwiegersohn Johannes Hesse fühlte sich von diesem Kraftmenschen oft überfordert. Für den Enkel war er jedoch meist ein verständnisvoller Großvater; er ist der Einzige in der Familie, der 1892 Hermanns Weglaufen aus dem Maulbronner Seminar (siehe S. 29 ff. und 158 ff.) gelassen aufnimmt, wie Hesse ebenfalls in seiner Prosaskizze *Großväterliches* schildert:

*»Für mich ist die lebendigste und köstlichste Erinnerung an ihn die folgende. Ich war nicht ganz fünfzehn Jahre alt und hatte als Schüler des Klosterseminars Maulbronn, auf einer der untersten Sprossen also jener Leiter, die zum Stift, zur Gelehrsamkeit, ins Pfarramt oder auf den schwäbischen Parnass führt, die schwerste Krise meines Schullebens erlitten und ein*

*kaum zu sühnendes, unbegreifliches, Schmach auf mich und meine so ehrbare Familie häufendes Verbrechen begangen: ich war davongelaufen, war einen Tag lang in den Wäldern gesucht und der Polizei gemeldet worden, hatte mir beim Übernachten auf freiem Felde bei zehn Grad Kälte beinah den Tod geholt und war nun nach meiner Entlassung aus Krankenstube und Karzer in die Ferien nach Hause gekommen, vom Seminar zwar noch nicht endgültig entlassen und ausgeschieden, aber doch in meinem Studiengang beinah hoffnungslos gefährdet. Als Verbrecher und Feind behandelt zu werden, namentlich von Seiten der Verwandtschaft, wäre mir vielleicht weniger schrecklich gewesen als die Milde und verlegene Ängstlichkeit, mit der man mich als einen von unheimlicher und möglicherweise ansteckender Krankheit Befallenen umschlich. Einer der ersten Pflichtbesuche nun, die ich nach meiner Ankunft in der Heimat zu machen hatte, und der wichtigste und für mich schwierigste, war der beim verehrten, geliebten, im Augenblick aber auch sehr gefürchteten Großvater. Ich konnte kaum daran zweifeln, dass meine Eltern sich von diesem Besuch viel versprachen und dass sie den verehrten Alten gebeten hatten, mich auf Herz und Nieren zu prüfen und mir die Größe und die zu vermutenden Folgen meines Verbrechens klarzumachen. Mein Gang zu ihm, in das liebe alte Haus und die Treppen bis zu seinem hochgelegenen sonnigen Studierzimmer hinauf, war der Gang des Sünders zum Gericht. Im großen Vorraum standen wie immer die Hunderte und Tausende von Büchern, die mich schon damals gewaltig anzogen und deren ich später so viele lesen sollte [...].*

*Und so betrat ich denn furchtsam das Heiligtum, roch den Duft von Pfeifenrauch, Papieren und Tinte, sah die Sonnenlichter auf den mit Büchern, Zeitschriften, Manuskripten in vielen Sprachen bedeckten Tischen spielen und sah mir gegen-*

*über, mit dem Rücken zur Fenster- und Sonnenseite, auf seinem alten Kanapee in sonnendurchschienener Rauchwolke den Alten sitzen und langsam von seiner Schreibarbeit aufblicken. Ich grüßte leise und gab ihm die Hand, gefasst auf Verhör, Urteil und Verdammung. Er lächelte mit dem feinen, so vieler Sprachen kundigen Munde aus dem breiten weißen Bart hervor, und noch mehr mit den hellblauen Augen, und schon ließ die bange Spannung in mir nach, und ich spürte, dass hier nicht Urteil und Strafe auf mich warte, sondern Verständnis, Altersweisheit, Altersgeduld samt etwas Spott und Schelmerei. Und nun tat er den Mund auf und sagte: ›So, du bist's, Hermann? Ich habe gehört, du habest neulich ein Geniereisle gemacht.‹«*

Hermann Hesse: Großväterliches (1952), SW 12, S. 584 ff.

Als »Geniereisle« bezeichnete man in Württemberg damals die »*aus Übermut, Unbotmäßigkeit oder auch aus Verzweiflung unternommenen Sprünge und Abenteuer unter den Tübinger Studenten*«. Das geschilderte Verhalten des Großvaters verwundert nicht, wenn man weiß, dass auch er manches »Geniereisle« unternommen hat. Die Jugendbiografien von Großvater und Enkel weisen ganz erstaunliche Ähnlichkeiten auf. Hermann Gundert ist auch den Weg über das Maulbronner Seminar gegangen. Anschließend hat er in Tübingen Theologie studiert, wobei jedoch auch bei ihm der Wunsch, Dichter zu werden, zeitweise sein Sinnen und Trachten beherrschte. Er lernte Hölderlin und Nikolaus Lenau kennen, Ludwig Uhland war ihm ein väterlicher Freund. Eine Zeitlang sah es so aus, als ob er sich dem Willen seines frommen Elternhauses nicht fügen und statt Theologe Dichter werden würde. Nach einer genialischen Sturm-und-Drang-Phase im Studentenmilieu kehrte er dann aber doch durch ein ›Bekehrungserlebnis‹ in den Schoß seiner frommen Familie zurück und schloss das Theologiestudium ab, wurde dann aber doch nicht Pfarrer, sondern ging 1835 nach seiner Promotion zum Dr. phil. mit einem englischen Missionar als Hauslehrer für dessen Kinder nach Indien. 1838 trat er dort jedoch zur Basler Mission über, heiratete die aus der französischsprachigen Schweiz stammende Basler Missionshelferin Julie Dubois und gründete mit dieser in der Provinz Malabar an der Westküste Indiens die Missionsstation Talatscheri (heute Talasseri im indischen Bundesstaat Kerala). Während seines über 20 Jahre dauernden Aufenthalts in Indien wurde er zu einem der kundigsten Experten der indischen Sprachen; sein Wörterbuch des Malayalam samt Grammatik gehört noch heute zu den Standardwerken der Indologie. 1855 wechselte er in die indische Hauptstation der Basler Mission nach Mangalore, und 1857 wurde er von der englischen Kolonialregierung zum Schulinspektor für die zwei indischen Provinzen Malabar und Canara berufen. Zwei Jahre später zwang ihn aber eine schwere Ruhrerkrankung zur Rückkehr nach Europa, worauf der Calwer Verlagsverein bei der Basler Mission anfragte, ob Gundert nicht als Mitarbeiter und künftiger Verlagsleiter nach Calw kommen könne. Die Basler Mission befürwortete den Antrag, und so zog Hermann Gundert 1860 nach Calw. Die Eingewöhnung in der Kleinstadt fiel ihm allerdings nicht leicht. Die Calwer Pietisten, die im Verlagsverein das Sagen hatten, beargwöhnten zunächst den weltoffenen Mann, der kein Frömmler, sondern ein Theologe, Philosoph und Sprachwissenschaftler mit zuweilen durchaus freidenkerischen Zügen war, der zudem Geselligkeiten schätzte und bis ins hohe Alter als einziger Erwachsener im Sommer in der Nagold zwischen den Schulkindern sein Bad nahm. Seine souveräne Art und sein enormes Wissen verschafften ihm jedoch bald Respekt, und er führte den Calwer Verlagsverein zu seiner Blütezeit, in der nicht nur Missionstraktate, sondern auch wichtige theologische, kirchengeschichtliche und historische Werke herausgegeben wurden. In der großväterlichen Bibliothek hat Hermann Hesse seine ersten und prägenden Leseerlebnisse; diese hat er später auch in seinem Aufsatz *Eine Bibliothek der Weltliteratur* geschildert.

Den Großvater, sein geheimnisvolles Wesen, die nicht minder geheimnisvollen Gegenstände, die er besaß, die besondere Atmosphäre des Verlagsvereinshauses sowie die anderen Familienangehörigen hat Hermann Hesse vor allem in seiner 1923 verfassten, poetisch verklärten autobiografischen Skizze *Kindheit des Zauberers* beschrieben:

*»Und in der Nähe des Götzen im Glasschrank* [einer kleinen Statue des tanzenden indischen Gottes Shiva], *und in anderen Schränken des Großvaters stand und hing und lag noch viel anderes Wesen und Gerät, Ketten aus Holzperlen wie Rosenkränze, palmblätterne Rollen mit eingeritzter alter indischer Schrift beschrieben, Schildkröten aus grünem Speckstein geschnitten, kleine Götterbilder aus Holz, aus Glas, aus Quarz, aus Ton, gestickte seidene und leinene Decken, messingene Becher und Schalen, und dieses alles kam aus Indien und aus Ceylon, der Paradiesinsel mit den Farnbäumen und Palmenufern und den sanften, rehäugigen Singhalesen, aus Siam kam es und aus Birma, und alles roch nach Meer, Gewürz und Ferne, nach Zimmet und Sandelholz, alles war durch braune und gelbe Hände gegangen, befeuchtet von Tropenregen und Gangeswasser, gedörrt von der Äquatorsonne, beschattet vom Urwald. Und alle diese Dinge gehörten dem Großvater, und er, der Alte, Ehrwürdige, Gewaltige, im weißen breiten Bart, all-*

*wissend, mächtiger als Vater und Mutter, er war im Besitz noch ganz anderer Dinge und Mächte, sein war nicht nur das indische Götter- und Spielzeug, all das Geschnitzte, Gemalte, mit Zaubern Geweihte, Kokosnussbecher und Sandelholztruhe, Saal und Bibliothek, er war auch ein Magier, ein Wissender, ein Weiser. Er verstand alle Sprachen der Menschen, mehr als dreißig, vielleicht auch die der Götter, vielleicht auch der Sterne, er konnte Pali und Sanskrit schreiben und sprechen, er konnte kanaresische, bengalische, hindostanische, singhalesische Lieder singen, kannte die Gebetsübungen der Mohammedaner und der Buddhisten, obwohl er Christ war und an den dreieinigen Gott glaubte, er war viele Jahre und Jahrzehnte in östlichen, heißen und gefährlichen Ländern gewesen, war auf Booten und in Ochsenkarren gereist, auf Pferden und Mauleseln, niemand wusste so wie er Bescheid darum, dass unsere Stadt und unser Land nur ein sehr kleiner Teil der Erde war, dass tausend Millionen Menschen anderen Glaubens waren als wir, andere Sitten, Sprachen, Hautfarben, andre Götter, Tugenden und Laster hatten als wir. Ihn liebte, verehrte und fürchtete ich, von ihm erwartete ich alles, ihm traute ich alles zu, von ihm und seinem verkleideten Gotte Pan im Gewand des Götzen lernte ich unaufhörlich. Dieser Mann, der Vater meiner Mutter, stak in einem Wald von Geheimnissen, wie sein Gesicht in einem weißen Bartwald stak, aus seinen Augen floss Welttrauer und floss heitere Weisheit, je nachdem, einsames Wissen und göttliche Schelmerei, Menschen aus vielen Ländern kannten, verehrten und besuchten ihn, sprachen mit ihm englisch, französisch, indisch, italienisch, malaiisch, und reisten nach langen Gesprächen wieder spurlos hinweg, vielleicht seine Freunde, vielleicht seine Gesandten, vielleicht seine Diener und Beauftragten. Von ihm, dem Unergründlichen, wusste ich auch das Geheimnis her-*

*stammen, das meine Mutter umgab, das Geheime, Uralte, und auch sie war lange in Indien gewesen, auch sie sprach und sang Malayalam und Kanaresisch, wechselte mit dem greisen Vater Worte und Sprüche in fremden, magischen Zungen. Und wie er, besaß auch sie zuzeiten das Lächeln der Fremde, das verschleierte Lächeln der Weisheit.*

*Anders war mein Vater. Er stand allein. Weder der Welt des Götzen und des Großvaters gehörte er an, noch dem Alltag der Stadt, abseits stand er, einsam, ein Leidender und Suchender, gelehrt und gütig, ohne Falsch und voll von Eifer im Dienst der Wahrheit, aber weit weg von jenem Lächeln, edel und zart, aber klar, ohne Geheimnis. Nie verließ ihn die Güte, nie die Klugheit, aber niemals verschwand er in diese Zauberwolke des Großväterlichen, nie verlor sich sein Gesicht in diese Kindlichkeit und Göttlichkeit, dessen Spiel oft wie Trauer, oft wie feiner Spott, oft wie stumm in sich versunkene Göttermaske aussah. Mein Vater sprach mit der Mutter nicht in indischen Sprachen, sondern sprach englisch und ein reines, klares, schönes, leise baltisch gefärbtes Deutsch. Diese Sprache war es, mit der er mich anzog und gewann und unterrichtete, ihm strebte ich zuzeiten voll Bewunderung und Eifer nach, allzu eifrig, obwohl ich wusste, dass meine Wurzeln tiefer im Boden der Mutter wuchsen, im Dunkeläugigen und Geheimnisvollen. Meine Mutter war voll Musik, mein Vater nicht, er konnte nicht singen.*

*Neben mir wuchsen Schwestern auf und zwei ältere Brüder, große Brüder, beneidet und verehrt. Um uns her war die kleine Stadt, alt und buckelig, und um sie her die waldigen Berge, streng und etwas finster, und mitten durch floss ein schöner Fluss, gekrümmt und zögernd, und dies alles liebte ich und nannte es Heimat, und im Walde und Fluss kannte ich Gewächs und Boden, Gestein und Höhlen, Vogel, Eichhorn, Fuchs* und Fisch genau. Dies alles gehörte mir, war mein, war Heimat – aber außerdem war der Glasschrank und die Bibliothek da, und der gütige Spott im allwissenden Gesicht des Großvaters, und der dunkelwarme Blick der Mutter, und die Schildkröten und Götzen, die indischen Lieder und Sprüche, und diese Dinge sprachen mir von einer weiteren Welt, einer größeren Heimat, einer älteren Herkunft, einem größeren Zusammenhang. Und oben auf seinem hohen, drahtenen Gehäuse saß unser grauroter Papagei, alt und klug, mit gelehrtem Gesicht und scharfem Schnabel, sang und sprach und kam, auch er, aus dem Fernen und Unbekannten her, flötete Dschungelsprachen und roch nach Äquator. Viele Welten, viele Teile der Erde streckten Arme und Strahlen aus und trafen und kreuzten sich in unserem Haus. Und das Haus war groß und alt, mit vielen, zum Teil leeren Räumen, mit Kellern und großen hallenden Korridoren, die nach Stein und Kühle dufteten, und unendlichen Dachböden voll Holz und Obst und Zugwind und dunkler Leere. Viele Welten kreuzten ihre Strahlen in diesem Hause. Hier wurde gebetet und in der Bibel gelesen, hier wurde studiert und indische Philologie getrieben, hier wurde viel gute Musik gemacht, hier wusste man von Buddha und Lao Tse, Gäste kamen aus vielen Ländern, den Hauch von Fremde und Ausland an den Kleidern, mit absonderlichen Koffern aus Leder und aus Bastgeflecht und dem Klang fremder Sprachen, Arme wurden hier gespeist und Feste gefeiert, Wissenschaft und Märchen wohnten nah beisammen. Es gab auch eine Großmutter, die wir etwas fürchteten und wenig kannten, weil sie kein Deutsch sprach und in einer französischen Bibel las.

Vielfach und nicht überall verständlich war das Leben dieses Hauses, in vielen Farben spielte hier das Licht, reich und vielstimmig klang das Leben. Es war schön und gefiel mir, aber schöner noch war die Welt meiner Wunschgedanken, rei-

*cher noch spielten meine Wachträume. Wirklichkeit war niemals genug, Zauber tat not.«*

Hermann Hesse: Kindheit des Zauberers, SW 9, S. 175 ff.

Weitere Eindrücke vom Haus und vom Leben in dem Haus in der Bischofstraße, in dem Hermann Hesse 1903/04 auch große Teile seines Romans *Unterm Rad* niederschrieb (vgl. S. 37 f.), lassen sich durch die Lektüre des Romans *Demian* und die Erzählung *Kinderseele* gewinnen.

## 2 Vaterhaus des Hans Giebenrath aus »Unterm Rad« und die Gasse ›Zum Falken‹

Die zweite Station des Rundgangs durch die Stadt ist nur wenige Meter entfernt. Wir gehen hierzu durch die Kolonnade, die im Erdgeschoss des ehemaligen Verlagsvereinshauses zum Schutz der Fußgänger eingebaut wurde gegen den heftigen Verkehr in der Bischofstraße. Nach dem anschließenden Haus, das heute mit dem ehemaligen Verlagsvereinshaus durch ein Ladengeschäft im Erdgeschoss verbunden ist, zu Hesses Jugendzeit aber das Postgebäude der Stadt war, kommen wir zu einem sehr schmalen Gässchen. Dieses ›Hengstetter Gässle‹ spielt in verschiedenen Erzählungen Hesses als »Falkengasse« oder »Zum Falken« eine Rolle. Das Eckhaus des Gässchens, welches das Hotel garni ›Alte Post‹ beherbergt, ist das Haus, in dem Hesse seine Hauptfigur Hans Giebenrath im Roman *Unterm Rad* wohnen lässt. Wohl mit Rücksicht auf die Familie hat Hesse seinem Hans Giebenrath, der in vielen Punkten autobiografische Züge aufweist, einen Vater gegeben, der nicht Missionar und Verlagsredak-

*Bischofstraße um 1900. Rechts das Giebenrath'sche Haus, der Zugang zum Hengstetter Gässle, das Postamt und das Verlagsvereinshaus; links das Hotel ›Waldhorn‹, dahinter der Zugang zur Nikolausbrücke*

teur, sondern »Zwischenhändler und Agent« ist und nicht im Gebäude des Verlagsvereins, sondern zwei Häuser weiter wohnt. Das Haus wurde zu Hesses Zeit tatsächlich von einem Heinrich Giebenrath bewohnt, der, wie ein historisches Schild an der Frontfassade zeigt, Bäcker und Gastwirt war und dessen Nachkommen noch heute das Haus besitzen. Parallelen zwischen diesem Calwer Bürger und der Romanfigur Joseph Giebenrath sind indes nicht nachzuweisen. Hesse ging es wohl nur darum, einen alteingesessenen Calwer Namen zu benutzen.

Das Haus und die »Falkengasse« werden in *Unterm Rad* wie folgt beschrieben:

»*Das Giebenrath'sche Haus stand nahe bei der alten steinernen Brücke und bildete die Ecke zwischen zwei sehr verschiedenartigen Gassen. Die eine, zu welcher das Haus gerechnet wurde und gehörte, war die längste, breiteste und vornehmste der Stadt und hieß Gerbergasse. Die zweite führte jäh bergan, war kurz, schmal und elend und hieß ›Zum Falken‹, nach einem uralten, längst eingegangenen Wirtshaus, dessen Schild ein Falke gewesen war.*

*In der Gerbergasse* [gemeint ist die Bischofstraße / Bahnhofstraße, also die heutige Hauptdurchfahrtsstraße Calws von den Bahnbrücken am Beginn der Stuttgarter Straße bis zum Brühl hinunter] *wohnten Haus an Haus lauter gute, solide Altbürger, Leute mit eigenen Häusern, eigenen Kirchplätzen und eigenen Gärten, die sich hinterwärts in Terrassen steil bergan zogen und deren Zäune an den Anno siebzig errichteten, mit gelbem Ginster bewachsenen Bahndamm stießen. An Vornehmheit konnte mit der Gerbergasse nur noch der Marktplatz wetteifern, wo Kirche, Oberamt, Gericht, Rathaus und Dekanat standen und in ihrer reinlichen Würde durchaus einen städtisch noblen Eindruck machten. Amtshäuser hatte nun zwar die Gerbergasse keine, aber alte und neue Bürgerwohnungen mit stattlichen Haustüren, hübsche altmodische Fachwerkhäuschen, nette, helle Giebel; und es verlieh ihr eine Fülle von Freundlichkeit, Behagen und Licht, dass sie* [im unteren Teil] *nur eine Häuserreihe besaß, denn jenseits der Straße lief am Fuß einer mit Balkenbrüstungen versehenen Mauer der Fluss dahin.*

*War die Gerbergasse lang, breit, licht, geräumig und vornehm, so war der ›Falken‹ das Gegenteil davon. Hier standen*

*schiefe finstere Häuser mit fleckigem und bröckelndem Verputz, vorhängenden Giebeln, vielfach geborstenen und geflickten Türen und Fenstern, mit krummen Kaminen und schadhaften Dachrinnen. Die Häuser raubten einander Raum und Licht, und die Gasse war schmal, wunderlich gebogen und in ewige Dämmerung gehüllt, die bei Regenwetter oder nach Sonnenuntergang sich in eine feuchte Finsternis verwandelte. Vor allen Fenstern war an Stangen und Schnüren stets eine Menge Wäsche aufgehängt; denn so klein und elend die Gasse war, so viele Familien hausten darin, von all den Aftermietern und Schlafgängern gar nicht zu reden. Alle Winkel der schiefen, alternden Häuser waren dicht bewohnt, und Armut, Laster und Krankheit waren dort ansässig. Wenn der Typhus ausbrach, so war es auch dort, und wenn in der Stadt ein Diebstahl vorkam, suchte man zuerst im ›Falken‹. Umherziehende Hausierer hatten dort ihre Absteigquartiere, unter ihnen der drollige Putzpulverhändler Hottehotte und der Scherenschleifer Adam Hittel, dem man alle Verbrechen und Laster nachsagte.«*
Hermann Hesse: Unterm Rad, Roman, SW 2, S. 238 f.

Hermann Hesse beschreibt im Folgenden ausführlich einige der eigenartigen Bewohner der Gasse, mit denen Hans in Kontakt kommt. Zum großen Teil sind es vom Dichter erfundene Gestalten, die im wirklichen Leben keine genaue Entsprechung hatten oder wenigstens als solche nicht ›aktenkundig‹ nachzuweisen sind. Eine der Personen, die er erwähnt und der er sogar eine ganze Erzählung gewidmet hat, existierte aber tatsächlich genauso, wie von ihm beschrieben: der kleine verwachsene Putzmittelhausierer Hottehotte Putzpulver, der mit bürgerlichem Namen Hartmann hieß und aus Bad Liebenzell kam.

Trotz des Verbots der Eltern, sich mit ihnen einzulassen,

übten die Bewohner des verrufenen Armenviertels auf Hermann Hesse eine magische Anziehungskraft aus, und er trieb sich dort manchen Tag heimlich herum. Dort passierten die spannenderen Dinge, dort wurden die interessanteren und verwegeneren Knabenspiele gespielt. In der Einleitung zum Roman *Demian. Die Geschichte von Emil Sinclairs Jugend*, welche die Überschrift *Zwei Welten* trägt, beschreibt Hesse den Widerspruch zwischen der bürgerlichen, behüteten Welt des Elternhauses und jener anderen Welt, die nur wenige Schritte entfernt existierte:

*»Ich beginne meine Geschichte mit einem Erlebnis der Zeit, wo ich zehn Jahre alt war und in die Lateinschule unseres Städtchens ging.*

*Viel duftet mir da entgegen und rührt mich von innen mit Weh und mit wohligem Schauern an, dunkle Gassen und helle Häuser und Türme, Uhrschläge und Menschengesichter, Stuben voll Wohnlichkeit und warmem Behagen, Stuben voll Geheimnis und tiefer Gespensterfurcht. Es riecht nach warmer Enge, nach Kaninchen und Dienstmägden, nach Hausmitteln und getrocknetem Obst. Zwei Welten liefen dort durcheinander, von zwei Polen her kamen Tag und Nacht.*

*Die eine Welt war das Vaterhaus, aber sie war sogar noch enger, sie umfasste eigentlich nur meine Eltern. Diese Welt war mir großenteils wohlbekannt, sie hieß Mutter und Vater, sie hieß Liebe und Strenge, Vorbild und Schule. Zu dieser Welt gehörte milder Glanz, Klarheit und Sauberkeit, hier waren sanfte freundliche Reden, gewaschene Hände, reine Kleider, gute Sitten daheim. Hier wurde der Morgenchoral gesungen, hier wurde Weihnacht gefeiert. In dieser Welt gab es gerade Linien und Wege, die in die Zukunft führten, es gab Pflicht und Schuld, schlechtes Gewissen und Beichte, Verzeihung und gute Vorsätze,*

*Liebe und Verehrung, Bibelwort und Weisheit. Zu dieser Welt muss man sich halten, damit das Leben klar und reinlich, schön und geordnet sei.*

*Die andere Welt indessen begann schon mitten in unserem eigenen Hause und war völlig anders, roch anders, sprach anders, versprach und forderte anders. In dieser zweiten Welt gab es Dienstmägde und Handwerksburschen, Geistergeschichten und Skandalgerüchte, es gab da eine bunte Flut von ungeheuren, lockenden, furchtbaren, rätselhaften Dingen, Sachen wie Schlachthaus und Gefängnis, Betrunkene und keifende Weiber, gebärende Kühe, gestürzte Pferde, Erzählungen von Einbrüchen, Totschlägen, Selbstmorden. Alle diese schönen und grauenhaften, wilden und grausamen Sachen gab es ringsum, in der nächsten Gasse, im nächsten Haus, Polizeidiener und Landstreicher liefen herum. Betrunkene schlugen Weiber, Knäuel von jungen Mädchen quollen abends aus den Fabriken, alte Frauen konnten einen bezaubern und krank machen, Räuber wohnten im Wald, Brandstifter wurden von Landjägern gefangen – überall quoll und duftete diese zweite, heftige Welt, überall nur nicht in unsern Zimmern, wo Mutter und Vater waren. Und das war sehr gut. Es war wunderbar, dass es hier bei uns Frieden, Ordnung und Ruhe gab, Pflicht und gutes Gewissen, Verzeihung und Liebe – und wunderbar, dass es auch alles andere gab, alles das Laute und Grelle, Düstere und Gewaltsame, dem man doch mit einem Sprung zur Mutter entfliehen konnte.*

*Und das Seltsamste war, wie die beiden Welten aneinander grenzten, wie nah sie beisammen waren! Zum Beispiel unsere Dienstmagd Lina, wenn sie am Abend bei der Andacht in der Wohnstube bei der Türe saß und mit ihrer hellen Stimme das Lied mitsang, die gewaschenen Hände auf die glattgestrichene Schürze gelegt, dann gehörte sie ganz zu Vater und Mutter, zu*

*uns, ins Helle und Richtige. Gleich darauf in der Küche oder im Holzstall, wenn sie mir die Geschichte vom Männlein ohne Kopf erzählte, oder wenn sie beim Metzger im kleinen Laden mit den Nachbarweibern Streit hatte, dann war sie eine andere, gehörte zur anderen Welt, war von Geheimnis umgeben. Und so war es mit allem, am meisten mit mir selber.«*
Hermann Hesse: Demian, Roman (1919), SW 3, S. 237f.

Im Anschluss an diese Ausführungen erzählt er die Geschichte, wie er einmal mit den wilden Gassenbuben aus der »*anderen Welt*« mittun wollte, dabei, um ihnen zu imponieren, eine Geschichte von gestohlenen Äpfeln erfand und sofort zur Zahlung von Schutzgeldern erpresst wurde.

Es gibt in Hesses Calwer Erzählungen eine ganze Reihe, die ganz oder teilweise im Milieu der armen Leute, der an den Rand der Gesellschaft Gedrängten spielen. Neben den bereits erwähnten Werken *Unterm Rad*, *Demian* und *Hottehotte Putzpulver* finden sich solche Episoden auch z. B. in *Knulp*, *Garibaldi* und *In der alten Sonne*. In größerem Rahmen spielt das Thema der zwei Welten auch in Hesses Roman *Der Steppenwolf* eine wichtige Rolle.

Das Hengstetter Gässle, die »Falkengasse«, weist heute nicht mehr das in ein Dämmerlicht getauchte überbevölkerte Häusergewirr der Hesse-Zeit auf, aber »*schmal und wunderlich gebogen*« ist es immer noch, und an einigen Stellen kann man sich noch vorstellen, wie es um die Jahrhundertwende aussah. Der Gang durch die Gasse, die in einem Bogen zur Hauptstraße zurückführt, lohnt sich auch von daher, dass man gleich nach wenigen Metern einen interessanten Blick auf die rückwärtige langgestreckte Dachlandschaft des ehemaligen Verlagsvereinshauses werfen kann, das Hermann Hesse immer wieder als sein »Vaterhaus« bezeichnete.

Außerdem ist an der Rückseite des ehemaligen Postamtes ein haushohes Gemälde angebracht, das eine Tessiner Landschaft in Hermann Hesses Aquarellstil zu imitieren versucht und über dessen Sinn an diesem Ort die Meinungen auseinandergehen.

### 3 Die Nikolausbrücke mit der Nikolauskapelle

Die nächste Station des Rundgangs führt uns an Hermann Hesses Lieblingsplatz in Calw: Genau gegenüber vom Giebenrathhaus und dem Eingang zum Hengstetter Gässle führt die Nikolausbrücke über die Nagold in den eigentlichen Stadtkern hinein. Die malerische dreibogige Buntsandsteinbrücke mit der aus demselben einheimischen Material erbauten Brückenkapelle wurde um 1400 errichtet und ist das älteste erhaltene Bauwerk der Stadt. Sie ist dem heiligen Nikolaus, dem Schutzpatron der Flößer und Handelsreisenden, geweiht. In den links und rechts des Kapellenportals angebrachten Nischen stehen ein Flößer und ein Tuchmacher als Repräsentanten der in alter Zeit wichtigsten Gewerbe der Stadt. Im Innern der Kapelle sind in die bunten Glasfenster die Wappen der alteingesessenen Bürgerfamilien der Stadt eingearbeitet, u. a. auch das der Familie Gundert. Eine Tafel mit einem Spruch bittet darum, die Stadt vor verheerenden Überschwemmungen, wie sie alle paar Jahrzehnte geschehen, und Zerstörungen, wie im Dreißigjährigen Krieg und nochmals 1692 durch das Heer Ludwigs XIV. vorgekommen, zu bewahren.

*»Das ist mir der liebste Platz im Städtchen, der Domplatz von Florenz ist mir nichts dagegen«*, schreibt Hermann Hesse

»Über die Brücke lief kein Wagen und trabte kein Gaul, den ich nicht kannte.« Hermann Hesses Lieblingsplatz: die Nikolausbrücke

über diesen pittoresken Ort (siehe S. 15). Aus diesem Grund wurde zu seinem 125. Geburtstag 2002 ebenda eine lebensgroße Statue des Dichters aufgestellt (siehe Foto auf Seite 42), die von Bürgern und der Stadt gestiftet und von dem Bildhauer Kurt Tassotti geschaffen wurde. Sie zeigt den Dichter im sechsten Lebensjahrzehnt stehend. In diesem Alter, mit 54 Jahren, besuchte Hesse 1931 zum letzten Mal seine Heimatstadt aus Anlass der silbernen Hochzeit seiner Schwester Adele, deren Mann Pfarrer im 15 km nagoldabwärts gelegenen Unterreichenbach war. Danach kam er nicht mehr vorbei, zunächst wegen des ihm verhassten Dritten Reiches und später wegen seiner gesundheitlichen Verfassung, die ihn längere Reisen meiden ließ.

Die Brücke, einst die Hauptverkehrsbrücke Calws, jetzt ganz den Fußgängern vorbehalten und ein Ort der Muße, vermag noch etwas von der Beschaulichkeit des alten Städtchens zu vermitteln. Zwar ist flussabwärts das linke Ufer völlig neuzeitlich überbaut, aber dahinter steigt die alte Dächerlandschaft mit dem hohen Kirchturm auf, und auf der rechten Seite der Brücke steht noch das stattliche Brückenhaus; darüber sieht man den Hohen Felsen, hoch über dem Elternhaus, wo sich Hermann Hesse gerne aufgehalten hat, und weiter flussabwärts leuchtet die Reihe der alten Fachwerkhäuser an der Bischofstraße. Flussaufwärts steht gleich links das zweite Brückengebäude, in dem einst das Hotel ›Waldhorn‹ war; dort übernachtete Hesse 1931 bei seinem letzten Besuch in Calw. Oben, neben dem Stauwehr rechts, lag die Badwiese der Stadt. Auf dem Wehr selbst, dem sich entlang des Flusses weitere Wehre zur Wasserkraftgewinnung durch die ganze Stadt hindurch anschlossen, wurde winters Schlittschuh gelaufen. Ab und zu kamen Flöße auf ihrem Weg zum Neckar und Rhein den Fluss herab, und in den Ufergebüschen trieb sich, wann immer die Zeit es zuließ, der angelbegeisterte Hermann mit seiner Angelrute herum. Auch die Gerber, die entlang des Ufers ihre Werkstätten hatten und am Fluss ihre Felle und Häute wässerten, besuchte er gerne, u.a. den Weißgerber, dessen hohes Werkstattgebäude mit den Trockenböden unterm spitzen Giebel von der Brücke aus flussaufwärts auf der rechten Seite zu sehen ist und das heute ein sehr sehenswertes Gerbereimuseum beherbergt, das sonntagnachmittags interessante Führungen anbietet.

Die Bedeutung, welche die Nagold für Hesse gehabt hat,

ist an vielen Stellen seines Werkes bezeugt. So heißt es z. B. im Roman *Unterm Rad*:

»*Langsam schlenderte er über den Marktplatz, am alten Rathaus vorüber, durch die Marktgasse und an der Messerschmiede vorbei zur alten Brücke. Dort bummelte er eine Weile auf und ab und setzte sich schließlich auf die breite Brüstung. Wochen- und monatelang war er Tag für Tag seine vier Mal hier vorbeigegangen und hatte keinen Blick für die kleine gotische Brückenkapelle gehabt, noch für den Fluss, noch für die Stellfalle, Wehr und Mühle, nicht einmal für die Badwiese und für die weidenbestandenen Ufer, an denen ein Gerberplatz neben dem anderen lag, wo der Fluss tief, grün und still wie ein See stand und wo die gebogenen, spitzen Weidenäste bis ins Wasser hinabhingen.*

*Nun fiel ihm wieder ein, wie viele halbe und ganze Tage er hier verbracht, wie oft er hier geschwommen und getaucht und gerudert und geangelt hatte. Ach, das Angeln! Das hatte er nun auch fast verlernt und vergessen, und im vergangenen Jahr hatte er so bitterlich geheult, als es ihm verboten worden war, der Examensarbeit wegen. Das Angeln! Das war doch das Schönste in all den langen Schuljahren gewesen. Das Stehen im dünnen Weidenschatten, das nahe Rauschen der Mühlenwehre, das tiefe ruhige Wasser! Und das Lichterspiel auf dem Fluss, das sanfte Schwanken der langen Angelrute, die Aufregung beim Anbeißen und Ziehen und die eigentümliche Freude, wenn man einen kühlen, feisten, schwänzelnden Fisch in der Hand hielt!*«

Hermann Hesse: Unterm Rad, Roman, SW 2, S. 141 f.

Neben dem Angeln wurde er besonders von der Flößerei fasziniert, die bis etwa 1910 auf der Nagold betrieben wurde. In

*Floß mit Flößern vor der Nikolausbrücke und -kapelle*

der Erzählung *Floßfahrt* hat Hesse 1928 seine diesbezüglichen Jugenderlebnisse rückblickend geschildert:

»*Durch meine Vaterstadt im Schwarzwald floss ein Fluss, ein Fluss, an dem damals nur erst ganz wenige Fabriken standen, wo es viele alte Mühlen und Brücken, Schilfufer und Erlengehölze, wo es viele Fische und im Sommer Millionen von dunkelblauen Wasserjungfern gab. Es ist mir unbekannt, wie sich die Fische und die Wasserjungfern zwischen dem zunehmenden Zementgemäuer der Ufer und den zunehmenden Fabriken gehalten haben, vielleicht sind sie noch immer da. Vermutlich längst verschwunden aber ist etwas, was es damals auf dem*

*Flusse gab, etwas Schönes und Geheimnisvolles, etwas Märchenhaftes, etwas vom Allerschönsten, was dieser schöne sagenhafte Fluss besaß: die Flößerei. Damals, zu unseren Zeiten, wurden die Schwarzwälder Tannenstämme den Sommer über in gewaltigen Flößen alle die kleinen Flüsse bis nach Mannheim und zuweilen noch bis nach Holland hinunter auf dem Wasser befördert, die Flößerei war ein eigenes Gewerbe, und für jedes Städtchen war im Frühjahr das Erscheinen des ersten Floßes noch wichtiger und merkwürdiger als das der ersten Schwalben.*

*Ein solches Floß (das aber auf Schwäbisch nicht ›das Floß‹ hieß, sondern ›der Flooz‹) bestand aus lauter langen Tannen- und Fichtenstämmen, sie waren entrindet, aber nicht weiter zugehauen, und das Floß bestand aus einer größeren Anzahl von Gliedern. Jedes Glied umfasste etwa acht bis zwölf Stämme, die an den Enden verbunden waren, und an jedem Glied hing das nächste Glied elastisch, mit Weiden gebunden, so dass das Floß, war es auch noch so lang, mit seinen beweglichen Gliedern sich den Krümmungen des Flusses anschmiegen konnte. Dennoch passierte es nicht selten, dass ein Floß stecken blieb, eine aufregende Sache für die ganze Stadt und ein hohes Fest für die Jugend. Die Flößer, wegen ihres Missgeschicks von den Brücken herab und aus den Fenstern der Häuser vielfach verhöhnt, waren wütend und hatten fieberhaft zu arbeiten, wateten schimpfend bis zum Bauch im Wasser, schrien und zeigten die ganze berühmte Wildheit und Rauigkeit ihres Standes; noch ärgerlicher und böser waren die Müller und Fischer, und alles, was am Ufer sein Leben und seine Arbeit hatte, namentlich die vielen Gerber, rief den Flößern Scherzworte oder Schimpfworte zu. War das Floß unter einem offenen Schleusentor steckengeblieben, dann trabten und schimpften die Müller ganz besonders, und es gab dann zuweilen für uns*

*Knaben ein besonderes Glück: das Flussbett rann eine Strecke beinahe leer, und unterhalb der Wehre konnten wir dann die Fische mit der Hand fangen, die breiten, glänzenden Rotaugen, die schnellen, stacheligen Barsche und etwa auch ein Neunauge.*

*Die Flößer gehörten offensichtlich zu den Unsesshaften, Wilden, Wanderern, Nomaden, und Floß und Flößer waren bei den Hütern der Sitte und Ordnung nicht wohlgelitten. Umgekehrt war für uns Knaben, sooft ein Floß erschien, Gelegenheit zu Abenteuern, Aufregungen und Konflikten mit jenen Ordnungsmächten. So wie zwischen Müllern und Flößern ein ewiger Krieg bestand, in dem ich stets zur Partei der Flößer hielt, so bestand bei unseren Lehrern, Eltern, Tanten eine Abneigung gegen das Flößerwesen, und ein Bestreben, uns mit ihm möglichst wenig in Berührung kommen zu lassen. Wenn einer von uns zu Hause mit einem recht unflätigen Wort, einem meterlangen Fluch aufwartete, dann hieß es bei den Tanten, das habe man natürlich wieder bei den Flößern gelernt. Und an manchem Tage, der durch die Durchreise eines Floßes uns zum Fest geworden war, gab es väterliche Prügel, Tränen der Mutter, Schimpfen des Polizisten. Eine schöne Sage, die wir Knaben über alles liebten, war die von einem kleinen Buben, der einst wider alle Verbote ein Floß bestiegen und damit bis nach Holland und ans Meer gekommen sei und erst nach Monaten sich wieder bei seinen trauernden Eltern eingefunden habe. Es diesem Märchenknaben gleichzutun, war jahrelang mein innigster Wunsch.*

*Weit öfter, als mein guter Vater ahnte, bin ich als kleiner Bub für kurze Strecken blinder Passagier auf einem Floß gewesen. Es war streng verboten, man hatte nicht nur die Erzieher und die Polizei gegen sich, sondern meistens auch die Flößer. Schöneres und Spannenderes gibt es für einen Knaben nicht auf der Welt, als eine Floßfahrt. Denke ich daran, so kommt mit hundert zauberhaften Düften die ganze Heimat und Vergangenheit herauf. Ein vorüberfahrendes Floß besteigen konnte man entweder vom Laufsteg eines Schleusentors, einer sogenannten ›Stellfalle‹ aus – das galt für schneidig und forderte einigen Mut, oder aber vom Ufer aus, was oft gar nicht schwierig war, aber doch jedes Mal mit einem halben oder ganzen Bad bezahlt werden musste. Am besten noch ging es an ganz warmen Sommertagen, wenn man ohnehin sehr wenig Kleider und weder Schuhe noch Strümpfe anhatte. Dann kam man leicht aufs Floß, und wenn man Glück hatte und sich vor den Flößern verbergen konnte, war es wunderbar, ein paar Meilen weit zwischen den grünen stillen Ufern den Fluss hinunterzufahren, unter den Brücken und Stellfallen hindurch.*

*Während des Fahrens aber, wenn nicht gerade ein Flößer freundlich war und einen auf einen Bretterstoß setzte, bekam man sehr bald die Unbilden des beneideten Flößerhandwerks zu kosten. Man stand unsicher auf den glitschigen Stämmen, zwischen denen das Wasser ununterbrochen heraufspritzte, man war nass bis auf die Knochen, und wenn es nicht sonderlich sommerlich war, fing man stets bald an zu frieren. Und dann kam der Augenblick näher, wo man das rasch fahrende Floß wieder verlassen musste, es ging gegen den Abend, man schlotterte vor nasser Kühle, und man war bis in eine Gegend mitgefahren, wo man die Ufer nicht mehr so genau kannte wie zu Hause. Nun galt es eine Stelle zu erspähen und unverweilt mit raschem Entschluss zu benützen, wo ein Absprung ans Land möglich schien – meistens gab es in diesem letzten Augenblick nochmals ein Bad, auch war es oft gefährlich, und hie und da passierte ein Unglück; auch mir ist bei diesem Anlass einst der Schauder der Todesgefahr bekannt geworden.*

*Und wenn man dann glücklich wieder an Land war, Erde*

*und Gras unter den Füßen hatte, dann war es weit, zuweilen sehr weit nach Hause zurück, man stand in nassen Schuhen, nassen Kleidern, man hatte die Mütze verloren, und nun spürte man nach dem glitschigen Stehen auf den nassen Baumstämmen eine Schwäche in den Waden und Knien und musste doch noch eine Stunde oder zwei oder mehr zu Fuß laufen, und alles nur, um dann von schluchzenden Müttern, entsetzten Tanten und einem todernsten Vater empfangen zu werden, welche dem Herrn dafür dankten, dass er wider Verdienst den entarteten Knaben hatte heil entrinnen lassen.*

*Schon in der Kindheit war es so: man bekam nichts geschenkt, man musste jedes Glück bezahlen. Und wenn ich heute nachrechne, in was das Glück einer solchen Floßfahrt eigentlich bestand, wenn ich alle Beschwerden, Anstrengungen, Unbilden abziehe, so bleibt wenig übrig. Aber dieses wenige ist wunderbar; ein stilles, rasch und erregend ziehendes Fahren auf dem kühlen, laut rauschenden Fluss zwischen lauter spritzendem Wasser, ein traumhaftes Hinwegfahren unter den Brücken, durch dicke, lange Gehänge von Spinnweben, träumerische Augenblicke des Versinkens in ein unsäglich seliges Gefühl von Wanderung, von Unterwegssein, von Entronnensein und Indiewelthineinfahren, mit der Perspektive zum Neckar und zum Rhein und nach Holland hinunter – und dies wenige, diese mit Nässe, Frieren, mit Schimpfworten der Flößer, Predigten der Eltern bezahlte Seligkeit wog doch alles auf, war doch alles wert, was man dafür geben musste. Man war ein Flößer, man war ein Wanderer, ein Nomade, man schwamm an den Städten und Menschen vorbei, still, nirgends hingehörig, und fühlte im Herzen die Weite der Welt und ein sonderbares Heimweh brennen. O nein, es war gewiss nicht zu teuer bezahlt.«*

Hermann Hesse: Floßfahrt, Erinnerung, SW 12, S. 119 ff.

Im Winter bot die Nagold dann noch eine weitere Herrlichkeit: das Schlittschuhlaufen. In der kleinen Erzählung *Der Kavalier auf dem Eise* schildert Hesse dieses:

»*Ich kann das merkwürdige, gruselig-entzückte Gefühl nicht vergessen, mit dem ich am ersten bitterkalten Morgen den Fluss betrat, denn er war tief und das Eis war so klar, dass man wie durch eine dünne Glasscheibe unter sich das grüne Wasser, den Sandboden mit Steinen, die phantastisch verschlungenen Wasserpflanzen und zuweilen den dunklen Rücken eines Fisches sah.*

*Halbe Tage trieb ich mich mit meinen Kameraden auf dem Eise herum, mit heißen Wangen und blauen Händen, das Herz von der starken rhythmischen Bewegung des Schlittschuhlaufs energisch geschwellt, voll von der wunderbaren gedankenlosen Genusskraft der Knabenzeit. Wir übten Wettlauf, Weitsprung, Hochsprung, Fliehen und Haschen [...].*

*Am liebsten lief ich allein, oft bis zum Einbruch der Nacht. Ich sauste dahin, lernte im raschesten Schnelllauf an jedem beliebigen Punkte halten oder wenden, schwebte mit Fliegergenuss balancierend in schönen Bogen. Viele von meinen Kameraden benutzten die Zeit auf dem Eise, um Mädchen nachzulaufen und zu hofieren. Für mich waren die Mädchen nicht vorhanden.*«

Hermann Hesse: Der Kavalier auf dem Eise, Erzählung,
SW 6, S. 48 f.

Wie sich Letzteres dann doch ändert und der zwölfeinhalbjährige Hermann sein erstes amouröses Abenteuer auf dem Eise der Nagold besteht, kann man in der kleinen Geschichte nachlesen.

## 4 Der Hermann-Hesse-Platz

Am jenseitigen Ende der Nikolausbrücke öffnet sich der hübsche kleine Platz, der seit 1947 nach Hermann Hesse benannt ist. Der zierliche Buntsandsteinbrunnen wurde dem Dichter bereits 1920 gewidmet. Diese Widmung wurde 1934 von den Nationalsozialisten rückgängig gemacht, indem die Ausmeißelung des Namenszuges angeordnet wurde – wobei unklar ist, ob diese Anordnung tatsächlich ausgeführt wurde oder ob der damals vor einer Mauer stehende Brunnen von Calwern, die ihn nicht beschädigen wollten, nur so gedreht wurde, dass der Namenszug nicht mehr von der Straße aus lesbar war. Jedenfalls wurde die Benennung nach dem Ende der Naziherrschaft wieder erneuert, und 1952 zu Hermann Hesses 75. Geburtstag wurde am Brunnen zusätzlich eine Reliefplakette mit dem Kopf des Nobelpreisträgers angebracht.

An einem Gebäude hinter dem Brunnen ist ein Zitat Hesses aus seiner um 1902 geschriebenen Betrachtung *Knabenzeit* angebracht:

»Wo man ein Knabe war, da ist man zuhaus. [...] Es gibt nur diesen einen Ort auf der Erde, wo mir jeder winzigste Winkel ganze Scharen von lebendigen Erinnerungen entgegenwirft, wo jedes Plätzchen in jeder Gasse für mich etwas Erlebtes, Erobertes, Unverlierbares ist und noch einen Nachglanz jenes fabelhaften, reichen, leidenschaftlichen Lebens an sich trägt, das ich als Knabe hier gelebt habe.«
Hermann Hesse: Knabenzeit, SW 12, S. 73 f.

Vom Hermann-Hesse-Platz gehen drei Straßen ab: links die Badstraße, geradeaus die Metzgergasse und rechts die Marktstraße.

*Der Hesse-Brunnen in den 1920er-Jahren auf dem Platz, der 1947 nach Hermann Hesse benannt wurde; rechts die Badstraße*

Gleich am Beginn der Badstraße, nach dem ersten Haus auf der rechten Seite, führt ein Treppengang zu einem zurückgesetzten Gebäude mit einem alten Rundportal hoch. Dieser düster-malerische Winkel ist Schauplatz der Erzählung *Erlebnis in der Knabenzeit*:

»*Der Schlosser Mohr, Hermann Mohrs Vater, den wir Mohrle nannten, wohnte am Eingang der Badgasse in einem alten, merkwürdigen und etwas finsteren Hause, zu dem ein steiler, gepflasterter Aufstieg und dann noch einige Stufen aus rotem Sandstein hinanführten. Neben dem Tor der Schlosserwerk-*

*statt, die ich nie betreten habe, führte dicht hinter der Haustür eine steile, enge Treppe zur Wohnung hinauf [...].«*
Hermann Hesse: Erlebnis in der Knabenzeit, SW 6, S. 52

In der kurzen Erzählung von 1901 erzählt Hermann Hesse autobiografisch seine erste Begegnung mit dem Tod, als ein etwas jüngerer Knabe, den er sehr wegen seiner künstlerischen Begabung bewunderte, 1889 an einer Hirnhautentzündung starb.

Durch die Metzgergasse wäre ein Abstecher zum Schießberg hinauf möglich, wo auf dem Platz des heutigen Hermann-Hesse-Gymnasiums einst das in der Erzählung *In der alten Sonne* (SW 6, S. 237 ff.) beschriebene Armenasyl stand.

Der obere Bereich der Metzgergasse ist zudem der Schauplatz, den Hermann Hesse vor Augen hatte, als er das Elternhaus des Josef Knecht im *Vierten Lebenslauf* (SW 5, S. 602 ff.) schilderte, einer Vorarbeit zum *Glasperlenspiel*: »*Knechts Vaterhaus stand [...] zu oberst in einer steil bergan führenden Gasse [...].«*

## 5 Durch die Marktstraße zum Marktplatz mit Hermann Hesses Geburtshaus

Vom Hermann-Hesse-Platz setzen wir den Rundgang nach rechts in die Marktstraße fort. Wir befinden uns dabei ganz unmittelbar auf den Spuren des jungen Hermann Hesse, denn den bislang beschrittenen Weg über die Nikolausbrücke und durch die Marktstraße ist er zwischen 1886 und 1889 täglich von seinem Elternhaus in der Bischofstraße kommend zur Schule hinter dem Rathaus gegangen.

Die Marktstraße hat seit jener Zeit einige Veränderungen erfahren, die aber nur zum Teil auf den ersten Blick erkennbar sind. Das große doppelgiebelige Fachwerkhaus auf der rechten Seite, in dem die Sparkasse untergebracht ist, ist ein Produkt postmoderner Fassadenkunst, mit der ein prosaischer Flachdachbau, dem in den 1960er-Jahren mehrere kleinere Häuser geopfert worden waren, kaschiert und wieder in die Umgebung eingepasst wurde. Deutlicher erkennbar ist die Bresche, die der am Ende der Marktstraße quer stehende ›Calwer Markt‹ in die alte Bausubstanz geschlagen hat. – Wie würde wohl Hermann Hesse darauf reagieren? Mit Trauer und Kritik oder mit dem Verständnis, das sein August Schlotterbeck in der Erzählung *Die Heimkehr* für die Neuerungen im Städtchen aufbringt, als er nach langer Abwesenheit in der Fremde heimkommt:

*»Die Neuerungen in der Stadt gefielen ihm nicht übel. Er fand, es sei auch hier Arbeit und Bedürfnis gewachsen, wenn auch mit Maß, und sowohl die Gasanstalt wie das neue Volksschulhaus fand seine Billigung. Die Bevölkerung schien ihm, der dafür in der Welt ein Auge bekommen hatte, recht wohlerhalten, ob auch nicht mehr so ungemischt wie vor Zeiten, da die Enkel von Zugewanderten noch durchaus für Fremde gegolten hatten.«*
     Hermann Hesse: Die Heimkehr, Erzählung (1909),
          SW 7, S. 262

Wenn man direkt vor dem ›Calwer Markt‹ steht, sieht man links oben bereits einen Teil des Marktplatzes mit dem stattlichen Rathaus. Von der anderen, zur Nagold gelegenen Seite münden die neuzeitliche Marktbrücke, die zur Befreiung der Nikolausbrücke vom Autoverkehr gebaut wurde, sowie die Lederstraße in die Marktstraße ein. Am Beginn der Lederstraße liegt die Einfahrt zum Parkhaus des ›Calwer Marktes‹. Etwa an dieser Stelle stand zu Hesses Jugendzeit ein Mühlengebäude, in welchem der Mechanikermeister Heinrich Perrot einen Werkstattraum eingerichtet hatte. Hier absolvierte Hermann Hesse ab Juni 1894 sein 15-monatiges Mechanikerpraktikum. Mutter Hesse notierte: »*Heute hat Hermann sich um acht Uhr beim jungen Perrot bei der Mühle drüben einstellen müssen. [...] Ob's hält, ob er Körperkraft genug und Energie und Ausdauer hat?*« Etliche Wochen später kann sie erleichtert notieren: »*Hermann arbeitet, das ist mir ein täglich Geschenk, er erstarkt dabei sichtlich.*«

Wir gehen nun zum Marktplatz hinauf, wo die Hesse-Zeit noch an vielen Ecken lebendig ist. Da steht das stattliche Rathaus, das auf Pfeilern über einer großen offenen Halle erbaut ist, die früher als Markthalle diente. Sobald man unter einem der großen Bogen steht und auf die gegenüberliegende Seite des Platzes schaut, blickt man direkt auf das Geburtshaus Hermann Hesses. Im Erdgeschoss ist, wie schon zu Hesses Jugendzeit, ein Ladengeschäft untergebracht (Mode Schaber). Neben dem Eingang weist eine Plakette auf die Bedeutung des Hauses hin.

Gleich nach ihrer Verheiratung im Jahr 1874 sind Marie und Johannes Hesse mit den beiden Söhnen aus Maries erster Ehe in die schöne Wohnung im 2. Stock dieses Hauses gezogen. Hier wird zunächst 1875 die Tochter Adele geboren, und zwei Jahre später, am 2. Juli 1877, erblickt in dieser Wohnung Hermann Hesse das Licht der Welt. Mutter Hesse notiert im Tagebuch:

»Am Montag, 2. Juli 1877, nach schwerem Tag, schenkt Gott in seiner Gnade abends halb sieben Uhr das heiß ersehnte Kind, unsern Hermann, ein sehr großes, schweres, schönes Kind, das gleich Hunger hat, die hellen, blauen Augen nach der Helle dreht und den Kopf selbständig dem Licht zuwendet, ein Prachtexemplar von einem gesunden, kräftigen Burschen. Heute, 20. Juli, nach achtzehn Tagen, schreibe ich dies. Bin wieder fast den ganzen Tag auf, nur noch sehr schwach und steif in den Beinen. Der Kleine ist sehr brav, kommt bloß einmal nachts und schläft bei Tag sechs Stunden in einem Strich. Johnny ist so glücklich mit seinem Sohn, und die drei Kinder jubeln übers Brüderlein.«

Marie Hesse: Ein Lebensbild, S. 160

Noch drei weitere Geschwister kommen in den nächsten drei Jahren in diesem Haus auf die Welt; doch es bleibt der Familie nur die 1880 geborene Marie, die in der Familie Marulla gerufen wird; die beiden 1878 und 1879 geborenen Geschwisterchen Paul und Gertrud sterben beide wenige Monate nach der Geburt an Kinderkrankheiten.

1881 erhält der Vater Hesse einen Ruf ans Basler Missionshaus, wo er unterrichten und das Missionsmagazin herausgeben soll, worauf die Familie im April nach Basel umzieht. Das jüngste Geschwister, der Bruder Hans, wird bereits in Basel geboren. (Zu Basel siehe das Kapitel S. 245 ff.)

Einen kleinen Eindruck vom Leben auf dem Calwer Marktplatz zu Hermann Hesses Kinderzeit vermag eine kurze Szene aus der Erzählung *Unterbrochene Schulstunde* zu vermitteln:

»[...] Taubenschwärme erschreckten kleine Hunde und brachten sie zum Bellen, Pferde standen vor Bauernwagen gespannt,

*Das Geburtshaus Hermann Hesses (2. Haus von rechts).
In der Wohnung im 2. Stock wird er 1877 geboren*

*hatten eine hölzerne Krippe vor sich stehen und fraßen Heu,
die Handwerker waren an der Arbeit oder unterhielten sich
durch ihre niedrig gelegenen Werkstättenfenster mit der Nachbarschaft.«*

Hermann Hesse: Unterbrochene Schulstunde,
Erzählung (1948), SW 8, S. 477

Unweit des Geburtshauses steht der Untere Marktbrunnen. Mit diesem verbindet sich eine Anekdote oder Phantasie aus Hermann Hesses märchenhafter Autobiografie *Kindheit des Zauberers*. Darin erzählt er, dass ihn in den Kindheitsjahren oft ein kleines, allen anderen Menschen unsichtbares Männlein begleitet habe, das ihn bald beschützt und beraten, bald zu Widerspruch und Schabernack aufgestachelt habe:

*Der Calwer Marktplatz um 1900 mit dem Unteren Marktbrunnen. Am rechten Bildrand das Hesse-Geburtshaus*

»Ich weiß nicht, wann ich ihn zum ersten Male sah, ich glaube, er war schon immer da, er kam mit mir zur Welt. Der kleine Mann war ein winziges, grau schattenhaftes Wesen, ein Männlein, Geist oder Kobold, Engel oder Dämon, der zuzeiten da war und vor mir herging, im Traum wie auch im Wachen, und dem ich folgen musste, mehr als dem Vater, mehr als der Mutter, mehr als der Vernunft, ja oft mehr als der Furcht. Wenn der Kleine mir sichtbar wurde, gab es nur ihn, und wohin er ging oder was er tat, das musste ich ihm nachtun: Bei Gefahren zeigte er sich. Wenn mich ein böser Hund, ein erzürnter größerer Kamerad verfolgte und meine Lage heikel wurde, dann, im schwierigsten Augenblick, war das Männlein da, lief vor mir, zeigte mir den Weg, brachte Rettung. Er zeigte mir die lose Latte im Gartenzaun, durch die ich im letzten bangen Augenblick den Ausweg gewann, er machte mir vor, was gerade *zu tun war: sich fallenlassen, umkehren, davonlaufen, schreien, schweigen. Er nahm mir etwas, was ich essen wollte, aus der Hand, er führte mich an den Ort, wo ich verlorengegangene Besitztümer wiederfand. Es gab Zeiten, da sah ich ihn jeden Tag. Es gab Zeiten, da blieb er aus. Diese Zeiten waren nicht gut, dann war alles lau und unklar, nichts geschah, nichts ging vorwärts.*

*Einmal, auf dem Marktplatz, lief der kleine Mann vor mir her und ich ihm nach, und er lief auf den riesigen Marktbrunnen zu, in dessen mehr als mannstiefes Steinbecken die vier Wasserstrahlen sprangen, turnte an der Steinwand empor bis zur Brüstung, und ich ihm nach, und als er von da mit einem hurtigen Schwung hinein ins tiefe Wasser sprang, sprang ich auch, es gab keine Wahl, und wäre ums Haar ertrunken. Ich ertrank aber nicht, sondern wurde herausgezogen, und zwar von einer hübschen Nachbarsfrau, die ich bis dahin kaum gekannt hatte, und zu der ich nun in ein schönes Freundschafts- und Neckverhältnis kam, das mich lange Zeit beglückte.«*

Hermann Hesse: Kindheit des Zauberers, GW 9, S. 178 f.

Hermann Hesse kleidet hier den Sachverhalt, dass er von klein auf sowohl mit großer Phantasie als auch mit einem ganz eigenen Willen begabt war, in ein originelles poetisches Bild. Ob er wirklich einmal in den Marktbrunnen gesprungen ist, ist nicht verbürgt. In einen anderen, flacheren Brunnen, der heute nicht mehr existiert und der etwa 100 m vom Marktbrunnen entfernt, oben am Eingang des Stadtgartens neben dem Georgenäum, stand, ist er aber als Zweijähriger tatsächlich gesprungen. Im Tagebuch der Mutter findet sich am 11. Juni 1879 die Notiz: *»Hermann springt in den Springbrunnen beim Georgenäum.«*

Bevor wir am unteren Ende des Marktplatzes unseren Rundgang bergauf in Richtung Georgenäum und Alte Lateinschule fortsetzen, werfen wir noch einen Blick auf das Portal des Rathauses, zu dem seitlich am Gebäude eine Freitreppe hochführt. Dort ist das Wappen der Stadt Calw zu sehen, das Hermann Hesse einmal im Zusammenhang mit einer Erinnerung an seinen Spielkameraden Martin Roos beschreibt:

*»Vor allem war Martin ein ganz vortrefflicher Indianer, und wenn ich seiner denke, so sehe ich ihn meistens in der Rolle und dem Kostüm des Irokesen oder Mohikaners, denn in dieser Rolle habe ich ihn manches Mal bewundert und auch beneidet, so gut stand sie ihm zu Gesicht und so schön verstand er sich herzurichten und zu kostümieren. Vor allem besaß er einen von ihm selbst komponierten und genähten Kopfschmuck, zusammengesetzt aus grell gefärbten Hühner- und natürlichen Hahnenfedern, ein Schmuckstück, um das ich ihn eine Zeitlang sehr beneidete und das mir herzustellen ich nicht fähig war. Ich versuchte es, aber meine Nachahmung war steif und schwunglos neben ihrem Vorbild, auch saß mein Diadem nicht fest genug, so dass ich, sobald unsere Aktionen einen Laufschritt forderten, meinen schlechten Federputz mit einer Hand auf dem Kopf festhalten musste, während die andere den Bogen oder das Kriegsbeil trug. Und außer dem Kopfschmuck besaß Martin noch eine andere Kostbarkeit: einen gewölbten Schild, durch dessen Mitte schräg ein Goldband lief, auf das er ein Wappen gemalt hatte, das Wappen der Stadt Calw, einen Löwen auf drei Bergen stehend. Auch der Schild war ein Werk seiner geschickten Hände, er verstand sich auf das Zeichnen und Malen, auf das Vergolden und Lackieren, und wenn ich viel darum gegeben hätte, seinen berühmten ge-*

*Der Calwer Marktplatz um 1900. Gegenüber vom Rathaus das Hesse-Geburtshaus. Dazwischen der Marktbrunnen*

*wölbten Schild zu besitzen, noch mehr hätte es mir bedeutet, der zu sein, der diesen Löwenschild hatte schnitzen, kleistern, malen und vergolden können. Dabei war ich Martins Arbeit gegenüber nicht ganz kritiklos; es entging mir weder, dass eigentlich das Calwer Wappen nicht auf den Schild eines Irokesen gehöre, noch dass dies Wappen und die Ornamente nicht frei und großzügig erfunden und hingezeichnet, sondern sorgfältig nach einer Vorlage kopiert und vergrößert worden waren.«*

Hermann Hesse: Schulkamerad Martin, Erinnerung (1949), SW 12, S. 449

Am Marktplatz finden sich auch etliche Schauplätze von Hesses *Gerbersauer Erzählungen*. So kann man sich z. B. vorstellen, dass im Geburtshaus oder einem der benachbarten Häuser Karl Bauer, die Hauptfigur aus *Der Lateinschüler* (SW 6, S. 313 ff.), in Pension war und von der Mutter des Kolonialwarenhändlers so knapp gehalten wurde, dass ihm die Hausmagd Babett immer etwas nebenbei zusteckte.

Vier Häuser oberhalb des Geburtshauses, in dem heutigen Gebäude der Calwer Musikschule, spielte der erste Teil der Erzählung *Emil Kolb* (SW 7, S. 376 ff.), in welcher der Schustersohn Emil in einem angesehenen Bank- und Handelsgeschäft eine Lehre macht und dabei auf die schiefe Bahn gerät. Hier war zu Hesses Jugendzeit das Handelshaus Georgii, das aus Bankgeschäft, Kolonialwarenhandel, Buch- und Kunsthandel sowie Auswanderungsagentur bestand. Hier bestellte Hesse während seiner Mechanikerzeit 1894 die Heinrich-Heine-Gesamtausgabe, die der Vater dann unter Verschluss nahm. In diesem absolvierte auch Emil Molt (1876-1936) seine Lehre, der spätere Inhaber der Waldorf-Astoria-Zigarettenfabrik und Mitbegründer der ersten Waldorfschule in Stuttgart, der mit Hermann Hesse befreundet war.

Die Salzgasse, die am unteren Ende des Marktplatzes bergauf führt, ist in der Erzählung *Die Verlobung* (SW 7, S. 235 ff.) das Vorbild der »Hirschengasse«, die Hesse nach dem ehemaligen Wirtshaus ›Zum Hirsch‹ am Beginn der Gasse benannt hat. In dieser siedelt er den Weißwarenladen an, den der kleine Andreas Ohngelt von seiner Tante erben soll, wenn er nur die Bedingung, zuerst eine tüchtige Frau zu finden, erfüllen könnte – was vor dem Happyend zu allerhand tragikomischen Verwicklungen führt.

## 6 Die alte Lateinschule

Wir gehen nun vom unteren Ende des Marktplatzes durch die Salzgasse auf die Rückseite des Rathauses und stehen auf einem kleinen Platz, der ehemals als Fruchtmarkt diente, vor einem hohen Fachwerkbau, der im Calwer Volksmund der ›Salzkasten‹ genannt wird, da in ihm bis zum Beginn des 19. Jahrhunderts das städtische Salzmonopol untergebracht war. Bergaufwärts ist an ihn ein weiteres Fachwerkgebäude angebaut; das um 1840 errichtete Mehrzweckgebäude enthielt im Erdgeschoss das Feuerwehrmagazin und wurde deshalb ›Spritzenhaus‹ genannt, während die oberen Stockwerke zu Hesses Schulzeit und noch bis in die 1960er-Jahre als Schulräume genutzt wurden. Hier unterrichtete auch Hermann Hesses Mutter von 1871 bis 1872 an der Knaben-Realschule Englisch, was zu einiger Aufregung im Städtchen führte, da ihr als erster Frau in Württemberg ein solcher Lehrauftrag genehmigt wurde. Und in diesem Gebäude drückte 16 Jahre später ihr Sohn Hermann die Schulbank.

Die Schule, die Hermann Hesse in Calw von 1886 bis 1889 besuchte, war ein Reallyceum, das 1874 durch die Verschmelzung der örtlichen Lateinschule mit der oben erwähnten Knaben-Realschule entstanden war. Im Volksmund wurde die Schule aber weiterhin als ›Lateinschule‹ bezeichnet, da von der ersten Klasse an auch Latein zum Schulpensum gehörte. Die Schule war insgesamt auf drei Gebäude verteilt. Die beiden unteren Klassen waren in einem rückwärtigen Zimmer im ersten Stock des Rathauses untergebracht, die mittleren im ›Spritzenhaus‹ und die oberen drei im sogenannten Rektoratsgebäude, das heute als Alte Lateinschule bezeichnet wird und nach einer großzügigen Renovierung die Calwer Volkshochschule beherbergt. In dieses Gebäude

*Hermann Hesse (oberste Reihe, Dritter von links)
mit seiner Calwer Schulklasse 1887*

kam Hermann Hesse allerdings nur, wenn er einmal zum Rektor der Schule musste; die oberen Klassen hat er ja nicht mehr in Calw absolviert, sondern an der Göppinger Lateinschule, im Maulbronner Seminar und am Cannstatter Gymnasium (siehe S. 26 ff.).

Zum ehemaligen Lateinschulbereich kann man vom Fruchtmarkt aus auf zwei Wegen gelangen: Entweder geht man rechts vom Salzkasten die Staffeln hoch und steht dann im alten Schulhof (heute ein Kindergartenbereich), an dessen diagonalem Ende die Alte Lateinschule steht. Oder man geht links die Salzgasse bis zum Georgenäum (einem 1871 gestifteten Volksbildungshaus) hoch und biegt dann nach rechts in die Gasse ein, die ›Zum Zwinger‹ heißt, da sie in alten Zeiten dazu diente, bei Kriegsbedrohung das Vieh der umliegenden Dörfer innerhalb der Stadtmauern aufzunehmen.

In der Erzählung *Der Lateinschüler* wird das Schulgebäude so beschrieben:

*»Mitten in dem enggebauten alten Städtlein liegt ein phantastisch großes Haus mit vielen kleinen Fenstern und jämmerlich ausgetretenen Vorstaffeln und Treppenstiegen, halb ehrwürdig und halb lächerlich, und ebenso war dem jungen Karl Bauer zumute, welcher als sechzehnjähriger Schüler jeden Morgen und Mittag mit seinem Büchersack hineinging.«*
Hermann Hesse: Der Lateinschüler, Erzählung (1907), SW 6, S. 313

Den Unterricht und die Atmosphäre einer Schulstunde an der Calwer Lateinschule hat Hermann Hesse in seiner Erzählung *Unterbrochene Schulstunde* wiedergegeben:

*»In unserm wenig geliebten Klassenzimmer der Calwer Lateinschule saßen wir Schüler eines Vormittags über einer schriftlichen Arbeit. Es war in den ersten Tagen nach längeren Ferien, kürzlich erst hatten wir unsere blauen Zeugnishefte abgeliefert, die unsere Väter hatten unterschreiben müssen, wir waren noch nicht so recht wieder an die Gefangenschaft und Langeweile gewöhnt und empfanden sie darum stärker. Auch der Lehrer, ein Mann von noch längst nicht vierzig Jahren, der uns Elf- und Zwölfjährigen aber uralt erschien, war eher gedrückt als schlechter Laune, wir sahen ihn auf seinem erhöhten Thron sitzen, gelben Gesichts, über Hefte gebeugt, mit leidenden Zügen. [...]*
*Was für eine Arbeit es gewesen sei, mit der unser Lehrer uns*

*Das Rektoratsgebäude der Calwer Lateinschule heute*

beschäftigte, während er hinter der bretternen Verschanzung seines Hochsitzes sich mit Amtsgeschäften befasste, weiß ich nicht mehr. Auf keinen Fall war es Griechisch, denn es war die ganze Klasse beisammen, während in den Griechischstunden nur wir vier oder fünf ›Humanisten‹ dem Meister gegenübersaßen. Es war das erste Jahr, in dem wir Griechisch lernten, und die Abtrennung von uns ›Griechen‹ oder ›Humanisten‹ von der übrigen Schulklasse hatte dem ganzen Schulleben eine neue Note gegeben. Einerseits fanden wir paar Griechen, wir künftigen Pfarrer, Philologen und anderen Akademiker, uns schon jetzt vom großen Haufen der künftigen Gerber, Tuchmacher, Kaufleute oder Bierbrauer abgehoben und gewissermaßen ausgezeichnet, was eine Ehre und einen Anspruch und Ansporn bedeutete, denn wir waren die Elite, die für Höheres als Handwerk und Geldverdienen Bestimmten, doch hatte diese Ehre wie billig auch ihre bedenkliche und gefährliche Sei-

*te. Wir wussten in ferner Zukunft Prüfungen von sagenhafter Schwere und Härte auf uns warten, vor allem das gefürchtete Landexamen, in dem die humanistische Schülerschaft des ganzen Schwabenlandes zum Wettkampf nach Stuttgart einberufen wurde und dort in mehrtägiger Prüfung die engere und wirkliche Elite auszusieben hatte, ein Examen, von dessen Ergebnis für die Mehrzahl der Kandidaten die ganze Zukunft abhing, denn von jenen, welche diese enge Pforte nicht passierten, waren die meisten damit auch zum Verzicht auf das geplante Studium verurteilt. [...]*

*Augenblicklich freilich, in dieser unfrohen und langweiligen Schulmorgenstunde, da ich über meine längst fertige Schreibarbeit hinweg den kleinen geduckten Geräuschen des Raumes und den fernen, heiteren Tönen der Außenwelt und Freiheit lauschte: dem Flügelknattern eines Taubenfluges, dem Krähen eines Hahnes etwa oder dem Peitschenknall eines Fuhrmanns, sah es nicht so aus, als hätten jemals gute Geister in dieser niederen Stube gewaltet.«*

Hermann Hesse: Unterbrochene Schulstunde,
Erzählung (1948), SW 8, S. 470 ff.

Im Folgenden erzählt Hermann Hesse die Begebenheit, wie er vom Lehrer mit dem Zeugnisheft eines Mitschülers zu dessen Wohnhaus im ›Krappen‹ (siehe S. 140) geschickt wurde, um bei dessen Eltern zu erkunden, ob die Unterschrift unter dem Zeugnis gefälscht sei.

Den oben geschilderten Lehrer Wilhelm Schmidt (1858-1911) hat Hermann Hesse trotz seiner Strenge geschätzt; in der 1926 geschriebenen Erinnerung *Aus meiner Schülerzeit* (SW 12, S. 82 ff.) hat er ihn respektvoll gewürdigt. Es gab aber auch andere Lehrer an der Lateinschule – und bedenklichere Vorfälle. In dem 1936 geschriebenen Nachruf auf seinen jüngeren Bruder Hans (1882-1935), der durch Suizid aus dem Leben geschieden war, berichtet Hermann Hesse darüber:

*»Die Lateinschule, welche auch mir viele Konflikte gebracht hatte, wurde für Hans mit der Zeit zur Tragödie, auf andere Weise und aus anderen Gründen als für mich, und wenn ich später als junger Schriftsteller in der Erzählung ›Unterm Rad‹ nicht ohne Erbitterung mit jener Art von Schulen abrechnete, so war das leidensschwere Schülertum meines Bruders dazu beinah ebensosehr Ursache wie mein eigenes. Hans war durchaus gutwillig, folgsam und zum Anerkennen von Autorität bereit, aber er war kein guter Lerner, mehrere Lehrfächer fielen ihm sehr schwer, und da er weder das naive Phlegma besaß, die Plagereien und Strafen an sich ablaufen zu lassen, noch die Gerissenheit des Sich-Durchschwindelns, wurde er zu einem jener Schüler, von denen die Lehrer, namentlich die schlechten Lehrer, gar nicht loskommen können, welche sie nie in Ruhe lassen können, sondern immer wieder plagen, höhnen und strafen müssen. Es sind mehrere recht schlechte Lehrer dagewesen, und einer von ihnen, ein richtiger kleiner Teufel, hat ihn bis zur Verzweiflung gequält. Dieser Mann hatte unter anderen bösen Gewohnheiten die, dass er sich beim Abfragen dicht und drohend vor dem Schüler aufstellte, ihn mit schrecklichem Richtergesicht anbrüllte und dann, wenn der verängstigte Schüler natürlich versagte und ins Stottern geriet, seine Frage viele Male wiederholte, in einem rhythmischen Singsang, und dazu im Takt mit seinem eisernen Hausschlüssel auf des Schülers Kopf losschlug. Ich weiß aus späteren Erzählungen meines Bruders, dass dieser böse kleine Tyrann mit seinem Hausschlüssel zwei Jahre lang den kleinen Hans nicht nur Tag für Tag, sondern oft auch bis in die Angstträume*

*der Nacht hinein gepeinigt hat. Oft kam er in einem hoffnungslosen Krampf von Kopfweh und Todesangst aus der Schule nach Hause.«*

Hermann Hesse: Erinnerung an Hans, SW 12, S. 342

In der Erzählung *Schön ist die Jugend* (SW 7, S. 40) heißt es: »*Ich sah mir daher im Vorübergehen die alten Kästen an, witterte an den Toren den bekannten ängstlichen Schulduft und entrann aufatmend zur Kirche und dem Pfarrhaus.*«

Diesem Ratschlag folgen wir, allerdings nicht ohne vorher einen kleinen Gang durch den Schulbezirk zu machen, der heute eine Idylle darstellt und nur noch mit einiger Phantasie die Vorstellung zulässt, dass hier einmal die oben geschilderte schwarze Pädagogik gewaltet haben soll.

Statt des direkten Weges zum nächsten Etappenziel, der Stadtkirche, wäre für Leute, die Treppensteigen nicht scheuen und gerne Aussicht und Überblick haben, ein Besuch des ›Langen‹, des letzten Wachturmes der alten Stadtbefestigung, zu empfehlen, der in der Zwingergasse nur wenige Schritte oberhalb der Alten Lateinschule und der Kirche steht. Der Turm existiert bereits seit dem 15. Jahrhundert, wurde aber 1692 zusammen mit der Stadt von den Truppen des französischen Sonnenkönigs Ludwig XIV. zerstört und 1706 in der heutigen Form als Wach- und Kerkerturm wiedererrichtet. Der Turm ist besteigbar; allerdings nur im Sommer zu bestimmten Zeiten.

Einen ähnlich guten Panoramablick über die Calwer Altstadt kann man sich aber auch dadurch verschaffen, dass man vom ›Langen‹ aus noch ca. 50 m weitergeht und dann auf der linken Seite zwischen den Häusern die steil den Hang hinaufführenden ›Hundert Stäffele‹ (genau gezählt sind es 116 Stufen) zur Schillerstraße hochsteigt und auf dieser ebenen, hoch am Berg wie eine Aussichtsterrasse gelegenen Straße ein Stück geht.

Eine andere Möglichkeit, von der Alten Lateinschule aus einen Gang auf Spuren Hermann Hesses zu machen, wäre, zu dem neben dem Georgenäum sich bergauf ziehenden Stadtgarten zu gehen, in dem ein Bürgerverein 2012 einen Rundweg ›Weg der Gedichte‹ mit ca. 40 Tafeln angelegt hat, auf denen jeweils ein Gedicht Hermann Hesses sowie eine historische Ansicht von Calw zu lesen und zu sehen sind.

## 7 Stadtkirche und Dekanat

Die evangelische Stadtkirche, die das Stadtbild Calws dominiert, ist von der Alten Lateinschule nur einen Steinwurf entfernt. Es steht lediglich ein moderner blech- und glasverkleideter Neubau dazwischen, dem eines der stattlichsten Häuser am Marktplatz, das alte Landratsamt, geopfert wurde. Das mächtige Schiff der im neugotischen Stil erbauten Kirche ist in den Berg hineingeschmiegt und reicht bis zur Zwingergasse hinauf. Der Chor und der hohe spitze Turm stehen erhöht über dem Marktplatz. Zu Hesses Kinderzeit führte eine halbrund um die Kirche angelegte, breit ausladende Freitreppe zum Marktplatz hinab, der damals noch tiefer lag, da die Aufschüttung, auf der seit 1902 die Straße den Marktplatz an der Kirche vorbei bergauf verlässt, noch nicht gebaut war. Zu jener Zeit hatte die Kirche auch noch nicht ihren spitzen spätgotischen Turm, sondern eine sogenannte Welsche Haube. Ihr heutiges Aussehen erhielt die Kirche nach 1884, als eine tiefgreifende Sanierung mit weitgehendem Neubau durchgeführt werden musste, da die nach der gewaltsamen Zerstörung 1692 rasch wiederaufgebaute Kirche große Schäden an der Bausubstanz zeigte. Von der alten Kirche blieben nur der spätgotische Chor und der Turmsockel erhalten. Die Einweihung der neuen Kirche erlebte Hermann Hesse im November 1886 mit; sein Onkel Friedrich Gundert leitete dabei ein Kirchenkonzert.

Die Calwer Stadtkirche hatte im Familienleben der Hesses generell eine große Bedeutung, da sowohl der Großvater Gundert als auch der Vater in ihr immer wieder in Vertretung für den Dekan oder den Stadtpfarrer gepredigt haben. Sonntägliche Kirchenbesuche waren natürlich obligatorisch; Hermann Hesse hat seine diesbezüglichen Erfahrungen in die Erzählung *Kinderseele* einfließen lassen:

*»Am Morgen war Sonntag, und noch im Bett empfand ich, wie den Geschmack einer Frucht, das eigentümliche, sonderbar gemischte, im ganzen aber so köstliche Sonntagsgefühl, wie ich es seit meiner Schulzeit kannte. Der Sonntagmorgen war eine gute Sache: Ausschlafen, keine Schule, Aussicht auf ein gutes Mittagessen, kein Geruch nach Lehrer und Tinte, eine Menge freie Zeit. Dies war die Hauptsache. Schwächer nur klangen andere, fremdere, fadere Töne hinein: Kirchgang oder Sonntagsschule, Familienspaziergang, Sorge um die schönen Kleider.*

*[...] Beim Frühstück waren wir alle vergnügt. Es wurde mir die Wahl zwischen Kirche und Sonntagschule gelassen. Ich zog, wie immer, die Kirche vor. Dort wurde man wenigstens in Ruhe gelassen und konnte seine Gedanken nachgehen; auch war der hohe, feierliche Raum mit den bunten Fenstern oft schön und ehrwürdig, und wenn man mit eingekniffenen Augen durch das lange dämmernde Schiff gegen die Orgel sah, dann gab es manchmal wundervolle Bilder; die aus dem Finstern ragenden Orgelpfeifen erschienen oft wie eine strahlende Stadt mit hun-*

dert Türmen. Auch war es mir oft geglückt, wenn die Kirche nicht voll war, die ganze Stunde ungestört in einem Geschichtenbuch zu lesen.«

Hermann Hesse: Kinderseele, Erzählung (1918), SW 8, S. 201f.

In einem der Rundbriefe, die Hermann Hesse in seinen späten Jahren für enge Freunde und Verwandte schrieb, erinnert er sich 1954 auch an einige festliche Musikveranstaltungen um 1890 in der Stadtkirche, bei denen sein Onkel Friedrich, ein Bruder der Mutter, den Kirchengesangverein leitete und seine damals 24 und 21 Jahre alten Halbbrüder Theodor und Karl Isenberg Gesangssoli übernommen hatten:

*»An Ostern hörte ich im Radio auch dies Jahr wieder die Matthäus-Passion. Diese sakrale Feier erlebe ich jedes Mal etwas anders, denn bis in meine Knabenjahre zurück, wo ich das von der Mutter mitgegebene Stückchen Schokolade längst vor dem Ende des ersten Teiles schon aufgegessen hatte und die vielen Wiederholungen in den Arien und Chören, zumal im Schlusschor, nur mit Ungeduld ertrug, da ich so langem passivem Stillsitzen noch nicht gewachsen war, hat dies Erlebnis so viele Vorgänger, dass die Erinnerungen in ganzen Schwärmen kommen und einander überschneiden. Doch sind die frühen unter ihnen stets die stärksten: jene technisch unvollkommenen, von Ausführenden und Hörern aber tief erlebten Passionen in der Calwer Kirche unter der Leitung meines Onkels Friedrich, der die schönen dunklen Augen meiner Mutter hatte und in dessen Kirchenchor meine Schwestern und Basen mitsangen. Am genauesten hat mein Musikgedächtnis eine Aufführung bewahrt, bei der meine beiden älteren Stiefbrüder die Rollen des Evange-*

*Blick von der Altburger Straße zur Stadtkirche um 1900. Das Haus vor der Kirche mit dem Treppenvorbau ist das Dekanat, das im »Vierten Lebenslauf des Josef Knecht« eine Rolle spielt*

*listen und des Christus sangen und bei der ich schon die Beklommenheit und Kinderungeduld jener frühesten Aufführung überwunden hatte. Es mochte bei den ungezählten späteren Passionen, die ich hörte, den Christus und den Evangelisten wer immer singen, gewisse Stellen hörte ich doch jedes Mal mit den Stimmen und dem Ausdruck meiner Brüder wieder.«*
Hermann Hesse: Notizblätter um Ostern (1954), SW 12, S. 636

In einem Brief an seine Schwester Adele erinnert sich Hesse außerdem daran, wie auf dem Kirchturm »*oben auf der Galerie bei den Glocken am Sonntagmorgen die Stadtmusikanten den Choral bliesen*«.

Neben der Kirche und vor dem Kirchturm standen die beiden Kirchberglinden. (Eine der beiden musste 2011 leider krankheitsbedingt gefällt und durch eine neue ersetzt werden.) Sie wurden 1817 zur Erinnerung an das 300-jährige Jubiläum der Reformation gepflanzt. Sie hatten bereits zu Hesses Jugendzeit eine ansehnliche Größe und werden von ihm verschiedentlich erwähnt. In Unterm Rad entdeckt Hans Giebenrath ihre Schönheit, als er am Tag vor der Landexamensprüfung nach einem Abschiedsbesuch beim Rektor erleichtert die benachbarte Lateinschule verlässt:

»*Hans trat aufatmend aus dem Schulhaus. Die großen Kirchberglinden glänzten matt im heißen Sonnenlicht des Spätnachmittags, auf dem Marktplatz plätscherten und blinkten beide großen Brunnen, über die unregelmäßige Linie der Dächerflucht schauten die nahen, blauschwarzen Tannenberge herein.*«
Hermann Hesse: Unterm Rad, Roman (1905), SW 2, S. 141

Auch der Vagabund *Knulp* aus den gleichnamigen Erzählungen liebt »*die Kirchberglinde mit dem kleinen Rasenstück*« als einen besonders schönen Ort im Städtchen und vergisst deshalb nicht, sie bei seinem letzten, Abschied nehmenden Gang aufzusuchen.

Oberhalb der Kirche, wo der Marktplatz in die Altburger Straße übergeht, steht als zweites Haus das Dekanat, das an seinem Treppenvorbau erkennbar ist. Hermann Hesse hat es in *Der vierte Lebenslauf Josef Knechts* beschrieben:

»*Der Spezial wohnte nahe der Kirche in einem schönen steinernen Amtshause, das von der Gasse etwas zurückstand und mit ihr durch eine breite, schwer gemauerte Treppe mit acht oder zehn Stufen verbunden war. Ein Portal mit massiver Nussbaumtür und schwerem Messingbeschlag führte ins Haus, das man Spezialat nannte, aber im Erdgeschoss dieses Hauses waren keine Wohnräume, nur eine große leere Vorhalle mit Steinfliesen und ein saalartiger, flach gewölbter Raum für Sitzungen; hier konferierten zuweilen die Gemeindeältesten und kamen alle paar Wochen die Geistlichen der Umgegend bei ihrem Vorgesetzten und Visitator zu einer kollegialen Geselligkeit mit Vorträgen und Disputationen zusammen. Die Wohnung des Spezials und seiner Familie lag ein Stockwerk höher.*«

Hermann Hesse: Der vierte Lebenslauf Josef Knechts,<br>SW 5, S. 610

## 8 Das Hermann-Hesse-Museum der Stadt Calw

Gegenüber vom Dekanat führt eine Steintreppe zum Marktplatz mit dem Oberen Marktbrunnen hinab. Unten beim Brunnen stehend, muss man sich vergegenwärtigen, dass zu Hesses Jugendzeit und noch bis ins Jahr 1901 der gesamte Marktplatz auf der Ebene dieses Brunnens lag. Die stadtauswärts führende Altburger Straße stieg damals erst am Ende des Platzes steil an. Vom tiefgelegenen Marktplatz führte, wie bereits erwähnt, eine mächtige Steintreppe, die mit der berühmten Freitreppe der St.-Michaels-Kirche in Schwäbisch Hall verglichen wurde, zur Kirche hinauf. Diese versperrte jedoch nicht den Blick vom Oberen zum Unteren Marktbrunnen und zum Rathaus, wie es heute die 1901/1902 vorgenommene Straßenaufschüttung mit der Stützmauer beim Oberen Marktbrunnen tut. Die Mauer hat deshalb im Volksmund die Bezeichnung »Calwer Klagemauer« erhalten, da viele Calwer nach ihrer Errichtung die Beeinträchtigung der vorher einheitlichen und übersichtlichen Gestaltung des Marktplatzes und die dadurch verursachte Aufteilung in einen Unteren und einen kleineren Oberen Marktplatz heftig beklagten.

Der Obere Marktplatz wird durch ein stattliches mit der Breitseite zum Platz stehendes Gebäude abgeschlossen. Wie nahezu alle repräsentativen bürgerlichen Gebäude der Stadt wurde es nach Plänen des württembergischen Hofbaumeisters Reinhard Ferdinand Fischer erbaut (um 1812). In diesem ist seit 1990 das Hermann-Hesse-Museum der Stadt Calw untergebracht. In Hesses Jugend wurde das Gebäude allgemein als das Doktorhaus bezeichnet, da in ihm bis zum Jahr 1877 der Stadtdoktor Emil Schüz wohnte. Dr. Schüz, ein weitgereister Mann, war im Kreis der Calwer Stadthonoratioren eine auffällige Persönlichkeit. Durch seine Eigenheiten erregte er immer wieder die Phantasie und Neugier der Kleinstädter. Nicht nur, dass er einen Pflanzengarten mit fremdländischen Gewächsen pflegte und eine Reihe exotischer Tiere hielt, die er von seinen Reisen mitgebracht hatte – eines Tages brachte ihm ein befreundeter Afrikamissionar einen verwaisten »Mohrenknaben« zur Erziehung und Ausbildung mit. Die Aufregung, die dieser neue Mitbewohner in Calw verursachte, kann man sich leicht vorstellen. Indes, Daud, wie der etwa neunjährige Knabe hieß, ging bald in Calw in die Schule und lernte das schönste Schwäbisch sprechen; er starb allerdings bereits im Alter von 17 im Jahr 1877, zwei Monate nach Hermann Hesses Geburt.

Das Hermann-Hesse-Museum im Schüz'schen Haus am Marktplatz Nr. 30 ist ganzjährig geöffnet. Es bietet im ersten Stockwerk regelmäßig Sonderausstellungen an und im zweiten Stockwerk eine biografische Dauerausstellung. Darin wird in neun mit Hesse-Schätzen reich bestückten Räumen ein von dem Herausgeber der Hesse-Werke im Suhrkamp Verlag, Volker Michels, und dem Gestalter Heiko Rogge hervorragend konzipierter, anschaulicher und aufschlussreicher Einblick in das gesamte Leben und Werk Hermann Hesses vermittelt. Man kann hier buchstäblich *Raum um Raum*, wie es in Hesses berühmtestem Gedicht *Stufen* heißt, das Leben des Dichters *durchschreiten*:

Beginnen sollte man den Rundgang allerdings im Foyer, wo auf großen Tafeln eine Übersicht zum Leben und Werk gegeben wird, und dann in den Raum auf der linken Seite gehen, der einen Überblick über die verschiedenen Arbeitsgebiete Hesses vermittelt. Diese werden beeindruckend vor Augen geführt durch zwei große Bücherwände, welche die Ausgaben vieler der rund um den Erdball in mehr als 70 Spra-

*Blick von der Kirche auf das Palais Schüz am Oberen Marktplatz, in dem sich das Hermann-Hesse-Museum befindet*

chen publizierten Hesse-Bücher präsentieren. Schaukästen und Vitrinen im Raum zeigen die anderen Arbeitsgebiete und Passionen Hesses: das Herausgeben von ihm wichtigen Büchern, das Verlegen von Sonderdrucken sowie seine erstaunlich umfangreiche Briefkorrespondenz.

Nach diesem ersten Überblick kann der biografische Rundgang im ersten, direkt neben der Informationstheke gelegenen Raum begonnen werden, der unter dem Thema »*Pietistische Herkunft und missionarisches Sendungsbewusstsein*« steht und Fotos und Dokumente aus der Missionstätigkeit der Eltern und Großeltern nebst zahlreichen Büchern und Zeugnissen des Calwer Verlagsvereins zeigt. Ergänzt wird dies durch einen daneben befindlichen Sonderraum zu Hesses gelehrtem Großvater, dem Theologen, Philologen, Missionar,

Indologen und Sprachwissenschaftler Hermann Gundert (siehe dazu S. 53 ff.).

Nach diesem Exkurs in die Welt der Vorväter startet der eigentliche biografische Rundgang zu Hermann Hesse im dritten Raum, der natürlich in seiner Geburtsstadt anfängt mit dem Thema »*Calw – Urbild aller Menschenheimaten und Menschengeschicke*«. Den mit der Calwer Zeit verflochtenen Lebensstationen Göppingen (Lateinschulzeit 1890/91), Maulbronn (Seminarzeit 1891/92), Bad Boll und Stetten (psychiatrische Behandlung 1892) sowie Cannstatt (Gymnasialzeit 1892/93) ist der vierte Raum gewidmet. Die Dokumentation seiner Buchhändlerzeit in Tübingen und Basel (1895-1904), in die seine ersten Italienreisen fallen, geschieht in Raum 5 unter der Überschrift »*Zielstrebige Umwege: Tübingen, Basel, Italien*«. Die Gaienhofener Zeit (1904-1912) wird in Raum 6 unter dem Stichwort »*Episode der Sesshaftigkeit*« vor Augen geführt; in diesem Raum steht z. B. als Exponat Hesses Reiseschreibmaschine; hier ist Realität geworden, was Hesse in seiner *Ballade vom Klassiker*, einem ironischen Gedicht von 1926, vorausgesehen hat:

> »*Unter andern herrlichen Trophäen*
> *in des Volksmuseums Heiligtum*
> *sieht man seine Schreibmaschine stehen,*
> *sonntags viel bestaunt vom Publikum.*«
> Hermann Hesse: Die Gedichte, SW 10, S. 562

Die Indienreise 1911, die auch in die Gaienhofener Zeit gefallen ist, wird im selben Raum dokumentiert. Im folgenden, 7. Raum wird unter der Überschrift »*Wahlheimat Schweiz und Erster Weltkrieg*« die Übersiedlung in die Schweiz nach Bern (1912-1919) gezeigt und das düstere Kapitel des Ersten

Weltkriegs drastisch vor Augen geführt. Heitere Farben zeigt dagegen der nächste Raum, der Hesses »*Neubeginn im Süden – Als Maler in Montagnola*« veranschaulicht und u. a. eine schöne kleine Sammlung von Originalaquarellen Hesses aufweist. Einen opulenten Schlusspunkt setzt der große letzte Raum, der unter dem Motto »*Vom Steppenwolf zum Magister Ludi*« steht und von einer Plakatsäule in der Mitte beherrscht wird, die für das »Magische Theater« aus dem *Steppenwolf* wirbt und in ihrem Innern, das man durch eine Klappe einsehen kann, eine kleine magische Überraschung birgt.

Alles in allem ist das Hermann-Hesse-Museum ein erfreuliches Beispiel gelungener Museumspädagogik. Calw hat durch dieses Museum kulturell sehr viel gewonnen. Man sollte sich für die Besichtigung mindesten zwei Stunden Zeit nehmen. Gänzlich ausschöpfen kann man die Ausstellung in dieser Zeit allerdings nicht; dazu muss und kann man mehrmals ins Museum kommen.

(Hinweis: Für 2019 ist geplant, die seit über 25 Jahren bestehende Ausstellung durch eine Neukonzeption zu ersetzen. Es ist zu hoffen, dass es dieser gelingt, die umfassende Leistung der bisherigen Ausstellung bewahren und in neuer ansprechender Gestaltung präsentieren zu können.)


*9 Wohnhaus der Familie Hesse in der Ledergasse (1889-1893)*

Um zur nächsten Station unseres Rundgangs zu gelangen, gehen wir vom Hermann-Hesse-Museum wieder den Marktplatz hinab in Richtung des Geburtshauses. Die Häuser am Marktplatz, an denen man bei diesem Gang vorbeikommt, beherbergten vor einem Jahrhundert folgende Geschäfte: die Alte Apotheke, eine Konditorei, eine Gemischtwarenhandlung, ein Photographenatelier, die Neue Apotheke, das Oberamtsgericht (abgerissen und durch Neubau ersetzt), ein Aussteuergeschäft, einen Hutladen und eine Buchhandlung. In letzterem Haus befindet sich heute die Calwer Musikschule; daneben zweigt die schmale Kronengasse ab, die zur Ledergasse hinabgeht und dort fast direkt auf das Haus zu führt, in welchem die Familie Hesse von 1889 bis 1893 im 2. Stock gewohnt hat. Es ist das Haus, das etwas zurückgesetzt von der Straße steht und dadurch einen kleinen Vorplatz hat. Hier wohnte die Familie während Hermann Hesses Göppinger, Maulbronner und Cannstatter Schulzeit in einer Fünfzimmerwohnung. Über die Gründe des Umzugs vom Verlagsvereinshaus hierher erfahren wir aus dem Tagebuch der Mutter:

*»1889. In diesem Jahr steigerte sich das Schwierige der Verhältnisse bis zur Unerträglichkeit. Johannes wurde immer nervöser und elender, schlaflos, durch Kopfschmerzen fast arbeitsunfähig. Ich war halb gemütsleidend ... Wiederholt hatte mir Johannes erklärt, er könne nicht gesund werden in dem Calwer Verlagsvereinshaus und all den verzwickten Verhältnissen und Aufgaben dort. Papa hat es offenbar geschmerzt; aber er ahnte nicht, wie viel es uns gekostet, wie schwere Opfer wir ihm in diesen dreieinviertel Jahren gebracht haben. Trennung ist unumgänglich notwendig ...*
*Am 16. September 1889 zogen wir in die neue Wohnung (in der Ledergasse), die sonnig und behaglich ist. Gott sei Dank, nun haben wir wieder ein Heim!«*
Marie Hesse: Ein Lebensbild, S. 199

Die »*verzwickten Verhältnisse*« bestanden v. a. gegenüber Marie Hesses 20 Jahre älterer Kusine Jettle Ensslin (1824-1914), die im Verlagsverein Hermann Gunderts rechte Hand war und im Haus ein strenges Regiment führte, was bei Johannes und Marie Hesse ein Gefühl der Beengtheit und des Gouverniertwerdens auslöste. Zudem hatte der Vater Hesse aber auch gewisse Probleme, sich in so unmittelbarer Nähe des patriarchalischen Großvaters Gundert zu behaupten.

Im Magazin des Heimatmuseums wird das alte Tor des Hauses in der Ledergasse aufbewahrt. Dieses ist oben mit einer eiförmigen Schnitzerei verziert, die einen abstrahierten Menschen- oder Vogelkopf zeigt. Es wird deshalb vermutet, dass diese Schnitzerei Hesses Vorbild für das Torwappen war, das im Roman *Demian* eine Rolle spielt.

Nur wenige Häuser weiter unten in der Ledergasse, auf der anderen Straßenseite, wo die Biergasse in die Ledergasse einmündet, gab es im Eckhaus zu Hesses Jugendzeit einen Krämerladen, in dem Hermann Hesse ab und zu Einkäufe für die Familie machen musste. Doch er trieb sich dort mit Kameraden auch noch zu anderen Zwecken herum: Der Inhaber des Geschäftes war für die Gassenbuben ein beliebtes Objekt für Lausbubenstreiche. Warum das so war, erklärt Hermann Hesse am Beginn seiner kleinen Erzählung, die unter den Überschriften *Der Sammetwedel* und *Ein Knabenstreich* erschien:

»*Der Sammetwedel war Besitzer eines stattlichen Kramladens in der Ledergasse. Die Entstehung seines Kosenamens ist von etymologischem Interesse. Er hieß ursprünglich Samuel, und aus diesem Vornamen, den unser Dialekt langsam und nasal ausspricht, und aus der salbungsvoll weichlichen Sanftmut seines Trägers erwuchs diesem der endgültige Spitzname Sam-*

*Ecke Ledergasse/Biergasse vor 1900. In dem Gemischtwarenladen links verübte Hermann Hesse mit Kameraden 1889 seinen »Knabenstreich«*

metwedel. Er handelte mit Wein und Rosinenmost, mit Zigarren, Kolonialwaren, Kleiderstoffen und sonst noch mit den verschiedensten nützlichen und gewinnbringenden Artikeln.

Samuel war sehr fromm. Er besuchte nicht nur regelmäßig die Kirche – das taten alle anständigen und klugen Geschäftsleute –, sondern er lief auch zu den Versammlungen und Betstunden der Pietisten in Gerbersau und auf dem Lande. Beim Sprechen rieb er sich demütig und weichlich die blassen Hände aneinander, blickte öfters mit rührendem Augenaufschlag nach oben und pries mit lächelnd-selbstloser Gebärde seine

*Weine an. Auch seine Kleidung hatte etwas Demütig-Frommes, war altmodisch im Schnitt, dunkelgrau oder schwarz und hielt sich auf der Grenze zwischen sparsam und schäbig.*

*Der unglückliche Mann war die Zielscheibe unaufhörlicher Neckereien. Wir Zwölfjährigen läuteten an seiner Haustür, schrieben ihm ulkige Briefchen, grüßten ihn mit ironisch übertriebener Hochachtung und belagerten oft ganze Abende lang seine Ladentreppe.«*

Hermann Hesse: Ein Knabenstreich, Erzählung (1901),
SW 6, S. 62 ff.

In der Erzählung selbst wird sodann ein Streich geschildert, den Hermann Hesse gegen den »Sammetwedel« aushecke und der damit endete, dass er daheim eine Tracht Prügel und in der Schule Arrest bekam und sich zudem bei dem Kaufmann entschuldigen musste.

In dem Gemischtwarenladen, allerdings unter einem neuen Besitzer, absolvierte Hermann Hesses jüngerer Bruder Hans 1896 bis 1899 eine Kaufmannslehre.

## 10 Insel, Brühl und Friedhof mit dem Familiengrab Gundert-Hesse

Die folgende Etappe des Rundgangs ist mit einem Fußmarsch von einem halben Kilometer verbunden und führt durch die Ledergasse und über die Untere Brücke und an der kleinen ›Brühl‹-Grünanlage vorbei zum Familiengrab Gundert-Hesse auf dem Calwer Friedhof. Wer diesen Marsch nicht auf sich nehmen möchte, kann eine Abkürzung nehmen und vom ›Sammetwedel-Haus‹ gleich auf der anderen Seite der

Ledergasse durch ein enges Gässchen zum Weinsteg gehen, der über die Nagold in die Bischofstraße hinüberführt zu den Zielen der 11. und letzten Etappe des Rundgangs (Onkel Friedrichs Haus und Calwer Stadtmuseum). Der Weinsteg ermöglicht auch einen schönen Blick auf die unteren Calwer Nagoldpartien. Das ehemalige Haus von Hermann Hesses Onkel Friedrich Gundert, das sogenannte ›Steinhaus‹, ist vom Steg aus leicht zu erkennen: Es ist das unmittelbar links vom Steg liegende mächtige Haus mit dem Doppelgiebel, dem Rundtor und der eigenwilligen Fensterreihe auf halber Höhe; das herrschaftliche Haus rechts daneben ist das Stadtmuseum Palais Vischer (Näheres siehe Etappe 11).

Um den Friedhof zu erreichen, gehen wir die Ledergasse weiter hinunter. An ihrem unteren Ende kommen wir in jene Gegend der Stadt, die in den Erzählungen *Der Zyklon* und *Herr Claassen* eine Rolle spielt: die Inselgasse, die ›Insel‹ und die Untere Brücke, die zum ›Brühl‹ hinüberführt. Allerdings hat sich in dieser Gegend das Stadtbild grundlegender verändert als an anderen Stellen, sodass einige Phantasie notwendig ist, damit die Schauplätze von Hesses Erzählungen vor dem Auge lebendig werden:

Die Inselgasse und die ›Insel‹, die Hesse in der Erzählung *Herr Claassen* (SW 12, S. 411, 407) als »*altes enges Häusergewinkel*« bzw. »*ärmliches und etwas finsteres Fabrikviertel*« beschreibt, ist nur noch rudimentär vorhanden. Entlang der Inselgasse steht heute der große, langgestreckte Baukörper des ›Kaufland‹. Und die ›Insel‹ ist längst keine Insel mehr, da der kanalartige Nagoldarm, der einst hinter der verschwundenen rechten Häuserreihe der Inselgasse floss, vor Jahrzehnten bereits im Vollzug der Nagoldregulierung trockengelegt und zugeschüttet worden ist.

Die Inselgasse spielt in Hesses Erzählung *Hans Dierlamms*

*Lehrzeit* (SW 7, S. 7ff.) eine Rolle. Dort wohnt die aus Italien stammende Familie der schönen Maria Testolini, welche die aufkeimenden Sehnsüchte des Schlosserlehrlings Hans Dierlamm zu beherrschen beginnt. Die italienischen Familien in der Inselgasse waren in den 1860er-Jahren im Gefolge des Eisenbahnbaus, bei dem viele Italiener als Arbeitskräfte beschäftigt worden waren, nach Calw gekommen und geblieben, um in der Textilindustrie zu arbeiten. – Diese Tradition setzte sich übrigens in den 1960er-Jahren fort, als viele italienische »Gastarbeiter« kamen, sodass Calw heute eine große Gemeinde italienischer Mitbürger besitzt, die u.a. Sport- und Kulturvereine aufgebaut haben.

Zu Hesses Jugendzeit teilte sich die Nagold oberhalb der Unteren Brücke an einem Stauwehr in zwei Arme, die vor der Brücke eine kleine Wiesenaue und unterhalb der Brücke das Gelände der ehemaligen ›Calwer Decken- und Tuchfabriken‹ umflossen, deren Gebäude 1999 für den Bau des ›Kaufland‹ abgerissen wurden. Die Wasserkraft der beiden Flussarme wurde dabei von den Fabriken genutzt, die auf der ›Insel‹ standen. Hier befand sich auch jenes Spinnerei-Gebäude, das in der Erzählung *Der Zyklon* beschrieben ist. In ihm arbeitet Berta Vögtlein, die in den Erzähler verliebt ist. Das Erlebnis des Erzählers mit ihr während des verheerenden Wirbelsturms, der am 1. Juli 1895 über Calw hinwegfegte, schildert Hermann Hesse so:

*»Die sonderbar schwüle, gepresste Stille jenes Nachmittags ist mir unvergesslich geblieben. Ich trug meinen Fischeimer flussabwärts bis zum unteren Steg, der schon zur Hälfte im Schatten der hohen Häuser lag. Von der nahen Spinnerei hörte man das gleichmäßige, einschläfernde Surren der Maschinen, einem Bienenfluge ähnlich, und von der Obermühle her schnarrte je-*

*Die Nagold bei der Unteren Brücke in früherer Zeit. Rechts die von zwei Nagoldarmen gebildete ›Insel‹, links das Ufer hinter den Häusern der unteren Ledergasse*

de Minute das böse, schartige Kreischen der Kreissäge. Sonst war es ganz still, die Handwerker hatten sich in den Schatten der Werkstätten zurückgezogen, und kein Mensch zeigte sich auf der Gasse. Auf der Mühlinsel watete ein kleiner Bub nackt zwischen den nassen Steinen umher. Vor der Werkstatt des Wagnermeisters lehnten rohe Holzdielen an der Wand und dufteten in der Sonne überstark, der trockene Geruch kam bis zu mir herüber und war durch den satten, etwas fischigen Wasserduft hindurch deutlich zu spüren.

Die Fische hatten das ungewöhnliche Wetter auch bemerkt und verhielten sich launisch. [...] Mir schien, es müsse irgendein schlechtes Abwasser die Fische vertrieben haben, und da ich noch nicht nachzugeben gesonnen war, besann ich mich auf einen neuen Standort und suchte den Kanal der Spinnerei auf. Kaum hatte ich dort einen Platz bei dem Schuppen gefunden und meine Sachen ausgepackt, so tauchte an einem Treppenfenster der Fabrik die Berta auf, schaute herüber und winkte mir. Ich tat aber, als sähe ich es nicht, und bückte mich über meine Angel.

Das Wasser strömte dunkel in den gemauerten Kanal, ich sah meine Gestalt darin mit wellig zitternden Umrissen gespiegelt, sitzend, der Kopf zwischen den Fußsohlen. Das Mädchen, das noch drüben am Fenster stand, rief meinen Namen herüber, ich starrte aber regungslos ins Wasser und wendete den Kopf nicht um.

Mit dem Angeln war es nichts, auch hier trieben sich die Fische hastig wie in eiligen Geschäften umher. [...] Ich zog die Angelschnur heraus, um meine Hände an den Wassertropfen zu erfrischen, und begann mein Zeug zusammenzupacken.

Als ich aufstand, sah ich auf dem Platz vor der Spinnerei den Staub in kleinen spielenden Wölkchen wirbeln, plötzlich stieg er hoch und in eine einzige Wolke zusammen, hoch oben in den Lüften flohen Vögel wie gepeitscht davon, und gleich darauf sah ich talherabwärts die Luft weiß werden wie in einem dicken Schneesturm. Der Wind, sonderbar kühl geworden, sprang wie ein Feind auf mich herab, riss die Fischleine aus dem Wasser, nahm meine Mütze mit und schlug mich wie mit Fäusten ins Gesicht.

Die weiße Luft, die eben noch wie eine Schneewand über fernen Dächern gestanden hatte, war plötzlich um mich her, kalt und schmerzhaft, das Kanalwasser spritzte hoch auf wie unter schnellen Mühlenradschlägen, die Angelschnur war fort, und um mich her tobte schnaubend und vernichtend eine weiße brüllende Wildnis, Schläge trafen mir Kopf und Hände, Erde spritzte an mir empor, Sand und Holzstücke wirbelten in der Luft.

Alles war mir unverständlich; ich fühlte nur, dass etwas Furchtbares geschehe und dass Gefahr sei. Mit einem Satz war ich beim Schuppen und drinnen, blind vor Überraschung und Schrecken. Ich hielt mich an einem eisernen Träger fest und stand betäubte Sekunden atemlos in Schwindel und animalischer Angst, bis ich zu begreifen begann. Ein Sturm, wie ich ihn nie gesehen oder für möglich gehalten hatte, riss teuflisch vorüber, in der Höhe klang ein banges oder wildes Sausen, auf das flache Dach über mir und auf den Erdboden vor dem Eingang stürzte weiß in dicken Haufen ein grober Hagel, dicke Eiskörner rollten zu mir herein. Der Lärm von Hagel und Wind war furchtbar, der Kanal schäumte gepeitscht und stieg in unruhigen Wogen an der Mauer auf und nieder.

Ich sah, alles in einer Minute, Bretter, Dachschindeln und Baumzweige durch die Luft dahingerissen, fallende Steine und Mörtelstücke, alsbald von der Masse der darüber geschleuderten Hagelschloßen bedeckt; ich hörte wie unter raschen Hammerschlägen Ziegel brechen und stürzen, Glas zersplittern, Dachrinnen stürzen.

Jetzt kam ein Mensch dahergelaufen, von der Fabrik her quer über den eisbedeckten Hof, mit flatternden Kleidern schräg wider den Sturm gelegt. Kämpfend taumelte die Gestalt näher, mir entgegen, mitten aus der scheußlich aufgewühlten Sintflut. Sie trat in den Schuppen, lief auf mich zu, ein stilles fremd-bekanntes Gesicht mit großen liebevollen Augen schwebte mit schmerzlichem Lächeln dicht vor meinem Blick, ein stiller warmer Mund suchte meinen Mund und küsste mich lange in atemloser Unersättlichkeit, Hände umschlangen meinen Hals, und blondes feuchtes Haar presste sich an meine Wangen, und während ringsum der Hagelsturm die Welt erschütterte, überfiel ein stummer, banger Liebessturm mich tiefer und schrecklicher.«

Hermann Hesse: Der Zyklon, Erzählung (1913),
SW 8, S. 77 ff.

Als der Zyklon vorüber ist (und zugleich auch die Romanze mit Berta), macht sich der Erzähler auf den Weg, um die Schäden zu besichtigen, die der Sturm angerichtet hat:

*»Nun vergaß ich alles, was eben noch gewesen war, und fühlte nichts als eine wilde, ängstliche Neugierde, zu sehen, was eigentlich passiert wäre und wieviel Schlimmes das Wetter angerichtet habe. Alle die zerschlagenen Fenster und Dachziegel der Fabrik sahen im ersten Augenblick recht wüst und trostlos aus, aber schließlich war doch das alles nicht gar so grässlich und stand nicht recht im Verhältnis zum furchtbaren Eindruck, den der Zyklon mir gemacht hatte. Ich atmete auf, befreit und halb auch wunderlich enttäuscht und ernüchtert: die Häuser standen wie zuvor, und zu beiden Seiten des Tales waren auch noch die Berge da. Nein, die Welt war nicht untergegangen.*

*Indessen, als ich den Fabrikhof verließ und über die Brücke in die erste Gasse kam, gewann das Unheil doch wieder ein schlimmeres Ansehen. Das Sträßlein lag voll von Scherben und zerbrochenen Fensterläden, Schornsteine waren herabgestürzt und hatten Stücke der Dächer mitgerissen, Menschen standen vor allen Türen, bestürzt und klagend, alles, wie ich es auf Bildern belagerter und eroberter Städte gesehen hatte. Steingeröll und Baumäste versperrten den Weg, Fensterlöcher starrten überall hinter Splittern und Scherben, Gartenzäune lagen am Boden oder hingen klappernd über Mauern herab. Kinder wurden vermisst und gesucht, Menschen sollten auf den Feldern vom Hagel erschlagen worden sein. Man zeigte Hagelstücke herum, groß wie Talerstücke und noch größere.*

*Noch war ich zu erregt, um nach Hause zu gehen und den Schaden im eigenen Hause und Garten zu betrachten; auch fiel mir nicht ein, dass man mich vermissen könnte, es war* mir ja nichts geschehen. Ich beschloss, noch einen Gang ins Freie zu tun, statt weiter durch die Scherben zu stolpern, und mein Lieblingsort kam mir verlockend in den Sinn, der alte Festplatz neben dem Friedhof, in dessen Schatten ich alle großen Feste meiner Knabenjahre gefeiert hatte. Verwundert stellte ich fest, dass ich erst vor vier, fünf Stunden auf dem Heimweg von den Felsen dort vorübergegangen sei; es schienen mir lange Zeiten seither vergangen.

Und so ging ich in die Gasse zurück und über die untere Brücke, sah unterwegs durch eine Gartenlücke unsern roten sandsteinernen Kirchturm wohlerhalten stehen und fand auch die Turnhalle nur wenig beschädigt. Weiter drüben stand einsam ein altes Wirtshaus, dessen Dach ich von weitem erkannte. Es stand wie sonst, sah aber doch sonderbar verändert aus, ich wusste nicht gleich warum. Erst als ich mir die Mühe gab, mich genau zu besinnen, fiel mir ein, dass vor dem Wirtshaus immer zwei hohe Pappeln gestanden waren. Diese Pappeln waren nicht mehr da. Ein uralt vertrauter Anblick war zerstört, eine liebe Stelle geschändet.

Da stieg mir eine böse Ahnung auf, es möchte noch mehr und noch Edleres verdorben sein. Mit einem Mal fühlte ich mit beklemmender Neuheit, wie sehr ich meine Heimat liebte, wie tief mein Herz und Wohlsein abhängig war von diesen Dächern und Türmen, Brücken und Gassen, von den Bäumen, Gärten und Wäldern. In neuer Erregung und Sorge lief ich rascher, bis ich drüben bei dem Festplatz war.

Da stand ich still und sah den Ort meiner liebsten Erinnerungen namenlos verwüstet in völliger Zerstörung liegen. Die alten Kastanien, in deren Schatten wir unsere Festtage gehabt hatten und deren Stämme wir als Schulknaben zu dreien und vieren kaum hatten umarmen können, die lagen abgebrochen, geborsten, mit den Wurzeln ausgerissen und umgestülpt, dass *hausgroße Löcher im Boden klafften. Nicht einer stand mehr an seinem Platze, es war ein schauerhaftes Schlachtfeld, und auch die Linden und die Ahorne waren gefallen, Baum an Baum. Der weite Platz war ein ungeheurer Trümmerhaufen von Ästen, gespaltenen Stämmen, Wurzeln und Erdblöcken, mächtige Stämme standen noch im Boden, aber ohne Baum, abgeknickt und abgedreht mit tausend weißen, nackten Splittern.*

*Es war nicht möglich weiterzugehen, Platz und Straße waren haushoch von durcheinandergeworfenen Stämmen und Baumtrümmern gesperrt, und wo ich seit den ersten Kinderzeiten nur tiefen heiligen Schatten und hohe Baumtempel gekannt hatte, starrte der leere Himmel über der Vernichtung.*

*Mir war, als sei ich selber mit allen geheimen Wurzeln ausgerissen und in den unerbittlich grellen Tag gespien worden. Tagelang ging ich umher und fand keinen Waldweg, keinen vertrauten Nussbaumschatten, keine von den Eichen der Bubenkletterzeit mehr wieder, überall weit um die Stadt nur Trümmer, Löcher, gebrochene Waldhänge wie Gras hingemäht, Baumleichen klagend mit entblößtem Wurzelwerk zur Sonne gekehrt. Zwischen mir und meiner Kindheit war eine Kluft aufgebrochen, und meine Heimat war nicht die alte mehr. Die Lieblichkeit und Torheit der gewesenen Tage fielen von mir ab, und bald darauf verließ ich die Stadt, um ein Mann zu werden und das Leben zu bestehen, dessen erste Schatten mich in diesen Tagen gestreift hatten.«*

Hermann Hesse: Der Zyklon, Erzählung (1913),
SW 8, S. 81 ff.

Sicherlich hätte es Hermann Hesse auch nicht erfreut, wenn er die weitere Geschichte seines Festplatzes am Großen Brühl miterlebt hätte. Die Zwänge der modernen automobilen Gesellschaft haben ihn gründlicher umgekrempelt, als

*Blick über die Nagold zur Unteren Brücke und der 1870 eingeweihten Turnhalle, in der auch Hermann Hesse Turnunterricht erhielt*

es ein Zyklon je hätte tun können: In den 1960er-Jahren wurde er zu einem großen geteerten Parkplatz, und die ihn umgebenden Kastanienbäume, die nach der Katastrophe von 1895 nachgepflanzt worden waren und bereits wieder eine stattliche Größe erreicht hatten, fielen in den 1970er-Jahren dem Streusalz und dem Ausbau der Calwer Durchfahrtsstraße zum Opfer. Im Jahr 2002 wurde zwar der Parkplatz wieder in einen kleinen Park umgestaltet mit neugepflanzten Bäumen und einigen Künstlerskulpturen, darunter einer zu Hesses Gedicht *Stufen*, aber bereits ein Dutzend Jahre später wurde die Hälfte davon neuerlich asphaltiert, um Parkplätze zu schaffen für das ›Brauhaus‹, das in die benachbarte 1870 errichtete Fachwerkturnhalle eingebaut wurde, in der einst auch Hermann Hesse seinen schulischen Turnunterricht absolvierte.

Das in der Erzählung erwähnte alte Gasthaus, der ehemalige ›Badische Hof‹, war in dem großen Gebäudekomplex über der Straße, in dem zurzeit (2017) nur noch ein Kinosaal in Betrieb ist. Der Rest wird wohl, nachdem alle Bemühungen, ein Kulturzentrum daraus zu machen, gescheitert sind, im Laufe der nächsten Jahre abgerissen, um Platz zu schaffen für die Einfahrt zu einem Tunnel, der die Bischofstraße von dem übermäßigen Durchgangsverkehr entlasten soll.

Der Zauber des alten kastanienumstandenen Festplatzes findet sich nur noch in Hesses 1907 geschriebener autobiografischer Erzählung *Schön ist die Jugend*. Darin schildert er eine der Veranstaltungen, eine Zirkusvorführung, wie sie zu seiner Jugendzeit häufig auf dem Brühl stattfanden:

*»Wir sahen auf der Straße, gerade vor unserem Hause, einen Schwarm von Kindern und mitten darin auf einem großen weißen Ross einen feuerrot gekleideten Trompeter, dessen Horn und Habit in der Sonne gleißend prahlte. […] Da setzte er das Instrument ab, strich den Schnurrbart, stemmte die linke Hand in die Hüfte, zügelte mit der rechten das unruhige Pferd und hielt eine Rede. Auf der Durchreise und nur für diesen einen Tag halte eine weltberühmte Truppe sich im Städtlein auf, und dringenden Wünschen nachgebend werde er heute Abend auf dem Brühel eine ›Galavorstellung in dressierte Pferde, höhere Equilibristik sowie eine große Pantomime‹ geben. Erwachsene bezahlen zwanzig Pfennig, Kinder die Hälfte. Kaum hatten wir gehört und alles gemerkt, so stieß der Reiter von Neuem in sein blinkendes Horn und ritt davon, vom Kinderschwarm und von einer dicken weißen Staubwolke begleitet.*
*[…]*

*Am Abend zogen wir samt Fritz zur Vorstellung aus, schon unterwegs erregt und lustbarlich entzündet. Auf dem Brühel wogte eine Menschenmenge dunkel treibend umher, Kinder standen mit großen erwartenden Augen still und selig, Lausbuben neckten jedermann und stießen einander den Leuten vor die Füße, Zaungäste richteten sich in den Kastanienbäumen ein, und der Polizeidiener hatte den Helm auf. Um die Arena war eine Sitzreihe gezimmert, innen im Kreise stand ein vierarmiger Galgen, an dessen Armen Ölkannen hingen. Diese wurden jetzt angezündet, die Menge drängte näher, die Sitzreihe füllte sich langsam, und über den Platz und die vielen Köpfe taumelte das rot und rußig flammende Licht der Erdölfackeln.*

*Wir hatten auf einem der Sitzbretter Platz gefunden. Eine Drehorgel ertönte, und in der Arena erschien der Direktor mit einem kleinen schwarzen Pferde. Der Hanswurst kam mit und begann eine durch viele Ohrfeigen unterbrochene Unterhaltung mit jenem, die viel Beifall fand.«*

Hermann Hesse: Schön ist die Jugend, Erzählung (1907),
SW 7, S. 59 ff.

Am unteren Ende des Brühl-Geländes, auf der gegenüberliegenden Seite der großen Straßenkreuzung, beginnt der schön angelegte, mit efeuüberwachsenen Buntsandsteinmauern umgebene Friedhof der Stadt.

Die Grabstätte der Familie Gundert-Hesse findet man, indem man sich gleich nach dem Eingangstor halblinks hält und ca. 80 Schritte entlang der Mauer mit den eingelassenen Grabplatten geht. Das Familiengrab weist fünf Gedenktafeln auf: Zuoberst die für die 1902 verstorbene Mutter Hermann Hesses, Marie Hesse, verwitwete Isenberg, geborene Gundert. Darunter die des 1893 verstorbenen Großvaters Hermann Gundert und seiner acht Jahre zuvor verstorbenen Frau Julie, geborene Dubois. Wieder darunter die Tafel für deren ältere Schwester Uranie Dubois, die in den Jahren 1872 bis 1885 in Calw wohnte. Und zuletzt die Tafel für Hermann Hesses Onkel Friedrich Gundert (1847-1925) und seine Frau Emma, geborene Heermann (1848-1918), Hermann Hesses Patentante. Hermann Hesses Vater ist nicht auf dem Calwer Friedhof beigesetzt, sondern auf dem alten Friedhof in Korntal bei Stuttgart, wo er von 1905 bis 1916 seine letzten Lebensjahre verbrachte.

## 11 Onkel Friedrichs Haus in der unteren Bischofstraße und das Calwer Stadtmuseum

Vom Friedhofsausgang gehen wir am Brühl entlang zur alten Turnhalle zurück und von dort geradeaus die Bischofstraße hoch. Der Gebäudekomplex unmittelbar neben der Turnhalle, der allerdings neuzeitlich umgebaut ist, war ab 1898 das Fabrikgebäude der Firma Perrot, bei der an anderem Ort (siehe S. 35 f. und 83) Hermann Hesse 1894/95 seine Mechanikerlehre absolviert hat.

Auf Höhe des von der Ledergasse über die Nagold herüberführenden Weinstegs steht das große, durch seinen fremdländischen Baustil mit romanischen Gewölben und vielen Sprossenfenstern auffallende »Steinhaus«, in das Hermann Hesses Onkel Friedrich Gundert eingeheiratet hatte und in dem er mit Frau und sieben Töchtern lebte. Er war ein jüngerer Bruder der Mutter Hesse, Geschäftsführer des Calwer Verlagsvereins und Dirigent des Calwer Kirchengesangvereins (vgl. S. 100 ff.).

In der »Sommeridylle« *Schön ist die Jugend* (SW 7, S. 34-69)

*Blick über die Nagold auf das Stadtmuseum Palais Vischer und dahinter das »Steinhaus« von Onkel Friedrich*

werden die Bewohner dieses Hauses beschrieben, als der 1899 zu einem Ferienaufenthalt nach Calw gekommene Ich-Erzähler, der kein anderer ist als Hermann Hesse selbst, dort einen Antrittsbesuch machen muss, wobei ihm nicht ganz wohl ist, da der Onkel Friedrich nicht sonderlich gut auf ihn zu sprechen war, seit er ihn 1892 in Vertretung der überforderten Eltern als gescheiterten Seminaristen in Maulbronn abholen musste.

In der Erzählung *Herr Claassen* (SW 12, S. 412) beschreibt Hesse das Haus selbst, das weitgehend unverändert geblieben ist, als »*eins der ältesten und schönsten Häuser der Stadt [...], ein in den Berg gebautes großes Haus aus Klosterzeiten, zu dessen Eingangstür man im Freien eine gewaltige Treppe bis zur Höhe des ersten Stockwerks emporstieg und dessen Zimmer meterdicke Wände und massive Deckengewölbe hatten*«.

Das ›Steinhaus‹ wurde allerdings nicht zu »*Klosterzeiten*«

gebaut, sondern 1698 für einen Teilhaber der ›Calwer Zeughandels-Compagnie‹. Seinen eigentümlichen, sich von der sonstigen Architektur der Stadt abhebenden Baustil erhielt es durch Südtiroler Bauarbeiter, die der Bauherr von einer seiner Reisen zur Bozener Messe mitbrachte und die es nach heimischen Vorbildern erbauten.

Das Rokoko-Palais, das rechts an den Gartenaufgang des ›Steinhauses‹ angrenzt, ist das heutige Stadtmuseum Palais Vischer der Stadt Calw, in dem bis 1990 auch die Hermann-Hesse-Gedenkstätte untergebracht war. Gebaut wurde dieses herrschaftlichste Haus der Stadt, wie auch das Verlagsvereinshaus, die beiden klassizistischen Gebäude links und rechts des Zugangs zur Nikolausbrücke und das Schüz'sche Haus am Marktplatz (heute Hesse-Museum), von dem herzoglich-württembergischen Baumeister R. F. Fischer (1746-1812). Bauherr des Palais war zwischen 1787 und 1791 der Leiter der reichen ›Calwer Holländerholzcompagnie‹, Johann Martin Vischer, die im 18. Jahrhundert den Holzreichtum des Nordschwarzwaldes ausbeutete und mit Flößen in Richtung Rhein und Holland brachte und verkaufte.

Die Besichtigung des Stadtmuseums ist durchaus auch im Zusammenhang mit Hermann Hesse von Interesse. Hier wird sehr anschaulich die Tradition der Stadt und ihrer Umgebung vor Augen geführt, die auch auf Hesse prägende Einflüsse gehabt hat. Im Einzelnen zeigt das Museum Dokumente und Anschauungsmaterialien zur Stadtgeschichte, zu den heimischen Gewerben der Gerber, Tuchmacher und Flößer, zur Volkskunst und zur bäuerlichen Lebensweise im Calwer Hinterland, dem sogenannten Calwer Wald.

# Weitere Gänge in Calw auf Hermann Hesses Spuren

## *12 Spaziergang zum Hohen Felsen*

Vom Stadtrundgang zurückgekehrt zum Zentralen Omnibusbahnhof (ZOB) neben dem ehemaligen Verlagsvereinshaus, das Hermann Hesse als sein »Vaterhaus« bezeichnete, bietet sich als nächste Exkursion ein Spaziergang zum Hohen Felsen an, einem Lieblingsort Hermann Hesses, der steil oberhalb des Verlagsvereinshauses liegt. Von dem schönen von Bäumen umstandenen Fleck, hoch über der Bischofstraße gelegen, auf dem heute das Denkmal der Stadt für die Toten der beiden Weltkriege steht, hat man einen guten Überblick über die sich im Tal drängende Calwer Altstadt.

Um zum Hohen Felsen zu gelangen, muss man vom ZOB die Straße am Verlagsvereinshaus vorbei bis zu der Eisenbahndoppelbrücke am Beginn der Stuttgarter Straße gehen. Unmittelbar hinter dieser zweigt links die Hengstetter Steige ab und von dieser nach ca. 50 m wiederum links der Hohefelsenweg, der als Fußweg entlang der Bahnlinie ansteigt. Auf ihm gelangt man zur höher gelegenen Eduard-Conz-Straße und diese bergaufwärts überquerend zum Hohen Felsen.

Hermann Hesse hat von seinem Vaterhaus in der Bischofstraße meist einen kürzeren, aber gefährlichen und verbotenen Weg zum Hohen Felsen genommen. Er ist über die Bahngleise und dann praktisch in der Direttissima den Hang hochgeklettert; in seiner Erzählung *Der Zyklon* beschreibt er diesen Aufstieg:

*Die untere Bischofstraße um 1900. Das weiße Haus mit dem Doppelgiebel ist Onkel Friedrichs Haus. Über dem Häuserzug die Bahnlinien und das Gelände des Hohen Felsens*

»Eines Morgens verließ ich unser Haus und ging meinem Vergnügen nach, ein Buch und ein Stück Brot in der Tasche. Wie ich es in der Bubenzeit gewohnt gewesen war, lief ich zuerst hinters Haus in den Garten, der noch im Schatten lag. [...]

Nachdenklich kletterte ich über den Zaun, eine blaue Windenblüte streifte mir das Gesicht, ich riss sie ab und steckte sie in den Mund. Ich war nun entschlossen, einen Spaziergang zu machen und vom Berg herunter auf unsere Stadt zu sehen. [...]

Beim Bahndamm, wo der hohe Ginster stand, lief mir eine grüne Eidechse vor den Füßen weg [...].

Ich hielt Umschau, ob nicht der Bahnwärter in der Nähe sei, und da nichts zu sehen und zu hören war, sprang ich schnell über die Gleise und kletterte jenseits an den hohen roten Sandsteinfelsen empor, in welchen da und dort noch die geschwärzten Sprenglöcher vom Bahnbau her zu sehen waren. Der Durchschlupf nach oben war mir bekannt, ich hielt mich an den zähen, schon verblühten Ginsterbesen fest. In dem roten Gestein atmete eine trockene Sonnenwärme, der heiße Sand rieselte mir beim Klettern in die Ärmel, und wenn ich über mich sah, stand über der senkrechten Steinwand erstaunlich nah und fest der warme leuchtende Himmel. Und plötzlich war ich oben, ich konnte mich an dem Steinrand aufstemmen, die Knie nachziehen, mich an einem dünnen, dornigen Akazienstämmchen festhalten und war nun auf einem verlorenen, steil ansteigenden Grasland.

Diese stille kleine Wildnis, unter welcher in steiler Verkürzung die Eisenbahnzüge wegfahren, war mir früher ein lieber Aufenthalt gewesen. Außer dem zähen, verwilderten Grase, das nicht gemäht werden konnte, wuchsen hier kleine, feindornige Rosensträucher und ein paar vom Wind ausgesäte, kümmerliche Akazienbäumchen, durch deren transparente Blätter die Sonne schien. Auf dieser Grasinsel, die auch von oben her durch ein rotes Felsenband abgeschnitten war, hatte ich einst als Robinson gehaust, der einsame Landstrich gehörte niemandem, als wer den Mut und die Abenteuerlaune hatte, ihn durch senkrechtes Klettern zu erobern. Hier hatte ich als Zwölfjähriger mit dem Meißel meinen Namen in den Stein gehauen, hier hatte ich einst die Rosa von Tannenburg gelesen und ein kindliches Drama gedichtet, das vom tapferen Häuptling eines untergehenden Indianerstammes handelte. [...]

Um nur etwas zu tun und mich leben zu fühlen, beschloss ich, vollends auf den Berg zu steigen, so mühsam es von hier aus war. Da droben war man hoch über dem Städtchen und konnte in die Ferne sehen. Im Sturm lief ich die Halde hinan bis zum oberen Felsen, klemmte mich zwischen den Steinen empor und zwängte mich auf das hohe Gelände, wo der unwirt-

*liche Berg in Gesträuch und lockeren Felsentrümmern verlief. In Schweiß und Atemklemme kam ich hinan und atmete befreiter im schwachen Luftzug der sonnigen Höhe. [...] Auf dem obersten Felsen, wo wir als Schulknaben stets unsere Herbstfeuer angezündet hatten, hielt ich an und wendete mich um. Da sah ich tief im halbschattigen Tale den Fluss aufglänzen und die weißschaumigen Mühlenwehre blitzen und eng in die Tiefe gebettet unsere alte Stadt mit braunen Dächern, über denen still und steil der blaue mittägliche Herdrauch in die Lüfte stieg. Da stand meines Vaters Haus [...].«*
Hermann Hesse: Der Zyklon, Erzählung (1913),<br>SW 8, S. 68 ff.

Auf dem Hohen Felsen hat sich der junge Hermann Hesse häufig und gern aufgehalten. Er hat den Platz aber nicht nur der schönen Aussicht wegen geliebt, sondern auch, weil er abseits der Stadt lag und dadurch ein geeigneter Ort für allerhand Spiele und Experimente war. In der Erinnerung *Herr Claassen* berichtet er über ein solches Experiment:

·*»Als Maulbronner Seminarist, die hebräische Grammatik und ein eher schlechtes Zeugnis im Köfferchen neben den flickbedürftigen Kleidern kam ich einst wieder in die Ferien nach Hause. In der Vorstellung, die ich damals von mir selbst hatte, war ich eigentlich ein so gut wie erwachsener und schon ziemlich gelehrter junger Mann, doch hinderte dies mich nicht, voll Vergnügen und Leidenschaft in allerlei ziemlich kindliche Spiele und Beschäftigungen zurückzusinken, wobei ich vor mir selbst die Ausrede hatte, es geschehe meinem jüngeren Bruder Hans zuliebe, welcher gerade erst mit dem Lateinlernen begonnen hatte. Zu meinen damaligen Spielereien gehörte das Anfertigen von Feuerwerk nach Hörensagen und nach eigener Er-*

*Blick vom Hohen Felsen auf Calw hinunter. Es sind zu erkennen von rechts: das Rathaus und das Hesse-Geburtshaus davor, die Alte Lateinschule und die ev. Stadtkirche*

findung, wobei Salpeter das Hauptmaterial war. Ich hatte eine Anzahl von teils knallenden, teils von leuchtenden und farbigen Präparaten vorbereitet und wollte diese nun, zusammen mit Hans, an einem günstigen Abend auf einem Felsen über der Stadt loslassen. [...] Oben auf unserm Felsen machten wir uns mit dem Aufbauen und Auslegen unserer Sachen viel zu schaffen, es war stockdunkel, kaum konnten wir einander sehen, und jedes Mal, wenn eine unsrer Lichtbeschwörungen verpufft war, standen wir blind und mussten eine Weile warten und um uns tasten, um uns wieder zurechtzufinden. [...] Am Ende war so ziemlich alles abgebrannt und schien uns Brüdern wohlgeglückt. Nur ein flaches längliches Kartongehäuse, ein Produkt meiner Spekulation, war nicht losgegangen, der Zunder musste erloschen oder abgefallen sein. Ich suchte danach und brauchte lang, bis ich das Ding fand. Als ich es am

*Boden mit der Hand ertastet hatte, zog ich es an mich und beugte mich im Finstern darüber, um nachzusehen, aus welchem Grunde es versagt habe. Und eben als ich die kleine Teufelsknarre mir dicht vor die Augen hielt, ging der Kobold unbegreiflicherweise doch noch los; für einen schrecklich schönen Augenblick war die Welt, von meiner Hand und dem kleinen Karton in ihr beginnend bis zum Scheitel des Himmels hinauf, ein einziges riesig flammendes Licht, eine ungeheure Woge von Gluthauch wehte mich an und schloss sich saugend um mich zusammen. Es folgte darauf eine tiefe Finsternis, die sich nicht wieder lichten wollte, und ein Augenblick der Leere und Betäubung, dann erwachte ich in glühenden Schmerzen, und mein erster entsetzter Gedanke war, nun sei ich blind. Ich versuchte die Augen zu öffnen, und da es nicht ging, tastete ich mit den Händen nach ihnen, und fand das ganze Gesicht als eine brennende Wunde, die Lider von einem heißen Schleim aus Pulverdampf, verbrannter Haut, verbrannten Haaren und etwas Blut bedeckt und unlöslich zusammengeklebt. Erst eine lange Weile später, als ich unten in der Stadt an einen Brunnen geführt wurde und mir das Gesicht abzuwaschen versuchte, gingen die Augen ein wenig auf, ich hielt die Hand davor und konnte die Hand sehen, und die Freude darüber, dass ich noch sehe, war für einen Augenblick überwältigend, dann aber schlugen die Schmerzen wie Höllenqualen über mir zusammen.*

*Ich lag nun viele Tage in meinem Zimmerchen im Bett, den ganzen Kopf in einen dicken Brandverband eingebunden, an welchem – was meinen Geschwistern besonders bemitleidenswert schien – über dem Mund ein kleiner Spalt offengelassen war, durch den ich atmen und etwas flüssige Nahrung einnehmen konnte.«*

Hermann Hesse: Herr Claassen, Erinnerung (1936),<br>SW 12, S. 413 ff.

Wer vom Hohen Felsen nicht wieder auf demselben Weg in die Stadt zurückgehen möchte, kann zum Hohenfelsenweg zurückkehren und diesen in die andere Richtung bergabwärts gehen. Diesen Weg hat auch Hesse in der Erzählung *Der Zyklon* eingeschlagen:

»*Es war nicht mehr lange bis Mittag. Die Lust am Klettern war mir verflogen, nachdenklich stieg ich den Fußweg nach der Stadt hinab, unter der kleinen Eisenbahnbrücke durch, wo ich in früheren Jahren jeden Sommer in den dichten Brennnesseln die dunkeln pelzigen Raupen der Pfauenaugen erbeutet hatte, und an der Friedhofsmauer vorbei, vor deren Pforte ein moosiger Nussbaum dichten Schatten streute. Das Tor stand offen und ich hörte von drinnen den Brunnen plätschern. Gleich nebenan lag der Spiel- und Festplatz der Stadt, wo beim Maienfest und am Sedanstag gegessen und getrunken, geredet und getanzt wurde. Jetzt lag er still und vergessen im Schatten der uralten, mächtigen Kastanien, mit grellen Sonnenflecken auf dem rötlichen Sand.*«
Hermann Hesse: Der Zyklon, Erzählung (1913), SW 8, S. 75 f.

Auf diese Weise kommt man über den Brühl und die Bischofstraße wieder zum neuen Bahnhof (ZOB) zurück (vgl. Etappe 11, S. 124 ff.).

Eine andere reizvolle Möglichkeit, die allerdings mit weiterem Steigen verbunden ist, besteht darin, vom Hohen Felsen den Fußweg, der oberhalb des Kreiskrankenhauses bergaufwärts führt, hinaufzugehen bis zum oberen Bahndamm der Linie Calw–Weil der Stadt, von dem man eine beeindruckende Panoramasicht auf die Stadt hat.

## 13 Spaziergang zum ›Café Haager‹, zum alten Calwer Bahnhof, zum Krappen und zum Öländerle

»Wenn ich jetzt etwa wieder einmal nach Calw komme, dann gehe ich langsam vom Bahnhof hinab, an der katholischen Kirche, am Adler und am Waldhorn vorbei und durch die Bischofstraße [...].« – Dieser von Hermann Hesse beschriebene Weg (siehe S. 15) soll im Folgenden in umgekehrter Richtung gegangen werden, vom Elternhaus in der Bischofstraße zum alten Bahnhof vor der Stadt draußen.

Der von Hermann Hesse erwähnte Gasthof ›Waldhorn‹ war im linken der beiden großen Häuser untergebracht, die den Zugang zur Nikolausbrücke flankieren. Der zweite Gasthof, den Hesse erwähnt, der ›Adler‹, ist samt Gebäude verschwunden. Das schöne Fachwerkgebäude stand unterhalb von den Eisenbahnbrücken an der Ecke Stuttgarter Straße/Bahnhofstraße und musste Anfang der 1970er-Jahre dem Automobilverkehr geopfert werden. In diesen Gasthof ließ Hesse in *Unterm Rad* jeden Freitag den Vater von Hans Giebenrath zum Kegelschieben gehen.

Wenn man von der Verkehrskreuzung in die Bahnhofstraße hineingeht, findet man am vierten Haus auf der rechten Straßenseite ein Schild, das anzeigt, dass hier die Stammwerkstatt der Firma Perrot untergebracht gewesen sei und Hermann Hesse in diesem Haus seine Mechanikerlehre absolviert habe. Von dieser Information ist nur der erste Teil zutreffend. In diesem Haus hat zu Hesses Jugendzeit der Mechanikermeister und Turmuhrenkonstrukteur Johann Immanuel Perrot (1835-1898) seine Werkstatt gehabt. Hesse hat aber nicht bei diesem, sondern bei dessen Sohn Heinrich (1864-1948) gelernt, der eine Filialwerkstatt in einem Anbau des (bereits zu Beginn des 20. Jahrhunderts abgerissenen) Mühlengebäudes am Beginn der Ledergasse eingerichtet hatte; heute steht dort das Parkhaus des ›Calwer Marktes‹ (siehe Stadtrundgang, Etappe 5, S. 83). Der Name Perrot ist französischen Ursprungs; er kam um 1700 mit den aus Glaubensgründen aus dem Chisonetal in den französischen Alpen vertriebenen Waldensern in den Raum Calw, wo diese das Dorf Neuhengstett gründeten. Hermann Hesse lässt in *Das Glasperlenspiel* einen Erfinder namens Bastian Perrot auftreten.

Zwei Häuser weiter vom Perrot-Stammhaus befand sich bis in die 1980er-Jahre eine Konditorei, die es an dieser Stelle schon zu Hesses Jugendzeit gab. Die damalige ›Konditorei Haager‹ spielt in seiner Erzählung *Kinderseele* eine Rolle. Hermann, der aus dem väterlichen Zimmer Feigen gestohlen hat, behauptet gegenüber dem Vater, der die Feigen in seinem Zimmer entdeckt, er habe diese von Erspartem beim Konditor Haager gekauft. Der Vater fordert ihn daraufhin auf, ihn zu der Konditorei in der Bahnhofstraße zu begleiten, um den Konditor zu befragen:

*»Wir gingen. Ich schob meine Mütze gerade, steckte eine Hand in die Tasche und versuchte neben ihm daher zu gehen, als sei nichts Besonderes los. Obwohl ich wusste, dass alle Leute mir ansahen, ich sei ein abgeführter Verbrecher, versuchte ich doch mit tausend Künsten, es zu verheimlichen. Ich bemühte mich einfach und harmlos zu atmen; es brauchte niemand zu sehen, wie es mir die Brust zusammenzog. Ich war bestrebt, ein argloses Gesicht zu machen, Selbstverständlichkeit und Sicherheit zu heucheln. Ich zog einen Strumpf hoch, ohne dass er es nötig hatte, und lächelte, während ich wusste, dass dies Lächeln furchtbar dumm und künstlich aussehe. In mir innen, in Kehle und Eingeweiden, saß der Teufel und würgte mich.*

*Auf dem Weg von der Bischofstraße zur Bahnhofstraße. Diesen Weg muss der Missetäter in »Kinderseele« mit dem Vater gehen*

Wir kamen am Gasthaus vorüber, beim Hufschmied, beim Lohnkutscher, bei der Eisenbahnbrücke. Dort drüben hatte ich gestern Abend mit Weber gekämpft. Tat nicht der Riss beim Auge noch weh? Mein Gott! Mein Gott!

Willenlos ging ich weiter, unter Krämpfen um meine Haltung bemüht. An der Adlerscheuer vorbei, die Bahnhofstraße hinaus. Wie war diese Straße gestern noch gut und harmlos gewesen! Nicht denken! Weiter! Weiter!

Wir waren ganz nahe bei Haagers Haus. Ich hatte in diesen paar Minuten einige hundertmal die Szene voraus erlebt, die mich dort erwartete. Nun waren wir da. Nun kam es.

Aber es war mir unmöglich, das auszuhalten.

*Ich blieb stehen.*
›*Nun? Was ist?*‹, *fragte mein Vater.*
›*Ich gehe nicht hinein*‹, *sagte ich leise.*
*Er sah zu mir herab. Er hatte es ja gewusst, von Anfang an. Warum hatte ich ihm das alles vorgespielt und mir so viel Mühe gegeben? Es hatte ja keinen Sinn.*
›*Hast du die Feigen nicht bei Haager gekauft?*‹, *fragte er. Ich schüttelte den Kopf.*
›*Ach so*‹, *sagte er mit scheinbarer Ruhe.* ›*Dann können wir ja wieder nach Hause gehen.*‹«
Hermann Hesse: Kinderseele, Erzählung (1918), SW 8, S. 206 f.

Der Vater lässt die Strafe gnädig ausfallen, ein Nachmittag Arrest in einer dunklen Dachkammer. Der findige Sohn verkürzt sich die Zeit, indem er einen Dachziegel anhebt und so genügend Licht zum Lesen hat; gleichzeitig fühlt er sich aber gedemütigt durch die Art, in der der Vater die Bestrafung zelebriert hat.

Von dem Steg, der nach weiteren ca. 150 m von der Bahnhofstraße zur Badstraße hinübergeht, hat man einen idyllischen Blick auf die Nagold. Wir gehen jedoch die Bahnhofstraße weiter geradeaus und erreichen die von Hesse erwähnte katholische Kirche, die zu seiner Jugendzeit 1886 eingeweiht wurde. Damals kamen im Oberamt Calw auf rund 30 000 evangelische Einwohner gerade mal 1300 Katholiken, die hier in Calw ihre einzige Gemeinde und Kirche hatten.

Zum Bahnhof ist es nun nur noch ein kurzes Wegstück, das durch eine kleine Anlage führt. Der große Sandsteinbau mit seinen beiden Flügelhäusern und dem dazwischen ausgespannten Wartesaaltrakt war im 19. Jahrhundert Calws

*Der frühere Calwer Bahnhof um 1910*

großer Stolz. Um 1870 erbaut, gilt das Gebäude als Muster eisenbahnerischer Architektur der Frühzeit und ist deshalb heute unter Denkmalschutz gestellt, gehört aber seit der Eröffnung des neuen Bahnhofs (ZOB) in der Stadtmitte nicht mehr der Bahn. Zur Atmosphäre des Bahnhofs im letzten Jahrhundert sei auf die Schilderung Hesses verwiesen, die im vorliegenden Band auf S. 144 f. zitiert ist. Eine weitere Ankunftsszene auf dem Calwer Bahnhof schildert Hesse in der Erzählung *Die Heimkehr*, in welcher der Gerbersohn August Schlotterbeck nach langen Jahren in Amerika und Russland als »*gemachter Mann*« in seine Heimatstadt Gerbersau (= Calw) zurückkehrt:

»[A]m Bahnhof stieg Herr Schlotterbeck aus [...]. Er fand an der Station die Knechte von drei Gasthöfen, was ihm Eindruck machte, und da der eine auf seiner Mütze den Namen des alten Gasthauses zum Schwanen trug, dessen sich Schlotterbeck aus der Vergangenheit her erinnerte, gab er diesem sein Gepäck und ging allein zu Fuß stadteinwärts.

[...] Zunächst wandelte er durch die etwas veränderte Bahnhofstraße dem Flusse zu, auf dessen grünem Spiegel wie sonst die Gänse schwammen und dem wie ehemals die Häuser ihre ungepflegten Rückseiten und winzigen Hintergärtchen zukehrten. Dann schritt er über den oberen Steg und durch unveränderte, arme enge Gassen der Gegend zu, wo einst die Schlotterbeck'sche Weißgerberei gewesen war. Da suchte er jedoch das hohe Giebelhaus und den großen Grasgarten mit den Lohgruben vergebens. Das Haus war verschwunden und der Garten und Gerberplatz überbaut.«

Hermann Hesse: Die Heimkehr, Erzählung (1909),
SW 7, S. 260 f.

Wer vom Bahnhof gleich wieder in die Stadt zurückkehren möchte, kann dazu diesen Weg August Schlotterbecks nehmen, der unterhalb der katholischen Kirche über den bereits erwähnten Badsteg zur Badstraße hinüberführt. Das sehenswerte Gebäude der letzten Calwer Gerberei (»Weißgerberei Balz«), die heute Museum ist, findet man in der Badstraße im Bereich der Häuser Nr. 7 und 9. Das eigentliche Gerbereigebäude, das wie oben von Hesse beschrieben ein »*hohes Giebelhaus*« ist, steht dabei als Haus Nr. 7/1 in zweiter Reihe hinter den Häusern der Badstraße am Fluss und kann durch einen kurzen Zwischengang erreicht werden. Von April bis Oktober werden in ihm sonntagnachmittags Führungen angeboten.

Alternativ besteht die Möglichkeit, den Spaziergang vom Bahnhof aus zunächst noch ein Stück stadtauswärts zum 300 m entfernten ›Krappen‹ und zum ›Öländerle‹ auszudehnen. Der ›Krappen‹, eine Ansammlung von stattlichen, von der Bahn im letzten Jahrhundert für ihre Bediensteten gebauten Mietshäusern, wird in einigen Erzählungen Hesses erwähnt. Hier wohnte sein Schulkamerad Otto Weber, der Sohn eines Eisenbahnschaffners. Dieser taucht unter dem Namen Oskar Weber in der Erzählung *Kinderseele* und unter dem Namen Otto Weller in der Erzählung *Unterbrochene Schulstunde* auf. In beiden Erzählungen erwähnt Hesse, dass dieser ihn durch die Mitteilung beeindruckt habe, sein Vater verdiene bei der Bahn sieben Mark am Tag. Otto Weber fälschte im Herbst 1888 die Unterschrift seines Vaters unter ein schlecht ausgefallenes Zeugnis. Hermann Hesse wurde daraufhin vom Lehrer zur Aufdeckung dieses Sachverhalts zu dessen Eltern in den ›Krappen‹ geschickt (vgl. S. 95). Der Name des Quartiers soll von einem ehemaligen Gasthaus ›Zum Krappen‹ (schwäbisch für: ›Zum Raben‹) kommen. In der Erzählung *Hans Dierlamms Lehrzeit* spielt dieses als Gasthaus ›Zu den drei Raben‹ eine Rolle.

Das ›Öländerle‹ liegt noch ca. 200 m weiter, hinter der langgezogenen Kurve der Bundesstraße. Der Name der kleinen Siedlung stammt von einer Ölmühle, die hier einstmals stand. Im Biergarten der Gaststätte ›Öländerle‹ trifft in der Erzählung *Der Lateinschüler* die Tine den Zimmermannsgesellen, mit dem sie sich dann verlobt. Die Gaststätte und den Biergarten gibt es nicht mehr. Der Biergarten befand sich vermutlich zwischen den Häusern und der Nagold, wo heute die Bundesstraße entlangführt. Vom Öländerle aus sind zwei Wege in die Stadt zurück zu empfehlen:

Der eine geht vor dem ersten Haus im Zickzack den Berg

hoch und mündet dann in einen ebenen Waldweg, der oberhalb des Bahngeländes stadteinwärts führt. Auf diesem Weg hat man, besonders auf der hoch über der Bahnhofstraße gelegenen Uhlandhöhe, sehr schöne Blicke auf die Stadt. Der andere Weg führt über den Fußgängersteg auf die andere Seite der Nagold und dort auf dem beschaulichen Walkmühleweg entlang des Flusses zurück in Richtung Stadt zur Badstraße. Dabei kommt man an einem Stauwehr bei einem Fabrikgebäude vorbei; oberhalb davon ist wahrscheinlich die Stelle, an der Hesse im Roman *Unterm Rad* Hans Giebenrath sein befreiendes Bad nehmen lässt, nachdem dieser von der Landexamensprüfung aus Stuttgart zurückgekommen ist:

*»Er ging weit vor die Stadt hinaus zur ›Waage‹, wo das Wasser tief und langsam zwischen hohem Gebüsch dahinfließt. Dort entkleidete er sich, steckte die Hand und darauf den Fuß tastend ins kühle Wasser, schauderte ein wenig und warf sich dann mit schnellem Sturz in den Fluss. Langsam gegen die schwache Strömung schwimmend, fühlte er Schweiß und Angst dieser letzten Tage von sich gleiten, und während seinen schmächtigen Leib der Fluss kühlend umarmte, nahm seine Seele mit neuer Lust von der schönen Heimat Besitz. Er schwamm rascher, ruhte, schwamm wieder und fühlte sich von einer wohligen Kühle und Müdigkeit umfangen. Auf dem Rücken liegend, ließ er sich wieder flussab treiben, horchte auf das feine Summen der in goldigen Kreisen schwärmenden Abendfliegen, sah den Späthimmel von kleinen, raschen Schwalben durchschnitten und von der schon verschwundenen Sonne hinter den Bergen rosig beglänzt. Als er wieder in den Kleidern war und träumerisch nach Hause schlenderte, war das Tal schon voll Schatten.«*
Hermann Hesse: Unterm Rad, Roman (1905), SW 2, S. 154

# Wanderungen nach Hirsau, Zavelstein und Teinach

In einem Brief nach Calw aus dem Jahr 1952 erinnert sich Hermann Hesse »*an viel Liebes und Schönes, das wir dort [in Calw] einst gekannt und gehabt haben: [...] die Gänge nach Hirsau und nach Zavelstein, zur Annabuche und zum Öländerle*«. Der Weg zum Öländerle ist bereits oben beschrieben worden. Im Folgenden sollen nun noch in aller Kürze die schönen Wege nach Hirsau sowie an der Annabuche vorbei nach Zavelstein und Bad Teinach skizziert werden.

## 14 Wanderung durch den Hirsauer Wiesenweg nach Hirsau

Spaziergänge in das knapp 2 km unterhalb von Calw gelegene schöne Örtchen Hirsau mit seinen beeindruckenden Klosterruinen hat die Familie Hesse häufig unternommen. Immer wieder wurde Verwandten und Besuchern das Kloster als bedeutendste Sehenswürdigkeit der Gegend gezeigt. Zudem hatte man verwandtschaftliche Beziehungen nach Hirsau.

Den Weg von Calw nach Hirsau hat Hermann Hesse in seiner Erzählung *Berthold* beschrieben, die zur Zeit des Dreißigjährigen Krieges spielt, als das Kloster Hirsau noch bestand. Der Calwer Kaufmannssohn Berthold, der im Kloster seine Schulausbildung erhält, geht diesen Weg jeden Tag:

»*Mitten durch das Städtlein rann der schmale, schnelle Fluss. Sein oberes Tal war eng, zwischen zwei Züge waldiger Berge gedrängt, und bot nur für einige flache Äcker, eine alte stille*

*Landstraße und berganwärts für wenige, abschüssige und magere Wiesen Platz. [...]*

*Flussabwärts hingegen führte ein wohlgehaltener Weg bald dicht am Ufer, bald durch Kornland und Wiesen das Tal hinab, das nach kurzer Weile breiter und fruchtbarer wurde. Die Berge flohen auf beiden Seiten zurück, einem breiteren und fetteren Boden Raum gebend, und bald tat sich eine gar schöne, sonnige Talebene auf, durch eine Krümme vor dem Nordwind geschützt. Während oberhalb sowie auch schon eine kleine Stunde weiter abwärts das Tal arm und rau war und der ganze Reichtum des Landes in den Bergwäldern bestand, prangte hier still und abgeschlossen ein kleines Land mit Frucht und Obst wie ein Paradiesgärtlein zwischen den grünen Bergen. Inmitten lag breit und satt in wohligem Frieden ein Kloster samt Meierei und Mühle, und wer müde auf der Talstraße vorüberwanderte und hinüberschaute und in dem erhöht gelegenen Garten unter laubigen Bäumen die Brüder in weißen Kutten langsam wandeln sah, dem mochte der friedsame Ort eine köstliche und gesegnete Zuflucht scheinen.*

*Den fröhlichen Wiesenweg von der Stadt zum Kloster hinab wanderte in seinen Knabenjahren Berthold fast jeden Tag. Er ging im Kloster zur Schule, und es war von seinem Vater bestimmt, dass der Knabe in den geistlichen Stand treten sollte.«*

Hermann Hesse: Berthold, Romanfragment (1907),
SW 7, S. 86

Den »*fröhlichen Wiesenweg*« gibt es heute noch. Er heißt auch jetzt noch ›Hirsauer Wiesenweg‹, obwohl er natürlich längst geteert ist. Man findet ihn, wenn man in Calw ans untere Ende der Lederstraße, dann durch die Inselgasse am ›Kaufland‹ entlang bis zum neuen Feuerwehrmagazin der

*Hirsau in früherer Zeit. Vorne die alte Brücke mit der Ölmühle, dahinter das ›Haus zum Hirsch und Lamm‹, in dem Verwandte der Hesses wohnten. Dahinter das Peter-und-Paul-Kloster*

Stadt geht und dort geradeaus das kleine, talabwärts führende Sträßchen einschlägt.

In Hirsau führt das Sträßchen direkt auf das jenseits einer großen Kreuzung liegende Hotel ›Kloster Hirsau‹ zu. In diesem Gebäude, dem ehemaligen ›Gasthaus zum Hirsch und Lamm‹, wohnte zu Hesses Jugendzeit die Familie Feldweg. 1887 hatte Mutter Hesses jüngster Bruder David in zweiter Ehe eine Tochter aus diesem Haus geheiligt. Hier wuchs auch Wilhelm Gundert (1880-1971) zeitweise auf, ein Sohn aus David Gunderts erster Ehe, der später ein bekannter Japanologe wurde. Als dieser seinen Vetter Hermann 1954 in Montagnola besucht, notiert Hesse über die einstigen Besuche in Hirsau:

»*[E]in großes Haus mit vielen Räumen, deren Mehrzahl man niemals betreten und über deren Bestimmung man als Knabe sich Gedanken gemacht hatte, im Garten der Dirlitzenbaum und der mit den grünen Jacobi-Äpfeln und der immerzu kühl plätschernde steinerne Brunnen, in dessen schattig dunkler Tiefe ein Fisch hauste, eine starke Forelle, die zu besuchen und zu belauern ich bei keinem Wiedersehen versäumte. Es überlief mich ein Schauer von Freude und Unheimlichkeit, als Wilhelm mir sagte, dass diese Forelle, über deren hohes Alter wir bald vor siebzig Jahren Vermutungen anstellten, noch heute lebe und im bemoosten alten Steintroge hause. Ich merkte erst später, als mein Gast wieder fort war, dass ich versäumt hatte, ihn zu fragen, ob er diese Kunde nur vom Hörensagen habe oder selbst wieder dort gewesen, das uralte Tier gesehen und wiedererkannt habe. Ich glaube, ich unterließ die Frage weniger aus Zerstreutheit als aus Scheu davor, die Legende vielleicht zerstört zu sehen. Denn die Forelle im riesigen Steintrog im Garten des Hauses zum Hirsch und Lamm gehört von Knabenzeiten her für mich zu Hirsau als ebenso wichtige und ehrwürdige Erscheinung wie der Eulenturm, die große Ulme und die herrliche Nagoldbrücke mit der Ölmühle.*«
Hermann Hesse: Rundbrief aus Sils-Maria (1954),
SW 12, S. 642 f.

Der aus der Renaissancezeit stammende Brunnen mit dem großen Steintrog, der aus dem an das Kloster angebauten herzoglichen Jagdschloss hierher versetzt wurde, steht noch vor dem Haus. Von dem einstigen Garten vor dem Haus sind nur noch Teile vorhanden, der Rest ist zum Parkplatz für die Hotelgäste geworden; Apfelbäume sind keine mehr zu sehen. Aber in der Nähe führt noch die »*herrliche Nagoldbrücke*« über den Fluss, allerdings nicht mehr die aus Hesses Jugendzeit, sondern ein für den Verkehr verbreiterter Nachbau von 1914. An ihrem dem Klosterhotel zugewandten Ende steht noch, gleichsam wie ein Brückenhaus, das malerische Gebäude der früheren »*Ölmühle*« mit seinem unverwechselbaren pagodenähnlichen Dach. Und der »*Eulenturm*«, einer der ursprünglich zwei Türme der einst großen Klosterkirche dominiert noch immer das Klostergelände. Auf der Verlustseite muss dagegen die von Hesse erwähnte »*große Ulme*« verbucht werden, womit er die berühmte, von Ludwig Uhland in einem Gedicht besungene Ulme meinte, die zum Dach der Ruine des an das Kloster angebauten Renaissanceschlosses hinausragte. Sie ist dem Ulmensplintkäfer zum Opfer gefallen und musste 1989 gefällt werden.

Der Eingang zum Kloster befindet sich nur wenige Schritte oberhalb des Klosterhotels. Die mächtige Klosteranlage ist zum Teil nur noch in Ruinen vorhanden. Französische Truppen, die während des Pfälzischen Erbfolgekrieges auch in das Nagoldtal eindrangen, zündeten das Kloster 1692 an, und der anschließende jahrzehntelange Missbrauch als Steinbruch tat ein Übriges. Die verbliebenen Ruinen sind aber immer noch sehr beeindruckend. Einen Überblick über die ins 9. Jahrhundert zurückgehende Geschichte der Klöster Hirsaus erhält man im Klostermuseum, das in einem Gebäude des älteren, kleineren Aureliusklosters auf der anderen Seite der Nagold untergebracht ist. Man erreicht dieses über die Nagoldbrücke nach ca. 50 m.

Von Kloster Hirsau aus ist die Familie Hesse häufig noch in das hier ins Nagoldtal einmündende idyllische Schwein-

*Der Kreuzgang des Hirsauer Klosters St. Peter und Paul.
Dahinter der ›Eulenturm‹, der erhaltene Turm der Klosterkirche*

bachtälchen weitergewandert zum ca. 2 km oberhalb gelegenen (jetzt geschlossenen) Waldgasthaus ›Bleiche‹. Tälchen und Gasthaus sind in Hesses Erzählung *Schön ist die Jugend* Ausflugsziel und Schauplatz einer Romanze.

*15 Wanderung nach Zavelstein und Bad Teinach*

Auch Zavelstein, das ca. 6 km von Calw entfernte Bergstädtchen mit seiner romantischen Burgruine, und das Heilbad Teinach waren beliebte Ausflugsziele der Familie Hesse. So schreibt z. B. die Mutter Hesse am 31. Juli 1895 an ihren zur Kur im christlichen Erholungsheim ›Palmenwald‹ in Freudenstadt weilenden Mann, dass Hermann mit seiner Schwester Adele und zwei Verwandten auf einer Wanderung nach

Zavelstein und Teinach unterwegs sei. Sicherlich ist die Familie auch manches Jahr im März nach Zavelstein gewandert, um die weithin berühmte Krokusblüte zu sehen. 1896, als Hermann Hesse in Tübingen zur Buchhändlerausbildung ist, bedauert er es in einem Brief an die Familie sehr, dass er in diesem Jahr die Wanderung zur Krokusblüte versäumen müsse.

Literarisch hat Hermann Hesse eine Wanderung nach Zavelstein in seiner Erzählung *Die Verlobung* wiedergegeben. Darin lässt er den Gerbersauer Kirchengesangverein seinen Osterausflug in einen eine Stunde oberhalb der Stadt gelegenen Ort mit einer Burgruine machen, als dessen Vorbild Zavelstein leicht zu erkennen ist. Mitwanderer ist dabei der kleine, unglücklich verliebte Kaufmann Andreas Ohngelt (siehe auch S. 90), der unterwegs vergeblich versucht, das schönste Mädchen des Chores zu erobern, in Zavelstein dann aber doch noch eine Frau findet.

Zavelstein galt lange Zeit als das kleinste Städtchen Deutschlands. Die Stadtrechte bekam es bereits im Jahr 1367 verliehen, als es Graf Eberhard II. von Württemberg in seinen Mauern Schutz gewährte, der bei einer Badekur im Wildbad von Rittern, mit denen er im Streit lag, überfallen wurde. (Ludwig Uhland hat darüber die Ballade *Der Überfall im Wildbad* geschrieben.) Zu jener Zeit bestand Zavelstein aus zwölf Häusern und der Burg. Bad Teinach, das unterhalb von Zavelstein im tief eingeschnittenen Teinachtal liegt, hat eine bis ins 14. Jahrhundert zurückreichende Tradition als Mineralbad.

Der Weg von Calw nach Zavelstein und Teinach ist leicht zu finden, da er ab dem Calwer Marktplatz vom Schwarzwaldverein sehr gut ausgeschildert ist. Er ist Teil des Schwarzwald-Ostwegs von Pforzheim nach Schaffhausen am Rhein, der durchgängig mit einer schwarz-roten Raute gekennzeichnet ist.

Die Wanderung ist in jedem Abschnitt von besonderem Reiz. Zuerst geht es vom Marktplatz die Salzgasse zum Stadtgarten hinauf, einem schön angelegten Waldpark, und durch diesen bis zur Talkante hoch. Dort liegt der Gimpelstein, ein Felsplateau aus großen Buntsandsteinfelsen, von dem aus man einen schönen Blick auf einen Teil der Stadt und das auf der anderen Talseite beginnende Heckengäu hat. Unterhalb am Weg steht die von Hesse erwähnte »*Annabuche*« (siehe S. 142). Oberhalb kommt man auf die Georgenhöhe, von der es nur noch eine kurze Strecke ebenen Weges bis zum Schafott ist, der ehemaligen Richtstätte der Stadt. Die letzte Hinrichtung fand hier vor der versammelten Bevölkerung und Schuljugend am 28. August 1818 statt, als die Raubmörderin Gertrude Pfeiflin aus Teinach enthauptet wurde. Diese hatte eine Marketenderin erschlagen, von der sie übel behandelt und ausgenutzt worden war. Während ihrer Kerkerhaft im Langen Turm (siehe Rundgang, Etappe 6) war sie durch die gute Verpflegung so dick geworden, dass sie zum Richtplatz gefahren und auf das Schafott hinaufgetragen werden musste.

Vom Schafott führt der Weg durch lichte Hochwälder an einer Grillhütte mit Wiese vorbei zu einem Wildschweingehege, an dessen Ende, ein paar Schritte abseits vom Weg, das ›Wölflesbrünnele‹ liegt, das Hermann Hesse immer wieder aufgesucht hat. In einem Brief nach Calw aus dem Jahr 1914 schreibt er, dass er gerne wieder einmal zum »*Wölflesbrünnele und zum* [hinter dem ›Öländerle‹ gelegenen] *Schleiftäle*« gehen würde.

Vom Wölflesbrünnele ist es nicht mehr weit zum idyllischen Rötelbachtälchen, über das seit alters her das ›Zavel-

*Die Burgruine und der Kern des Städtchens Zavelstein sehen heute fast noch so aus wie zu Hermann Hesses Zeit*

steiner Brückle› führt, unter dem der Sage zufolge ein Geist hausen soll, der sich manchmal in Gestalt eines Schmetterlings sehen lässt. Nach weiteren 1 bis 2 km gelangt man dann auf die Wiesen und Felder oberhalb von Zavelstein, wobei sich einem sogleich ein weiter Blick über das Städtchen mit der Burgruine und die umgebenden Walddörfer eröffnet. Hierbei mag einem das Schwarzwaldgedicht Hesses von 1901 in den Sinn kommen:

*Schwarzwald*

*Seltsam schöne Hügelfluchten,*
*Dunkle Berge, helle Matten,*
*Rote Felsen, braune Schluchten,*
*Überflort von Tannenschatten!*

*Wenn darüber eines Turmes*
*Frommes Läuten mit dem Rauschen*
*Sich vermischt des Tannensturmes,*
*Kann ich lange Stunden lauschen.*

*Dann ergreift wie eine Sage,*
*Nächtlich am Kamin gelesen,*
*Das Gedächtnis mich der Tage,*
*Da ich hier zu Haus gewesen.*

*Da die Fernen edler, weicher,*
*Da die tannenforstbekränzten*
*Berge seliger und reicher*
*Mir im Knabenauge glänzten.*
Hermann Hesse: Die Gedichte, SW 10, S. 75

In Zavelstein laden ein Wanderheim des Schwarzwaldvereins (oberhalb des Städtchens auf den Krokuswiesen) sowie im Ortskern Gasthöfe zur Rast ein. Die Burgruine findet sich am Ende des mit malerischen Häusern und der Kirche eingerahmten Pflastersträßchens, das auf den Bergsporn hinausführt. »*Kleine Burg für wenig Mannen, Städtlein, rußig eng und schmal, rings des Schwarzwalds Edeltannen, unten tief das Teinachtal*«, dichtete Victor von Scheffel (1826-1886), der einst als Kurgast in Bad Teinach und Zavelstein weilte. Die Burg wurde 1692 durch die französischen Truppen zerstört, die zuvor schon Hirsau und Calw in Schutt und Asche gelegt hatten. Der noch erhaltene Burgfried kann zu bestimmten Zeiten bestiegen werden und bietet eine schöne Aussicht über das Teinachtal und die Hochebene des Calwer Waldes.

Von der Burgruine führt der ausgeschilderte Weg weiter in das tief eingeschnittene Tal nach Bad Teinach hinab. Dort ist neben dem Hotel Therme, dem Kurgarten und dem modernen Mineralbad auch die Kirche sehenswert, die ein Kleinod enthält, die »Turris Antonia«, ein um 1665 von der Prinzessin Antonia, der Schwester des Herzogs Eberhard III. von Württemberg, gestiftetes Altarbild mit Flügeltüren, das in der Art einer jüdisch-kabbalistischen Lehrtafel biblische Darstellungen mit Zahlen und hebräischen Buchstaben versehen zeigt.

Die Mineral- und Heilquellen von Bad Teinach sind der Sage nach entdeckt worden, als Jäger einen waidwunden Hirsch verfolgten und dabei beobachteten, wie dieser seine Wunden in einer Quelle badete. Hermann Hesse greift dieses Sagenmotiv in seiner *Schwäbischen Parodie* auf:

*»In alten Zeiten soll ein Graf von Württemberg sich auf der Jagd in das Knörzeltal verirrt haben, und, obwohl er und seine Mannen ringsum Hasen, Hirsche, Fasanen und anderes Wild in Menge erlegten, wurden sie doch dieser erlegten Beute nur selten habhaft und entdeckten, als sie der Sache nachgingen, dass die verwundeten Tiere sich zur murmelnden Knörzel schleppten, aus ihr tranken oder sich in ihr wuschen und alsbald gesund wieder in die prächtigen Wälder liefen, die noch heute der Schmuck der Gegend sind. So entstand der Ruf des Knörzelwassers und seiner Heilkraft, und das Tal wurde jahrhundertelang, ähnlich wie so manches andere begnadete Tal unserer Heimat, von Kranken aller Art besucht, namentlich aber von Leuten, welche an Gicht und Rheumatismen litten.«*

Hermann Hesse: Schwäbische Parodie (1928), SW 8, S. 422f.

*Teinachtal mit Burg Zavelstein*

Im Zusammenhang mit Teinach sei noch auf eine Anglergeschichte hingewiesen, die Hesse dort spielen lässt; eine biografische Entsprechung ist nicht verbürgt:

*»Nun, früher brachte ich häufig prächtige Wochen dort zu und habe besonders in dem kleinen Badedorf Teinach viel geangelt. Das Forellenangeln, ohnehin eine interessante Jagd, hatte für mich noch einen besonderen Reiz dadurch, dass ich diesen Fisch nicht nur an der Angel, sondern auch auf der Tafel liebte, während mir sonst der Verbleib meiner Fischbeute meistens gleichgültig war.«*
   Hermann Hesse: Sor aqua, Erzählung (1904), SW 6 , S. 306

Wem es zu weit ist, von Bad Teinach wieder zu Fuß nach Calw zurückzugehen, der kann entweder mit dem Bus fahren oder ca. 3 km das Teinachtälchen hinab zu dem im Nagoldtal gelegenen Bahnhof Station Teinach gehen und von dort mit dem Zug nach Calw fahren. Bei der Wanderung von Bad Teinach nach Station Teinach, die vom Kurpark aus auf einem Wanderweg im Wald oberhalb des rechten Ufers der Teinach möglich ist, kommt man nach ca. 2 km an einem Marmorsägewerk vorbei, das nach Hermann Hesses eigener Aussage das Vorbild für den Schauplatz in seiner Erzählung *Die Marmorsäge* war:

»*In der kühlen Waldschlucht des Sattelbachs, der alle paar hundert Schritt eine Mühle treiben muss, lag stattlich und sauber ein Marmorsägewerk [...]. Als ich das erste Mal diesen Hof nach einem Neugierbesuch verließ, nahm ich ein kleines, einseitig poliertes Stückchen weißen Marmors in der Tasche mit; das besaß ich jahrelang und hatte es als Briefbeschwerer auf meinem Schreibtisch liegen.*«
Hermann Hesse: Die Marmorsäge, Erzählung (1904),
SW 6, S. 213 f.

Diese Erzählung ist eine der berührendsten Liebesgeschichten, die Hermann Hesse geschrieben hat.

# Maulbronn:
## *Grenzstation zwischen Kindheit und Erwachsenwerden*

### Hermann Hesses Maulbronner Zeit 1891/92

»*Im Nordwesten des Landes liegt zwischen waldigen Hügeln und stillen kleinen Seen das große Zisterzienserkloster Maulbronn. Weitläufig, fest und wohl erhalten stehen die schönen alten Bauten und wären ein verlockender Wohnsitz, denn sie sind prächtig, von innen und außen, und sind in den Jahrhunderten mit ihrer ruhig schönen, grünen Umgebung edel und innig zusammengewachsen. Wer das Kloster besuchen will, tritt durch ein malerisches, die hohe Mauer öffnendes Tor auf einen weiten und sehr stillen Platz. Ein Brunnen läuft dort, und es stehen alte ernste Bäume da und zu beiden Seiten alte steinerne und feste Häuser und im Hintergrunde die Stirnseite der Hauptkirche mit einer spätromanischen Vorhalle, Paradies genannt, von einer graziösen, entzückenden Schönheit ohnegleichen. Auf dem mächtigen Dach der Kirche reitet ein nadelspitzes, humoristisches Türmchen, von dem man nicht begreift, wie es eine Glocke tragen soll. Der unversehrte Kreuzgang, selber ein schönes Werk, enthält als Kleinod eine köstliche Brunnenkapelle; das Herrenrefektorium mit kräftig edlem Kreuzgewölbe, weiter Oratorium, Parlatorium, Laienrefektorium, Abteiwohnung und zwei Kirchen schließen sich massig aneinander. Malerische Mauern, Erker, Tore, Gärtchen, eine Mühle, Wohnhäuser umkränzen behaglich und heiter die wuchtigen alten Bauwerke. Der weite Vorplatz liegt still und leer und spielt im Schlaf mit dem Schatten seiner Bäume; nur in der Stunde nach Mittag kommt ein flüchtiges Scheinleben über ihn. Dann tritt eine Schar junger Leute aus dem Kloster, verliert sich über die weite Fläche, bringt ein wenig Bewegung, Rufen, Gespräch und Gelächter mit, spielt etwa auch ein Ballspiel und verschwindet nach Ablauf der Stunde rasch und spurlos hinter den Mauern. Auf diesem Platz hat schon mancher sich gedacht, hier wäre der Ort für ein tüchtiges Stück Leben und Freude, hier müsste etwas Lebendiges, Beglückendes wachsen können, hier müssten reife und gute Menschen ihre freudigen Gedanken denken und schöne, heitere Werke schaffen.*

*Seit langer Zeit hat man dieses herrliche, weltfern gelegene, hinter Hügeln und Wäldern verborgene Kloster den Schülern des protestantisch-theologischen Seminars eingeräumt, damit Schönheit und Ruhe die empfänglichen jungen Gemüter umgebe. Zugleich sind dort die jungen Leute den zerstreuenden Einflüssen der Städte und des Familienlebens entzogen und bleiben vor dem schädigenden Anblick des tätigen Lebens bewahrt. Es wird dadurch ermöglicht, den Jünglingen jahrelang das Studium der hebräischen und griechischen Sprache samt Nebenfächern allen Ernstes als Lebensziel erscheinen zu lassen, den ganzen Durst der jungen Seele reinen und idealen Studien und Genüssen zuzuwenden. Dazu kommt als wichtiger Faktor das Internatsleben, die Nötigung zur Selbsterziehung, das Gefühl der Zusammengehörigkeit. Die Stiftung, auf deren Kosten die Seminaristen leben und studieren dürfen, hat hierdurch dafür gesorgt, dass ihre Zöglinge eines besonderen Geistes Kinder werden, an welchen sie später jederzeit erkannt werden können – eine feine und sichere Art der Brandmarkung. Mit Ausnahme der Wildlinge, die sich je und je einmal losreißen, kann man denn auch jeden Seminaristen sein Leben lang als solchen erkennen.«*

Hermann Hesse: Unterm Rad, Roman (1905), SW 2, S. 178 ff.

*Luftaufnahme von der Klosterstadt Maulbronn*

Auch Hermann Hesse ist von seinem Aufenthalt in Maulbronn tief geprägt worden, und es ist nicht zu viel gesagt, dass das Klosterseminar und der mit ihm verbundene Geist zu einem der wichtigen Bezugspunkte in seinem Leben geworden sind. Dies belegt nicht nur der oben zitierte Roman *Unterm Rad*, der auf den Maulbronner Erlebnissen und Erfahrungen basiert, sondern auch die Erzählung *Erwin*, die 1914 entstandene Erinnerung *Der Brunnen im Maulbronner*

*Kreuzgang* und die 1954 verfasste Skizze *Ein Maulbronner Seminarist*. Darüber hinaus dient das Kloster Maulbronn Hesse in seiner großen Erzählung *Narziß und Goldmund* als Schauplatz, und auch in seinem Alterswerk *Das Glasperlenspiel* spielt die Klosterwelt auf vielfältige Art und Weise eine Rolle.

Hermann Hesses Schulaufenthalt im Seminar des Klosters Maulbronn dauert kaum mehr als ein halbes Jahr. Dann kommt es zu jenem rätselhaften Zwischenfall, der seine Seminarzeit beendet: Am 7. März 1892 verlässt er das Kloster, wandert ziellos in der Gegend umher, übernachtet in der kalten Nacht in einem Strohhaufen bei der knapp 10 km entfernten Ortschaft Kürnbach, wird tags darauf, schon halb wieder auf dem Rückweg, von einem Gendarmen in der Nähe von Knittlingen angetroffen und von diesem nach Maulbronn zurückbegleitet. Im Tagebuch der Mutter findet sich unter dem Datum 8. März 1892 die folgende Schilderung des Vorfalls:

*»Nun Gottlob! Das Kind ist selbst wieder gekommen, unterwegs von einem Landjäger gefragt, wo er hinwolle? hatte er gesagt: nach Maulbronn. ›Dann gehn wir zusammen.‹ Der gens d'armes telegraphierte im nächsten Ort gleich nach Maulbronn, dass der Gesuchte gefunden sei und mit ihm komme. Die Repetenten gingen ihm entgegen. Als Hermann in des Professors Zimmer sein Taschentuch herauszog, fielen Strohhalme heraus; er hatte die bitterkalte Nacht auf freiem Felde zugebracht und sich frierend in einen Strohhaufen zu stecken gesucht. Er kam in jenen 23 Stunden in Württemberg, Baden und Hessen herum. Er hatte weder Mantel noch Handschuhe an, kein Geld im Sack, dagegen die Bücher noch bei sich, die er zur Präparation für die nächste Lektion auf den Spazier-*

*gang in der Freistunde mitgenommen. Zur Lektion war er nicht gekommen. Halb mit halb ohne Willen hatte er sich weit fortverlaufen, im Dippel und Rappel, Friedrich* [Hermann Hesses Onkel Friedrich Gundert, der im Auftrag der Eltern von Calw nach Maulbronn reiste] *fand ihn verwirrt, zitternd vor Kälte, angegriffen, vertattert. Die Professoren nehmen's sehr ernst, sie fürchten partielle Geistesverwirrung, etwas Krankhaftes. Das ist's ja auch und wir sind sehr in Sorge. Da er bisher so gerne in Maulbronn war, ist's uns unerklärlich, dass er fortlief.«*

Hermann Hesse: Kindheit und Jugend vor 1900, Band 1, S. 182 f.

Die Schilderung macht deutlich, dass es sich bei dem Fortlaufen um keine vorbereitete, geplante Tat handelte. – Was war dann aber der Beweggrund? Marie Hesse äußert, dass die Lehrer eine krankhafte Geistesverwirrung bei dem Knaben befürchteten. Andere glaubten an eine entwicklungsbedingte Überspanntheit, eventuell ausgelöst durch eine übermäßige Buchlektüre und eine zu lebhafte Phantasie. Pietistische Verwandte und Bekannte wähnten die Hand des Bösen im Spiel. Es kam auch ein ganzer Strauß von haltlosen Gerüchten in Umlauf, der bunte Blüten der Spekulation trieb; so wurde z. B. im Kloster getuschelt, Hermann Hesse sei als Mitwisser in die Brandstiftung verstrickt gewesen, der das Pfründhaus des Klosters sechs Wochen zuvor zum Opfer gefallen war, und nun treibe ihn sein schlechtes Gewissen um.

Letztlich bleiben die Beweggründe im Dunkeln. Die Schulleitung verzichtet auf den sonst bei solchen Vorgängen üblichen Verweis von der Schule, da sie sieht, dass eher Verwirrung als Aufsässigkeit hinter dem Vorfall steht. Da jedoch die nervliche und körperliche Verfassung Hesses so ist, dass er dem normalen Fortgang der Seminarausbildung nicht mehr folgen kann, wird er zunächst für einen Monat beurlaubt. Er kehrt danach noch einmal für sechs Wochen ans Seminar zurück, wird dann aber auf Empfehlung der Seminarleitung, die unter dem Druck besorgter Eltern von Mitschülern steht, welche einen schlechten Einfluss Hermann Hesses auf ihre Söhne befürchten, von den Eltern endgültig aus dem Seminar genommen. Die anschließende schwere Zeit, in der er u. a. in der Nervenheilanstalt Stetten behandelt wird, ist im Kapitel »Hesses Calwer Zeit« dargestellt (siehe S. 31 ff.).

Hermann Hesses Zeit im Kloster Maulbronn dauert, unterbrochen von einigen Aufenthalten im Calwer Elternhaus, genau vom 15. September 1891 bis zum 7. Mai 1892. Vorausgegangen sind eine 16-monatige Vorbereitungszeit an der Göppinger Lateinschule und die erfolgreiche Absolvierung des württembergischen Landexamens, wodurch er die Berechtigung zum Besuch des Evangelischen Seminars in Maulbronn erwirbt. – Die Evangelischen Seminare haben ihren Ursprung in den Klosterschulen, die der württembergische Herzog nach seinem Übertritt zum Protestantismus gegen Ende des 16. Jahrhunderts in den 14 in Württemberg gelegenen und damals aufgelösten Männerklöstern einrichten ließ. Ihre Aufgabe war es, für die Kirche und den Staat des Landes, die in der Zeit des Herzog- und Königtums noch nicht getrennt waren, den Nachwuchs heranzubilden. Zu diesem Zweck wurden Jahr für Jahr in einer Ausleseprüfung in Stuttgart, dem sogenannten Landexamen, die gescheitesten Söhne des Landes ausgewählt, die sodann einen kostenfreien Internatsplatz an einem der Seminare erhielten und zugleich auch das Recht erwarben, nach erfolgreich absolvierter Seminarzeit kostenlos am Evangelischen Stift in Tübingen studieren zu können. Hermann Hesse hat diese Einrichtung in *Unterm Rad* beschrieben:

»*[I]n schwäbischen Landen gibt es für begabte Knaben, ihre Eltern müssten denn reich sein, nur einen einzigen schmalen Pfad: durchs Landexamen ins Seminar, von da ins Tübinger Stift und von dort entweder auf die Kanzel oder aufs Katheder. Jahr für Jahr betreten drei bis vier Dutzend Landessöhne diesen stillen, sicheren Weg, magere, überarbeitete Neukonfirmierte durchlaufen auf Staatskosten die verschiedenen Gebiete des humanistischen Wissens und treten acht oder neun Jahre später den zweiten, meist längeren Teil ihres Lebensweges an, auf welchem sie dem Staate die empfangenen Wohltaten heimbezahlen sollen.*«
Hermann Hesse: Unterm Rad, Roman (1905), SW 2, S. 139

Zu Hesses Schulzeit bestanden noch vier Seminarschulen; dabei waren im Jahreswechsel die Seminare Maulbronn und Schöntal für die Einschulung der neuen Schüler zuständig, während die letzten beiden Schuljahre vor der Reifeprüfung in Urach oder Blaubeuren absolviert wurden. Heute gibt es noch Seminarschulen in Maulbronn und Blaubeuren; die Schule steht dabei unter staatlicher Schulaufsicht, das Internat dagegen unter der Trägerschaft der Stuttgarter Ev. Oberkirchenbehörde. Unverändert geblieben sind der humanistisch-musische und theologische Schwerpunkt der Schulen und das Prinzip des unentgeltlichen Schul- und Internatsbesuchs für die erfolgreichen Absolventen der Landexamensprüfung.

Den Weg durch das Landexamen und das Maulbronner Seminar sind vor Hermann Hesse eine ganze Reihe bedeuten-

*Sieben Ansichten von Kloster Maulbronn. Zeichnungen von Alfred Schröder um 1875*

der Denker gegangen, u. a. der Astronom Johannes Kepler (1571-1630) aus Weil der Stadt, der Diplomat Karl Friedrich Reinhard (1761-1837) aus Schorndorf, der Dichter Friedrich Hölderlin (1770-1843) aus Lauffen am Neckar, der Professor für Ästhetik und Literatur Friedrich Theodor Vischer (1807-1887) aus Ludwigsburg, der revolutionäre Theologe David Friedrich Strauß (1808-1874) aus Ludwigsburg, der Schriftsteller Hermann Kurz (1813-1873) aus Reutlingen, der Schriftsteller und demokratische Politiker Georg Herwegh (1817-1875) aus Stuttgart und nicht zuletzt Hermann Hesses gelehrter Großvater Hermann Gundert (siehe S. 53ff.).

Der biografische Rahmen, in den sich Hesses Maulbronner Schulzeit einordnet, ist bereits im Kapitel »Hesses Calwer Zeit« skizziert worden (siehe Seite 26ff.). Im Folgenden soll noch einmal auf die Maulbronner Zeit selbst eingegangen werden, um vor allem der unbeantworteten Frage nach Hesses Scheitern im Seminar noch etwas gründlicher nachzugehen. Hinzuweisen ist in diesem Zusammenhang auf den Sachverhalt, dass Hesse in *Unterm Rad* zahlreiche Episoden seiner Maulbronner Zeit verarbeitet hat, allerdings dichterisch frei, sodass er nicht einfach als dokumentierende autobiografische Schrift gelesen werden kann, wie dies häufig geschieht. Hesse hat hier, wie auch im Calwer Teil des Romans, Details und Episoden aus dichterischen Gründen oder privaten Rücksichten verändert oder weggelassen, andere hinzuerfunden und allenthalben Geschehnisse verdichtet und dramatisiert, um die beabsichtigte dichterische Aussage deutlicher zu konturieren. Aus diesem Grund muss *Unterm Rad* mehr als atmosphärisch dichtes Gemälde denn als exakte biografische Reproduktion gesehen werden. Eine unmittelbar biografische Quelle ist dagegen die Sammlung von Briefen und Lebenszeugnissen aus dieser Zeit in dem Band

*Hermann Hesse, Kindheit und Jugend vor Neunzehnhundert, Band 1: 1877-1895.*

Wenn man darin Hesses Maulbronner Briefe an die Eltern liest, bekommt man den Eindruck, dass er eigentlich gern dort gewesen ist und es für ihn eine spannende und positiv anregende Zeit war. Natürlich war es kein Kinderspiel, die Anforderungen des Seminars zu erfüllen, das ja schließlich eine Eliteschule war. Aber er beschwert sich in den Briefen nicht darüber; eher belustigt oder auch ein wenig stolz berichtet er den Eltern über das strenge zeitliche und verhaltensmäßige Reglement an der Schule: »*§ 10: Nirgends darf Speise und Getränk gegen Bezahlung angenommen werden. Zum Besuch eines jeden Gewerbshauses ist die Erlaubnis des Ephorats nötig.*« (Brief vom September 1891)

Sorgen machen ihm nur hie und da das zu knappe Taschengeld und die Verpflegung. Mit den Lehrern ist Hesse mit Ausnahme des Turn- und Musiklehrers durchweg zufrieden; er attestiert ihnen, dass sie »*freundlich und für Fragen und Bitten fast immer zugänglich*« seien. Auch über die Schulkameraden hat er keine Klagen; lediglich einmal erwähnt er eine Auseinandersetzung, die in einem Faustkampf mit anschließender Versöhnung endet. Ansonsten berichtet er von gemeinsamen Aktivitäten über den eigentlichen schulischen Rahmen hinaus, die ihm offensichtlich Spaß bereiten; einmal lässt er sich von einem Mitschüler hypnotisieren; zusammen mit anderen Schülern gründet er Anfang 1892 eine kleine literarische Gesellschaft:

»Wir lesen klassische Schillerstücke mit verteilten Rollen, deklamieren eigene und andere Gedichte, versuchen uns in kritischen Vorträgen etc.« (Brief vom 17. Januar 1892).

»Gestern wohnte ich wieder einer sehr netten Versammlung

unseres Vereins an, wir lasen Aufsätze vor, deklamierten und lasen Klassiker (Schiller, Parasit und Voß, Aeneis). Es sind immer die schönsten und ruhigsten Abende, wenn wir so auf Akropolis [Stube im Seminar] zusammenkommen. Schade, dass wir nur einmal in der Woche es möglich machen konnten! Ich lese Klopstocks Oden gegenwärtig mit großem Genuss.«
(Brief vom 31. Januar 1892)

Hermann Hesse: Kindheit und Jugend vor 1900,
Band 1, S. 155 und 165

Nach fünf Monaten in Maulbronn stellt Hermann Hesse in einem Brief vom 14. Februar 1892 an die Eltern dem Seminar, den Lehrkräften und den Mitschülern rundum das beste Zeugnis aus:

»Ich bin froh, vergnügt, zufrieden! Es herrscht im Seminar ein Ton, der mich sehr anspricht. Vor allem ist es das enge, offene Verhältnis zwischen Zögling und Lehrer, dann aber auch das nette Verhältnis der Zöglinge untereinander. Zwischen keinem fast besteht ein dauernder Streit. Neulich z. B. verstand ich Etliches im Klopstock nicht, da ging ich gleich zum Repetenten und fragte ihn. Es sind oft Kleinigkeiten, aber Alles zusammen bildet ein festes, schönes Band zwischen Allen und nirgends findet man einen Zwang. In Göppingen war ich oft tagelang verstimmt, verschlossen, da war kein gemeinsames festes Band, als die leidige Schanzerei; da war Anstand, auch Willenskraft, Ideal etc. oft Gegenstand des Spottes; das gibt's hier nicht. Keiner wagt es, über Kunst, Wissenschaft zu spotten. Dann das großartige Kloster! In einem der feierlichen Kreuzgänge mit einem Andern über Sprachliches, Religiöses, über Kunst etc. zu disputieren, hat einen besonderen Reiz. Und es ist nicht mehr das Schwatzen zweier Knaben, sondern wir beschäftigen

*uns mit den einzelnen Fakten eingehend, fragen die Lehrer meistens darüber, und lesen dazu passende Bücher.«*
Hermann Hesse: Kindheit und Jugend vor 1900, Band 1, S. 170f., auch in Hesse: Die Briefe, Band 1, 1881-1904, S. 81

All dies steht in einem merkwürdigen Gegensatz zu manchem, was uns Hesse in *Unterm Rad* und in *Erwin* über das Leben im Seminar übermittelt. – Hat er hier Teile frei erfunden, Teile, die ein problematischeres Bild vom Seminarleben zeichnen, als er es selbst erlebt hat? – Wie ist dann aber sein Weglaufen aus dem Seminar nur drei Wochen nach dem obigen Brief zu erklären? Gab es da vielleicht doch eine verborgene, abgründige Dimension im Leben und Erleben des Seminaristen Hermann Hesse, die er in den Briefen den Eltern sorgsam verborgen hielt? – Es ist eigentlich zwingend zu vermuten, denn sonst müsste man Hesse unterstellen, dass er in *Unterm Rad* willkürlich phantasiert habe und dass die noch 1951 im Rückblick getätigte Aussage, in *Unterm Rad* habe er »*ein Stück wirklich erlebten und erlittenen Lebens*« und »*die Krise jener Entwicklungsjahre dargestellt*«, »*um mich von der Erinnerung an sie zu befreien*« (vgl. S. 37f.), nicht den Tatsachen entspräche. Außerdem würde das bedeuten, dass er durch sein Weglaufen aus dem Seminar völlig grundlos und sinnlos eine für ihn glückliche Zeit beendet habe. Dies wird aber nun wohl niemand ernsthaft behaupten wollen. Eher ist da schon die andere Vermutung plausibel, dass Hesse seine Briefe an seine empfindlichen Eltern adressatengerecht geschrieben hat, um diese zu schonen, und dass er dabei auch manche Wunschvorstellung seines Kopfes als Wirklichkeit ausgegeben hat. Bei einer Recherche in diese Richtung wird man tatsächlich recht bald fündig, und zwar in Form der Briefe, die der Maulbronner Professor Wilhelm

*Eine der humorvollen Karikaturen, die Hermann Hesse in Maulbronn zum Geschichts- und Literaturunterricht anfertigt*

Paulus in Vertretung der Schulleitung nach Hermanns Fluchtaffäre an die Eltern Hesse geschrieben hat; dort heißt es z. B.:

»*Nach den Angaben mehrerer seiner Mitschüler befand sich Hermann schon seit längerer Zeit, teilweise schon vor Weihnachten, öfters in einem Zustand größter Erregtheit, in wel-*

*chem er überschwängliche, zum Teil überspannte Gedichte zu verfassen pflegte; doch wechselten diese Zustände mit andern, in welchen er dann wieder ganz heiter und lustig war.«*

Brief vom 7. März 1892, in: Kindheit und Jugend vor 1900, S. 180

Dies deutet bereits an, dass das Bild des strebsamen und in das Seminarleben wohlintegrierten Schülers, das Hermann Hesse seinen Eltern brieflich vermittelte, so wohl nicht stimmte, er sich vielmehr schon bald in die Rolle eines Außenseiters hineinmanövriert hatte. Bestätigt wird dies durch die Einschätzung des Lehrerkonvents, die Paulus vier Tage später den Eltern übermittelt:

*»Außerdem war es die übereinstimmende Ansicht des Konvents, dass das Verbleiben Hermanns im Seminar in doppelter Hinsicht nicht wünschenswert sei. Nämlich erstlich in seinem eigenen Interesse. Es ist bei der Untersuchung seines Vergehens an den Tag getreten, dass es ihm in hohem Grad an der Fähigkeit fehlt, sich selbst in Zucht zu halten und seinen Geist und sein Gemüt in die Schranken einzufügen, welche für sein Alter und für eine erfolgreiche Erziehung in einem Seminar notwendig sind. Wir sind daher der Überzeugung, dass für ihn der Besuch eines Gymnasiums, wenn er dabei in einer Familie untergebracht würde, wo er zu gleicher Zeit in fortwährender Zucht und Überwachung stünde und dabei durch das Familienleben gemütliche Anregung fände, um vieles vorteilhafter sein müsste. Fürs zweite aber glauben wir, dass sein Aufenthalt im Seminar für seine Mitschüler eine Gefahr werden könnte. Er ist zu erfüllt von überspannten Gedanken und übertriebenen Gefühlen, denen sich hinzugeben er nur zu geneigt ist. Wenn er nun*

*diese seinen Kameraden mitteilt, so wird er entweder, wie dies bisher der Fall war, kein Verständnis finden und sich infolge davon, nach seiner eigenen Aussage, vereinsamt und verkannt fühlen, oder aber, und das wäre eben mit der Zeit doch zu fürchten, wird er auch andere in seine unnatürliche und ungesunde Gedanken- und Gefühlswelt hineinziehen.«*
Brief vom 11. März, in: Kindheit und Jugend vor 1900, S. 189 f.

Aus alldem lässt sich die These aufstellen und erhärten, dass Hermann Hesse sich früh, wahrscheinlich angeregt durch umfangreiche Lektüre idealistisch-schwärmerischer Literatur (Klopstock z. B.), in Dichterträume und Träume von idealer Freundschaft und geistigem Zusammenleben hineinphantasiert hat, denen der Alltag des Seminars und die Schulkameraden nicht standhalten konnten und wollten. Hierdurch kam er wahrscheinlich unwillkürlich in eine Außenseiterrolle, fühlte sich zunehmend unverstanden, reagierte darauf mit verstärktem Rückzug in seine idealische Welt und brachte dadurch einen Circulus vitiosus in Gang, aus dem er sich schließlich nicht mehr befreien konnte. Hinzu kam vermutlich, dass er das, was er mit der Seminargemeinschaft nicht leben konnte, auf einen einzelnen Freund zu projizieren versuchte, der ihm in symbiotischer Gemeinschaft all das geben sollte, was er sich erträumte. Dieses Motiv, bis zu erotischer Leidenschaft gesteigert, spielt sowohl in *Unterm Rad* in der Beziehung zwischen Hans Giebenrath und Hermann Heilner als auch in *Erwin* in der Freundschaft zwischen dem Erzähler und Erwin eine zentrale Rolle. Und von daher ist die Vermutung nicht abwegig, dass auch im Leben des Seminaristen Hermann Hesse eine solche ins Idealische übersteigerte Knabenfreundschaft und deren Probleme mit zu seinem rätselhaften Verhalten Anfang März 1892 beigetragen hat. Man kann also den Grund für sein Davonlaufen mit einiger Wahrscheinlichkeit auch in Gefühlen des Unverstandenseins und Liebeskummer vermuten.

Der für eine solche »Liebesaffäre« in Frage kommende Mitschüler ist wohl Wilhelm Lang, der auf derselben Stube wohnte und mit dem Hesse sich früh anfreundete; dafür spricht auch, dass Hesse bei seinem vorläufigen Ausscheiden aus dem Seminar in einem Brief an die Eltern vom 20. März 1892 seinen Abschied von Wilhelm Lang mit geradezu dramatischen Worten schildert:

*»Das Schwerste musste ich gestern erleben, den Abschied von meinem Wilhelm, der mich so ganz verstand und kannte, der nach meinem Fall noch den sonst Verachteten liebte und Freud und Leid mit mir teilte. Trauernd gab er mir gestern einen Brief seines frommen und biederen Vaters zu lesen, der mir deutlich zeigte, dass ich auch von Wilhelms Eltern verachtet werde, und dessen Inhalt so ziemlich der Befehl zur Trennung war. Es war ein schöner Abend, der Mond schien in die alte Halle, wo wir im Gespräch dahinschritten. Ich habe den verloren, den ich mehr liebte als alle, dem meine Freizeit, mein Singen und Denken gehörte. Als ich allein, nach einer schweren Stunde des Scheidens, aus dem Oratorium trat, klang eben vom Musikzimmer herüber Rümelins prachtvoll weiche Glockenstimme: ›Behüt dich Gott, es wär zu schön gewesen‹.*

*Ihr lächelt vielleicht, wenn Ihr dies leset, aber glaubt, es ist schwer, am Sarg eines Freundes zu stehen, zehnmal schwerer, einen Freund lebend zu verlieren.«*

Hermann Hesse: Kindheit und Jugend vor 1900, Band 1, S. 194 f., auch in Hesse: Die Briefe, Band 1, 1881-1904, S. 86 f.

Und Wilhelm Lang seinerseits gibt seine Gefühle für Hermann Hesse durch ein Gedicht zu erkennen, das er dem Freund widmet und das zugleich die ganze schwärmerische Dimension dieser Freundschaft verdeutlicht:

*Aus trüben Stunden*

*Lieblicher Hain! Hier wohnt sie, die ewig herrliche Muse –*
*Nie noch sah ihr göttliches Auge die Tränen, die schweren,*
*Die mir, ohn' Wissen bereitet mein trautester Freund,*
*Unrechtes tuend den Eltern, den lieben, den teuren.*

S.[einem] Freund H. H.     W. L. [Wilhelm Lang]
Hermann Hesse: Kindheit und Jugend vor 1900,
Band 1, S. 195

Alles in allem lässt sich also vermuten, dass eine reifungsbedingte Sturm-und-Drang-Phase, die den 15-jährigen Hermann Hesse das Gefühl für die Grenzen zwischen Traum und Wirklichkeit, literarischer Idealwelt und realer Welt verlieren ließ, zu seinem Scheitern in Maulbronn geführt hat. Zusammen mit den harten Anforderungen des Seminars, der strengen Schuldisziplin und dem großen Lernpensum, den Schuldgefühlen gegenüber den Eltern, dem noch nicht verdauten Verlust der Kinderheimat, den Problemen eines Knabeninternats, den aufkeimenden jugendlich-naiven Dichterträumen und den damit verbundenen Sehnsüchten nach Freiheit und Selbstbestimmung, ballte sich das zu einem Bündel seelischer Belastungen, das der psychisch und physisch ohnehin nicht besonders robuste Hermann Hesse bald nicht mehr zu tragen vermochte.

Hesse hat sich zu seiner Maulbronner Affäre zeitlebens

nur in Andeutungen geäußert; so heißt es in seinen *Biographischen Notizen* von 1922/23 lediglich:

*»Im Seminar fingen meine Nöte an. Die Not der Pubertätszeit traf zusammen mit der Berufswahl, denn es war mir schon damals durchaus klar, dass ich nichts andres als ein Dichter werden wollte, ich wusste aber, dass dies kein anerkannter Beruf war und kein Brot einbrachte.«*
Hermann Hesse: Biographische Notizen (1922/23),<br>SW 12, S. 19

Hesses Deutung der Dinge steckt literarisch verschlüsselt in seinen Erzählungen darüber; er hatte offensichtlich ein Interesse daran, die Sache in einem geheimnisvollen Zwielicht zu lassen; es scheint aber so, als ob im ersten Kapitel der Erzählung *Erwin*, die erst im Nachlass aufgefunden wurde, doch ein Aufriss der seelischen Situation des Seminaristen Hermann Hesse gezeichnet wird, welcher der Wirklichkeit der damaligen Geschehnisse sehr nahekommen könnte. Dort lesen wir:

*»Wie ein dunkler Grenzturm liegt zwischen den Spielplätzen meiner Kindheit und den Gärten und Wildnissen meiner Jünglingszeit das alte Kloster.*

*Ich sehe seine Mauern und Säulen trotzig stehen und lange Schatten in mein Jugendleben werfen, und muss doch lächeln und kann mich des schnelleren Herzschlags nicht erwehren, wenn mein inneres Auge die festen Mauern des ›Paradieses‹ und die Wölbungen der gotischen Kreuzgänge erblickt. Oft hatte ich Sehnsucht, den Ort meiner ersten Nöte und Träume wieder zu sehen, die Geburtsstätte meines Heimwehs und meiner ersten Lieder.*

*Das Kloster liegt zwischen mehreren Hügeln im Tal, schwer, von romantischen Schatten umgeben. Ich stand oft am Gitter des Parlatoriums, welches den Mönchen karge, beaufsichtigte Gespräche mit besuchenden Anverwandten gestattete, und hatte das Herz voll von Freundschaft und Heimweh, und hatte keinen, dem ich davon reden durfte. Ich schritt oft mit beklommenem Sinn durch die steinernen Dormente, und war allein, und hörte nur den Klang und Widerhall meiner Schritte und aus der Brunnenkapelle den singenden Laut des fallenden Wassers.*

*In einem der großen Schlafsäle verbrachte ich manch halbe Nacht heiß und wachend, in Zukunftsgedanken, in Dichterphantasien, und allen Nöten meiner ratlosen Jugend. Alle Romantik, die ein Knabenherz erfüllen und beschweren kann, war in mir lebendig, ich war erfüllt von allen einander widerstrebenden Idealen der ersten Jugend. Die Helden Homers und die Helden Klopstocks, die Wunder Athens und Altdeutschlands stritten um meine Verehrung. Meine Stimmungen waren im Bann der mondbeschienenen Einsamkeit, der ich viele Abende in den hohen, gewölbten Räumen des Oratoriums und der Dormente mich hingab. Tage lang schlug mein leidenschaftliches Herz den verheißenen Tempeln der Wissenschaft warm entgegen, zu jedem Fleiß und zu jeder Entsagung bereit, und wurde wieder des Nachts von Verachtung und Sehnsucht gequält. Dann träumte ich von Höhen und glänzenden Möglichkeiten, und schmachtete gefangen, und lernte früh die Sehnsucht der Freiheit.*

*Wenn ich in der freien Mittagstunde den nächsten Hügel erstieg, sah ich die weiten Gebäude des Klosters unter Schieferdächern stattlich beieinander gelagert. Zwei Kirchen mit langen, kreuzförmigen Dächern und festen steinernen Vorhallen, zwei Refektorien, Oratorium, Hörsaal und Dormente, im Innern die gotischen Kreuzgänge. Dort wartete Livius, Xeno-*

*Klosterschüler das Kloster Maulbronn betrachtend.
Holzstich von Wilhelm Steinhausen um 1868*

phon und der göttliche Homer auf mich, dort war mein Pult und Bett, beide Zeugen ernster und schwärmerischer Gedanken und Phantasien, dort war der Ort unsrer Spiele, Kämpfe und Enttäuschungen. Umschauend sah ich auf der anderen Hügelseite den tiefen See gebreitet, dahinter Feld und Gebirg und Weite. Dort war das Unbekannte, das Größere, die Ferne, die Welt, die Freiheit. Dort lag die helle Bahn, mit Anderen in die Weite zu laufen, dort lagen verborgene Ziele, Größe und Untergang, für alle Freien. Dort waren die Freunde, deren ich bedurfte, dort waren Berater und Mitwisser meiner Heimlich-

*keiten, Genesung und freie Luft für meine stummen Sorgen und Bedrängnisse.*
*Viele Mal bin ich den kurzen Weg mit schwerem Herzen und wunder Seele hinabgestiegen. Wenn ich den Klosterplatz betrat, traf ich die Kameraden bei Turnen und Ballspiel oder lachend und ruhend auf den Bänken im Schatten des Ahorn. Ich suchte oft, und ich fand nirgends den Blick, der mich verstand. Dann griff ich selber zum Ball und sprang allen voran über den Platz, mit Hallo und heißen Wangen, der Rascheste und Wildeste von allen. […]*
*In diese Zeit zurückschauend, sehe ich meine wilde, im Vaterhaus verwöhnte Seele voll Ungeduld und Ungenügen nach Fernen und unbekannten Freuden suchen, ich sehe sie eingesperrt im Glashaus des Unterrichts und des streng förmlichen Lebens ihre Schmetterlingsflügel regen und sich verzweifelnd an den Wänden müde flattern. Du reiche, unverstandene Jugend! Ein älterer Freund, ein Stückchen Freiheit, ein Winkel Heimat hätte dir genügt, und du sehntest dich krank zwischen roheren Genossen und nüchternen Lehrmeistern! In diesen Schranken verlor ich bald meine lustige Kindlichkeit und lernte den Durst nach Wissen und Genuss, ich lernte zugleich den Weltschmerz, das Sichandersfühlen und die gefährlichste Seelenkrankheit, das Mitleid mit mir selber.«*
Hermann Hesse: Erwin, Erzählung (1899), SW 6, S. 7ff.

Der in Maulbronn spielende erste Teil der Erzählung endet damit, dass der Erzähler in dem Mitschüler Erwin einen wirklichen Freund findet, zu dem er eine leidenschaftliche Beziehung aufbaut. Um den geliebten Freund jedoch nicht zu überfordern und zu gefährden, verlässt er schließlich fluchtartig das Kloster.
Abschließend sei noch ein Brief von Hermann Hesse an

Helene Voigt-Diederichs aus dem Jahr 1899 zitiert, in dem Hesse seine Sicht der Maulbronner Zeit kurz und knapp auf einen Nenner zu bringen versucht; es spricht einiges dafür, dass er in dieser selbstkritischen Analyse den Kern des Geschehens trifft:

»*Dieser Tage las ich ›In die Nacht‹* [eine 1898 erschienene Hölderlin-Biografie]. *Sie können sich denken, mit welcher Teilnahme, denn nicht nur kenne ich Tübingen und verehre Hölderlin gewissermaßen aus der Nähe, sondern ich war auch selber Klosterschüler in Maulbronn. Es war die Zeit meiner wildesten Stürme, zwischen Knaben- und Jünglingsalter, und auf diese mächtigen Klostermauern und Kreuzgänge häuft meine Erinnerung allen unwiederbringlichen Glanz, der jener Zeit der ersten Ideale und Sehnsucht eigen ist. Wie voll genoss ich da die sich erschließenden Wunder Homers, wie lebte ich mich in die gotische Kühle der herrlichen steinernen Räume ein und litt doch zugleich unter der Klausur! Damals wusste ich noch nicht, dass das Ziel meiner brennenden Sehnsucht nirgends mit Händen zu greifen sei, ich sah die ›Welt‹ in lockenden Farben liegen und schob alles Elend auf die strenge Verbannung in den Klostermauern. Es war der erste wichtige Schritt meines Lebens, als ich damals, voll glühenden Durstes nach Licht, Schönheit, Freiheit, aus dem Kloster entfloh, und ich leide noch heute unter dieser knabenhaften Geniereise. Was ich fand, das lohnte wahrlich diese verzweifelte Sehnsucht nicht. Dort liegt nun, im Schatten der Linden, mit den Bogenfenstern, Kreuzgängen und Kapellen, weltabgeschieden ein Stück meiner Jugend unerlöst und blickt mit Vorwurf mich an.*«
Hermann Hesse: Kindheit und Jugend vor 1900,
Teil 2, S. 347

# Ankunft in Maulbronn und Rundgang durch das Kloster

»*Nach zweiundzwanzig Jahren fuhr ich zum ersten Mal wieder mit der kleinen Bahn durch die sommerlichen Waldhügel der Maulbronner Gegend, stieg an der verschlafenen Haltestelle aus und wanderte durch den feuchten Wald nach Maulbronn hinüber.*«
Hermann Hesse: Der Brunnen im Maulbronner Kreuzgang, Erinnerung (1914), SW 13, S. 357

Im Jahr 1914 reist Hermann Hesse zu einem Besuch nach Maulbronn. Der 22 Jahre zuvor als wenig hoffnungsvoller, vielleicht sogar psychopathologischer Fall heimgeschickte Seminarist kehrt als erfolgreicher Schriftsteller an den Ort zurück, mit dem ihn eine halbjährige Erinnerung voller Höhen und Tiefen verbindet. Gespannt und neugierig nähert er sich dem Ort der Geschehnisse, alles genau beobachtend und kommentierend. Hierdurch wird er zum idealen Führer für unseren Gang nach Maulbronn und durch das Kloster.

Hermann Hesse kam mit dem Zug an. Diese Anreisemöglichkeit hat man auch heute noch mit der S-Bahn von Mühlacker oder Bruchsal aus. Der Bahnhof Maulbronn-West liegt ca. 2,5 km westlich von Maulbronn einsam in Wiesen und Wäldern. Der Fußweg nach Maulbronn führt auf bequemen Waldwegen durch schönen alten Laubwald, in dem mächtige alte Buchen und Eichen stehen, unter denen schon der Seminarist Hesse den Weg vom Bahnhof zurückgelegt hat. Alternativ gibt es heute Busverbindungen und sonn- und feiertags von Mai bis Mitte Oktober auch einen ›Klosterstadt-Express‹ nach Maulbronn hinein auf einer Stichbahnstrecke, die erst nach Hesses Zeit gebaut wurde; aber die langsame

Annäherung zu Fuß hat natürlich ihren ganz besonderen Reiz. Der Dichter hat dieses Erlebnis folgendermaßen beschrieben:

»*Ich roch den bitteren Laubgeruch, ich sah zwischen Buchenzweigen den Elfinger Berg und den runden Eichenhügel über Weinbergen und die Spielplätze meiner Schülerzeit liegen, ich sah im warmen Dampf des Tales hinter Lindenwipfeln die spitze Turmnadel erscheinen und ein Stück vom langen Kirchendach, und es strömte mir aus hundert plötzlich brechenden Dämmen unsagbares Gefühl des Wiedersehens entgegen, Erinnerung, Mahnung, Reue. Bangigkeit des Altgewordenen, tiefe Liebe, aufgeschreckte Sehnsucht auf flatternden Flügeln taumelnd. O Tal, o Wald, o Spielplatz bei der Eiche!*«

Hermann Hesse: Der Brunnen im
Maulbronner Kreuzgang, SW 13, S. 357

Der Elfinger Berg, an dessen nach Süden geneigten Abhängen bereits die Mönche des Klosters Maulbronn ihren Wein zogen und dessen Bergkuppe oberhalb der Weinberge auch heute noch wie von Hesse beschrieben mit Eichenwald bestanden ist, ist schon bald in nördlicher Richtung zu sehen. Um die spitze Turmnadel der Klosterkirche zu sehen, muss man dagegen zuerst ca. 2 km durch den Wald gehen. Der Waldweg nach Maulbronn ist gut ausgeschildert. Vor dem Bahnhofsgebäude stehend, hat man den Weg geradeaus vor Augen. Am Waldrand ist ausgeschildert: ›Waldweg nach Maulbronn, 2,5 km‹; der Weg ist außerdem durch den roten Markierungsstrich des Hauptwanderwegs Nr. 8 des Schwäbischen Albvereins ausgewiesen, sodass man sich kaum verlaufen kann. Seine Ankunft in Maulbronn beschreibt Hesse folgendermaßen:

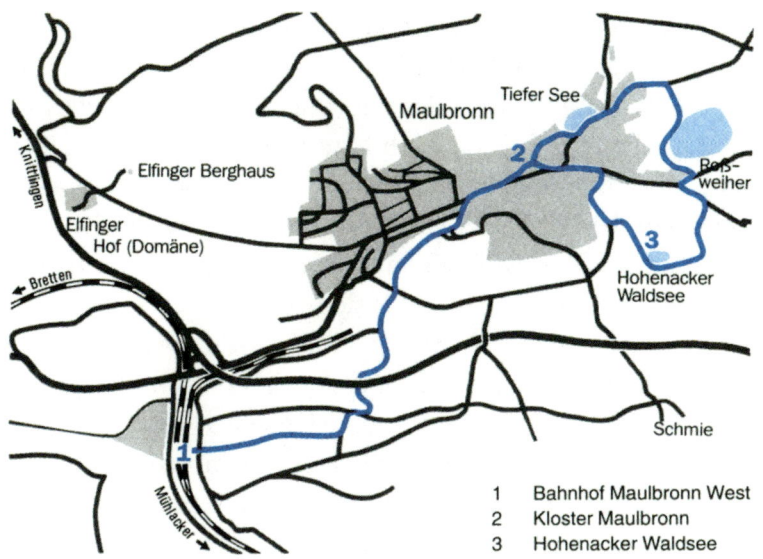

*»Und in der schwülen Hitze niedersteigend, nahm ich mein Herz zusammen und schritt in festem Takt an der alten Post vorüber durchs Tor hinein, auf den Klosterplatz und über ihn weg den Linden, dem Brunnen und dem ›Paradies‹ entgegen, sah Platz und Gebäude in seliger Halbwirklichkeit stehen, genau nach dem Bilde meiner Erinnerung gestaltet, hörte warm und dumpf in den blühenden Linden Bienenvölker sumsen, trat unterm hohen runden Bogen durch ins ›Paradies‹, stand überrascht von regungsloser Steinkühle umwittert, trank tief den ernsten Wohllaut der Fensterbogen und schlanken lebendigen Pfeiler, sog kalte Klosterluft in tiefem Zug und wusste plötzlich alles, alles wieder, jede Treppe und Tür, jedes Fenster, jede Stube, jedes Bett im Schlafsaal, den Geruch des Gartens und den der Klosterküche und den Ton der Morgenglocke!«*

Hermann Hesse: Der Brunnen im
Maulbronner Kreuzgang, SW 13, S. 358

So kann man auch heute noch das Kloster antreffen, das weitgehend unverändert geblieben ist und die besterhaltene mittelalterliche Klosteranlage nördlich der Alpen besitzt. Sobald man aus dem Wald nach Maulbronn hineingelangt ist, folgt man der Hauptstraße bis zum alten Gasthof ›Sonne-Post‹, bei dem das Sträßchen zum Eingangstor des Klosterbezirks abzweigt. Hinter dem Torturm liegen zunächst die ehemaligen Ökonomiegebäude der Klosteranlage. Das Zisterzienserkloster bestand ja nicht nur aus Kirche, Kreuzgang und Mönchsunterkünften, sondern war eine komplette, voll funktionsfähige kleine Stadt, die sich selbst versorgte. Deshalb gab es hier selbstverständlich eine Schmiede, eine Wagnerei, eine große Mühle, eine Küferei, große Stallungen und vieles mehr. Diese Gebäude sind noch komplett vorhanden (siehe Planskizze der Klosteranlage). Unter dem Torturm stehend, sieht man aber auch bereits die auf der gegenüberliegenden Seite des großen Klosterplatzes stehenden eigentlichen Klostergebäude.

Gleich hinter dem Torturm findet man deutliche Spuren Hermann Hesses in der kleinen bibliophilen Buchhandlung, die ein bemerkenswert umfangreiches Sortiment seiner Werke vorrätig hat. Wer sich in Maulbronn nicht nur mit ihm, sondern auch allgemein mit der Geschichte des Klosters beschäftigen will, findet gegenüber von der Buchhandlung im ›Frühmesserhaus‹ eine Ausstellung dazu, welche die beeindruckende Stiftungstafel von 1450 zeigt, die in Bild und Wort die Gründungsgeschichte Maulbronns erzählt. Darüber hinaus werden Informationen zum Zisterzienserorden, dem Leben und Wirtschaften der Mönche sowie zum Klosterleben im Mittelalter gegeben.

Bevor dies besichtigt werden kann, muss man allerdings zunächst zum ehemaligen Küfereigebäude gehen, das von

# KLOSTER MAULBRONN

ehemalige Zisterzienser-Abtei, eine vollständig erhaltene, mittelalterliche Klosteranlage, gegründet 1147

① Kirche
② Kreuzgang und Brunnenhaus
③ Paradies
④ Vorratskeller
⑤ Küche
⑥ Laienrefektorium
⑦ Herrenrefektorium
⑧ Großer Keller
⑨ Bruderhalle
⑩ Kalefaktorium
⑪ Kapitelsaal
⑫ Parlatorium
⑬ Lage der Abtswohnung
⑭ Herrenhaus
⑮ Herzogliches Jagdschloß
⑯ Ruine des Pfründhauses
⑰ Faustturm
⑱ Weingartsmeisterei
⑲ Fruchtkasten u. Kelter
⑳ Küferei
㉑ Dreifaltigkeitskapelle
㉒ Klostertor
㉓ Klosterherberge
㉔ Frühmesserhaus (Klostermuseum)
㉕ Wagnerei
㉖ Schmiede
㉗ Marstall (Rathaus)
㉘ Haberkasten
㉙ Bäckerei
㉚ Scheunen
㉛ Herrenturm
㉜ Melkerstall
㉝ Klostermühle
㉞ Kameralamt
㉟ Gesindehaus
㊱ Speisemeisterei

© Joachim Krüger 1990
2015 Kornthal-Münchingen

der Buchhandlung aus zwei Häuser weiter vor dem mächtigen Fruchtkasten steht und in dem sich die zentrale Kasse mit Museumsshop befindet, wo die Eintrittskarte für das Kloster und für die Ausstellungen erworben werden kann. Auch die Klosterführungen, die hier beginnen, können an der Kasse gebucht werden.

Im Erdgeschoss neben dem Museumsshop ist ein großes Modell der Klosterstadt aufgebaut, an dem man einen guten Überblick gewinnen kann. Im Obergeschoss des Gebäudes befindet sich ein in zwei Bereiche aufgeteiltes Museum: Im einen Teil ist das Kloster in nachklösterlicher Zeit thematisiert, also die Einrichtung der Maulbronner Klosterschule nach der Reformation und die Bedeutung des Klosters als Kultur- und Kunstdenkmal. Bevor man sich diesem Teil der Klostergeschichte widmet, sollte man sich aber der historischen Reihenfolge halber zuerst die Ausstellung zur Frühgeschichte Maulbronns im Frühmesserhaus anschauen.

Wer sich aber v. a. auf Hermann Hesse konzentrieren will, kann vom Kassenraum gleich ins Obergeschoss hinaufgehen, um dort die zweite, von der Museumsstelle im Deutschen Literaturarchiv Marbach im Rahmen von »Literaturland Baden-Württemberg« eingerichtete Ausstellung »Besuchen – Bilden – Schreiben. Das Kloster Maulbronn und die Literatur« zu betrachten. Sie zeigt die Auswirkungen, welche dieses kulturelle Zentrum auf die Literatur hatte, allen voran natürlich auf die späteren Dichter und Denker, die hier zur Schule gingen, wie Hölderlin, Vischer, Strauß, Kurz und Herwegh. Hesse bekommt dabei die umfangreichste Dokumentation, da er gleich mehrere weltberühmt gewordene Werke geschrieben hat, die von seiner Maulbronner Zeit inspiriert sind: *Unterm Rad*, *Narziß und Goldmund* und *Das Glasperlenspiel*. Vor der Vitrine, die dies dokumentiert, wird zunächst in anderen Vitrinen seine Maulbronner Schulzeit geschildert, illustriert mit den comicartigen Zeichnungen, die er zum Geschichts- und Literaturunterricht angefertigt hat. Seine anschließende »Flucht in die Krise« wird durch den originalen Telegrammwechsel zwischen der Seminarleitung und den Eltern sowie durch Briefe veranschaulicht. Sehr interessant ist auch die Dokumentation zu Hölderlin, und darüber hinaus werden Spuren aufgezeigt, die Maulbronn in den Werken von rund 50 Schriftstellern hinterlassen hat.

Nach dieser Vorbereitung kann man sich nun zielstrebiger den Originalschauplätzen zuwenden, zunächst im inneren Bereich des Klosters und danach auch in der Umgebung.

Auf dem Klosterhof kommt man am mächtigen ehemaligen Fruchtkasten vorbei, der heute als Stadthalle dient, direkt auf das ›Paradies‹ zu, das die Vorhalle bildet für das große kunstvoll eisenbeschlagene Hauptportal der Klosterkirche. Diese Vorhalle wurde etwa 40 Jahre nach der 1178 fertiggestellten romanischen Klosterkirche von einem in Frankreich geschulten Baumeister im spätromanisch-frühgotischen Stil angebaut. Im Sandstein der Fenstergewölbe und der Säulen haben sich zahlreiche Seminaristen mit Hammer und Meißel verewigt, so auch Hölderlin.

Vor dem ›Paradies‹ steht unübersehbar die von Hesse erwähnte mächtige Linde und seitlich davor ein großer Brunnen. Zu seiner Seminarzeit sah dieser Platz vor dem Klostergebäude allerdings etwas anders aus: Etwa 20 Schritte links vom Paradies ragte ein Fachwerkbau, der an das Laienrefektorium angebaut war, in den Platz hinein, in welchem die Klosterküche untergebracht war. Und auf dem Platz zwischen Küchenanbau, Brunnen und Paradies war der Turnplatz für die Seminaristen eingerichtet. *»Wenn ich den Klosterplatz betrat, traf ich die Kameraden beim Turnen und Ballspiel oder lachend und ruhend auf den Bänken im Schatten des Ahorn«*, heißt es in der Erzählung *Erwin* (SW 6, S. 8).

In der Einleitung zu *Narziß und Goldmund* hat Hesse eine Szenerie imaginiert, die das Leben auf dem Platz und in den Gebäuden zu Klosterzeiten zeigen soll:

*»Vor dem von Doppelsäulchen getragenen Rundbogen des Klostereingangs von Mariabronn, dicht am Wege, stand ein Kastanienbaum, ein vereinzelter Sohn des Südens, von einem Rompilger vor Zeiten mitgebracht, eine Edelkastanie mit starkem Stamm; zärtlich hing ihre runde Krone über den Weg, atmete*

*breitbrüstig im Winde, ließ im Frühling, wenn alles ringsum schon grün war und selbst die Klosternussbäume schon ihr rötliches Junglaub trugen, noch lange auf ihre Blätter warten, trieb dann um die Zeit der kürzesten Nächte aus den Blattbüscheln die matten, weißgrünen Strahlen ihrer fremdartigen Blüten empor, die so mahnend und beklemmend herbkräftig rochen, und ließ im Oktober, wenn Obst und Wein schon geerntet war, aus der gilbenden Krone im Herbstwind die stacheligen Früchte fallen, die nicht in jedem Jahr reif wurden, um welche die Klosterbuben sich balgten und die der aus dem Welschland stammende Subprior Gregor in seiner Stube im Kaminfeuer briet. Fremd und zärtlich ließ der schöne Baum seine Krone überm Eingang zum Kloster wehen, ein zartgesinnter und leicht fröstelnder Gast aus einer anderen Zone, verwandt in geheimer Verwandtschaft mit den schlanken sandsteinernen Doppelsäulchen des Portals und dem steinernen Schmuckwerk der Fensterbogen, Gesimse und Pfeiler, geliebt von den Welschen und Lateinern, von den Einheimischen als Fremdling begafft.*

*Unter dem ausländischen Baume waren schon manche Generationen von Klosterschülern vorübergegangen; ihre Schreibtafeln unterm Arm, schwatzend, lachend, spielend, streitend, je nach der Jahreszeit barfuß oder beschuht, eine Blume im Mund, eine Nuss zwischen den Zähnen oder einen Schneeball in der Hand. Immer neue kamen, alle paar Jahre waren es andere Gesichter, die meisten einander ähnlich: blond und kraushaarig. Manche blieben da, wurden Novizen, wurden Mönche, bekamen das Haar geschoren, trugen Kutte und Strick, lasen in Büchern, unterwiesen die Knaben, wurden alt, starben. Andre, wenn ihre Schülerjahre vorbei waren, wurden von ihren Eltern heimgeholt, in Ritterburgen, in Kaufmanns- und Handwerkerhäuser, liefen in die Welt und trieben ihre Spiele*

*Spielende Seminaristen auf dem Platz vor dem Paradies und der Klosterkirche. Zeichnung von Louis Mayer, 1836*

und Gewerbe, kamen etwa einmal zu einem Besuch ins Kloster zurück, Männer geworden, brachten kleine Söhne als Schüler zu den Patres, schauten lächelnd und gedankenvoll eine Weile zum Kastanienbaum empor, verloren sich wieder. In den Zellen und Sälen des Klosters, zwischen den runden schweren Fensterbogen und den strammen Doppelsäulen aus rotem Stein wurde gelebt, gelehrt, studiert, verwaltet, regiert; vielerlei Kunst und Wissenschaft wurde hier getrieben und von einer Generation der anderen vererbt, fromme und weltliche, helle und dunkle. Bücher wurden geschrieben und kommentiert, Systeme ersonnen, Schriften der Alten gesammelt, Bilderhand-

*schriften gemalt, des Volkes Glaube gepflegt, des Volkes Glaube belächelt. Gelehrsamkeit und Frömmigkeit, Einfalt und Verschlagenheit, Weisheit der Evangelien und Weisheit der Griechen, weiße und schwarze Magie, von allem gedieh hier etwas, für alles war Raum; es war Raum für Einsiedelei und Bußübung ebenso wie für Geselligkeit und Wohlleben; an der Person des jeweiligen Abtes und an der jeweils herrschenden Strömung der Zeit lag es, ob das eine oder das andere überwog und vorherrschte. Zuzeiten war das Kloster berühmt und besucht wegen seiner Teufelsbanner und Dämonenkenner, zuzeiten wegen seiner ausgezeichneten Musik, zuzeiten wegen seines heiligen Vaters, der Heilungen und Wunder tat, zuzeiten wegen seiner Hechtsuppen und Hirschleberpasteten, ein jedes zu seiner Zeit. Und immer war unter der Schar der Mönche und Schüler, der frommen und der lauen, der fastenden und der feisten, immer war zwischen den vielen, welche da kamen, lebten und starben, dieser oder jener Einzelne und Besondere gewesen, einer, den alle liebten oder alle fürchteten, einer, der auserwählt schien, einer, von dem noch lange gesprochen wurde, wenn seine Zeitgenossen vergessen waren.«*

Hermann Hesse: Narziß und Goldmund,
Roman (1930), SW 4, S. 271f.

Nach Auskunft alter Maulbronner soll die von Hesse beschriebene Kastanie, an die er auch Goldmunds Vater die Pferde anbinden lässt, als er den Sohn in die Klosterschule bringt, nicht direkt vor dem Paradies gestanden haben, sondern auf der linken Seite des Klosterplatzes, wo heute aus diesem Grund wieder fünf Kastanien angepflanzt worden sind, die dem Gedenken an die fünf berühmten Klosterschüler Johannes Kepler, Friedrich Hölderlin, Georg Herwegh, Hermann Kurz und Hermann Hesse gewidmet sind.

Begeben wir uns nun aber in das Innere des Klosters hinein, die Klausur. Der mit einem Drehkreuz verschlossene Eingang, der mit dem Eintrittsticket geöffnet werden kann, befindet sich ca. 20 m links vom Paradies. Durch einen Flur, schwäbisch *Ern* genannt, kommt man direkt zum *Kreuzgang*. Dort sollte man zunächst das *Laienrefektorium* besichtigen, das links vom Ern liegt; in diesem um 1200 erbauten doppelgewölbigen Saal, der heute für Klosterkonzerte genutzt wird, speisten die Laienbrüder des Klosters, welche die Ökonomie des Klosters betrieben.

Beim Betreten des Kreuzgangs fällt sofort der auf der linken Seite in den Innenhof hineinragende Rundbau mit dem *Brunnen* auf, den man linksherum durch den Kreuzgang gehend erreicht. Ursprünglich bestand der um 1220 errichtete Brunnen nur aus der untersten Schale, die den Mönchen für rituelle Waschungen diente; das Gebäude darüber wurde um 1340 errichtet, die oberen Schalen des Brunnens wurden erst 1878 hinzugefügt.

Hermann Hesse hat das ergreifende Erlebnis, das einen beim Betreten des Klosterinneren erwartet, bei seinem Besuch 1914 folgendermaßen beschrieben:

»*Da drehte ich, zur Zeit, wo niemand sonst die verschlossenen Teile des Klosters betreten darf, leise den dicken Schlüssel in der schweren Tür und öffnete behutsam die Pforte zum Kreuzgang. Auch hier nichts, was nicht im Gedächtnis treulich vorgezeichnet lag: gotisches Gewölb und reiches Fensterwerk, rötliche und graue Steinfliesen mit gemeißelten Grabsteinen dazwischen, Wappen und Abtsstäbe, geheimnisvoll verwitterte Farbenflecken im alten Verputz, zwischen steinernen Fensterkreuzen in beruhigtem Licht das satte Grün der Gebüsche, zwei, drei Rosen dazwischen, zärtlich und traurig leuchtend.*

*Nun aber, da ich gegen die Ecke schritt, klang mir eine selig seltsame Musik entgegen, leichte traumhafte Geistertöne mehrstimmig in versunkener Monotonie, nicht fern noch nah, wundersam und selbstverständlich, als klänge die Harmonie des Bauwerks ernst und innig in sich selbst wider.*

*Ich tat noch einen Schritt, und zwei, eh' der Klang mein Bewusstsein erreichte. Da stand ich still und mein Herz begann zu zittern, und wieder tat die Erinnerung feierliche Tore auf, höhere, heiligere als zuvor, und ich wusste wieder! Du Lied meiner Jugendzeit! Kein Ton der Welt, kein heimatliches Kirchengeläut und keine Menschenstimme von denen, die noch leben, spricht so zu mir wie du, Lied meiner Jugend, und dich hatte ich vergessen können! Verwirrt und beschämt trat ich dem Wunder näher, stand am Eingang der Brunnenkapelle und sah im klaren Schatten des gewölbten Raumes die drei Brunnenschalen übereinander schweben, und das singende Wasser fiel in acht feinen Strahlen von der ersten in die zweite Schale, und in acht feinen klingenden Strahlen von der zweiten in die riesige dritte, und das Gewölbe spielte in ewig holdem Spiel mit den lebendigen Tönen, heut wie gestern, heut wie damals, und stand herrlich in sich begnügt und vollkommen als ein Bild von der Zeitlosigkeit des Schönen.*

*Viele edle Gewölbe haben mich beschattet, viele schöne Gesänge mich erregt und getröstet, viele Brunnen haben mir, dem Wanderer, gerauscht. Aber dieser Brunnen ist mehr, unendlich mehr, er singt das Lied meiner Jugend, er hat meine Liebe gehabt und meine Träume beherrscht in einer Zeit, da jede Liebe noch tief und glühend, da jeder Traum noch ein Sternenhimmel voll Zukunft war. Was ich vom Leben erhoffte, was ich zu sein und zu schaffen und zu dulden dachte, was von Heldentum und Ruhm und heiliger Künstlerschaft meine ersten*

*Die Brunnenkapelle im Maulbronner Kreuzgang*

*Lebensträume erfüllte und bis zum Schmerz mit Fülle überquoll, das alles hat dieser Brunnen mir gesungen, das hat er belauscht und beschützt.*

*Und ich hatte ihn vergessen! Nicht die Kapelle mit dem Sterngewölb und den überschlanken Fenstersäulen und nicht die Brunnenschalen und die lichte grüne Garteninsel inmitten der schweigenden Mauern. Aber das Brunnenlied, den süßen gleichschwebenden Zaubergesang der sanft herabfallenden Gewässer, den Hort und Schatz meiner frühesten und reinsten Jünglingssehnsucht, ihn hatte ich vergessen. Und stand nun still und traurig im vertrauten Heiligtum und fühlte jede Sünde und jeden Verderb in mir tief und unauslöschlich und hatte nicht Heldentum noch Künstlerschaft erworben, die an jenen Träumen zu messen wäre, und wagte nicht, mich über den Rand zu beugen und mein eigenes Bild im dunkeln Wasser zu suchen. Ich tauchte nur die Hand ins kalte Gewässer, bis sie fror und hörte das Lied des Brunnens in die Gartenstille und in die langen, toten Steinhallen strömen, hold wie einst, für mich aber voll tiefer Bitternis.«*

Hermann Hesse: Der Brunnen im
Maulbronner Kreuzgang, SW 13, S. 358 ff.

Das Singen und Klingen des Wassers in den Schalen kann man auch heute noch in der *Brunnenkapelle* des Kreuzgangs belauschen. Rund um den Kreuzgang, im ebenerdigen Teil des Klosters sind außerdem das Herrenrefektorium, das Parlatorium, der Kreuzgarten, der Kapitelsaal und die Klosterkirche zur Besichtigung freigegeben, nicht dagegen die Räumlichkeiten der oberen Stockwerke, die auch heute noch als Unterrichts- und Internatsräume der Seminarschule dienen.

Die Brunnenkapelle steht in Verlängerung des um 1225 erbauten *Herrenrefektoriums*, das den geistlichen Brüdern, den

Herrenmönchen, als Speisesaal diente; es ist wie das Laienrefektorium in zweischiffiger Bauweise mit einer Säulenreihe in der Mitte erbaut, jedoch wesentlich höher und stattlicher, und spiegelt so die Rangfolge von Laienbrüdern und Mönchen wider. Der Baumeister war um 1225 derselbe, der auch die Paradies-Vorhalle entwarf. Die Rötelmalereien in den Gewölben des Refektoriums und der Brunnenkapelle werden dem um 1485 in Schwäbisch Gmünd geborenen Maler Jerg Ratgeb zugeschrieben, dem Künstler des Herrenberger Hochaltars, der 1526 auf dem Marktplatz in Pforzheim wegen seiner Teilnahme am Bauernkrieg auf Seiten der Bauern hingerichtet wurde.

Auf der rechten Seite des Refektoriums finden sich Teile einer Empore, von der ein Vorleser während der Mahlzeiten geistliche Texte vortrug, um auch das Essen nicht zum bloß materiellen Akt werden zu lassen. Mit der flaschenförmigen Einkerbung an der in der Mitte des Refektoriums stehenden Säule verbindet sich eine nette Legende: Sie habe dem Zwecke gedient, dort eine Flasche mit Wein aufzuhängen, die ihren Inhalt in die Rinne am Säulenfuß habe tropfen lassen; nach dem Essen hätten die Mönche sodann ihre Finger in diese mit Wein gefüllte Rinne tauchen und anschließend in den Mund führen dürfen. Damit verbindet sich wiederum eine Anekdote, die den Namen des Klosterweins, der ›Elfinger‹ heißt (vgl. S. 178f.), erklären will: Ein Mönch, der diese Art des Weingenusses gar zu sparsam, den Wein selbst aber köstlich fand, soll einmal ausgerufen haben: »Bei diesem Wein hier sollte man elf Finger haben!«; daraus soll dann der Name Elfinger geworden sein. (Der tatsächliche Grund für die Einkerbung in der Säule ist unbekannt; die Mönche durften ganz normal Wein zum Essen trinken, allerdings in Maßen und, wie in jener Zeit üblich, mit Wasser verdünnt.)

*Im östlichen Kreuzgang beim Zugang zum Kreuzgarten*

Neben dem Herrenrefektorium ist das niedrige Gewölbe des Heizraumes, von dem aus das darüberliegende *Kalefaktorium*, die Wärmestube des Klosters, mit Warmluft beschickt wurde, die der einzige voll heizbare Raum des Klosters war. Ein paar Schritte weiter, im Ostteil des Kreuzgangs, kommt man zum Durchgang zum *Parlatorium*, dem Sprechsaal, in dem die Mönche, die dem Ideal des Schweigens folgen sollten, zu bestimmten Zeiten private Gespräche führen durften. Über dem Raum mit seinem spätgotischen netzartig verzierten Gewölbe liegt im Obergeschoss das architektonisch ähnliche *Oratorium*, der Betsaal, in dem in *Unterm Rad* die Aufnahmefeier für die neuen Seminaristen stattfindet. Dieser Raum ist, wie das gesamte Obergeschoss, dem Schul- und Internatsbetrieb vorbehalten und deshalb nicht zugänglich.

Vom Ostteil des Kreuzganges kann man auch in den *Kreuzgarten* hinein, von wo die Fenstergliederung des gesamten Kreuzganges besonders gut betrachtet werden kann. Die kunstvollen Fenster waren lange Zeit teilweise verglast. Diese bemalte Verglasung wurde, wie der Klosterschüler, Dichter und Arzt Justinus Kerner (1786-1862) überliefert, zwischen 1777 und 1793 auf Geheiß von Herzog Carl Eugen von Württemberg ausgebaut und nach Hohenheim gebracht für seine dortigen Schlossbauten.

Vom Kreuzgarten ist auch über dem südlichen Kreuzgang gut das aufwändige Strebewerk der Klosterkirche im unteren Teil des Dachaufbaus zu sehen, das zu Beginn des 15. Jahrhunderts konstruiert werden musste, um die im 12. Jahrhundert in zisterziensischer Schlichtheit mit einer flachen Holzdecke erbaute Kirche mit einer Netzgewölbedecke ausstatten zu können.

Dominiert wird der Kreuzgarten von dem auf der Nordseite hereinragenden Brunnenhaus, dessen schmucker Fachwerkaufbau um 1611 nach Plänen des württembergischen Hofbaumeisters Heinrich Schickhardt entstanden ist. Der Raum hinter dem Fachwerk steht der Seminarschule zur Verfügung, wie das gesamte Stockwerk über dem Kreuzgang. Über dem Ostteil befinden sich Zimmer der Seminaristen. Die *»Stube Hellas«*, in der Hermann Hesse mit zwölf Mitschülern untergebracht war, hatte ihre Fenster allerdings nicht zum Kreuzgarten, sondern auf die andere Seite hinaus in den Klostergarten.

Die *»Stube Hellas«* befand sich über dem *Kapitelsaal*, der das nächste Ziel des Rundgangs ist. Aus dem Kreuzgarten wieder in den Kreuzgang gehend, findet man diesen gleich gegenüber. Der *Kapitelsaal* war der Versammlungs- und Beratungsraum der Mönche. An ihm vorbei schreitet man dann direkt auf den Eingang der *Klosterkirche* zu. Die äußerst stattliche romanische Pfeilerbasilika, deren Bau 1148 begonnen und 1178 geweiht wurde, ist durch eine Trennmauer in der Mitte, die

*Chorschranke,* in die Mönchskirche mit prächtig geschnitztem Holzgestühl und die schlichtere, aber geräumigere Kirche für die Laienbüder aufgeteilt, die auch heute noch als Kirche dient. Das beeindruckende Bauwerk kann hier nicht in seiner ganzen architektonischen, religionsgeschichtlichen und künstlerischen Dimension besprochen werden; es sei deshalb auf die ausführliche und gut illustrierte Broschüre *Kloster Maulbronn* von Carla Mueller und Karin Stober verwiesen, die es als preiswerten offiziellen Führer im Museumsshop gibt.

In Hermann Hesses Erzählung *Narziß und Goldmund,* die in vorreformatorischer Klosterzeit spielt und in der Maulbronn als »Mariabronn« auftaucht – wohl in Anspielung auf die Maria gewidmete Maulbronner Klosterkirche –, wird diese an verschiedenen Stellen aus der Sicht Goldmunds beschrieben:

*»Auch die Gottesdienste waren ihm meistens eine Freude, gerne sang er im Chor der Schüler mit, gern betete er einen Rosenkranz vor einem Lieblingsaltar, hörte das schöne, feierliche Latein der Messe, sah im Weihrauchgewölk das Gold der Geräte und Zierrate funkeln und die stillen, ehrwürdigen Heiligenfiguren auf den Säulen stehen, die Evangelisten mit den Tieren, den Jakobus mit Hut und Pilgertasche.*

*Von diesen Gestalten fühlte er sich angezogen, diese steinernen und hölzernen Figuren dachte er sich gerne in geheimnisvoller Beziehung zu seiner Person, etwa als unsterbliche allwissende Paten, Beschützer und Wegweiser seines Lebens. Ebenso spürte er eine Liebe und eine geheime holde Beziehung zu den Säulen und Kapitälen der Fenster und Türen, den Ornamenten der Altäre, zu diesen schön profilierten Stäben und Kränzen, zu diesen Blumen und krautig wuchernden Blättern, die aus dem Stein der Säulen brachen und sich so sprechend und*

*Das Brunnenhaus vom Kreuzgarten aus gesehen*

*eindringlich falteten. Es schien ihm ein wertvolles, inniges Geheimnis: dass es außer der Natur, ihren Pflanzen und Tieren noch diese zweite, stumme, von Menschen gemachte Natur gab, diese Menschen, Tiere und Pflanzen aus Stein und Holz. Nicht selten brachte er eine Freistunde damit hin, diese Figuren, Tierköpfe und Blätterbündel nachzuzeichnen [...].«*

Hermann Hesse: Narziß und Goldmund, SW 4, S. 300

Der erwähnte »*Jakobus mit Hut und Pilgertasche*« ist am Zugang zum Chorgestühl der Herrenmönche auf der rechten Seite zu sehen. Ornamente mit Pflanzen und Tieren findet man in der Kirche allenthalben. Auch die Kapitelle der Säulen, besonders im Kreuzgang gleich vor der Kirche, wo es z. B. am Eingang zum Kapitelsaal eine besonders schöne Säule mit einem mit Vögeln verzierten Kapitell gibt, sollte man beachten. »*Evangelisten mit den Tieren*« sind in der Kirche in den Kappen des Chorgewölbes zu finden, aber auch im Gewölbe des Kapitelsaals: der Johannes-Adler, der Markus-Löwe und der Lukas-Stier, ergänzt durch den Matthäus-Engel.

Als Goldmund nach seiner Schulzeit das Kloster verlassen muss, vergegenwärtigt er sich die wenigen Mitbewohner, von denen er nur schweren Herzens Abschied nehmen wird:

*»Schwerer als von ihnen* [den Mitbewohnern] *würde er Abschied nehmen von der großen steinernen Madonna in der Kapelle, von den Aposteln des Portals. Lange stand er vor ihnen, auch vor den schönen Schnitzereien des Chorgestühls, vor dem Brunnen im Kreuzgang, vor der Säule mit den drei Tierköpfen, lehnte sich im Hof an die Linden, an den Kastanienbaum.«*
Hermann Hesse: Narziß und Goldmund, SW 4, S. 326

Die berühmte hochgotische *»Maulbronner Madonna«* steht im Chor der Kirche (zu Hesses Zeit befand sie sich in einer der seitlichen Kapellen). Die schönen Schnitzereien des Chorgestühls zeigen:
1. Die Trunkenheit, Verspottung und Bekleidung Noahs als Vorbild für die Passion Christi, 2. Davids Tanz vor der Bundeslade, 3. das Opfer Kain und Abels als Symbol der Eucharistie, 4. die Wurzel Jesse mit der Muttergottes, 5. Moses am brennenden Dornbusch, 6. die Opferung Isaaks, 7. die Jungfrau mit dem Einhorn, Hinweis auf die jungfräuliche Empfängnis Mariens, 8. den Kampf Samsons mit dem Löwen als ein Hinweis auf Christus, den Überwinder des Todes.

Wir verlassen die Kirche und gehen wieder in den Kreuzgang hinaus, von dem Hermann Hesse 1914 mit folgendem Gedicht Abschied genommen hat:

»Jakobus mit Hut« aus dem Chorgestühl der Klosterkirche und die hochgotische »Maulbronner Madonna« aus dem Chorraum

*Im Kreuzgang*

*Verzaubert in der Jugend grünem Tale*
*Steh ich am moosigen Säulenschaft gelehnt*
*Und horche, wie in seiner grünen Schale*
*Der Brunnen klingend die Gewölbe dehnt.*

*Und alles ist so schön und still geblieben.*
*Nur ich ward älter, und die Leidenschaft,*
*Der Seele dunkler Quell in Hass und Lieben,*
*Strömt nicht mehr in der alten wilden Kraft.*

*Hier ward mein erster Jugendtraum zunichte.*
*An schlecht verheilter Wunde litt ich lang.*

*Nun liegt er fern und ward zum Traumgesichte*
*Und wird in guter Stunde zum Gesang.*

*Die Seele, die nach Ewigkeit begehrte,*
*Trägt nun Vergänglichkeit als liebe Last*
*Und ist auf der erspürten Jugendfährte*
*Noch einmal still und ohne Groll zu Gast.*

*Nun singet, Wasser, tief in eurer Schale.*
*Mir ward das Leben längst ein flüchtig Kleid.*
*Nun tummle, Jugend, dich in meinem Tale*
*Und labe dich am Traum der Ewigkeit!*
     Hermann Hesse: Die Gedichte, SW 10, S. 547f.

Wieder auf dem Klosterhof, gehen wir nach rechts um das Gebäude herum in die schmale Gasse zwischen Berghang und Kloster. Die drei Gebäude, die hier, den Grundriss eines großen ›M‹ bildend, zur Gasse hin vorgebaut sind, sind das Laienrefektorium (Speisesaal der Laienbrüder), das Herrenrefektorium (Speisesaal der Mönche) und der große romanische Keller mit dem ehemaligen Schlaftrakt der Mönche darüber. Dahinter, etwas zurückgesetzt, befindet sich das Gebäude des Parlatoriums und Oratoriums (Sprech- und Betsaal der Mönche), das mit dem ehemaligen Gäste- und Abtshaus (Herrenhaus) verbunden ist, in dem das Ephorat, die Schulleitung des Seminars, untergebracht ist. Gegenüber vom Herrenhaus steht, mit einem Brunnen davor, das Jagdschloss, das Herzog Ludwig von Württemberg 1588 im Renaissancestil erbauen ließ.

Der Hof zwischen Jagdschloss und Ephorat wurde bis zum Ende des 19. Jahrhunderts nach hinten zum Zwingergraben hin durch ein großes dreigeschossiges Haus abge-

*Das Kloster von Norden: rechts das Herrenrefektorium, dahinter der Schlaftrakt der Mönche und das Jagdschloss*

schlossen, das ehemalige Pfründhaus, das zu Klosterzeiten als Krankenhaus diente. Heute sieht man von diesem stattlichen Gebäude nur noch die Grundmauern mit einigen spätgotischen Fenstern. Das Gebäude brannte im Januar 1892 vollständig ab, als es als Unterkunft für arme Familien diente. Hermann Hesse wurde Augenzeuge dieses Brandes, den er in Briefen an die Eltern ausführlich schildert:

*»Vom großen Brand werdet Ihr gehört haben. [...]*
*Es war 1/2 10 Uhr. Wir waren schon im Bett und eben war die Nachtlampe gelöscht worden, als mein Nebenmann Hinderer sagte, da unten rufe jemand: Vater! Vater! Ich lachte ihn aus, aber schon hörte man unten mehrere Kinder ›Feuer‹ rufen. Wir sahen nichts und blieben liegen, aber allmählich drang ein entsetzlicher Brandgeruch ins Schlafzimmer und*

*mit einem Mal wurde es ganz hell: Alles, die kleinsten Gegenstände, sah man in rotem Licht ganz deutlich. Das kolossale und mit Holz etc. volle Pfründhaus stand in hellen Flammen, nur einige Schritte von uns entfernt. Im Hemd noch eilten wir aufs Dorment, weckten den Famulus etc. und zogen uns an, so schnell und gut es eben ging. Die Staatsgebäude standen sehr in Gefahr, besonders der Wind war sehr ungünstig. So eilten wir in den Waschsaal holten was wir an Gelten* [Eimern] *und Kübeln fanden, füllten sie und trugen sie ins Ephorat, das furchtbar gefährdet war. Wir überschwemmten die Bühne* [den Dachboden], *die schon voll Rauch und Funken war. Aber da keine Wasserleitung da war, mussten wir das Wasser ganz weit unten holen. Viele sprangen kaum gekleidet ins Freie, um dort zu helfen. Feuerwehr war gleich da, aber das Feuer verschluckte all die Wasserstrahlen.*

*Ich war auf der obersten Bühne von Herrn Ephorus mit Wasser. Ich hatte nur ein Hemd, Hosen, Strümpfe, ein Wams und eine Kappe an, auch Pantoffeln, Weste, Kragen, alles ließ ich dahinten, so schnell und unerwartet kam der Brand. Keiner spürte die schneidende Kälte, die das Wasser auf dem Dach im Nu in Eis verwandelte. Ich hatte nur Pantoffeln an. Von diesen verlor ich einen, arbeitete in einem Pantoffel lange weiter, bis mich ein eisiger Wasserstrahl, der meinen ungeschützten Fuß traf, empfindlich daran mahnte, Stiefel anzuziehen. Wo ich Stiefel gerade fand, zog ich sie an. Meine eigenen fand ich nicht. Der Wassermangel war so stark, dass wir bereits in den Waschbecken Wasser trugen. Inzwischen machte das Feuer rasche Fortschritte. Eine etwa 60 Meter lange Feuerkette schloss das Seminar von Westen ein: Während man dicken, heißen Rauch einatmete, troff vom Dach Wasser und Schnee auf einen herab. Wir arbeiteten fort bis nach Mitternacht. Besonders tat sich Herr Repetent Wüterich hervor. Er hatte gar nichts als*

*Hemd, Hosen und Mantel und so stand er fast drei Stunden mitten zwischen Feuer und Wasser. Endlich war das Seminar außer Gefahr. Wir tranken bei Herrn Ephorus Wein und durften bis morgens 8 Uhr im Bett bleiben. Ich schlief nur schwache drei Stunden, bin aber, einige Splitter in den Händen nicht gerechnet, ganz gesund und munter.*

*Die armen Unglücklichen mussten teilweise im Hemd fliehen, fast nichts wurde gerettet. Deshalb sammelte man schleunig Kleider für sie. Ich verschenkte, hoffentlich mit Eurer Erlaubnis, meine Hausjacke und ein altes Paar Hosen. Im Ganzen dauerte der Brand etwa 38-40 Stunden. Das Pfründhaus mit allen Speichern und Ställen ist total abgebrannt.*

*Mit Gruß und Kuss:*
*Hermann«*

Hermann Hesse: Kindheit und Jugend vor 1900, Band 1, S. 159 f.; auch in Hesse: Die Briefe, Band 1, 1881-1904, S. 76 f.

Als Hermann Hesse sechs Wochen nach dem Brand für eine Nacht aus dem Seminar verschwindet und in einem verwirrten Zustand zurückgebracht wird (siehe S. 158 ff.), tauchen auch Gerüchte auf, er sei in den Brand, der wahrscheinlich durch Brandstiftung verursacht wurde, irgendwie verstrickt gewesen und sei nun ein Opfer seines Gewissens geworden. Handfeste Anhaltspunkte dafür, dass dies mehr als geschwätzige Gerüchte gewesen sein könnten, gab es indes nie, und zudem soll ein Maulbronner schließlich auf dem Totenbett die Brandstiftung gebeichtet haben.

Wir setzen unseren Rundgang fort, indem wir wieder zum Klosterplatz zurückkehren und nun am Paradies vorbei auf der anderen, südlichen Seite des Klosters bzw. der Klosterkirche den Weg hinaufgehen.

Oben, von einer kleinen Anlage, hat man einen prächtigen

Blick auf das langgestreckte biberschwanzgedeckte Dach der Kirche. Man sieht hier deutlich die 1424 eingezogenen spätgotischen Strebepfeiler und -bogen, die notwendig wurden, um eine Gewölbedecke in die Kirche einzubauen, nachdem diese vorher gemäß dem ursprünglichen Schlichtheitsideal der Zisterzienser nur eine flache Holzdecke hatte, so wie sie auch für die Glocken nur Dachreiter besitzt und keine mächtigen separat stehenden Türme.

In dem tiefen Zwingergraben der Klosterbefestigung steht hinter der Kirche in der südöstlichen Ecke der malerische *Faustturm* mit seinem von einem geschweiften Bohlendach gekrönten Fachwerkaufsatz. Er geht im unteren Teil auf einen der Wehrtürme der Klosterbefestigung zurück. Der verspielte Stil des Turmaufsatzes zeigt dagegen deutlich, dass er nicht aus der Bausubstanz des Klosters stammt, sondern im Zusammenhang mit dem herzoglichen Lust- und Jagdschloss um 1600 aufgesetzt wurde und als Turm für weltliche Vergnügungen diente. Seinen Namen hat er daher, dass ein Jahrhundert zuvor im alten Turm der um 1480 im benachbarten Städtchen Knittlingen geborene Schwarzkünstler Dr. Johannes Faust eine Zeitlang gehaust haben soll. Der damalige Abt Entenfuß soll ihn 1516 nach Maulbronn gerufen haben, um in einer Alchimistenküche im Kloster Gold zu machen. (Näher Interessierten kann ein Besuch im sehenswerten Faust-Museum im nur wenige Kilometer entfernten Knittlingen empfohlen werden.)

Auf dem Gehweg oberhalb des Faustturms umrunden wir ihn, um von der hoch über dem Zwingergraben verlaufenden Straße einen Blick auf die Rückseite des Klosters zu werfen. Von hier sieht man auch an dem rechts an die Kirche angebauten Gebäudetrakt einen halbrunden Vorbau mit spitzem Dach. Dessen oberes Geschoss war zu Hesses Seminarzeit Teil der »*Stube Hellas*«, in der er mit zwölf Mitschülern wohnte.

Ein Stück weiter des Wegs kommt man zu dem oberhalb des Klosters liegenden *Tiefen See*, den die Mönche als Wasserspeicher und Fischwasser anlegten und der dem Seminar von alters her als Freibad dient. Hesse hat hier oft und gerne gebadet, auch bei seinem Besuch 1914. Den Eltern schrieb er 1891:

»*Ein andrer Platz ist am ›tiefen See‹. Dieser, nur von kleinen Hügeln umgeben, ist wie ein Spiegel. Eine große, klare schilflose Wassermasse. Im Ganzen bietet er wenig Schönes, nur abends, etwa um ½5 Uhr sieht man von einer Stelle aus den ganzen See als einen stillen, goldenen Spiegel. Bei schwachem Wind zuckt es blitzartig über den See und kleine Wellen schlagen flammenartig herauf. Allmählich erstirbt das Feuer.*«

Hermann Hesse: Kindheit und Jugend um 1900, Band 1, S. 117; auch in Hesse: Die Briefe, Band 1, 1881-1904, S. 61

Auf der anderen Seite des Sees, beim Eingang zur Badeanstalt, geht ein Wegchen oberhalb des Klosters entlang talabwärts, von dem aus man schöne Blicke auf die Dächerlandschaft des Klosters hat. Man kann aber von gleicher Stelle auch einen Weg den Berg hinaufgehen, bis man auf halber Höhe des Hanges auf ein Sträßchen trifft, von dem aus man eine gute Übersicht über das gesamte Kloster gewinnen kann. Dabei kann man entweder über den Haspelturm, den großen aus Buckelquadern erbauten Befestigungsturm an der Nordwestecke der Klosteranlage, und das Klostertor zum Klosterhof zurückkehren oder, wesentlich kürzer, über eine Zugbrücke beim Mühlengebäude, die sich auf halbem Weg zum Haspelturm befindet.

Zu empfehlen wäre durchaus aber auch ein Spaziergang,

*Das Kloster von der rückwärtigen Seite mit dem Faustturm.
Gemälde von Christian Friedrich Mali, 1865*

der weiter am Hang hinaufführt. Hesse hat sich hier oft und gerne aufgehalten, da man von den Terrassen und ehemaligen Weinbergwegen ein schönes Panorama über ganz Maulbronn hinweg hat. Oberhalb des Klosters war auch der (heute verschwundene) *»Spielplatz an der Eiche«*, den Hesse verschiedentlich erwähnt.

# Spaziergang zu Hesses Lieblingssee, dem Hohenacker See

*»Unser Kloster war von mehreren kleinen Seen umgeben. Unter diesen war der kleinste, ein brauner, verschilfter Waldweiher, mein Liebling. Eingefasst von Buchen, Eichen und Erlen lag er unbewegt in ewiger Windstille dunkel im breiten Schilfgürtel, überhängende Äste und ein rundes Stück Himmel spiegelnd. Ein verwilderter Weg war das halbe Jahr von braunem Eichlaub bedeckt.«*

Hermann Hesse: Erwin, Erzählung (1899), SW 6, S. 10

Hermann Hesse benennt und beschreibt diesen geheimnisvollen, verträumten Waldsee in einem Brief an seine Eltern vom 4. Oktober 1891 genauer:

*»Lieber will ich Euch die reizende Umgebung Maulbronns ein wenig schildern. Mein Lieblingsplatz ist am ›Haurker See‹. Denkt Euch einen alten, schönen Buchenwald und mitten zwischen den uralten Bäumen ein reizender schilfumkränzter Waldsee mit niedrigen, üppig bewachsenen Ufern. Weiter über einer uralten, weit über den See ragenden Erle ein kleines, moosiges Bänkchen. Schiller sagt, es gebe bei uns ›für zehn Glückliche nicht Raum‹; hier hätten zwei wenigstens Platz. Sitzt man so am Ufer, so sieht man in den tiefen, beinahe blauen See und unten spiegelt sich der klare Himmel. Nur hie und da springt ein Fisch hervor und lässt das Wasser weite Kreise ziehen. Auf allen Seiten steht Schilf. Dort ist's herrlich.«*

Hermann Hesse: Kindheit und Jugend vor 1900, Band 1, S. 116f.; auch in Hesse: Die Briefe, Band 1, 1881-1904, S. 61

Ein »Haurker See« ist in den Karten der Maulbronner Umgebung nicht auffindbar. Gemeint ist damit der ›Hohenacker See‹, dessen Name der erst kurze Zeit in Maulbronn weilende Hermann Hesse einfach in einer Art Lautschrift so wiedergegeben hat, wie der einheimische Dialekt diesen Namen in etwa ausspricht. Dieser See liegt heute noch ganz so versteckt im Wald, wie Hesse es beschreibt. Der Schilfgürtel, der den Aussagen alter Maulbronner zufolge noch größer geworden ist, beherbergt ein reiches Tierleben. Wer still am Ufer verweilt, kann das Konzert zahlloser Frösche hören und Wasservögel beobachten. Das Betreten dieses unter Naturschutz gestellten Biotops sollte man deshalb rücksichtsvoll unterlassen.

Um den versteckten Waldsee zu erreichen, geht man vom Klosterhof aus den Weg neben der Klosterkirche zur Hauptstraße (Stuttgarter Straße) hinauf und nimmt an der wenige Meter weiter befindlichen Straßengabelung die rechte, geradeaus führende Straße (Richtung Schmie). Von dieser zweigt wiederum nach kurzer Strecke rechts der Wannenbachweg ab, dem man folgt, bis nach ca. 300 m auf der linken Seite ein Waldweg abgeht. Nach weiteren 200 m auf diesem Waldweg biegt man wiederum nach links in einen Waldweg ab, auf dem man immer geradeaus nach kurzer Strecke links den baum-, gebüsch- und schilfumstandenen See findet.

Hier an diesem verschwiegenen Ort siedelte Hermann Hesse eine Schlüsselszene seines Romans *Unterm Rad* an; hier bahnt sich Hans Giebenraths Beziehung zu dem frühreifen, einzelgängerischen Mitschüler Hermann Heilner an, die weitreichende Folgen zeitigen wird:

*»Der lyrische Hermann Heilner hatte vergebens einen kongenialen Freund zu erwerben gesucht, nun strich er täglich in der Ausgangsstunde einsam durch die Wälder und bevorzugte namentlich den Waldsee, einen melancholischen braunen Weiher von Röhricht umfasst und von alten, welkenden Laubkronen überhangen. Der traurig-schöne Waldwinkel zog den Schwärmer mächtig an. Hier konnte er mit träumerischer Gerte im stillen Wasser Kreise ziehen, die Schilflieder Lenaus lesen und, in den niederen Strandbinsen liegend, über das herbstliche Thema vom Sterben und Vergehen sinnen, während Blätterfall und das Rauschen kahler Wipfel schwermütige Akkorde dazu gaben. Dann zog er häufig ein kleines schwarzes Schreibheftlein aus der Tasche, um mit Bleistift einen Vers oder zwei dareinzuschreiben.*

*Dies tat er auch in einer halbhellen Mittagsstunde spät im Oktober, als Hans Giebenrath, allein spazierengehend, denselben Ort betrat.«*

Hermann Hesse: Unterm Rad,<br>SW 2, S. 191

Eine in vielen Details parallele Episode findet sich auch in der Erzählung *Erwin*. Dort begegnet der Homer lesende Erzähler an diesem See einem empfindsamen Mitschüler, zu dem er bald eine leidenschaftliche Freundschaft entwickelt, die ihn in eine tiefe Krise führt, in deren Gefolge er die Klosterschule verlässt.

*»Unser Kloster war von mehreren kleinen Seen umgeben. Unter diesen war der kleinste, ein brauner, verschilfter Waldweiher, mein Liebling. Eingefasst von Buchen, Eichen und Erlen lag er unbewegt in ewiger Windstille dunkel im breiten Schilfgürtel, überhängende Äste und ein rundes Stück Himmel spie-*

*Hermann Hesses Lieblingsplatz: der Hohenacker See*

*gelnd. Ein verwildernder Weg war das halbe Jahr von braunem Eichenlaub bedeckt.*

*Dort lag ich an einem Sonntag allein in der Nachmittagssonne. Der Blätterfall hatte begonnen. Die dürren Binsen klirrten zitternd, über der ferneren Waldecke hing der dunkle Habicht. Zuweilen flog ein einzelnes welkes Blatt, sich im Falle drehend, lautlos in den schmalen Wasserspiegel. Zuweilen flog eines neben mir ins fahle Moos. Das sumpfige Ufer atmete in der Sonne einen leichten Geruch von Moder und Fäulnis aus. Lange, verdorrte Gräser standen in den tiefen Radgleisen des verfallenden Uferweges.*

*Ich lag müde ausgestreckt, das Kinn auf den Händen, im Auge und im Herzen die Stille und Wildnis dieses Herbstes. Ich wünschte so abseits und ungekannt lange zu liegen und mich in der schwermütigen Müdigkeit des Waldes und Schilfes*

*mit aufzulösen. Ungelesen lag der aufgeschlagene Homer neben mir, er hatte in dieser Todesstille keine Macht über mich. Ich hörte nicht, wie einer meiner Mitschüler sich leise näherte. Plötzlich stand er neben mir, die grüne Mütze in der Hand tragend. Er war schlank, schön gebaut, und hatte ein blasses, feines, veränderliches Gesicht. Er hieß Erwin.«*
Hermann Hesse: Erwin, SW 6, S. 10 f.

Es bietet sich an, auf dem Rückweg vom Waldsee nach Maulbronn einen Umweg über einen anderen, größeren See zu machen, der in Hesses Biografie und Werk ebenfalls eine Nebenrolle spielt: den auf freiem Feld nordöstlich von Maulbronn liegenden Rossweiher. Auf ihm liefen die Seminaristen im Winter Schlittschuh, und auf ihm lässt Hesse in *Unterm Rad* einen Mitschüler ins Eis einbrechen und ertrinken – ein Geschehnis, das allerdings in Hesses Maulbronner Zeit so nicht nachweisbar ist.

Diesen Weiher erreicht man vom Hohenacker See aus, wenn man auf dem am See entlanglaufenden Weg weitergeht, bis man auf einen quer laufenden Weg trifft und diesem nach links bis zur Straße Maulbronn–Schmie folgt. Von dort sieht man den Rossweiher bereits in der Feldflur liegen und kann an ihm vorbei zum Kloster zurückgehen. Dort kann eventuell in der Weise Abschied von Maulbronn genommen werden, wie Hesse selbst es bei seinem Besuch 1914 getan hat:

*»Dann setzte ich mich noch einmal unter den hohen Linden nieder, stieg noch einmal zum alten Spielplatz bei der Eiche hinauf, schwamm noch einmal im tiefen See und reiste wieder, und wenn ich seither an Maulbronn denke, dann sehe ich wohl den Faustturm und das ›Paradies‹, den Eichenplatz und den*

*spitzen Kirchturm wieder, aber es sind nur Bilder, und sie kommen nicht recht zu Glanz und Leben vor dem sanften Brunnengeläut in der Kreuzgangskapelle und vor jenen Erinnerungen, die hinter den anderen Erinnerungen stehen wie die Reste alter heiliger Malereien hinter der Tünche einer Kirchenwand.«*

Hermann Hesse: Der Brunnen im
Maulbronner Kreuzgang, SW 13, S. 360

# Tübingen:
## *Erste Schritte auf dem Weg zur Selbstständigkeit*

### Hermann Hesses Tübinger Zeit 1895-1899

»*Die Stadt gefällt mir wohl, besonders da ich nicht drin, sondern vor derselben draußen wohne. Eng und winklig, mittelalterlich romantisch, voll Richter'scher Bildchen, aber auch etwas dunstig und schmutzig. Das Schloss ist prächtig, vor allem der Ausblick vom Schlossberg, und die Alleen sind herrlich.*
    *Von m[einem] Zimmer sehe ich das Schloss.*«
        Hermann Hesse: Die Briefe, Band 1, 1881-1904, S. 203

So lautet der erste Bericht Hermann Hesses aus Tübingen am 18. Oktober 1895 an seine Eltern. Am Tag zuvor ist er von Calw in die ca. 40 km entfernte und ca. 14 000 Einwohner zählende Universitätsstadt gezogen, um in der Heckenhauer'schen Buchhandlung am Holzmarkt eine Buchhändlerlehre anzutreten.

Mit dieser Entscheidung, die unter Mitwirkung der Eltern zustande kam, verbinden sich verschiedene Überlegungen (vgl. S. 36f.). Die Eltern erhoffen sich durch diese Lehre, nachdem Hermann zuvor ein 15-monatiges Mechanikerpraktikum absolviert hat, eine standesgemäßere Ausbildung, die den Sohn später vielleicht doch noch in das Verlagswesen und damit in die Fußstapfen von Großvater und Vater führen werde. Für Hermann Hesse selbst steht dagegen eindeutig der Wunsch nach größerer Unabhängigkeit vom Elternhaus im Vordergrund. Im Rückblick schreibt er:

»*Auch als ich, nach schweren Kämpfen, den Eltern nachgab und mich einem Beruf und einer Lehrzeit unterzog, als Buchhändler, hatte ich es im Blick auf mein Ziel getan, es war eine Anpassung, ein vorläufiger Kompromiss gewesen. Ich war Buchhändler geworden, um zunächst einmal von den Eltern unabhängig zu werden, auch um ihnen zu zeigen, dass ich im Notfall mich beherrschen und etwas im bürgerlichen Leben leisten könne, aber es war für mich von Anfang an nur ein Sprungbrett und Umweg zu meinem Ziel gewesen.*«

Hermann Hesse: Erinnerung an Hans, SW 12, S. 351f.

Dieses Ziel ist nach wie vor, »*entweder ein Dichter oder gar nichts werden zu wollen*« (vgl. S. 30ff.). Ein Vorsatz, den er in Maulbronn gefasst hat und der ihm seither nur Unverständnis und Schwierigkeiten eingebracht hat. Aus diesen Erfahrungen heraus ist er vorsichtiger geworden und behält seine Pläne für sich. Aber die Eltern, die seinen Eigensinn kennengelernt haben, sind dennoch misstrauisch. Sie suchen ihm deshalb ein möbliertes Zimmer bei einer Dekanswitwe, die ihn umfassend versorgen und dadurch auch unter Kontrolle halten soll. Vorsichtshalber gibt ihm der Vater zusätzlich noch ›zehn Gebote‹ mit, eine Liste mit Verhaltensanweisungen:

»*Für Tübingen:*
*1. Wohnung und alle Mahlzeiten bei Frau Dekan Leopold, Herrenbergerstraße 28.*
*2. Vormittagsvesper gibt sie mit; Nachmittagsvesper lässt Herr Sonnewald* [der Geschäftsführer der Heckenhauer'schen Buchhandlung] *kommen (Bier und Brot).*
*3. Taschengeld, 1 ½ Mark wöchentlich, zahlt jeden Samstag Frau Dekan Leopold aus.*

*Blick über Tübingen. Lithografie um 1870*

4. Alle Rechnungen für Schuhflicken u[nd] dergl[eichen] notwendige Dinge bezahlt Frau Dekan u[nd] muss die betr[effende] Rechnung quittiert ihr wiedergebracht werden zum Aufheben für mich. Für Haarschneiden u[nd] dergl[eichen] gibt Frau Dekan das Nötige.

5. Alle anderen Ausgaben zu vermeiden. In besonderen Fällen jedenfalls vorher bei mir anfragen. Schulden dürfen abso-

*lut nicht gemacht werden. Ich werde keine Rechnung für Dinge bezahlen, die ohne meine vorherige Erlaubnis gekauft sind.*
*6. Kein Buch aus der Buchhandlung heimnehmen ohne vorherige Erlaubnis des Prinzipals.*
*7. Das Rauchen auf ein Minimum beschränken, weil es den Appetit vermindert, die Nerven reizt und Geld kostet. Nur wenn man sich ganz bestimmt ein festes Maß setzt u[nd] daran streng und regelmäßig festhält, kann man ein mäßiger Raucher bleiben. Im andern Fall wird das Rauchbedürfnis immer größer und unwiderstehlicher, gerade wie bei anderen feinen Giften, die in kleinster Dosis etwa anregen, über das wirkliche Bedürfnis hinaus gebraucht aber furchtbaren Schaden anrichten.*
*8. Kartenspiel um Geld u[nd] dergl[eichen] einfach abweisen mit der festen Erklärung: ›ich habe kein Geld zum Verlieren, und durch Spielen will ich auch keins gewinnen.‹*
*9. Wäsche zum Waschen und Flicken nach Calw schicken.*
*10. Papier, Federn u[nd] ähnliches nicht kaufen, sondern aus Calw erbitten. Mit der Wäsche kann man immer was schicken.«*
Hermann Hesse: Kindheit und Jugend vor 1900,
Band 2, S. 18

Die Befürchtungen der Eltern erweisen sich jedoch als gegenstandslos. Aus Hermann Hesse wird ein Buchhändlerlehrling, der keinen Anlass zu Klagen gibt. Die vielfältigen Arbeiten, die vom Sortieren und Ordnen der Buchbestände über das Ausliefern von Büchern, Zeitschriften und Werbeprospekten bis zur Kundenberatung, Rechnungsstellung und Korrespondenz reichen, geben ihm eine gewisse Befriedigung, auch wenn ihn die bis zu zwölf Stunden dauernden Arbeitstage zuweilen anstrengen und er über Müdigkeit und zu viel »*Staubschlucken*« klagt. Die Vorgesetzten und Mitarbeiter beschreibt er in einem Brief an seine Eltern als »*lauter Leute, die ich wegen ihrer Bildung und Kenntnisse achten muss*«.

Ebenfalls zufrieden ist er mit seiner Logisstelle in der Herrenberger Straße 28, die er deshalb während seiner ganzen, insgesamt vier Jahre dauernden Tübinger Zeit nicht wechseln wird:

»*Frau Dekan bemuttert mich aufs sorglichste, bringt mir Butter, Wecken, Würstchen etc. und scheint mich für den verwöhntesten Schlecker zu halten. Vom Mittagstisch komme ich nur mit Mühe los, da sie voller Erzählungslust ist. Sie kennt alle Welt, Calwer, Basler, Livländer, Missionare etc. und weiß von tausend interessanten Todesfällen, Verlobungen, Krankheiten, Reisen und ähnlichen Freuden zu erzählen. Den Tod ihres Mannes kenne ich schon mit allen Details, bald werde ich von ihrer Kindheit, Verlobung, Hochzeit, Ehe, Freuden und Nöten ebenso genau unterrichtet sein. Sie ist wie aus einem Dickens'schen Roman exzerpiert, beweglich, heiter, lustig, sorglich, zum Platzen voll von alten und neuen Geschichten, und dabei voll Gutmütigkeit und Liebe.*«

Hermann Hesse: Die Briefe, Band 1, 1881-1904, S. 203

Probleme hat er lediglich in den ersten Monaten mit einem Studenten, der im Zimmer über ihm wohnt und die Angewohnheit hat, noch spätabends laut zu pfeifen, zu singen und zu rezitieren, wobei er mit schweren Stiefeln auf und ab geht. Dies verstärkt die Kopfschmerzen, über die Hesse öfters klagt (und deren Ursache erst viele Jahre später in einer angeborenen Schwäche der Augenmuskulatur gefunden wird).

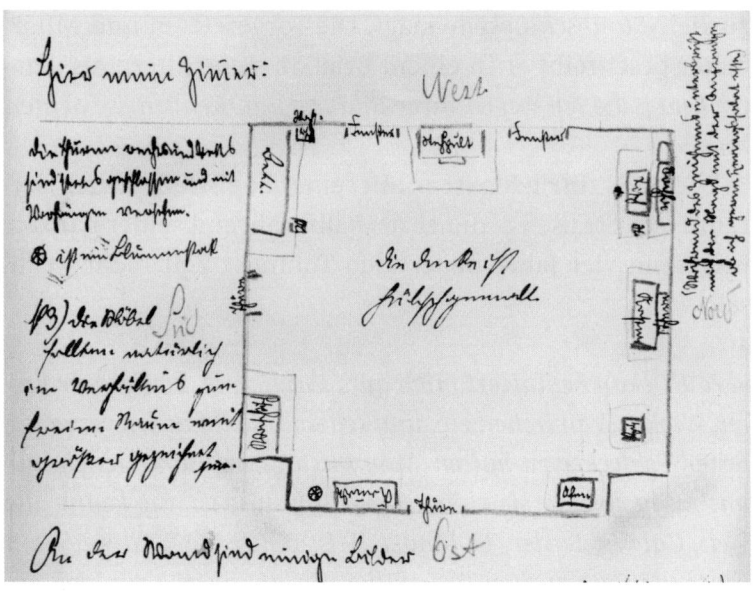

*Hermann Hesses Skizze von seinem Tübinger Zimmer, die er den Eltern im Oktober 1895 nach Calw schickt*

Über das Aussehen von Hesses Zimmer wissen wir recht gut Bescheid, da er dem ersten Brief aus Tübingen an die Eltern eine Skizze mit Erläuterungen beifügt: Zwischen den beiden Fenstern, die zur Herrenberger Straße gehen und den oben erwähnten Blick auf das Schloss bieten, steht ein Stehpult mit einem Heiligenbild darüber, rechts davon ein Tisch mit Sofa und Stuhl und ein Kleiderschrank, links davon das Bett mit Nachttisch, über dem ein Porträt König Karls von Württemberg hängt. Hinten im Zimmer stehen auf der einen Seite der Ofen, auf der anderen ein Waschtisch mit einem Kolumbusbild darüber sowie eine Kommode mit einem Blumenstock darauf.

Die vorgefundene Dekoration befriedigt ihn nicht ganz. Deshalb kauft er sich vom ersten Lehrgeld eine weiße Gipsbüste des Hermes von Praxiteles. Und nach und nach gestaltet er das Zimmer nach seinem Geschmack um, wie eine zweieinhalb Jahre später, am 1. Juni 1898, angefertigte zweite Beschreibung deutlich macht:

»*Über dem Sofa hängt Böcklins ›Villa am Meer‹ in großem Stich und eine allzu kleine ›Toteninsel‹, Fotografien von Teinach und Teinacher Sägemühle und ein Tschibuk* [eine türkische Tabakspfeife]. *Links vom Sofa zwischen Ecke und Fenster Georgi's ›Alte Stadt‹, darunter in Oktavformat Porträts von Hauptmann, Nietzsche, Chopin. Über dem Pulte, zwischen beiden Fenstern, ein hohes und schmales Seestück. Über dem Bette hängen drei Bilder von Adele und ein Damenbild von Franz Stuck. Über dem Waschtisch ein Spiegel, von dem darunter stehenden Rasierspiegel ironisiert. Über der Kommode ein größeres Chopinporträt, von vier Oktavbildern: Beethoven, Mozart, Schumann, Weber umgeben. Unter Chopin steht ein bunter Papierfächer, als Hintergrund einer auf der Kommode stehenden Hermesbüste in schöner Größe. Auf der Kommode vereinigen sich einige Zinnbecher mit Bierkrug, Hermes, Muschelkorb etc. etc. zu einer künstlerisch barocken Gesamtwirkung. Auf dem Kasten ein Still-Leben von Zigarrenschachteln, Flaschen, Honigtopf etc.*«
    Hermann Hesse: Kindheit und Jugend vor 1900,
Band 2, S. 592

Diese Dekoration zeigt nicht nur das Bedürfnis Hermann Hesses nach einem behaglichen Zimmer, sondern verrät auch viel von den Idealen, nach denen er strebt während der Stunden, die er nach Feierabend und an freien Tagen in diesem Zimmer verbringt. Hesse setzt zudem in Tübingen verstärkt fort, was er bereits in seiner letzten Calwer Zeit intensiv betrieben hat: ein Selbststudium der Literatur. Zu Hause stand ihm die große Bibliothek des Großvaters zur Verfügung, nun kann er über die Schätze einer gut sortierten Buchhandlung verfügen. Er studiert die Klassiker, v. a. immer und immer wieder die Werke Goethes, danach geht er zu den Romantikern über. Die Selbstdisziplin, mit der er dieses autodidaktische Studium durchführt, ist erstaunlich und widerlegt das alte Bild vom unkonzentrierten Schüler gänzlich. Er hat seinen Interessensgegenstand gefunden und zudem nun endlich die Freiheit von Gängelungen und aufgezwungenen Erwartungen und Zielen. Die Eltern und die übrige Außenwelt hält er auf Distanz, indem er auf dem Felde normalbürgerlicher Tüchtigkeit, der Buchhändlerlehre, keinen Anlass zu Einmischungen gibt.

Hinter dem Literaturstudium steht aber als eigentliches Ziel weiterhin die eigene literarische Produktion. Deshalb laufen neben der Lektüre fremder Werke von Anfang an Versuche eigenen Schreibens. Und tatsächlich schafft er es bereits vier Monate nach seinem Umzug nach Tübingen, ein erstes Gedicht mit dem Titel »*Madonna*« in der Wiener Zeitschrift »Das deutsche Dichterheim« unterzubringen; weitere folgen.

Über seinem disziplinierten Selbststudium und seinen dichterischen Versuchen, die seine nach heutigen Maßstäben knapp bemessene Freizeit natürlich stark in Beschlag nehmen, wird Hermann Hesse fast zum Einsiedler. Er trifft in Tübingen zwar etliche Maulbronner Mitschüler wieder, aber zu mehr als zufälligen Kontakten kommt es nicht. Einzig zu Wilhelm Lang, zu dem er bereits in Maulbronn eine besondere Beziehung gehabt hat (siehe dort S. 170 f.) und der nun am Ev. Stift studiert, bildet sich eine festere Beziehung heraus:

»*Meine Bekannten, die Studenten sind, sind zu beschäftigt mit Studieren und Kommersieren, als dass sie mich aufsuchen könnten. Nicht so mein lieber Lang, der mit rührender Aufmerksamkeit sich jede Woche einen Abend (meist freitags) im Stift losmacht und den weiten Weg zu mir kommt, um bis 10 Uhr auf meiner Bude zu bleiben. Ich rechne ihm das hoch an [...].*«

Hermann Hesse: Die Briefe, Band 1, 1881-1904, S. 214

Hesse, den das Leben bereits anders in die Pflicht genommen hat als die meisten Studenten, findet wenig Geschmack am studentischen Treiben: »*Jede Stunde scheint mir verloren, die ich nicht über guten Büchern oder Zeitschriften hinbringe*«, notiert er. Gleichgesinnte findet er nur schwer, sodass er in einem Brief an Dr. Ernst Kapff, einen Lehrer aus seiner Cannstatter Gymnasialzeit, mit dem er einen regen literarischen Briefwechsel führt, 1896 einmal klagt, die Einsamkeit sei seine beste Freundin geworden. Dies ändert sich erst Ende 1897, als er den Jurastudenten Ludwig Finckh kennenlernt. Finckh, der später selbst als Schriftsteller in Erscheinung treten wird, beschreibt in seiner Autobiografie »Himmel und Erde« das Auftreten Hermann Hesses in jener Zeit folgendermaßen: »*Sein Rock war unscheinbar, seine Gestalt hager, aber sein Gesicht leuchtete, [...] Er war ein wenig jünger als ich, aber er schien mir viel älter und reifer zu sein; er musste schon Schweres durchgemacht haben, seine Verse waren voller Geist und Schwermut.*«

Durch Finckh lernt Hesse drei weitere Studenten kennen (Otto Erich Faber, Carlo Hamelehle und Oskar Rupp), die ihm sympathisch sind und mit denen er sich deshalb zu einem Freundeskreis zusammenschließt, der sich nach damaliger studentischer Art französisierend »le petit cénacle« (der

*Hermann Hesse, 1899 von einem
Tübinger Fotografen abgelichtet*

kleine Kreis Gleichgesinnter) nennt und einen guten Teil der Freizeit gemeinsam gestaltet.

Ebenfalls von Bedeutung für Hesse ist eine etwa zur selben Zeit beginnende intensive Brieffreundschaft mit der fast gleichaltrigen Helene Voigt (1875-1961), der späteren Ehefrau des Verlegers Eugen Diederichs, die ihn 1897 wegen eines im »Deutschen Dichterheim« veröffentlichten Gedichtes anschreibt und die ihm im Laufe der Zeit zu einer wichtigen Ansprechpartnerin wird.

Im Oktober 1898 schließt Hermann Hesse seine Lehrzeit in der Heckenhauer'schen Buchhandlung ab und arbeitet danach noch einige Monate als Sortimentsgehilfe weiter.

Wenig später, im November 1898, erscheint sein erstes Gedichtbändchen unter dem Titel *Romantische Lieder* in E. Piersons Verlag in Dresden und Leipzig. Ein halbes Jahr später gibt er auch sein Debüt auf dem Gebiet der Prosa mit dem bei Diederichs in Leipzig erscheinenden Erzählungsband *Eine Stunde hinter Mitternacht*.

In diesen Erstlingswerken steckt noch viel jugendliches Pathos, melodramatische Selbstinszenierung und romantische Verklärung; auch sind manche Anleihen bei anderen Dichtern, v. a. den Romantikern, nicht zu übersehen; aber insgesamt sind es doch schon Arbeiten und Übungen eines unverkennbaren dichterischen Talents, das sich mit großem gestalterischem Willen voranarbeitet und formt. Das bestätigt auch Rainer Maria Rilke, der *Eine Stunde hinter Mitternacht* positiv bespricht: »*An seinen besten Stellen ist es notwendig und eigenartig. Seine Ehrfurcht ist aufrichtig und tief. Seine Liebe ist groß und alle Gefühle sind fromm: es steht am Rande der Kunst.*«

Nicht dieser Auffassung ist allerdings die Mutter Hesse, die das Buch »unkeusch« findet und ihn vor der »Fiebermuse« und einer Welt warnt, »wo das Niedre, Tierische, Unreine für schön gilt«. Er solle stattdessen »um große Gedanken und ein reines Herz« beten. Hermann ist tief getroffen und schreibt am 16. Juni 1899 scharf zurück (allerdings ohne den Brief abzuschicken):

»*Wollt Ihr mir einen Gefallen tun, so schickt mir das zum 14. gesandte Exemplar meines Buches wieder zu, denn ich habe wenig Freiexemplare, bedaure auch sehr, es irgendwo gelesen zu wissen, wo jedes Wort mir zum Üblen gewendet wird. Wenn ich nicht so nervös wäre, hätte ich gelacht und gesagt:* ›*Ihr versteht's halt nicht.*‹ *So aber ist alles in mir bitter geworden. [...]*

*Hermann Hesse 1899 mit seinen Eltern und Geschwistern*

*Ihr kennt wohl das Wort: ›Den Reinen ist alles rein‹ und habt mich sonach zu den Unreinen gestellt.«*
     Hermann Hesse: Die Briefe, Band 1, 1881-1904, S. 333 f.

Wenig später beschließt Hermann Hesse, sich beruflich zu verändern, und bewirbt sich in Basel, der Stadt seiner Kinderzeit, mit Erfolg um eine Buchhändlerstelle. Am 31. Juli 1899 beendet er daraufhin seine Arbeit bei Heckenhauer, und am 15. September tritt er als Sortimentsgehilfe in die renommierte Reich'sche Buchhandlung in Basel ein. In die dazwischenliegende Zeit fällt jener zehntägige Ausflug mit den Freunden vom »petit cénacle« nach Kirchheim unter Teck, bei dem er sich, ohne erhört zu werden, in Julie Hellmann, eine hübsche Verwandte der Kirchheimer Kronenwirtin, verliebt. Diese turbulenten Tage hat er ein Jahr später in der Episode *Lulu* wiedergegeben und verdichtet, die er 1907 in die erweiterte Ausgabe der *Hinterlassenen Schriften und Gedichte des Hermann Lauscher* einfügt.

Tübingen ist als Schauplatz in das literarische Werk Hermann Hesses v. a. in vier Erzählungen eingegangen:

Zum einen in die 1913 verfasste historisierende Novelle *Im Presselschen Gartenhaus*, die in den 1820er-Jahren spielt und die beiden Dichter Wilhelm Waiblinger (1804-1830) und Eduard Mörike (1804-1875) als junge Theologiestudenten am Tübinger Stift vergegenwärtigt, die den in geistige Umnachtung gefallenen Friedrich Hölderlin (1770-1843) in seinem Turmzimmer am Neckarufer gelegentlich zu einem Spaziergang in ein Gartenhaus auf dem Österberg abholen und sich dabei mit ihren eigenen Träumen und Lebensängsten auseinandersetzen. Die Novelle ist in den *Sämtlichen Werken* in Band 8, S. 84-112, enthalten.

Zum anderen spielt Tübingen in der um 1900 geschriebenen Erzählung *Der Novalis. Aus den Papieren eines Altmodischen* (SW 6, S. 26-47) eine Rolle, in der ein Buchliebhaber die verschiedenen Namenseintragungen auf dem Vorsatzblatt eines alten Novalis-Bandes zum Anlass nimmt, dem Schicksal dieser Vorbesitzer nachzuspüren. Einer davon ist der mittellose Student Rettig aus der Neckarhalde 8, der seine während des Studiums aufgelaufene Buchrechnung in der Witzgall'schen (Heckenhauer'schen?) Buchhandlung nicht bezahlen kann und der deshalb den Novalis-Band samt seiner halben Bibliothek verkaufen muss. Ein anderer ist der Hauslehrer Theophil Brachvogel, der in der Münzgasse seine Bude hat und dessen Glück zum Unglück seines Freundes Hermann Rosius wird.

Tübingen ist auch Schauplatz der um 1907 entstandenen Erzählung *Freunde* (SW 7, S. 128-1991), in der Hesse seine Kritik am Wesen der studentischen Verbindungen und Burschenschaften zum Ausdruck bringt. Hans Calwer, der Mitglied einer farbentragenden Verbindung ist, erträgt die hohlen, lauten Rituale nicht länger und tritt aus der Verbindung aus. Dies kostet ihn die Freundschaft seines bisherigen Freundes, der diesen Schritt nicht nachzuvollziehen wagt, öffnet ihm aber zugleich die Möglichkeit, geistvollere Freundschaften zu gewinnen. Die Schauplätze in der Erzählung sind allerdings nicht so konkret geschildert, dass sie im Einzelnen nachvollziehbar wären.

Anders ist dies in der vierten Erzählung, die in Tübingen spielt: *Die Novembernacht* (SW 1, S, 243-253), die den Untertitel *Eine Tübinger Erinnerung* trägt und sich in den 1901 erstmals veröffentlichten *Hinterlassenen Schriften und Gedichten von Hermann Lauscher* findet. In ihr wird eine folgenreiche Zechtour durch Tübingen geschildert, die der Dichter Hermann Lauscher (alias Hermann Hesse) und der Kandidat der Theologie Otto Aber in einer Novembernacht zusammen unternehmen. Hierbei sind die Schauplätze sehr gut zu lokalisieren und sollen deshalb beim folgenden Stadtrundgang besichtigt werden.

## Rundgang durch Tübingen auf Hesses Spuren

Ziele des Stadtrundgangs werden die Heckenhauer'sche Buchhandlung am Holzmarkt sein, in der Hesse arbeitete, sowie das Gebäude in der Herrenberger Straße 28, in dem Hesse während seiner gesamten vier Tübinger Jahre, von Oktober 1895 bis Juli 1899, wohnte. Als Leitfaden für den Gang durch die Stadt, bei dem nebenbei die wesentlichen Teile der Tübinger Altstadt durchwandert werden, soll, wie oben angekündigt, die Szenerie in Hesses Erzählung *Die Novembernacht. Eine Tübinger Erinnerung* dienen.

Wie bereits in Calw und Maulbronn soll auch in Tübingen der Rundgang am Bahnhof beginnen. Von Calw aus ist Tübingen über die Bahnstrecke Calw–Nagold–Horb–Tübingen zu erreichen, die Hesse während seiner Tübinger Zeit gelegentlich selbst benutzte.

Direkt vor dem Hauptausgang des Bahnhofs führt eine Unterführung unter dem Bahnhofsvorplatz hindurch in Richtung Altstadt. Sie mündet in eine Parkanlage mit See, die wir geradeaus durchqueren, bis wir zur Uhlandstraße und dem Uhlanddenkmal kommen. Hinter dem Uhlanddenkmal führt eine Fußgängerbrücke, der Indianersteg, über einen Seitenarm des Neckars. Wir sind nun auf einer vom Neckar umflossenen Aue mit einer mächtigen Platanenallee. Durch diese Allee lässt Hesse in seiner *Tübinger Erinnerung* in einer stürmisch-regnerischen Novembernacht seine zwei jungen Männer schreiten:

*»Über Tübingen hing eine schwarze, verwölkte Novembernacht. Sturm und Sprühregen klirrte und zitterte durch die engen Gassen, aufflackernde rote Laternenlichter glänzten trüb auf dem nassen Pflaster wider. Trüb und schwarz mit zwei, drei kleinen roten Fensteraugen lag das alte Schloss wie ein halbschlafendes träges Untier auf seinem langen Hügel, Fetzen von Wolkenschleiern um die spitzen Dächer. In den großen, ernsten Alleen standen die alten Kastanien, Linden und Platanen kahl und hager im Sturm wie eine trübselige standhafte Armee*

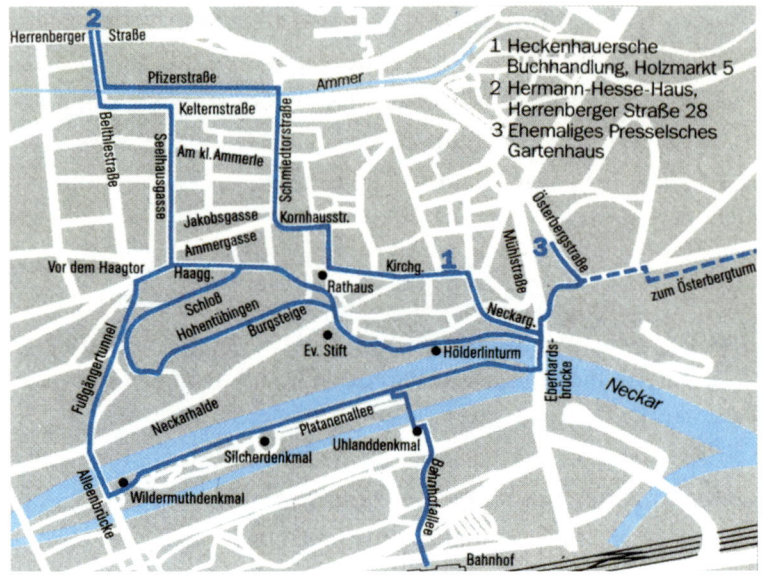

von Greisen. Blätterwirbel trieben über die feuchten Wege, faul und grau lagen die großen Herbstwiesen, an den Rändern da und dort von einer windscheuen Laterne zackig und roh beleuchtet. Der langgezogene Pfiff des letzten Reutlinger Zuges drang vom nahen Bahnhof durch die schwere Luft und passte mit seinem heiseren, hinsterbenden Geräusch vortrefflich in die Tonart des ganzen Abends.

In den Pausen des Sturmes ward das kühle Rauschen des Neckars laut. Die Ufer lagen tief in graue, traurige Ruhe gehüllt, und von den vielen hellen liederlauten Sommerabendfesten war keine leise Spur mehr geblieben, so wenig dem breiten, traurigen Stiftsgebäude noch eine Spur von den zahlreichen glänzenden Geistern anhing, die darin vor Zeiten schwärmerische, dämmernde Jugendsemester verlebten. Es seien denn einzelne nachklingende, elegische Laute aus der umflorten Laute des armen Hölderlin. Stattdessen brannte dort die strenge,

*Das Evangelische Stift Tübingen von der Neckarseite*

*fleißige Gegenwart in zahlreichen Studierampeln über die ganze Breitseite des Stifts verteilt und glänzte mattrot durch die breiten, niederen Fenster. Dort lagen jetzt Kompendien, Wörterbücher und Texte ohne Zahl vor ernsthaften jungen Augen aufgeschlagen, Ausgaben des Platon, Aristoteles, Kants, Fichtes, vielleicht auch Schopenhauers, Bibeln in hebräischer, griechischer, lateinischer und deutscher Sprache; vielleicht brütete hinter diesen Fenstern zur Stunde ein junges philosophisches Genie über seinen ersten Spekulationen, während zugleich ein zukünftiger schwergeharnischter Apologet die ersten Steine seines Trutzgehäuses legte.*

*Zwei junge Männer, die jetzt von der unteren Neckarbrücke her durch die Platanenallee gegangen kamen, blickten lachend hinüber und zeigten wenig Respekt vor der ernsten zukunftsschwangeren Geistesburg. Sie wandelten, in grauen Lodenmänteln, des Regens ungeachtet langsam durch die stür-*

*mische Herbstnacht. ›Hast du noch was drin?‹, fragte der Kandidat Otto Aber seinen Begleiter, worauf dieser, der Dichter Hermann Lauscher, eine bauchige Benediktinerflasche aus der Manteltasche zwängte und dem Kandidaten reichte.*

*›Der letzte Schluck!‹, rief dieser und schwenkte die Flasche gegen das jenseits des Flusses ragende Stift. ›Prosit Stift!‹*

*Er leerte die Bouteille mit einem kurzen Schluck.*

*›Was machen wir mit dem Scherben?‹, fragte Lauscher. ›Wir könnten auf die Wache gehen und ihn der lieben Tübinger Stadtpolizei verehren.‹*

*›Was Stadtpolizei!‹, lachte Aber. ›Da!‹, und er schleuderte die Flasche über den Neckar, dass sie an einem Pfeiler des Stiftsbaus zersplitterte.«*

Hermann Hesse: Die Novembernacht, in:<br>Hermann Lauscher, SW 1, S. 243 f.

Bei letzterem Detail ist etwas dichterische Freiheit im Spiel, denn es bedürfte schon eines gewaltigen Wurfs, wenn man vom diesseitigen Ufer des Neckars den Sockel des jenseitig gelegenen Stifts treffen wollte. – Wenn man vom Indianersteg geradeaus zum Neckarufer geht, liegt direkt gegenüber das rötlich gestrichene Gebäude der Burse, die um 1480 als Studentenwohnhaus und Lehranstalt erbaut wurde; das Stift liegt drei Häuser links davon; es ist leicht zu erkennen an dem Giebel mit der Uhr und dem schmiedeeisernen Glockentürmchen.

Das Tübinger Stift ist seit der Reformation die Hochburg der evangelischen Theologenausbildung. Hier studierten u. a. Hegel, Hölderlin, Schelling, Mörike und Waiblinger. Und auch Hermann Hesse hätte an diesem Ort seine Ausbildung erhalten, wenn sein Weg über das Landexamen und das Maulbronner Seminar, der in das Stift geführt hätte,

*Neckarpartie mit Hölderlinturm
von der Eberhardsbrücke aus gesehen*

nicht gescheitert wäre (siehe hierzu das Kapitel Maulbronn, S. 157 ff.).

Nach einem ausführlichen Blick auf das Stift, die Altstadt und das darüber thronende Schloss Hohentübingen gehen wir die Platanenallee auf den Spuren von Hermann Lauscher und Otto Aber, die sich nun auf den Weg in eine Altstadtkneipe machen, neckarabwärts bis zur Eberhardsbrücke.

Von der Eberhardsbrücke hat man, wie bereits zuvor von der Allee, einen schönen Blick auf das unterhalb der Burse, direkt am Fluss gelegene Haus mit dem Hölderlinturm, der dem genialen Dichter in der Zeit der Umnachtung, von 1807 bis 1843, als Wohnsitz, »Gruft und Tempel zugleich«, gedient hat.

Das anrührende Schicksal Hölderlins hat Hermann Hesse zu der Novelle mit dem Titel *Im Presselschen Gartenhaus* angeregt. Wollte man sich die Schauplätze dieser Novelle vergegenwärtigen, in welcher die beiden Stiftler Wilhelm Waiblinger und Eduard Mörike den psychisch erkrankten Hölderlin in seinem Turm zu einem Spaziergang ins Pressel'sche Gartenhaus auf dem Österberg abholen, so müsste man hier bei der Eberhardsbrücke die Straße schräg nach links überqueren, um dann auf der Germanenstaffel zur Österbergstraße hochzusteigen. Ein entsprechender Vorschlag wird auf S. 240 ff. unterbreitet. Wir wollen aber zunächst weiter den Spuren Hermann Lauschers und seines Freundes Otto Aber in Richtung Altstadt folgen:

»*Die Freunde waren auf der alten Brücke angelangt. Aus der Kneipe der Burschenschaften klang lauter Chorgesang. Der Neckar strömte wild um den breiten Brückenpfeiler, auf dem raschen Wasser glänzten unruhig die Laternenlichter, schwarz und großartig streckte sich die Platanenallee in die Nacht. Vom Turm der Stiftskirche tönte das Stundenhorn, zackig und wechselvoll beleuchtet stand die malerische Häuserreihe des hohen Neckarufers bis zum alten Stift hinab. Beide Freunde schwiegen, solange sie über die Brücke gingen. Vielleicht stieg beim Anblick der schönen, nächtlichen Stadt, beim Rauschen des Neckars und Singen der Studenten in beiden das Erinnern an die kaum vergangenen Tage auf, da ihnen noch die eigentümliche, romantische Schönheit und Stimmung dieser Stelle ahnungsvoll und freudig ans Herz gerührt hatte, da sie noch mit der Hoffnung und dem ganzen süßen, krausen Stimmungsduft der ersten Semester hier gegangen waren.*
*Sie bogen um die Brückenmühle, stiegen die steile Gasse zum Holzmarkt hinauf, gingen an der Stiftskirche vorüber, über die schmale Kirchgasse und den öden Markt an der ›Sonne‹ vorbei und gelangten durch Nässe und Schmutz an die Hinter-*

*Das (rote) Haus der Heckenhauer'schen Buchhandlung
am Tübinger Holzmarkt*

tür des ›Löwen‹, durch welche man über drei steile Stufen hinab direkt in das ›Nebenzimmer‹ tritt. Ehe sie eintraten, blickten sie durch eins der niederen Fenster in die schmale Stube hinab und sahen Elenderle und Säbelwetzer am letzten Tisch beim Wein sitzen.«

> Hermann Hesse: Die Novembernacht, in:
> Hermann Lauscher, SW 1, S. 245 f.

Der Weg, den Hesse hier die beiden Freunde nehmen lässt, ist leicht nachzuvollziehen: Gleich nach der Überquerung der Eberhardsbrücke biegen sie links um das Eckgebäude, das bis zur Jahrhundertwende eine Mühle beherbergte (und in dem Eduard Mörike 1825 einige Zeit wohnte), und gehen dann die Neckargasse zur Stiftskirche hinauf, einem stattlichen spätgotischen Bauwerk, dessen Besichtigung sich lohnt und dessen Turm einen weiten Blick über die Stadt bietet.

(Außerdem kann im Turm ein sehr schönes, 1881 eingebautes Uhrwerk der Calwer Turmuhrenfabrik Perrot besichtigt werden, in der Hermann Hesse 1894/95 ein Mechanikerpraktikum machte; siehe S. 35f. und 83.)

An der Längsseite der Stiftskirche liegt der Holzmarkt mit dem Georgsbrunnen. Hier, unmittelbar der Stiftskirche gegenüber, steht das spitzgiebelige, rot verputzte Haus der Heckenhauer'schen Buchhandlung, in dem Hermann Hesse seine Ausbildung zum Buchhändler absolviert hat. Durch den Hauseingang mit dem Firmenschild darüber und den Auslagekästen rechts und links ist Hesse zwischen dem 17. Oktober 1895 und dem 31. Juli 1899 fast täglich ein und aus gegangen. Das Heckenhauer'sche Antiquariat befindet sich auch heute noch in diesem Haus; das Ladengeschäft im Erdgeschoss ist allerdings anderweitig vermietet. Dafür gibt es aber neben dem Antiquariat seit 2012 ein mithilfe der »Arbeitsstelle für literarische Museen in Baden-Württemberg« entstandenes »Hesse Kabinett«, das sich der »Jugend des Dichters der Jugend« widmet. In der sehenswerten Ausstellung stehen Hesses Tübinger Zeit und sein schriftstellerisches Werden im Mittelpunkt. Der historische Raum mit seiner schönen Wendeltreppe vermittelt dabei die Atmosphäre jener Zeit: Die originalen Bücherregale sind bestückt mit Büchern aus dem damaligen Heckenhauer'schen Sortiment, in denen Bücherzettel stecken, mit denen der Lehrling Hesse noch zu tun gehabt haben könnte. Sessel laden zum Lesen ein.

Hermann Lauscher und sein Freund gehen über den Holzmarkt, ohne lange zu verweilen, und erreichen geradeaus durch die Kirchgasse den Marktplatz mit seinen prächtigen Bürgerhäusern und dem alles dominierenden Rathaus, in dessen Quergiebel eine kunstvolle astronomische Uhr zu bewundern ist, die zu Beginn des 16. Jahrhunderts von Johannes Stöffler erschaffen wurde. Auf dem Rathausplatz, rund um den großen Neptunsbrunnen, herrscht bei schönem Wetter buntes Treiben. In der stürmischen und regnerischen Novembernacht, in der Hermann Lauscher und Otto Aber unterwegs sind, ist der Platz jedoch »öd« und verlassen, sodass sie ihn rasch überqueren und rechts die Marktgasse hinabgehen, in der es zu Hesses Zeit das erwähnte Gasthaus ›Sonne‹ gab. Die Marktgasse mündet an ihrem unteren Ende in die quer zu ihr verlaufende Kornhausgasse ein; in dieser befindet sich ein paar Häuser links der ehemalige Gasthof ›Löwen‹, der durch seinen goldenen Löwen über dem Portal leicht zu finden ist. In den ›Löwen‹ lässt Hesse in der Erzählung »*Der Novalis*« auch den Kandidaten Rettig gehen, der dort den Gulden vertrinkt, den er für seine Novalis-Ausgabe bekommen hat, die er aus Geldnot verkaufen musste.

Im ›Löwen‹ treffen Hermann Lauscher und Otto Aber zwei Kommilitonen, die mit Spitznamen »Elenderle« und »Säbelwetzer« heißen. Die beiden trinken ein paar Flaschen Wein, die Säbelwetzer bei einer Mensur an Elenderle verloren hat. Lauscher und Aber halten mit, und bei dem durch den Wein erhitzten Gespräch, das im genialisch-zynischen Studententon geführt wird, wird offenbar, dass Elenderle soeben zum dritten Mal durch das Examen gefallen und somit vom weiteren Studium ausgeschlossen ist. Er spricht davon, er wolle sich von jemandem anwerben lassen, der nachher vorbeikomme; wozu bleibt unklar. Wenig später trifft tatsächlich ein Fremder ein, der ihnen etwas unheimlich ist. Sie spielen mit ihm in einer nahe gelegenen Kneipe namens ›Walfisch‹ (in der Ammergasse 12, heute Gaststätte ›Rebstock‹) eine Partie Billard; dann lassen die anderen Elenderle mit dem rätselhaften Fremden allein. Als Otto Aber und Hermann Lauscher, die noch einen Schoppen im ›Schwarzwälder‹ trinken, sich spät in der Nacht auf den Nachhauseweg machen, ereignet sich Folgendes:

»[B]eide verließen den öden Saal und stiegen die steile Judengasse hinab. Im Vorbeigehen hörten sie den Knecht im ›Walfisch‹ die Türen schließen. Am Ende der Schmiedtorgasse, bei der alten Ammerbrücke, hielten sie einen Augenblick an.
›Gehen wir links!‹, gähnte Aber.
›Es ist näher über die Brücke‹, meinte Lauscher heiser; sie gingen hinüber.
Jenseits der Brücke lag auf den Stufen zur Ammer köpflings gestürzt ein Mensch.
›Holla‹, rief Aber lachend, ›der hat einen guten Schlaf.‹
›Jedenfalls einer vom heiligen Verein‹, sagte Lauscher und trat näher. ›Er wird sich morgen über seinen Heiligenschein wundern.‹
›Herrgott‹, unterbrach ihn Aber plötzlich, ›das ist ja der Elenderle. Kein Mensch in Europa besitzt einen ähnlichen Bratenrock.‹
Sie stiegen einige Stufen hinab, Elenderle lag mit dem Gesicht auf den Stufen. Sie hoben ihn auf, geronnenes Blut war auf seinem ganzen Gesicht verschmiert.
›Der ist bös gefallen!‹, seufzte Aber. Da klirrte etwas am Boden. Aus der starren Hand Elenderles war ein Revolver gefallen, und nun sahen die Freunde auch an der rechten Schläfe eine kleine schwarze Wunde. Lauscher steckte ein Streichholz an.
›Bleib du hier‹, sagte Aber mit verwandelter Stimme, ›ich gehe zur Polizei.‹
›Lassen Sie mich das besorgen‹, rief da eine scharfe Stimme. Der Fremde kam vom Ammerweg her die Treppe herauf. Er rückte giftig lächelnd am Hut und blitzte die Freunde grin-

*send aus den frechen Augen eiskalt und höhnisch an. Beide erschraken bis ans Herz und rannten durch die Nacht davon.*

*Als sie am andern Tag erwachten, glaubten beide den ganzen Spuk geträumt zu haben. Die Hauswirtin pochte an Lauschers Tür und kam mit dem Kaffee herein.*

*›Denken Sie, Herr Lauscher, der Jammer! Heut Nacht hat sich ein Student das Leben genommen.‹«*

Hermann Hesse: Die Novembernacht,<br>in: Hermann Lauscher, SW 1, S. 252

Ein solches Geschehnis lässt sich in Hermann Hesses Tübinger Bekanntenkreis tatsächlich nachweisen; Anfang März 1898 erschoss sich der Student Paul Eberhardt, den Hesse bereits aus der gemeinsamen Schulzeit im Maulbronner Seminar kannte. Das Leben und Sterben Paul Eberhardts und die Betroffenheit, die sein jäher Tod auslöste, hat Hermann Hesse 1956 in der Erinnerung *Der Trauermarsch. Gedenkblatt für einen Jugendkameraden* (SW 12, S. 497-504) geschildert.

Der Ort, an dem die beiden ihren Kommilitonen tot auffinden, lässt sich ziemlich genau lokalisieren: Wir gehen hierzu vom ›Löwen‹ die Kornhausgasse weiter stadtauswärts. Am Ende der Kornhausgasse mündet von oben die Judengasse ein. Diese kommen die beiden Freunde herab, als sie sich auf den Heimweg machen. Ihr Heimweg ist der Weg zu Hesses Zimmer in der Herrenberger Straße 28. Dazu gehen sie an der Einmündung der Judengasse in die Kornhausgasse über die Krumme Brücke, die hier über den Kanal der Neuen Ammer zur Schmiedtorgasse hinüberführt, und diese dann bis zu deren Ende. Dort war zu Hesses Zeit die erwähnte alte Brücke über das Flüsschen Ammer. Heute ist es eine breite Hauptverkehrsbrücke. Auf der linken Seite der Brücke führen aber immer noch Stufen zu einem Fußweg längs der Ammer hinab. Am Fuß dieser Treppe haben die beiden Freunde wohl den toten Elenderle gefunden.

Von hier ist es nicht mehr weit bis zur Herrenberger Straße 28. Wir gehen hierzu den Weg (Pfizerstraße) der Ammer entlang bis zur Belthlestraße vor. Sobald man in die Belthlestraße eingebogen ist und diese nach rechts hochgeht, hat man das Hesse-Haus direkt vor Augen. Am Haus ist sowohl eine Gedenktafel als auch ein Schriftzug »Hesse-Haus« angebracht. Hermann Hesse hat seinerzeit im Erdgeschoss das Zimmer mit den beiden mittleren Fenstern bewohnt, das einen schönen Blick in Richtung Schloss hatte, da die Herrenberger Straße damals noch eine Vorstadtstraße und das Gelände zur Stadt hin noch weniger bebaut war. Die Einrichtung des Zimmers, über die wir aus Briefen Hesses gut informiert sind, ist bereits im Einleitungskapitel zu Tübingen beschrieben worden; siehe dort S. 216f.

Um zum Ausgangspunkt unseres Rundgangs, dem Bahnhof, zurückzukehren, gibt es mehrere Möglichkeiten. Zunächst gehen wir aber auf alle Fälle die Belthlestraße wieder hinunter. Dabei können wir uns vergegenwärtigen, wie Hesse diesen Weg morgendlich erlebt hat:

*»Wenn ich etwa 7 ½ Uhr ins Geschäft ging, stieg immer gerade mir gegenüber die Sonne auf. Dann waren die Türme und die Häuser am Berg rotumflossen, während unten die Stadt im weißen Nebel lag – ein malerischer Anblick, an dem ich mich jedes Mal freute. Von außen, besonders von meiner Straße aus, bietet die bucklige, altertümliche Stadt mit Schloss und Stiftskirche überhaupt einen reizenden Anblick, innen ist's eng und duster und jetzt beim Regen ist in mehreren Straßen, durch die ich gehen muss, ein Kot, gegen welchen der Platz vor dem Morof'schen Haus in Calw der reinste Parkettboden ist. Jenseits*

Die Jakobsgasse im Tübinger Gogenviertel um 1900

des Schlossbergs sieht's besser aus. Als ich heute in der Gägerei [dem schräg unterhalb von Hesses Wohnhaus zwischen Seelhausgasse und Schmiedtorgasse liegenden Altstadtviertel der Tübinger Weingärtner] *unvermutet in zolltiefen, schlammigen Kot geriet und erschreckt zurückprallte, rief mir ein al-*

*ter Raupe zu: ›No zua, Herr, no zua, ma muaß da Dreck ett schpara.‹* [›Nur zu, Herr, nur zu, man muss den Dreck nicht sparen.‹] *Diese Raupen (alias Gägen)* [oder Gogen; Spottnamen für die Tübinger Weingärtner] *sind ein horribles Geschlecht, schmutzig und vierschrötig und gegenwärtig voll neuen Weins. Ihr Schwäbisch ist echt und faustdick und mahnt ans Slowakische. Mein Weg führt gerade durchs ärgste Räuberviertel, und ich betrachte, je nachdem, mit Lachen oder mit Mitleiden die versoffenen Männer, die magern, schlampigen Weiber und die schmutzigen frechen Kinder. Doch scheint es ein gesunder Schlag zu sein.«*

Hermann Hesse: Brief vom 23.10.1895,
in: Die Briefe, Band 1, 1881-1904, S. 207f.

Es ist eine Eigenheit Tübingens, dass sich hier in der alten Universitätsstadt über Jahrhunderte hinweg eine kleinbäuerliche Bevölkerungsgruppe eine eigene Identität bewahrt hat, indem sie ein eigenes Viertel bewohnte. Heute gehört die ›Gogerei‹, das ehemalige Wohnviertel der Tübinger Kleinbauern und Weingärtner, dank einer umsichtigen Restaurierungsarbeit zu den Sehenswürdigkeiten Tübingens. Einen Teil der Gassen mit ihren kleinen Häusern haben wir schon auf dem Herweg beim Gang durch die Schmiedtorgasse gesehen. Einen weiteren Eindruck kann man sich dadurch verschaffen, dass man die Belthlestraße nur ein kurzes Stück hinabgeht und dann nach links in die Kelternstraße (heute eine Hauptverkehrsstraße) einbiegt bis zum Beginn des länglichen Platzes, an dem früher die Weinkeltern standen. Die erste Gasse, die rechts von der Kelternstraße abbiegt, ist die Seelhausgasse, die das äußere Ende der alten Gogerei markiert. Diese hinabgehend, sieht man nach kurzer Strecke links in eine Gasse hinein, die ›Am kleinen Ämmerle‹ heißt;

sie ist gewissermaßen die Hauptstraße der Gogerei. Kurz dahinter folgt das ›Mordiogässle‹, das Hermann Hesse vielleicht zu seiner obigen Aussage »*Räuberviertel*« animiert hat.

Am Ende der Seelhausgasse kommt man auf einen Platz, der ›Vor dem Haagtor‹ heißt. Dort müssen wir uns für einen der folgenden drei Wege entscheiden:

a) den nächsten Weg, der 50 m rechts durch eine lange Fußgängerunterführung unter dem Schlossberg hindurch zur Alleenbrücke führt, über die man wieder die Neckarinsel mit der Platanenallee erreicht, auf der unser literarischer Rundgang auf den Spuren Hermann Lauschers seinen Ausgang genommen hat;

b) den interessanteren, aber auch längeren und anstrengenderen Weg, der steil den Berg zum sehr sehenswerten Schloss Hohentübingen hinaufsteigt, das Hermann Hesse selbstverständlich oft und sogar dienstlich besucht hat: »*Gestern musste ich auf die Schlossbibliothek, hatte also einen schönen kleinen Spaziergang, sah die prachtvolle Bibliothek, das Schloss, und genoss einen Augenblick die wundervolle Aussicht.*« Von dort kann man sodann über die Burgsteige und den Klosterberg hinab am Stift, an der Burse und am Hölderlinturm vorbei zur Eberhardsbrücke und zum Bahnhof zurückkehren;

oder c) den dritten Weg, der unter Aussparung des steilen Schlossbergs über die links vom Haagtorplatz abgehende malerische Haaggasse zum Marktplatz führt, wo man am Rathaus vorbei das kurze Wienergässle hinaufgehen kann, um dann wie im vorherigen Vorschlag den Klosterberg am Stift vorbei in Richtung Hölderlinturm und Eberhardsbrücke hinabzugehen und von dort zum Bahnhof. Vor dem Stift kann man auch noch einen Blick in die nach rechts abgehende Neckarhalde tun, wo im Haus Nr. 8 in der Erzählung *Der Novalis* der in Finanznöten befindliche Kandidat Rettig hauste:

*»Während eben dieser Stunde saß Rettig in düsterer Stimmung auf seiner Bude. Sein Fenster blickte über ›Stift‹ und ›Hölle‹* [studentischer Spitzname für das neben dem Stift stehende Ephoratsgebäude] *hinweg auf die Alleen und die sanften Bergzüge der Alb, über deren nähergelegenen Hügelrücken schon der erste hellgrüne Hauch des neuen Frühlings zu leuchten begann. Der Tag war föhnklar, blauer Himmel und lichte streifige Wolken glänzten mit starken Farben durch die transparente, überklare Luft. Auf der Straße scholl häufig Gesang von geselligen Liedern, lautes Gespräch, Wagenrollen und Hufschlag vorbeitrabender Reiter, denn es war der erste sonnige Tag des April.«*

Hermann Hesse: Der Novalis, Erzählung, SW 6, S. 29 f.

## Auf den Spuren des Pressel'schen Gartenhauses

Den Weg vom Stift über den Hölderlinturm zur Eberhardsbrücke könnte man auch gleich als Beginn eines literarischen Gangs auf den Spuren von Hesses Novelle *Im Presselschen Gartenhaus* nehmen, der, wie bereits auf S. 229 f. erwähnt, in Richtung Österberg führt. Das Pressel'sche Gartenhaus stand in dem steilen Hang oberhalb des Mühlgrabens, durch den heute die ca. vor 100 Jahren mit einer hohen Stützmauer ausgebaute Mühlstraße auf die Eberhardsbrücke zuführt. Zu der Zeit, in der die Novelle spielt, also um 1823, zog sich hier noch der steile Mühlrain mit Gärten und Weinbergen empor. Wie eine um 1830 entstandene Lithografie (s. Abb. S. 241) zeigt, stand in diesem Rain ein ungewöhnlich aussehendes quadratisches Gartenhäuschen, aus dessen Walmdach ein Türmchen mit ebensolchem Dach hervorwuchs.

*Blick vom Österberg auf Tübingen um 1830. Vor der Stadt (rechts) zwischen den Bäumen das Pressel'sche Gartenhaus mit seinem Türmchen*

Wegen dieser seltsamen Bauweise nannte es Eduard Mörike einmal »Pressels chinesisches Gartenhaus«. Das Häuschen gehörte wahrscheinlich einem Mauerer namens Pfulb, der es an den Archidiakonus am Stift Gottfried Pressel (1789-1848) verpachtet hatte. Dieser wiederum überließ es im Sommer 1823 dem Theologiestudenten Wilhelm Waiblinger, der hier seinen poetischversponnenen Träumen nachhing. Dabei wurde er verschiedentlich von seinem Kommilitonen Eduard Mörike besucht, und es ist zu vermuten, dass das Gartenhaus, das gesellige Leben in ihm und die idyllische Landschaft des Österbergs für Mörike ein Teil seines in Gedichten besungenen Traumlandes »Orplid« waren. Verbürgt ist, dass Waiblinger mehrmals den umnachteten Hölderlin, den er einen »Wahnsinnigen aus Gottestrunkenheit« nannte, mit in das Häuschen hinaufnahm; beim ersten Besuch am 9. Juni 1823 notierte Waiblinger:

»*Die Aussicht, der herrliche Frühlingsmorgen schienen doch auf Hölderlin zu wirken. Ich fragte ihn tausenderlei, bekam meistens unverständliche oder unsinnige Antworten. Als ich ihn fragte: Wie alt sind Sie, Herr Bibliothekar?, antwortete er unter einem Schwall französischer Worte: Bin mir nicht mehr bewusst, Euer Gnaden. Ich erinnerte ihn vergeblich an vieles. Zimmer* [Hölderlins Pfleger] *wunderte sich schon, dass er das Häuschen betrat, aber unbegreiflich sei's ihm, als Hölderlin gar eine Pfeife rauchte, die ich ihm füllte und anzündete, und die ihm recht zu schmecken schien: Und vollends – auf mein Vorbringen setzte er sich an meinen Pult, fing an ein Gedicht zu schreiben: Der Frühling, schrieb aber nur 5 gereimte Zeilen und übergab sie mir mit einer tiefen Verbeugung.*«
Wilhelm Waiblinger: Die Tagebücher 1821 bis 1826, Stuttgart 1956

Die Aufzeichnungen Waiblingers hat Hermann Hesse in seiner Novelle einfühlsam zu einer atmosphärisch dichten Schilderung verarbeitet; den Gang von Hölderlins Turmzimmer im 1. Stock des Hauses Bursagasse 6 (heute als Teil des Hölderlin-Museum zu besichtigen) zum Pressel'schen Gartenhaus schildert er folgendermaßen:

»*Hager und groß schritt Friedrich Hölderlin hinter Waiblinger die Treppe hinab, über den umzäunten Hof und durch die Gasse, den großen Hut bis dicht über die Augen herabgezogen, leise vor sich hinmurmelnd und scheinbar ohne Blick für die Welt. Bei der Neckarbrücke aber, wo zwei kleine barfüßige Büblein kauerten und mit einer toten Eidechse spielten, blieb die schlanke, würdevolle Gestalt einen Augenblick stehen, um vor beiden Kindern tief den Hut zu ziehen. Mörike ging neben ihm, und da und dort blickte man aus Fenstern und Haustüren dem grotesken kleinen Zuge nach, jedoch ohne viel Erregung und Neugierde, denn jedermann kannte den verrückten Dichter und wusste von seinem Schicksal.*

*Sie stiegen an hübschen buschigen Gartenhängen und Weinbergmäuerchen vorbei den sonnigen Österberg hinan. Voraus ging stattlich die kraftvolle Gestalt Waiblingers, welcher längst aus Erfahrung wusste, dass Hölderlin niemals vorangehe und einer Führung bedürfe. Dieser schritt langsam und ernsthaft, den Blick meist am Boden, und neben ihm ging der zarte Mörike her, gleich seinem Kameraden schwarz gekleidet. In den Ritzen der Rebbergmauern blühte da und dort blauroter Storchschnabel und weiße Schafgarbe, davon riss Hölderlin zuweilen einige Stängel ab und nahm sie mit sich. Die Hitze schien ihn nicht anzufechten, und als sie oben haltmachten, blickte er befriedigt um sich.*

*Hier stand das chinesische Gartenhäuschen des Oberhelfers Pressel, das im Sommer stets an Studenten abgetreten wurde und jetzt schon seit längerer Zeit, solange es die Witterung erlaubte, tagsüber von Waiblinger bewohnt wurde. Dieser zog einen großen geschmiedeten Schlüssel aus der Tasche, stieg ein paar Steinstufen zum Eingang empor, schloss die Tür auf und wandte sich mit einer feierlich einladenden Gebärde an den Gast: ›Treten Sie ein, Herr Bibliothekar, und seien Sie willkommen.‹*

*Der Dichter nahm seinen Hut ab, stieg hinan und trat in das kleine putzige Häuschen, das er längst kannte und liebte. Kaum war auch Waiblinger hereingekommen, so wandte sich Hölderlin an diesen mit einer tiefen, respektvollen Verbeugung und sprach mit mehr Lebhaftigkeit als sonst: ›Euer Gnaden*

*haben befohlen. Ich empfehle mich Ihnen, Herr Baron. Eure Herrlichkeit wird mich in dero Schutz nehmen. Votre très humble serviteur.*‹«
Hermann Hesse: Im Presselschen Gartenhaus,
Erzählung, SW 8, S. 91 f.

Um sich den ehemaligen Standort des vermutlich um 1832 abgerissenen Gartenhauses in etwa zu vergegenwärtigen, muss man vom Hölderlinturm zur Eberhardsbrücke kommend die Mühlstraße schräg nach links überqueren und dann die Germanenstaffel (Aufgang in einer Art Treppenhaus) zur Österbergstraße hochsteigen. Die Österbergstraße hinabschreitend, kommt man an dem rechter Hand gelegenen Garten der Anatomie vorbei. In diesem Garten ist der ehemalige Standort des Gartenhäuschens zu vermuten, da der Pressel'sche Garten 1830 für den zwischen 1832 und 1835 erfolgten Bau der Anatomie aufgekauft wurde.

Wer noch einen Nachklang von jener Gartenlandschaft einfangen möchte, die für Mörike und Waiblinger das verzauberte Land Orplid war, muss den Österberg höher hinaufsteigen, wo er noch unverbaut ist und eine Ahnung von der landschaftlichen Idylle Alttübingens zu vermitteln vermag. Vom Österbergturm, den man durch die von der Österbergstraße abgehende Stauffenbergstraße bergauf erreicht, hat man einen schönen Rundblick über Tübingen.

# Basel:
## Kinderheimat und Ort der künstlerischen Reifung

## Hermann Hesses erste Basler Zeit 1881-1886

»Meine Beziehungen zu Basel sind so alt wie ich und noch älter, denn nicht nur mein Vater stand im Dienst der Basler Mission, sondern auch schon der Vater meiner Mutter, einer von den gelehrten Missionaren, der gelegentlich junge Indologen dadurch in Erstaunen setzte, dass er Sanskrit nicht bloß lesen, sondern auch sprechen konnte, und der sich um die Kenntnis, Grammatik und Lexikographie des Malayalam und anderer indischer Sprachen verdient gemacht hat. Dieser schwäbische Großvater (der andere war der russische) ist vor einem halben Jahrhundert den Besuchern der Basler Missionsfeste als ständiger Redner der Eröffnungsansprache in der Martinskirche bekannt gewesen. Seine Tochter, meine Mutter, war in Gundeldingen bei Basel erzogen worden und sprach Baseldeutsch so gut wie Englisch oder Malayalam. Ihr jüngster Bruder war mit einer Baslerin verheiratet. Und außer und über all dem war die Basler Mission und ihre oberste Behörde, die ›Committée‹, eine beherrschende und täglich genannte Macht im Leben der Eltern und Großeltern. Ich wusste also von Basel und hatte eine Vorstellung von ihm, noch ehe ich selber, im Alter von annähernd vier Jahren, es zum ersten Mal sah. Damals wurde nämlich mein Vater nach Basel versetzt, als Lehrer am Missionshaus, und wir Kinder freuten uns über den Wechsel nicht nur, weil es ein Wechsel war und eine Reise bedeutete, sondern wir hatten auch von Basel eine prächtige und verlockende Vor-

*Blick vom Rhein zum Basler Münster mit Pfalz*

stellung, denn man hatte uns nicht bloß von der Mission und dem Missionshaus erzählt, sondern auch vom Rhein und den Brücken, der schönen, alten Stadt, dem Münster und dem Lällenkönig, und viele dieser Merkwürdigkeiten kannten wir schon aus Abbildungen.

Von 1881 bis 1886 lebten wir dann in Basel und wohnten am Müllerweg, dem Spalenring gegenüber; zwischen beiden lief damals die Elsässer Bahnlinie hindurch. Der Anblick der Züge und das häufige Stehen und Warten beim Bahnübergang, wenn man in die Stadt wollte, gehörte zu den frühesten meiner Basler Eindrücke. In jenen Jahren hat mein Vater sich um das Basler Bürgerrecht beworben und es erhalten.

Unser Müllerweg mit seiner Umgebung war vermutlich eine ziemlich bescheidene Vorstadtgegend, für uns Kinder jedoch war er ein Paradies und Urwald, in dem die Entdeckungen *und Abenteuer kein Ende nahmen. Das Land begann schon ganz in der Nähe unseres Hauses; ein Bauernhof, gegen Allschwil hin gelegen, und eine Kiesgrube in seiner Nähe boten Gelegenheit zu ländlichen Spielen. Und die große, für mich Kleinen endlos große Schützenmatte, damals unbebaut vom Schützenhaus bis zum ›Neubad‹ hinaus, war mein Schmetterlingsjagdgebiet und der Schauplatz unserer Indianerspiele. Manche Erinnerungen jener Zeit sind im Kindheitskapitel des ›Hermann Lauscher‹ aufgezeichnet. Allmählich lernte ich, namentlich auf Sonntagsspaziergängen mit meinem Vater, auch die innere Stadt näher kennen, den Rhein mit der Fähre beim Blumenrain und den Brücken, das Münster und die Pfalz, den Kreuzgang, das historische Museum, das damals überm Kreuzgang untergebracht war. Und von den Eindrücken, die mir das damalige Kunstmuseum bei einigen Besuchen unter Führung meines Vaters gab, fand ich einige noch vollkommen lebendig, als ich zwölf oder mehr Jahre später wieder nach Basel zurückkehrte; zu diesen Eindrücken gehörten Böcklins Fresken im Treppenhaus, Holbeins Familienbild und der tote Christus, Feuerbachs Aretino und die Kinderidylle und das Bild von Zünd mit dem Kornfeld, das ich als Knabe besonders liebte. In den zwei oder drei letzten Jahren unserer damaligen Basler Zeit war auch die Messe im Oktober ein großes Erlebnis mit den Buden und Karussellen, den Moritatengesängen auf dem Barfüßerplatz und den süßen Messmocken und den vielen Örgelimännern, die sich bis in unsere Vorstadt hinaus sehen und hören ließen.*

*Als ich gerade neun Jahre alt war, musste ich Basel wieder verlassen; mein Vater war zurück ins Schwabenland berufen worden, wir Kinder mussten uns an neue Schulen gewöhnen und das Baseldeutsch wieder verlernen. Die Beziehungen zu Basel freilich blieben, und Besuche aus Basel waren sehr oft*

*bei uns. Doch sah ich die Stadt, mit Ausnahme eines kurzen Ferienaufenthaltes, erst als Erwachsener wieder.«*
Hermann Hesse: Basler Erinnerungen (1937), SW 12, S. 78f.

Anfang 1881 wird Vater Johannes Hesse, der seit seinem krankheitsbedingten Rückzug aus der Indienmission (1873) seinem Schwiegervater Hermann Gundert im Calwer Verlagsverein bei der Herausgabe mannigfaltiger Missionsschriften und Bücher assistiert hat (siehe Kapitel Calw, S. 21), von der Zentrale der Basler Mission nach Basel selbst berufen, um hier das Basler Missionsmagazin herauszugeben und den Missionarsnachwuchs auszubilden. Auf diese Weise kommt Hermann Hesse als Vierjähriger nach Basel.

Die fünf Jahre von 1881 bis 1886, welche die Familie Hesse in Basel verbringt, gehören zu ihren glücklichen. Die Eltern, die in der kleinstädtischen Enge Calws nicht sehr heimisch und als »Zugereiste« auch nur bedingt akzeptiert worden sind, fühlen sich im großstädtischen, fast 100 000 Einwohner zählenden Basel freier. Hier spielt es keine so große Rolle, dass Johannes Hesse nicht den einheimischen Dialekt spricht und formell Ausländer ist (er hat als Balte noch die russische Staatsangehörigkeit und wird erst 1883 die schweizerische erhalten). Und für Mutter Hesse ist der Umzug nach Basel zugleich eine Heimkehr an einen Ort, in dessen Umgebung sie von 1846 bis 1854 relativ gute Kinderjahre verbracht hat. Während ihre Eltern in Indien Missionsdienst taten, war sie zusammen mit anderen Missionarstöchtern bei dem wohlhabenden kinderlosen Ehepaar Ostertag auf dessen Landgut in Gundeldingen bei Basel in Pflege.

Vor allem finden die Eltern Hesse aber in der Sphäre der Missionsstation, die Anlaufzentrale für Missionare aus den verschiedensten Nationen und Einsatzgebieten ist, einen äußerst anregenden Kreis Gleichgesinnter: »*Wir teilen nun Freude und Leid mit der Basler Mission und das macht uns reich und glücklich, man liebt mehr, man betet mehr, es ist ein wärmeres, bewegteres Leben als im engen Calw*«, notiert Marie Hesse in ihrem Tagebuch.

Auch die Kinder, für die der Umzug ein spannendes Abenteuer ist, freunden sich rasch mit der neuen Umgebung an. In Mutter Hesses Tagebuch ist zu lesen: »*Die Kinder freuen sich sehr der netten Wohnung, ländlichen Umgebung, des Gartens und Hofs, wo sie sich fleißig tummeln.*« Hermann hat es besonders das weitgedehnte Wiesengelände der Schützenmatte angetan, das damals noch unmittelbar hinter den Häusern des beim Spalenring gelegenen Müllerweges beginnt und ein geeignetes Gelände für wilde Knabenspiele ist.

Einfach macht es Hermann seinen Eltern aber von Anfang an nicht, und einfach machen sie es auch sich selbst nicht mit ihm. An zahlreichen Stellen ihres Tagebuchs notiert Mutter Hesse Geschehnisse, bei denen Hermann sie durch sein Temperament oder auch durch vorlaute Widerrede erschreckt hat. In einem Brief 1882 an ihren in Calw gebliebenen dreizehnjährigen Sohn Karl ist z. B. über den fünfjährigen Hermann zu lesen:

»*Es ist nur gut, dass wir so ländlich wohnen und Hermann auf der Wiese daneben seine überschüssige Energie hinauslassen kann. Gestern sah ich ihm von meinem Arbeitstischchen am Fenster aus zu, wie er sich ganz unglaublich wild und lustig mutterseelenallein auf der Wiese wälzte und herumwarf, tanzte, hopfte, Purzelbäume schlug ohne Unterbrechung, ohne Ermüden über eine Stunde lang, gerade wie ein ausgelassenes Füllen oder Geißböcklein. Die Kleider sehen natürlich danach aus, aber solche Leibesübung ist das Beste für ihn, sonst kommt er auf Lumpereien, und dann kommen Klagen von oben und unten und rechts und links: ›Hermann hat mein Kind gestoßen! – Hermann hat eine Scheibe eingeworfen! Hermann wirft die Nachbarskinder mit Steinen! Hermann springt ganz weit fort‹ und dergleichen. Wenn ich nur jemand draußen den Namen Hermann nennen höre, ist mir's schon angst, was wieder los sei. Ja, er ist ganz furchtbar lebhaft, rasch, umtriebig und folgt leider nicht. Dann kann er wieder so rührend nett und lieb sein, der Marulla Bilder zeigen und sie herzen, oder mir selbstgedichtete Liedchen vorsingen [...].«*

Marie Hesse: Ein Lebensbild in Briefen und<br>Tagebüchern, S. 179

Marie Hesse fürchtet ständig, der Erziehungsaufgabe kräftemäßig nicht gewachsen zu sein. Voller Sorge schreibt sie 1881 an ihren auf Geschäftsreise weilenden Mann:

»*Herzensjohnny! [...] Bete du mit mir für Hermännle, und bete für mich, dass ich Kraft bekomme, ihn zu erziehen. Es ist mir, als wäre schon die Körperkraft nicht ausreichend; der Bursche hat ein Leben, eine Riesenstärke, einen mächtigen Willen, und wirklich auch eine Art ganz erstaunlichen Verstand für seine vier Jahre. Wo will's hinaus? Es zehrt mir ordentlich am Leben, dieses innere Kämpfen gegen seinen hohen Tyrannengeist, sein leidenschaftliches Stürmen und Drängen ... Gott muss diesen stolzen Sinn in Arbeit nehmen, dann wird was Edles und Prächtiges draus, aber ich schaudere beim Gedanken, was bei falscher oder schwacher Erziehung aus diesem passionierten Menschen werden könnte.*«

Marie Hesse: Ein Lebensbild in Briefen und<br>Tagebüchern, S. 173 f.

*Das 1860 erbaute Hauptgebäude der Basler Mission*

Auch Vater Hesse weiß zuweilen keinen Rat mehr; im November 1883 berichtet er an den Schwiegervater Hermann Gundert:

»*Hermann, der im Knabenhaus* [der Knabenschule der Mission] *fast für ein Tugendmuster gilt, ist zuweilen kaum zu haben. So demütigend es für uns wäre, ich besinne mich doch ernstlich, ob wir ihn nicht in eine Anstalt oder in ein fremdes Haus geben sollten. Wir sind zu nervös, zu schwach für ihn und das ganze Hauswesen nicht genug diszipliniert und regelmäßig. Gaben hat er scheint's zu allem: er beobachtet den Mond und die Wolken, phantasiert lang auf dem Harmonium, malt mit Bleistift und Feder ganz wunderbare Zeichnungen, singt wenn er will ganz ordentlich, und an Reimen fehlt es ihm nie.*«
Zitiert nach: Marie Hesse: Ein Lebensbild in Briefen und Tagebüchern, S. 192

Die Eltern bemühen sich intensiv um Hermann. Der Vater macht, wann immer seine Arbeit es zulässt, Spaziergänge und Wanderungen mit ihm, bei denen er ihm die Stadt und ihre Umgebung zeigt. Und die Mutter ist ihm eine geduldige Geschichtenerzählerin. Dass diese Bemühungen letztendlich auf fruchtbaren Boden gefallen sind, zeigen die Basler Erinnerungen, die Hermann Hesse später als Erwachsener z. B. im 1. Kapitel des *Hermann Lauscher* wiedergegeben hat. Dass er sich aber trotz all dieser Zuwendung nicht dauerhaft zur Ruhe, zum »Liebsein«, bringen lässt, macht die Eltern damals ratlos. In ihrem pietistischen Denken befangen, das Harmonie, Bescheidung und Unterordnung unter einen höheren Willen als Erziehungsziele sieht, können sie nicht begreifen, dass dies einem vier- bis sechsjährigen Kind mit starkem Willen, das gerade die Welt zu erkunden und seine Kräfte zu erproben beginnt, noch nicht begehrenswerte Ziele sein können. Hesse schreibt im *Hermann Lauscher* hierzu rückblickend:

*»Da meine Unruhe und eingedämmte Leidenschaftlichkeit und Lebensfülle Raum forderte, warf ich mich auf die bisher fremden Knabenspiele mit aller Wildheit meiner jungen Sinne. Ich sprang bald allen Kameraden voran, als Turner, als Feldherr, als Räuberhauptmann oder Indianerhäuptling, am hitzigsten, wenn zu Hause schlechtes Wetter war. Meine Eltern und am meisten die bekümmerte Mutter sahen mich mit Trauer in den Ruf eines Wildfangs und Anstifters geraten, während ich unter ihren Augen meist stumm und bedrückt umherschlich.«*

Hermann Hesse: Meine Kindheit, in: Hermann Lauscher, SW 1, S. 237

*Der vierjährige Hermann Hesse 1881 im Knabenhaus der Basler Mission (unterste Reihe, Dritter von rechts)*

Die Eltern begreifen nicht, dass sie durch ihre ständigen moralischen Appelle Hermanns Widerspruchsgeist geradezu herausfordern und zugleich durch das Einimpfen eines schlechten Gewissens seine innere Unruhe beständig steigern. Und so kommt es unvermeidlich immer wieder zu Konfrontationen, die zu elterlichen Versuchen führen, ihm den »Willen zu brechen« (vgl. S. 24f. und 286f.), denen er wiederum mit großer Willenskraft begegnet. Hermanns Gegenwehr offenbart dabei eine erstaunliche Wachheit, Intelligenz und oft auch Witz: Als die Mutter ihm einmal Vorhaltungen macht, weil er einige Steine geworfen hat, entgegnet er schlagfertig, dass der David aus der Bibel, von dem sie ihm erzählt habe, für das Steinewerfen aber gelobt worden sei. Und als der Vater ihn an einem Sonntag ausschimpft, erwidert er, dass es sich nicht gehöre, an einem solchen Tag so laut zu schreien. Einen Zimmerarrest wegen Schwänzens der Kinderschule entkräftet er, indem er erklärt: »*Das hilft euch nicht viel, ich kann zum Fenster hinaussehen und mich unterhalten.«* Das der Mutter gegebene Versprechen, künftig »*arg lieb*« zu sein, bricht er im nächsten Moment schon wieder und kommentiert dies mit den Worten: »*Ha, soll mi doch d'r Gott arg lieb mache! Mir kommt's halt net!*« Dafür beschließt er an einem anderen Tag von sich aus: »*Heut isch jetzt grad so e Tag, wo i von selber folg und lieb bin, dass m'r mir gar nix z'sage braucht.*«

Es bleibt nicht immer bei verbalen Auseinandersetzungen. Anfang 1884 wissen sich die Eltern einmal nicht mehr anders zu helfen, als Hermann für viereinhalb Monate zur »Besserung« in das Knabenhaus der Mission zu geben, von wo aus er die Familie nur am Sonntag besuchen darf (vgl. S. 286).

Trotz dieser Kämpfe haben die Eltern und auch Hermann Hesse die Basler Jahre als gut in Erinnerung behalten. Hermann Hesse hat sie später in der zu Beginn zitierten *Basler Erinnerung*, vor allem aber im ersten Kapitel des *Hermann Lauscher* und auch in der Alterserzählung *Der Bettler* in einem mild verklärten Licht wiedergegeben.

1886 endet die Basler Zeit der Familie Hesse. Die Missionsgesellschaft hat einem Hilferuf des mittlerweile 72-jährigen und seit kurzem verwitweten Großvaters Hermann Gundert stattgegeben, ihm doch seinen Schwiegersohn Johannes Hesse wieder als Hilfe und Nachfolger im Calwer Verlag zur Verfügung zu stellen. Am 3. Juli zieht die Familie Hesse daraufhin zurück nach Calw. Marie Hesse notiert in ihrem Tagebuch:

»*Vorher hatte Papa uns gefragt. Johannes bat, andere, Passendere zu suchen; wenn's nicht gelinge, wollten wir darin Gottes Willen erkennen und folgen. Es war nun klar, was wir zu tun hatten. Basel mit seinem lebendigen, anregenden Treiben, dem köstlichen Kreis unserer Missionsfreunde, unser sonniges, heimeliges Logis, unsere liebe Nachbarschaft zu verlassen, fällt mir wohl schwer, und dem lieben Johannes ist's sehr schwer, die Redaktion des Magazins, womit er so verwachsen, und seine Stellung in der Basler Mission ganz aufzugeben. Auf der andern Seite zieht Papa. Wir lassen uns führen und sind still.«*

Marie Hesse: Ein Lebensbild in Briefen und Tagebüchern, S. 197

## Hermann Hesses zweite Basler Zeit 1899-1904

*»Wie stark Basel in der Kinderzeit auf mich gewirkt hatte, zeigte sich, als ich am Ende einer Lehrzeit als Buchhändler und Antiquar zum ersten Mal frei und nach eigener Wahl in die Welt hinauszog. Ich hatte keinen anderen Wunsch, als nach Basel zu kommen; es schien dort etwas auf mich zu warten, und ich gab mir alle Mühe, als junger Buchhandlungsgehilfe eine Stelle in Basel zu finden. Es gelang, und im Herbst 1899 kam ich wieder in Basel an, mit Nietzsches Werken (soweit sie damals erschienen waren) und mit Böcklins gerahmter ›Toteninsel‹ in der Kiste, die meine Besitztümer enthielt. Ich war kein Kind mehr und glaubte mit dem Basel meiner Kindheit und dem Missionshaus und seiner Atmosphäre nichts mehr zu tun zu haben; ich hatte schon ein kleines Heft Gedichte veröffentlicht, hatte Schopenhauer gelesen und war für Nietzsche begeistert. Basel war für mich jetzt vor allem die Stadt Nietzsches, Jacob Burckhardts und Böcklins. Dennoch galten einige meiner ersten Gänge in jenen Spätsommertagen nach der An-*

Postkarte Hermann Hesses mit der Basler Wettsteinbrücke
1899 an Julie Hellmann (s. S. 222f.),
unterzeichnet mit »H. H. Hofnarr a. D.«

kunft den Stätten der Kindheit: dem Müllerweg, der Schützenmatte, dem Spalentor.

In der Reich'schen Buchhandlung [...] trat ich meine Arbeit an [...]. Und an einem der ersten Basler Sonntage suchte ich nun, recht schüchtern, das Haus des Historikers und damaligen Staatsarchivars Rudolf Wackernagel auf, den ›Hinteren Württemberger Hof‹ am Brunngässli, wohin mich mein Vater empfohlen hatte. Ich wurde dort, und bald darauf auch bei Jakob Wackernagel in der Gartengasse, überaus freundlich empfangen, und bald hatte ich neben meiner Arbeit und meinen Kollegen einen lebhaften Verkehr mit mehreren Basler Fami-

*lien, die alle der Universität nahestanden und wo ich auch die meisten jüngeren Gelehrten kennenlernte. Am häufigsten sah ich Joël, Wölfflin, Mez und Bertholet, auch Joh. Haller. Ein anderer neugewonnener Freund, mit dem ich eine Zeitlang auch eine gemeinsame Wohnung an der Holbeinstraße hatte, war der junge rheinländische Architekt Jennen, der soeben den ersten Preis in der Konkurrenz um die Erweiterungsbauten des Rathauses gewonnen hatte, ein Neugotiker, Schüler von Schäfer in Karlsruhe und ein überschäumend lebensfroher junger Mensch, der mich Einzelgänger und Asketen in manche Genüsse und Behaglichkeiten des materiellen Lebens einführte. Wir haben in den elsässischen und badischen Wein- und Spargeldörfern manche Schlemmerei veranstaltet, im ›Storchen‹ Billard gespielt und in der ›Wolfsschlucht‹, welche damals noch ein kleines, stilles Weinstübchen war, sowie im ›Helm‹ am Fischmarkt (es ist der ›Stahlhelm‹ im ›Steppenwolf‹) häufig jene Studien getrieben, deren Ergebnis die Camenzind'schen Hymnen auf den Wein waren.*

*Nun, diese Studien hätte ich auch anderswo betreiben können. Aber den Geist, von dem das damalige Basel, wenigstens soweit es mir sichtbar wurde, beherrscht war, hätte ich nirgends sonst in dieser Reinheit angetroffen [...].*

*Als ich Basel nach diesen paar lebhaften Jugendjahren wieder verließ, nahm ich außerdem noch andere Einflüsse und Bindungen mit: Ich war mit einer Baslerin verlobt, wurde in Basel getraut und habe, wenn auch meine Besuche mit den Jahren seltener wurden, nicht nur mit Basel stets in vielerlei Beziehungen gestanden, sondern ihm auch im Herzen Treue und Dankbarkeit bewahrt.«*

Hermann Hesse: Basler Erinnerungen (1937),<br>SW 12, S. 80 ff.

Dieses Porträt Hermann Hesses zeichnete 1902 Elisabeth La Roche, in die er verliebt war, ohne dass sie es wusste (s. S. 321f.)

Diese kurze autobiografische Skizze zeigt die wesentlichen Dinge, die Hermann Hesse 1899 zurück nach Basel ziehen und die dort für ihn wichtig und fruchtbar werden. An erster Stelle steht wohl das Bedürfnis nach einer neuen geistig anregenden Umgebung. Tübingen als Universitätsstadt hatte da zwar auch einiges geboten, aber er war dorthin als verkrachter Seminarist und Buchhandelslehrling gekommen, was doch bewusst oder unbewusst zwischen ihm und den dortigen akademischen Kreisen stand. In Basel kann er nun, mit einem Beruf und dem Flair eines aufstrebenden Schriftstellers versehen, neu beginnen, wobei ihm die in Tübingen autodidaktisch erworbene Bildung auf dem Gebiet der Literatur und Kulturgeschichte sehr zugutekommt. Hierdurch gelingt es ihm in Basel tatsächlich recht bald, einen kulturell anregenden Bekanntenkreis aufzubauen. Insbesondere im literarisch und kulturgeschichtlich interessierten Zirkel, der sich im Haus des Staatsarchivars Rudolf Wackernagel im ehemaligen ›Hinteren Württemberger Hof‹ im Brunngässli und auf dem ›Wenkenhof‹ in Riehen (vgl. S. 320 ff.) trifft, fühlt er sich wohl. Regelmäßig besucht er auch die musikalischen Abende in Hause der Pfarrersfamilie La Roche.

Ein weiteres Vorhaben, das Hesse mit seinem Umzug nach Basel verbindet, ist ein intensives Selbststudium der bildenden Künste. Und hierzu scheint ihm die umfängliche und reiche Basler Kunstsammlung, die ihm aus Kindertagen noch bestens im Gedächtnis ist, der geeignete Ort. In einer Erinnerung schreibt er darüber:

»*Von Tübingen kam ich, zweiundzwanzigjährig, im Herbst 1899 nach Basel, und dort geriet ich in ein ernsthaftes, lebendiges Verhältnis zur bildenden Kunst: Während meine Tübin-*

*ger Zeit, soweit sie mir gehörte, ausschließlich literarischen und intellektuellen Eroberungen gewidmet gewesen war, vor allem der wie berauschten oder besessenen Beschäftigung mit Goethe und dann mit Nietzsche, ging mir in Basel auch das Auge auf, ich wurde ein aufmerksamer und bald auch wissender Betrachter von Architekturen und Kunstwerken. Der kleine Kreis von Menschen in Basel, der mich damals aufnahm und bilden half, war ganz durchtränkt vom Einfluss Jacob Burckhardts.«*

Hermann Hesse: Beim Einzug in ein neues Haus, Erinnerung (1931), SW 12, S. 137

Der Gang ins Basler Kunstmuseum und dort vor allem in den Saal mit den Gemälden des 1827 in Basel geborenen symbolistischen Malers Arnold Böcklin wird Hesse eine liebe Gewohnheit (vgl. S. 314).

Und noch eine weitere neue Gewohnheit nimmt er in Basel an: das Reisen. Zunächst sind es nur kleinere Reisen, u. a. nach Vitznau am Vierwaldstätter See, wo Teile des *Hermann Lauscher* entstehen. Im Frühjahr 1901, nachdem er seine Stellung in der Buchhandlung Reich gekündigt hat, macht er sich aber zu einer ersten größeren Reise auf, die ihn in zwei Monaten durch große Teile Oberitaliens führt: Mailand – Genua – Florenz – Bologna – Ravenna – Padua – Venedig. Dieses Reisen sagt Hesse sehr zu. Überschwänglich schreibt er deshalb in einem Brief vom 20. November 1901:

*»Ich [...] bin Zigeuner, trage die Hände im Hosensack und schreibe meine Verse an den seltenen Tagen, an denen ich weder für Geld arbeite noch betrunken bin. Nächst Büchern, Wein und Weibern weiß ich nur ein Vergnügen: Wandern. Bald zu Fuß an den Bächen entlang in der Schweiz, im Jura, im*

*Schwarzwald, bald dritter Klasse und Orangen in der Tasche durch Italien.«*

Hermann Hesse: Die Briefe, Band 1, 1881-1904, S. 402

Nach seiner Rückkehr aus Italien im Mai 1901 fängt er aber wieder brav und ordentlich zu arbeiten an; diesmal im Buchantiquariat des Herrn von Wattenwyl im Pfluggässlein, wo er zwei Jahre bleibt (vgl. S. 310f.). Dass er zuweilen mit Freunden gern eine kleine Trink- und Schlemmertour unternommen hat, ist sowohl seinen auf S. 257 zitierten *Basler Erinnerungen* als auch dem *Tagebuch 1900* im *Hermann Lauscher* zu entnehmen.

Wie es zu dieser Zeit mit den »Weibern« war, ist nicht so genau festzustellen. Verbürgt sind lediglich zeitweilige Liebesgefühle zu der Basler Pfarrerstochter Elisabeth La Roche, die zu den »*Elisabeth-Gedichten*«, aber zu keinen Weiterungen führen (vgl. S. 321f.). Jedoch im April 1903, als Hesse zu seiner zweiten Italienreise aufbricht, leistet ihm die Basler Fotografin Maria (Mia) Bernoulli Gesellschaft, deren Atelier in der Bäumleingasse ein auch von Hesse gern aufgesuchter Treffpunkt junger Künstler ist. Dies führt für Hermann Hesse dann tatsächlich zu Weiterungen: An Pfingsten 1903 verlobt er sich mit der neun Jahre älteren Mia, trotz des Einspruchs der Bernoullis, die zu den alten einflussreichen Familien der Stadt zählen. Ein Jahr später, im August 1904, heiraten die beiden in Basel und beschließen aufs Land zu ziehen, um dort ein einfaches, naturverbundenes Leben im Sinne der damaligen Lebensreformbewegung zu führen. Mia findet in dem kleinen badischen Dörfchen Gaienhofen am Untersee des Bodensees ein leerstehendes Bauernhaus, das preiswert angemietet werden kann. Am 10. August 1904 ziehen sie daraufhin von Basel nach Gaienhofen um (vgl. S. 325 ff.).

*Hermann Hesse 1903. Foto von Mia Bernoulli, die
er um diese Zeit kennen und lieben lernte*

Die 1903/1904 zustande kommenden Entschlüsse Hermann Hesses, zum einen seinen bisherigen Brotberuf als Buchhändler und Antiquar aufzugeben und trotzdem nur wenig später die Gründung eines eigenen Hausstandes ins Auge zu fassen, haben Fortschritte in seinem schriftstellerischen Schaffen zur Grundlage. Bereits 1901 hat er mit dem im Verlag der Reich'schen Buchhandlung erscheinenden Band *Hinterlassene Schriften des Hermann Lauscher*, bei denen Hesse noch vorgibt, nicht der Verfasser, sondern nur der Herausgeber zu sein, einen ersten nennenswerten Erfolg. 1901 erscheint im Berliner Verlag Grote zudem ein Band *Gedichte*. Die Grundlage für eine Existenz als freier Schriftsteller legt allerdings erst 1903 ein Verlagsvertrag mit Samuel Fischer in Berlin, bei dem dann im Februar 1904 der Roman *Peter Camenzind* erscheint, der sich sehr gut verkauft und im Herbst 1904 mit dem Wiener Bauernfeldpreis ausgezeichnet wird.

Basel bedeutete für Hermann Hesse eine aufs Ganze gesehen wichtige Etappe der Stabilisierung, sowohl in seelischer als auch in literarischer Hinsicht. Literarisch zeigt sich dies in dem großen Schritt, den er von den romantisch-schwermütigen Frühwerken *Eine Stunde hinter Mitternacht* und *Hermann Lauscher* zu *Peter Camenzind* gemacht hat. Dieses Werk ist bereits wesentlich handfester und durchgestalteter; allerdings darf dabei nicht übersehen werden, dass auch hier der Titelheld ein Einzelgänger ist, der es sich und der Mitwelt nicht leicht macht; und dies traf weiterhin auch auf den Verfasser selbst zu, obwohl sich manche psychische Härte gemildert hatte.

Hermann Hesse selbst hat 1924 in seinem *Kurzgefassten Lebenslauf* seine Situation am Ende der Basler Zeit so dargestellt:

»*Jetzt also war, unter vielen Stürmen und Opfern, mein Ziel erreicht: ich war, so unmöglich es geschienen hatte, doch ein Dichter geworden und hatte, wie es schien, den langen zähen Kampf mit der Welt gewonnen. Die Bitternis der Schul- und Werdejah-*

*re, in der ich oft sehr nah am Untergang gewesen war, wurde nun vergessen und belächelt – auch die Angehörigen und Freunde, die bisher an mir verzweifelt waren, lächelten mir jetzt freundlich zu. Ich hatte gesiegt, und wenn ich nun das Dümmste und Wertloseste tat, fand man es entzückend, wie auch ich selbst sehr von mir entzückt war. Erst jetzt bemerkte ich, in wie schauerlicher Vereinsamung, Askese und Gefahr ich Jahr um Jahr gelebt hatte, die laue Luft der Anerkennung tat mir wohl, und ich begann ein zufriedener Mann zu werden.«*
Hermann Hesse: Kurzgefasster Lebenslauf, SW 12, S. 50

Es wird aus diesen Worten deutlich, wie dünn die Haut war, die sich eben erst langsam über dem quälenden Riss bildete, der von der Jugend her durch sein Leben ging. Und die momentane Zufriedenheit über den Erfolg und die späte Anerkennung wird nicht dauerhaft verhindern können, dass der Riss immer wieder schmerzlich aufbricht. Freilich war es aber auch gerade dieser Riss durchs Leben, der ihn zu seiner schriftstellerischen Leistung anstachelte, die in fortwährender Selbstvergewisserung und Verarbeitung des Erlebten einen wesentlichen Antrieb und Sinn hatte.

Hesse behielt Basel als Ort seines menschlichen und künstlerischen Selbstständigwerdens in guter Erinnerung. Nach seinem Wegzug nach Gaienhofen 1904 kam er allerdings nur noch besuchsweise nach Basel; lediglich in den Wintern 1923/24 und 1924/25 weilte er jeweils noch einmal für mehrere Monate in der Stadt (vgl. S. 301f.) und schrieb an seinem großen Roman *Der Steppenwolf*, dessen Schauplätze zum Teil (ein anderer Teil spielt in Zürich) hier ihr Vorbild haben (vgl. S. 296ff.). Ein letztes Mal kam Hermann Hesse 1930 nach Basel, um die Mozartfestspiele zu besuchen; er berichtete darüber seinem Sohn Bruno:

*»Es war musikalisch sehr schön, und auch die Luft von Basel, das für mich voll Erinnerungen seit der Kindheit her ist, war mir wieder ein Erlebnis. Ich sah sogar das Mädchen wieder, das ich einst in Basel liebte, noch eh ich Deine Mutter kannte: die Elisabeth des Camenzind und der Gedichte, nach etwa 27 Jahren sahen wir uns wieder, alt und grau geworden.«*
> Hermann Hesse: Musik. Betrachtungen, Gedichte, Briefe und Rezensionen, S. 153; auch in: Hermann Hesse: Die Briefe, Band 4, 1924-1932, S. 395

Elisabeth La Roche (s. S. 321 f.) ist es auch, der er 30 Jahre später, wenige Monate vor seinem Tod, erklärt, warum er Basel danach nie mehr besucht hat:

*»Ich habe Basel seither nicht wiedergesehen. Erst waren es allerlei Umstände, die mich vom Reisen abhielten, der Bau des Hauses in Montagnola und andres, und dann begann in Basel die Zerstörung der alten Gassen und Quartiere, und ich mochte mir das Bild der Stadt, wie ich sie kannte und liebte, nicht verderben.«*
> Hermann Hesse. Gesammelte Briefe, Vierter Band, 1949-1962, S. 405 f.

Im literarischen Werk Hesses hat Basel einige Spuren hinterlassen. Außer im oben erwähnten *Steppenwolf* spielt Basel auch im *Hermann Lauscher* und im *Peter Camenzind* eine Rolle; ganz in Basel situiert sind die Erzählungen *Das Rathaus* (SW 1, S. 505-530; siehe hierzu S. 302 ff.), *Wenkenhof. Eine romantische Jugenddichtung* (SW 6, S. 91-94; siehe hierzu S. 320 ff.) und *Der Bettler* (SW 8, S. 450-468), in der Hesse ein Erlebnis aus seiner Basler Kinderzeit schildert.

# Auf Hermann Hesses Spuren durch Basel

(Vorbemerkung: Da Basel eine größere Stadt ist, kann sich die Strecke des Rundgangs, wenn man alle Etappen berücksichtigen will, gut auf 10 bis 15 km summieren. Da außerdem einige Etappenziele, wie z. B. das Rathaus, das Münster und die Museen, etliche Zeit in Anspruch nehmen, sollte man zwei Tage einplanen oder aber sich auf die in der malerischen Altstadt gelegenen Ziele 7 bis 16 konzentrieren. Etwas zu beschleunigen ist die Tour, indem die längeren Strecken außerhalb der Altstadt, nach Sankt Margarethen und zum Schützenmattpark, mit Tram und Bus überbrückt werden. Als noch flexiblere Bewegungsart ist das Fahrrad zu empfehlen, mit dem man sich auch in der winkeligen Altstadt, die zum Teil für PKW gesperrt ist, gut vorwärtsbewegen kann; mit ihm ist der Gesamtrundgang wohl am einfachsten zu erkunden; Fahrräder können am Bahnhof gemietet werden.)

*1 Ein Blick auf Basel von Sankt Margarethen*

An schönen, klaren Tagen empfiehlt es sich, zunächst an einen Ort zu gehen, von dem aus Basel im Überblick betrachtet werden kann. Hermann Hesse hat diesen Ort, das kleine auf einem Hügel gelegene Kirchlein Sankt Margarethen, bereits als Vierjähriger kennengelernt:

*»Bis in die Knabenzeit kann ich den Faden meines Lebens zurückfinden, weiter zurück aber ragen zerstreut in Duft und Dämmerung nur wenige klare Tage, ihn daran zu knüpfen.*

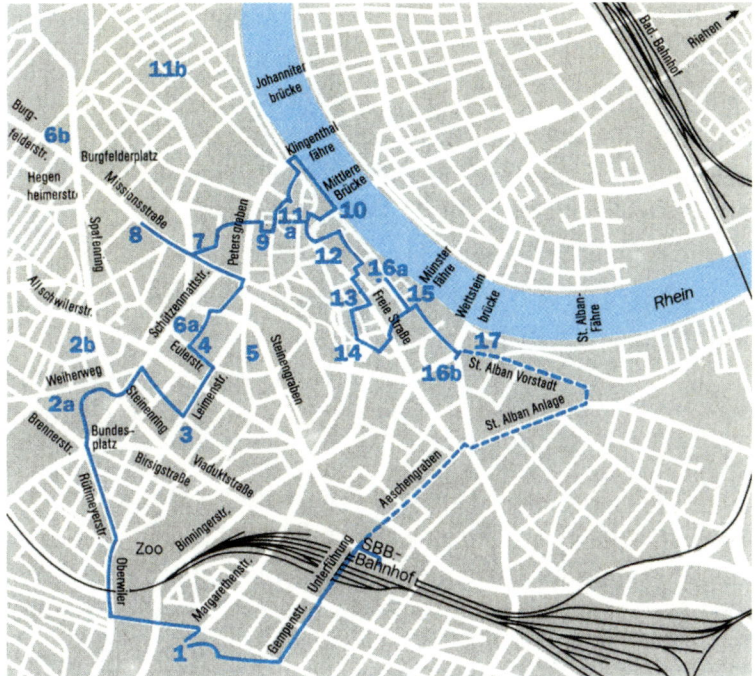

| | | | |
|---|---|---|---|
| 1 | Sankt Margarethen | 11a | Fischmarkt |
| 1a | Schützenmattpark | 11b | Wohnahus Lothringer Str. 7 |
| 2b | Spalenring | 12 | Rathaus |
| 3 | Wohnhaus Feierabendstr. 37 | 13 | Ehemalige Reichsche Buchhandlung und Antiquariat Wattenwyl |
| 4 | Wohnhaus | | |
| 5 | Wohnaus Hohlbeinstr.10 | 14 | Barfüsserplatz |
| 6a | Wohnhaus Mostackerstr. 10 | 15 | Münster |
| 6b | Wohnhaus Burgfelder Str. 12 | 16a | Ehemaliges Kunstmuseum |
| 7 | Spalenvorstadt mit Spalentor | 16b | Heutiges Kunstmuseum |
| 8 | Basler Mission | 17 | Wohnahus »Zum Sausewind«, St. Alban-Vorstand 7 |
| 9 | Wohnhaus Stiftsgasse 5 | | |
| 10 | Mittlere Brücke | | |

*Von dem Gedächtnis dieser Tage aus blicke ich oft wie von einem Turm rückwärts in meine ersten Jahre und kann nichts als ein bewegtes Meer von Rätseln und Anfängen sehen, ohne Formen, aber mit einem heiligen Ferneduft, einem Schleier, der über Wunder und Kostbarkeiten gelegt ist.*

*Unter jenen einzelnen Silberblicken ist mir ein Spaziergang besonders teuer, da er das früheste Bild meines Vaters enthält. Der saß mit mir auf der von der Sonne durchwärmten Mauerbrüstung des Bergkirchleins Sankt Margarethen, zum ersten Mal mir von der Höhe aus die dortige Rheinebene zeigend. Der erste Eindruck dieser anmutig hellgrünen Landschaft vermischt sich in meiner Erinnerung mit dem klaren Bilde, das ich später durch den häufig wiederholten Anblick gewann.«*

Hermann Hesse: Meine Kindheit, in:<br>Hermann Lauscher, SW 1, S. 228 f.

St. Margarethen ist vom Basler SBB-Bahnhof sowohl zu Fuß als auch mit der Tram leicht zu erreichen. Mit der Tram sind es mit der Linie 2 (Richtung Kronenplatz/Binningen) nur drei Stationen bis zur unterhalb des Kirchleins gelegenen Haltestelle Margarethen. Zu Fuß ist es ein Spaziergang von einem knappen Kilometer. Man geht dazu zunächst durch die große Unterführung, die unter dem Bahnhof und Bahngelände zur Gempenstraße hinüberführt. Auf dieser kommt man die Dornacherstraße überquerend zur Gundeldingerstraße, die auf der einen Seite eine schöne um 1900, also zu Hesses Basler Zeit, erbaute Häuserzeile aufweist; auf der gegenüberliegenden Seite liegt der Margarethenpark, durch den man schräg nach rechts den Hang hochschreitend das Kirchlein mit seiner Aussichtsterrasse erreicht.

Wenn man sich dort so stellt, dass der Bahnhof rechter Hand ist, blickt man geradeaus auf das ca. 1 km entfernte stattliche neuromanische Gebäude der Pauluskirche, das an dem von Hesse erwähnten Steinenring steht, der weiter hinten, bei dem links hinter der Kirche sichtbaren Schützenmattpark, in den Spalenring übergeht. Diese Gegend war

*Das Bergkirchlein Sankt Margarethen*

Hesses Basler Kinderheimat in den Jahren 1881-1886. Hier war der Müllerweg, in dem die Familie Hesse wohnte; er ist heute verschwunden, da er beim Ausbau des Spalenrings von diesem einverleibt wurde (siehe S. 274f.). Hier war auch Hermann Hesses Kinderparadies, die riesige Schützenmattwiese, die ebenfalls weitgehend verschwunden ist. – Man muss sich bei diesem Rundblick vorstellen, dass der Steinenring/Spalenring damals noch die äußerste Bebauungslinie der Stadt war; das gesamte links davon gelegene Gelände, das heute fast ganz überbaut ist, war noch reine Wiesenlandschaft mit Bäumen und Sträuchern.

Bei klarem Wetter lässt sich von St. Margarethen die gesamte Stadt Basel überschauen. Zwischen Pauluskirche und Bahnhof hindurch geht der Blick zur 1 bis 2 km entfernten Altstadt mit dem alles überragenden Münster. Dahinter, jenseits des Rheins, liegt Kleinbasel mit dem Messegelände und dem Badischen Bahnhof. Weiter links davon ist das große Dorf Riehen zu erblicken, an dessen Rand der Wenkenhof liegt, ein stattliches Landgut, in dem Hesse häufig Gast war und das deshalb im Anschluss an den Stadtrundgang durch Basel Ziel einer kleinen Exkursion sein soll (siehe S. 320 ff.). Diese Exkursion soll auch nach St. Chrischona führen, einem rechts von Riehen gelegenen Aussichtsberg mit einer Kirche und einer Pilgermission, den Hesse gerne als Ziel von Wanderungen nahm. Der Berg ist leicht auszumachen, da in der Neuzeit auf ihm ein riesiger, weithin sichtbarer Sendeturm errichtet worden ist. Er ist ca. 9 km Luftlinie von St. Margarethen entfernt.

Wer einen etwa einen Kilometer langen Weg nicht scheut, kommt von St. Margarethen zu Fuß auf den Spuren von Hesses zum nächsten Etappenziel: zum Schützenmattpark. (Alternativ kann man auch mit der Buslinie 37 von Margarethen zum Bundesplatz fahren.) Der Weg führt unterhalb des Kirchleins nach links über den Dorenbachviadukt bis zur nach rechts abgehenden Oberwilerstraße, von der wiederum nach kurzer Strecke halblinks die Rütimeyerstraße abgeht, die zum Bundesplatz führt, an dessen gegenüberliegendem Ende der Schützenmattpark beginnt.

Alternativ dazu könnte man vom Dorenbachviadukt auch durch den Basler Zoologischen Garten bis zu seinem stadtwärts gelegenen Haupteingang gehen und von dort dann die nach links abgehende Birsigstraße zum Bundesplatz und Schützenmattpark nehmen. Dass Hesse den seit 1874 bestehenden Zoologischen Garten gerne aufsuchte, wissen wir aus der Erinnerung Theo Baeschlins, des Sohnes seiner Basler Zimmerwirtin:

»*Eine große Rolle spielten sonntagvormittägliche Gänge in den Zoologischen Garten. Da war H. H. in seinem Element, wenn er verschiedenem Getier menschliche Ehren und Stände andichtete, so dass wir den* ›*Amtsrichter Tapir*‹ *und den* ›*Philosophen Marabu*‹ *begrüßten.*«
Hermann Hesse in Augenzeugenberichten, S. 41

## 2 Schützenmattpark und Spalenring: die Wohngegend der Kinderjahre Hermann Hesses 1881-1886

(Hinweis: Wer die erste Etappe über St. Margarethen nicht machen möchte, kann den Schützenmattpark, als Ausgangspunkt für den eigentlichen Stadtrundgang, vom Bahnhof aus auch direkt mit der Trambahnlinie 1 erreichen. Für diejenigen, die mit dem Auto anreisen, gibt es hinter dem Schützenmattpark in der Brennerstraße Parkgelegenheit.)

Wie bereits bei der Beschreibung des Rundblicks von St. Margarethen angedeutet, hat sich die Gegend, in der Hermann Hesse mit seiner Familie 1881-1886 lebte, durch Bebauung gründlich verändert. Damals waren der Spalenring und der Steinenring die äußerste Bebauungslinie der Stadt. Dahinter breitete sich, wie Hermann Hesse in seinen *Basler Erinnerungen* (vgl. S. 247) schreibt, »*die große, für mich Kleinen endlos große Schützenmatte aus, damals unbebaut vom Schützenhaus bis zum Neubad, [...] mein Schmetterlingsjagdgebiet und der Schauplatz unserer Indianerspiele*«. Die Bedeutung dieser Wiese für den jugendlichen Wildfang Hermann ist auch im Kapitel »Hermann Hesses erste Basler Zeit« dargestellt (s. S. 249). Heute ist von Hesses »*Wiesenherrlichkeit*« nur mehr der relativ kleine, im Jahr 1900 in der heutigen Form angelegte Schützenmattpark übrig geblieben, der aus einer zentralen Wiese mit einem schönen Baumgürtel besteht. Es fällt deshalb nicht ganz leicht, sich die Naturszenerie dieser Gegend um 1881-1886 vorzustellen, wie sie Hesse im Einleitungskapitel *Meine Kindheit* in *Hermann Lauscher* beschreibt:

»*Eine genauere Erinnerung an Erlebnisse und an fortdauernde Zustände kann ich nicht weiter als bis in mein fünftes Jahr zurück verfolgen. Hier finde ich zuerst ein Bild meiner Umgebung, meiner Eltern und unseres Hauses, sowie der Stadt und der Landschaft, in welcher ich aufwuchs. In dieser Zeit hat sich die freie, sonnige Straße mit nur einer Häuserreihe vor der Stadt mir eingeprägt, in der wir wohnten* [der Müllerweg], *ferner die auffallenderen Gebäude der Stadt, das Rathaus, das Münster und die Rheinbrücken, und am meisten ein weites Wiesenland, hinter unserem Hause beginnend und für meine Kinderschritte ohne Grenzen. Alle tiefen Gemütserlebnisse, alle Menschen, selbst die Porträts meiner Eltern scheinen mir nicht so früh deutlich geworden wie diese Wiese mit unzähligen Einzelheiten. [...] Die vielen stundenlangen Spaziergänge jener Zeit hatten immer die unbetretensten grünen Wildnisse jener großen Wiese zum Ziel. Diese Zeiten der Einsamkeit im Grase sind es auch, die beim Erinnern mich besonders stark mit dem wehen Glücksgefühl erfüllen, das unsere Gänge auf Kindheitswegen meist begleitet. Auch jetzt steigt mir der Grasduft jener Ebene in feinen Wolken zu Haupt, mit der sonderbaren Überzeugung, dass keine andere Zeit und keine andere Wiese solche wunderbaren Zittergräser und Schmetterlinge hervorbringen kann, so satte Wasserpflanzen, so goldene Butterblumen und so reichfarbene köstliche Lichtnelken, Schlüsselblumen, Glockenblumen und Skabiosen. [...] Beim Da-*

*randenken ist mir zumut, als wäre alles Kostbare, was ich später mit Augen sah und mit Händen besaß, und selbst meine Kunst, gering gegen die Herrlichkeiten jener Wiese.«*
Hermann Hesse: Meine Kindheit, in: Hermann Lauscher, SW 1, S. 226f.

Hermann Hesse hat die Anfänge der Zerstörung dieser Wiesenidylle während seiner zweiten Basler Zeit 1899-1904 selbst miterlebt; seinen Eltern berichtet er darüber am 24. März 1900:

*»Vor kurzem ging ich abends, wie ich manchmal tue, spät noch durch Nachtigallenwäldchen und Schützenmatte, und sah am Müllerweg in allen bekannten Häusern die Lichter brennen. Bei Tag ist mir der Weg zuwider, so sehr ist alles verbaut und verwüstet, eine Reihe kleiner, langweiliger Straßen steht auf unsern Spielplätzen. Die Schützenmatte aber besuche ich oft. Zwar sind dort der Matte entlang viel neue Häuser, und auf der Matte selber wird eine Pflanzung angelegt, eine Kirche gebaut* [die Pauluskirche] *und eine Eisenbahnlinie gezogen, aber bis jetzt ist das Ganze noch nicht wesentlich verändert. Die Kinder spielen noch dort, die Drachen steigen noch, und die ganze große Wiese hat noch den alten Glanz für mich. Ich meine die Sommerferien jener Jahre, die ich fast ganz auf dieser Matte zubrachte, sind doch meine schönsten Tage gewesen. Mit solcher Leidenschaft und mit so frischer Lust habe ich keinen Sport und kein Studium mehr betrieben wie damals die Schmetterlingsjagd auf der heißen, hellen Wiese.«*
Hermann Hesse: Kindheit und Jugend vor 1900, Band 2, S. 457f.; auch in Hesse: Die Briefe, Band 1, 1881-1904, S. 355f.

*Häuser am ehemaligen Müllerweg um 1880.
In diesem Weg wohnte die Familie Hesse von 1881 bis 1886*

Wo ist nun der Müllerweg und in ihm das Haus Nr. 126 geblieben, in welchem die Familie Hesse von 1881 bis 1886 wohnte? Hermann Hesse schreibt in seinen *Basler Erinnerungen*: »*Wir wohnten am Müllerweg, dem Spalenringweg gegenüber; zwischen beiden lief damals die Elsässer Bahnlinie hindurch.*« Beim Spalenring wird man heute vergeblich nach dem Müllerweg suchen und fragen, und auch in den heutigen Stadtplänen Basels ist er nicht zu finden. Des Rätsels Lösung liegt darin, dass er bereits 1901 mit dem Spalenringweg zum Spalenring verschmolzen wurde und dabei seinen Namen einbüßte. In diesem Jahr wurde die Trasse der Elsässer Bahn, die, wie Hesse oben beschreibt, zwischen dem Müllerweg und dem Spalenringweg hindurchlief, die beide jeweils nur eine Häuserreihe am Bahndamm entlang besaßen, weiter hinaus in die Schützenmatte verlagert, wo sie noch heute verläuft (Hesse erwähnt den Bau im obigen Brief). Hierdurch konnten der Müllerweg und der Spalenringweg durch Einebnung der ehemaligen Bahntrasse zu einer breiten Straße zusammengefasst werden, die den Namen Spalenring erhielt. Und deshalb muss man sich heute, wenn man den Müllerweg sucht, die äußere Häuserzeile des Spalenrings anschauen. Der Müllerweg erstreckte sich dabei von der Ecke Schützenmattpark/Weiherweg bis zur Hegenheimerstraße, die ca. 800 m weiter oben den Spalenring kreuzt. Der bei Hesse erwähnte Bahnübergang lag an der Einmündung der Allschwilerstraße: »*Der Anblick der Züge und das häufige Stehen und Warten beim Bahnübergang, wenn man in die Stadt wollte, gehört zu den frühesten meiner Basler Eindrücke.*« (*Basler Erinnerungen*) Auch in der Erzählung *Der Bettler* schildert er diese Eisenbahn und zudem die Nachbarn im Müllerweg:

»*Es wohnten harmlose Bürgersleute um uns herum, einige wenige Handwerker, meistens aber Leute, die in der Stadt zu ihrer Arbeit gingen und feierabends in den Fenstern lagen und Pfeifen rauchten oder in den kleinen Gärtchen vor ihren Häusern mit Rasen und Kies sich zu schaffen machten. Einigen Lärm machte die Eisenbahn, und zu fürchten waren die Bahnwärter, die am Bahnübergang zwischen Austraße und Allschwiler Straße in einer Bretterhütte mit winzigen Fensterchen hausten und wie der Teufel herbeigestürzt kamen, wenn wir einen hineingefallenen Ball oder Hut oder Pfeil aus dem Graben retten wollten, der die Bahnlinie von der Straße trennte […].*

*Unsere stille und saubere Kleinwelt vorstädtischer Wohnstraßen mit ihren Gärtchen an der Front und ihren Wäscheleinen an der Rückseite [...] begünstigte den Glauben an eine wohlgeordnete, freundliche und arglose Menschheit, um so mehr als zwischen diesen Angestellten, Handwerkern und Rentnern da und dort auch Kollegen meines Vaters oder Freundinnen meiner Mutter wohnten, Leute, die mit der Heidenmission zu tun hatten, Missionare im Ruhestand, Missionare auf Urlaub, Missionarswitwen, deren Kinder die Schulen des Missionshauses besuchten, lauter fromme, freundliche, aus Afrika, Indien und China heimgekehrte Leute [...].«*

Hermann Hesse: Der Bettler, Erzählung (1948),
SW 8, S. 453 und 456

Von dieser Atmosphäre ist heute freilich im Spalenring nur noch sehr wenig zu finden. Die Straße ist über weite Strecken mit gesichtslosen neuzeitlichen Häusern überbaut, sodass man hier nicht allzu viel Zeit verlieren sollte.

### 3-6 Häuser, in denen Hermann Hesse 1899-1903 wohnte

Hermann Hesse ist, als er 1899 nach Basel zurückkehrte, längere Zeit dem Stadtviertel, das er bereits aus seiner Kinderzeit kannte, treu geblieben: Vier der insgesamt sieben Zimmer bzw. Wohnungen, die er in Basel zwischen 1899 und 1903 mietete, befanden sich in Häusern in dem Vorstadtviertel zwischen dem Spalenring und der Altstadt. Diese vier Häuser (Feierabendstr. 37, Eulerstr. 18, Holbeinstr. 21 und Mostackerstr. 10) sind heute noch vorhanden. Inwieweit es freilich noch die originalen Häuser sind, ist nicht genau zu beantworten. Eines, das Haus Holbeinstraße 21, ist augenscheinlich stark modernisiert oder überbaut worden. Die anderen sehen, wie das gesamte Viertel, das noch eine relativ geschlossene Bausubstanz aufweist, so aus, als ob sie aus der Zeit um 1900 stammen könnten.

Um diese Wohnhäuser zu erreichen, gehen wir beim Schützenmattpark über den Spalenring hinüber zu dem alten, aus dem 16. Jahrhundert stammenden Schützenhaus und dort in die stadteinwärts führende Schützenmattstraße hinein. Die zweite Straße, die von dieser rechts abgeht, ist die Feierabendstraße; in dieser finden wir nach Überschreiten der Burgunderstraße und der Leimenstraße auf der rechten Straßenseite die Hausnummer 37; hier hat Hermann Hesse von Januar bis September 1903 gewohnt, also in seiner letzten Basler Zeit vor der Heirat und dem Umzug nach Gaienhofen am Bodensee.

Das nächste Wohnhaus erreicht man, indem man die Feierabendstraße bis zur Leimenstraße zurückgeht und dann diese nach rechts hochgeht, bis zur Einmündung der Eulerstraße, die leicht zu erkennen ist, da an ihr linker Hand die große Synagoge steht. Diese stand bereits zu Hesses Zeit an diesem Platz, da sie 1868 erbaut und 1891/92 zu ihrer heutigen Größe erweitert wurde. An der Synagoge vorbei in die Eulerstraße hineingehend finden wir einige Häuser dahinter das Haus Nr. 18, in dem Hesse 1899 nach seinem Umzug von Tübingen sein erstes Zimmer in der in diesem Haus von einer Frau Baeschlin geführten Pension fand. Im ersten Brief aus Basel an die Eltern berichtet er am 17. September 1899:

*»Meine Pension (2 Franken täglich für Mittag und Abend) ist sehr gut, vielleicht für die Folge zu teuer. Dort sind drei Franzosen, von denen nur einer gut deutsch kann.*

*Das Essen ist gut, nach Tisch immer Obst und Kaffee, abends kann ich Milch haben. Weg zum Geschäft zehn Minuten.«*
Hermann Hesse: Kindheit und Jugend vor 1900,
Band 2, S. 383

Er bleibt hier jedoch nur einen knappen Monat, dann zieht er in die Holbeinstraße 21 um (siehe Punkt 5 auf dem Stadtplan). Mit ausschlaggebend für diesen Umzug war wohl der Umstand, dass dort auf demselben Stock zwei junge Männer wohnten, mit denen er eine Art Wohngemeinschaft bilden konnte:

*»Meine neue Wohnung ist hübsch und hat den Reiz einer famosen Stubennachbarschaft. Die drei Zimmer neben mir sind von zwei jungen Architekten bewohnt, die ich kenne und liebe. Beide sind für hervorragende Pläne und Arbeiten gotischer Bauten hier tätig, der eine davon ist der geniale Künstler Jennen, der das neue Rathaus, prachtvoll in strenger Gotik, macht. Sie stecken den Kopf zu mir herein, erzählen was und leihen Bücher, sehen Bücher etc. bei mir an, und ich sehe ihre frischen Zeichnungen und Pläne entstehen und genieße etwas von dem Reiz des Werdensehens, das in den bildenden Künsten eben besonders lockend ist. So wohnen drei fleißige Kunstjünger, alle drei von Natur sehr verschieden, auf einem Boden beieinander. Jennen ist ein rechter Künstler, genial und launisch, häufig, wenn die Stimmung fehlt, müßig und dann wieder von rapider und ausdauernder Energie. Der zweite, Herr Drach, ist lustig und liebenswürdig und hat mich gern. Beide sind auch häufige Abendgäste bei Wackernagels.«*
Hermann Hesse: Kindheit und Jugend vor 1900, Band 2,
S. 395; auch in Hesse: Die Briefe, Band 1, 1881-1904, S. 342

Über den aus dem Rheinland stammenden fünf Jahre älteren Architekten Heinrich Jennen berichtet Hesse auch in seinen *Basler Erinnerungen* (siehe S. 257 sowie die Ausführungen zum Basler Rathaus auf S. 302 ff.). Drach zieht im Dezember 1899 aus Basel weg, woraufhin sich Hesse und Jennen dessen Zimmer als Gemeinschaftsraum einrichten. Für Hesse ist diese Wohngemeinschaft allerdings von vornherein auf den Winter begrenzt. Im Frühjahr will er sich wieder ein Einzelzimmer »*möglichst mit Rheinblick*« suchen, um sich auf seine schriftstellerische Arbeit stärker konzentrieren zu können.

Das gewünschte ruhige Zimmer findet Hermann Hesse im April 1900 in der Mostackerstraße 10 (siehe Punkt 6a auf dem Stadtplan). Ein Gebäude Nr. 10 gibt es allerdings in der Straße heute nicht mehr; offensichtlich wurde es mit dem Haus Nr. 12 zu einem Doppelhaus zusammengefasst. Vermieterin war die Mutter jener Frau Baeschlin, bei der er im Herbst 1899 in der nur wenige Schritte entfernten Eulerstraße gewohnt hatte. Über das neue Zimmer schreibt er im März 1900 an die Eltern:

»*Vom 1. April an wohne ich Mostackerstraße 10. Die Bude ist ein Loch, geht aber auf den Garten, und, was die Hauptsache ist, ich hoffe dort gut bedient zu werden, auch mit Knopfannähen etc.*«

Hermann Hesse: Kindheit und Jugend, Band 2, S. 456

Eine ausreichende Bedienung scheint er tatsächlich bekommen zu haben, denn er hielt es über ein Jahr in dem »*Loch*« aus – länger als in allen anderen Zimmern, die er in Basel hatte. Über sein Leben in der Mostackerstraße haben wir Kunde durch die Erinnerungen der Söhne seiner Vermieterin; der ältere Sohn, Alfredo Baeschlin, berichtet 1952 im Rückblick:

»*Vor etwas mehr als 50 Jahren begannen in den ›Basler Nachrichten‹ anmutige literarische Skizzen zu erscheinen, welche allgemeines Aufsehen erregten. Sie stammten von einem jungen Menschen, den ich wohl kannte, weil er sich in meinem damaligen Elternhause an der Mostackerstraße einquartiert hatte. Seines Zeichens war er Buchhändlergehilfe in einer bekannten Basler Buch- und Antiquariatshandlung.*

*Selten hat ein Mensch in meinem Leben einen solch tiefen Eindruck auf mich gemacht, wie Hermann Hesse. So hieß nämlich unser damaliger Hausgenosse, und ich fühlte mich außerordentlich geschmeichelt, dass ein Mann, der in der Zeitung so schöne Sachen schrieb, sich mit mir abgab, mir das Billardspiel beibrachte, das er sehr gut beherrschte, und mich den Wein – nicht das Trinken – lieben lehrte.*

*Meine Bewunderung für den jungen Schriftsteller wuchs noch mehr, als bald darauf sein erster Roman ›Peter Camenzind‹ erschien und von der Kritik außerordentlich wohlwollend besprochen worden war. Hesse hatte mir bereits seine Erstlingsarbeiten gezeigt und eine ganze Reihe seiner Gedichte vorgelesen. In seinem Zimmer, das ich stets wie eine Art Sanktuarium betrachtete, roch es immer nach den starken, kohlrabenschwarzen Zigarren, die er so liebte. Auch Blumen fehlten dort selten, und auf seinem Schreibtisch reckte hin und wieder eine Flasche Mosel den schlanken Hals.*

*Ganz schön wurde es, wenn Hesse seine Geige nahm und zu improvisieren begann.*«

Hermann Hesse in Augenzeugenberichten, S. 492f.

Dass Hermann Hesse in der Mostackerstraße, wo er bis Mai 1901 wohnte, bereits am *Peter Camenzind* arbeitete, der 1904 erschien, ist denkbar, da erste Studien zu diesem Werk bereits im August 1900 anlässlich eines Ferienaufenthaltes in Vitznau am Vierwaldstätter See nachzuweisen sind. Mit der Niederschrift hat er allerdings erst Anfang 1902 begonnen. Mit Sicherheit sind aber Teile des *Hermann Lauscher*, der im Dezember 1900 im Verlag der Buchhandlung Reich erschien, in der Mostackerstraße bearbeitet worden.

Vom 25. März bis 19. Mai 1901 unternimmt Hermann Hesse seine erste Italienreise, die ihn nach Mailand, Genua, Florenz, Bologna, Ravenna, Padua und Venedig führt; anschließend hält er sich zwei Monate in Calw bei den Eltern auf. In Basel zurück, zieht er in die Burgfelder Straße 12, die relativ weit von der Altstadt entfernt liegt und deshalb nicht in den Stadtrundgang integriert wurde (siehe Punkt 6b auf dem Stadtplan). Ein Haus Nr. 12, das aus der Zeit um die Jahrhundertwende stammen könnte, gibt es dort noch. Hier wohnt er, bis er im Oktober 1901 in die Altstadt zieht, in die Stiftsgasse 5 (siehe S. 290).

## 7 Die Spalenvorstadt und das Spalentor

Am Ende der Mostackerstraße trifft man auf den Schützengraben, eine breite Straße, die entlang der früheren, im 19. Jahrhundert abgebrochenen äußeren Stadtbefestigung verläuft. Den Schützengraben schräg nach rechts überschreitend, kommt man in die Kornhausgasse, die zum Leonhards- und Petersgraben führt, welche die frühere innere Befestigungslinie der eigentlichen Basler Altstadt markieren. Hier

*Die Spalenvorstadt mit dem Spalentor in früherer Zeit*

zweigt kurz hinter der Einmündung der Kornhausgasse links die *Spalenvorstadt* ab, eine Straße, die ein besonders schönes Ensemble alter Häuser aufweist. Sie ist Zentrum einer der insgesamt fünf Vorstädte, die ab dem späten Mittelalter vor den Mauern der eigentlichen Kernstadt angelegt wurden. Die anderen vier sind die St.-Alban-Vorstadt im Osten (siehe Stadtrundgang Station 17, S. 319f.), die St.-Johann-Vorstadt im Norden und die Aeschen- und die Steinen-Vorstadt im Süden. Diese Vorstädte wurden durch einen zweiten Befestigungsring mit zentralen Stadttoren eingefriedet. Das im späten 14. Jahrhundert errichtete *Spalentor*, das die Spalenvorstadt nach außen abgrenzt, ist dabei wohl das schönste und imposanteste der Basler Stadttore. Auch auf den jungen Hesse hat dieses mächtige Bauwerk mit seinen beiden zinnengekrönten Flankentürmen, dem spitzen, mit bunten Ziegeln gedeckten Torturm in der Mitte und den aus schweren Eichenbalken gezimmerten Fallgattern von Anfang an großen Eindruck gemacht. Die Mutter überliefert 1881 in einem Brief an ihre Eltern den Ausruf des vierjährigen Hermann: »*Oh hätte ich doch einen Bogen Papier, so groß wie das Spalentor, dann wäre ich glücklich!*« – Was er mit diesem Bogen getan hätte, wird nicht vermerkt; wahrscheinlich wollte er das Spalentor darauf abmalen.

## 8 Die Basler Mission

Wenn man von der Spalenvorstadt kommend durch das Spalentor tritt, hat man geradeaus die breite Missionsstraße vor sich. In ihr findet man nach ca. 250 m auf der linken Seite das stattliche mehrstöckige um 1860 erbaute Haupthaus der Basler Mission. Vor dem Haus stehen mächtige Parkbäume, nach hinten erstreckt sich ein weites angelegtes Gartengelände, durch das man zu weiteren Gebäuden der Mission gelangen kann, u.a. zu dem ehemaligen Knabenhaus, das in Hermann Hesses frühkindlicher Biografie eine wichtige Rolle gespielt hat (siehe unten).

Die »Evangelische Missionsgesellschaft Basel« wurde bereits 1815 mit der Zielsetzung gegründet, »das Reich Jesu unter den armen Heiden auszubreiten«. Triebkraft war die aus dem Pietismus des 18. Jahrhunderts kommende »Erweckungsbewegung«, welche sich zum Ziel setzte, die Missionsbewegung »innen« in Europa als auch »draußen« in den anderen

Kontinenten zu befördern. Der württembergische Pietismus hatte daran besonderen Anteil; noch bis ins 20. Jahrhundert hinein kamen aus ihm mehr als die Hälfte der überseeischen Mitarbeiter der Basler Mission. Basel als Missionsstandort war wohl gewählt worden, um die Möglichkeiten dieser wichtigen an der deutschschweizerischen Grenze gelegenen Handelsstadt einzubeziehen. Auf diese Weise vermochte man es innerhalb von wenigen Jahrzehnten nicht nur, »in der Heidenwelt draußen«, besonders in Afrika, Indien und China, ein weitgespanntes Missionsnetz aufzubauen, sondern die Unternehmungen auch durch ein ebenso weitverzweigtes Kolonialhandelsnetz zu finanzieren. Diese Verflechtung von Mission und Handel wurde erst nach dem Ersten Weltkrieg aufgelöst zu Gunsten einer Konzentration auf die Missionsarbeit, die durch die Unterstützungsarbeit zahlreicher Anhänger und Mäzene im schwäbischen wie im schweizerischen Bereich getragen wurde. Ihren größten Wirkungskreis besaß die Basler Mission gegen Ende des 19. und Anfang des 20. Jahrhunderts mit über 70 Haupt- und 800 Nebenstationen, für die ständig rund 150 Missionare und mehr als 1000 Helfer (Lehrer, Krankenschwestern, Handwerker und Kaufleute) im Einsatz waren.

Die Missionare wurden in der Zentrale in Basel umfassend auf ihren Einsatz in den Missionsgebieten vorbereitet. Diese Ausbildung hat in den Jahren 1865 bis 1869 auch Hermann Hesses Vater absolviert (s. S. 21). Er musste seinen Einsatz in Indien allerdings wegen gesundheitlicher Gründe bereits nach drei Jahren abbrechen. Der Calwer Verlagsverein (s. S. 51 ff.), in dem er danach ab 1873 auf Wunsch der Mission arbeitete, diente der Mission als publizistischer Arm; er war 1829 gegründet worden, um Traktate und Schriften für die innere und äußere Missionsarbeit zu verlegen.

*Knabenhaus und Hauptgebäude der Basler Mission um 1870*

1881 wird Hermann Hesses Vater als Lehrer ans Basler Missionshaus selbst berufen und in der Missionarsausbildung eingesetzt. Außerdem wird ihm die Herausgeberschaft des zentralen Missionsmagazins übertragen. Auf diese Weise verbringt Hermann Hesse die Zeit zwischen seinem vierten und neunten Lebensjahr in Basel (vgl. S. 248 ff.) und kommt in vielfältigen Kontakt mit der Basler Mission. Die allgemeinste Form dieses Kontaktes besteht darin, dass die Mehrzahl der Wohnnachbarn und selbstverständlich auch der Bekannten und Freunde der Eltern mit der Mission zu tun haben (vgl. S. 276).

Sehr speziell kommt Hermann Hesse mit dem Missionsapparat in Kontakt, als er 1884 wegen Erziehungsschwierigkeiten (s. S. 249 ff.) von den Eltern eine Zeitlang ganz in das Knabenhaus der Mission gegeben wird, das er vorher nur als Vorschule besucht hat. Die Mutter notiert dazu 1884 in ihr Tagebuch:

»*Mit Hermännle, dessen Erziehung uns so viel Not und Mühe macht, geht es nun entschieden besser. Vom 21. Januar bis 5. Juni war er ganz im Knabenhaus und brachte bloß die Sonntage bei uns zu. Er hielt sich dort brav, aber bleich und mager und gedrückt kam er heim. Die Nachwirkung war entschieden eine gute und heilsame. Er ist jetzt viel leichter zu behandeln.*«
Hermann Hesse: Kindheit und Jugend vor 1900,
Band 1, S. 13 f.

Dieses Knabenhaus wurde um 1870 von der Mission errichtet, um den Kindern der in der Welt draußen im Dienst stehenden Missionare eine schulische Ausbildung zu gewährleisten. Selbstverständlich kamen in ihm die strengen pietistischen Erziehungsvorstellungen zur Anwendung, die das Eigenständigkeitsstreben des Kindes von vornherein unter Kontrolle bringen wollen. Der kindliche Wille, hinter dem die Verlockung des Bösen lauert, muss nach pietistischer Auffassung »gebrochen« werden, damit das Kind die Unterordnung unter den göttlichen Willen annehmen kann, die zur Erlösung vom Bösen führt. Hermann Hesse hat diese Pädagogik des Pietismus später in seinem Roman *Der Steppenwolf* als Motiv eingearbeitet, indem er zu Beginn des Romans zur Erklärung der Verbitterung und Menschenscheu Harry Hallers, des »Steppenwolfs«, die Vermutung äußert, dass dieser »*von liebevollen, aber strengen und sehr frommen Eltern und Lehrern in jenem Sinne erzogen wurde, der das ›Brechen des Willens‹*

*zur Grundlage der Erziehung macht. Dieses Vernichten der Persönlichkeit und Brechen des Willens nun war bei diesem Schüler nicht gelungen, dazu war er viel zu stark und hart, viel zu stolz und geistig. Statt seine Persönlichkeit zu vernichten, war es nur gelungen, ihn sich selbst hassen zu lehren.«* (SW 4, S. 14).

Die unmittelbaren Auswirkungen, welche die Erziehung im Knabenhaus der Basler Mission auf ihn hatte, hat Hermann Hesse im Kapitel *Meine Kindheit* im *Hermann Lauscher* ausführlich dargestellt:

*»Der Wunsch meines Vaters, mich selbst zu unterrichten, hielt dem allgemeinen Brauch und dem Rat aller Freunde und Verwandten nicht stand. Ich wurde einer öffentlichen Schule übergeben, hatte mehrere Lehrer, die jährlich wechselten, und litt unter allen Übelständen dieser Anstalten. Schule und Haus waren zwei streng getrennte Dinge, mein Gehorsam hatte zwei Oberhäupter, von denen das eine mit meiner Liebe, das andere mit meiner Furcht rechnen musste. Das erste Übel lag darin, dass ich, von einem strengen Lehrer an häufige Schläge und Arrest gewöhnt, die väterlichen Strafen bald nicht mehr in der früheren Weise achtete, so dass häusliche Züchtigungen ihren Wert verloren und meinem Vater dieser einfachste Austrag moralischer Unebenheiten allmählich unmöglich gemacht wurde. Daraus folgte für ihn unendlich viel Sorge und Mühe und für mich viel Elend, da nun alle Besserungen und Verzeihungen erschwert waren und lange Zeit erforderten. In solchen kritischen Zeiten war ich manchmal verzweifelt, krank vor Sorge und Wut und plagte mich mit Elend, Scham, Ärger und Stolz. In der Schule übel behandelt, zu Hause von irgendeiner begangenen Übeltat schweigend bedrückt, warf ich mich oft in der großen Wiese zu Boden und rang schluchzend gegen eine unbe-*

*Das um 1860 erbaute Haupthaus der Basler Mission heute*

kannte, grausame Übermacht. Diese Stunden am Mittagstisch, wenn kein Gespräch möglich war, wenn ich mit Angst an die nächste böse Schulstunde dachte, während eine zurückgedrängte väterliche Strafrede den Eltern, den jüngeren Geschwistern und sogar den Dienstboten in allen Mienen zu lesen war, diese schweigsamen, trotzigen Spaziergänge mit meinem Vater, auf denen ich die Bitte um Verzeihung oder sonst eine Aussprache, welche er erwartete, aus Trotz und Scham in mir niederhielt, liegen mir noch mit aller Schwere hart und widerlich im Gedächtnis.«

Hermann Hesse: Meine Kindheit, in: Hermann Lauscher, SW 1, S. 236 f.

Im Knabenhaus ist auch heute noch eine von einem Verein getragene Kindertagesstätte untergebracht. Und das stattliche, gut renovierte Haupthaus der Mission ist Sitz der

»mission 21 – evangelisches missionswerk basel«, das 2001 durch Zusammenschluss der Basler Mission mit weiteren vier Missionswerken entstanden ist. Ihr Selbstverständnis formuliert die »mission 21« so: »Wir setzen in 20 Ländern Afrikas, Asiens und Lateinamerikas zusammen mit 70 Partnerkirchen und -organisationen Zeichen der Hoffnung auf Grundlage des Evangeliums. In rund 100 Projekten stehen Armutsbekämpfung, Bildungsarbeit, Gesundheitsförderung, Friedensarbeit und Frauenförderung im Mittelpunkt. Durch vielfältige Ausbildungsformen und konkrete Unterstützung werden Menschen befähigt, in Würde zu leben und sich für eine gerechtere Gesellschaft zu engagieren. Dafür setzen sich auch unsere ökumenischen Mitarbeitenden ein. Sie verstehen sich als Brückenbauende zwischen verschiedenen Kulturen und Religionen.«

Früher wurde im Missionshaus eine Ausstellung von Kult- und Gebrauchsgegenständen aus den Missionsgebieten gezeigt, die noch früher eine sogenannte »Götzen-Ausstellung« gewesen ist. Die über 1200 Exponate aus den Missionsfeldern sind längst dem Basler Museum für Völkerkunde, jetzt Museum der Kulturen, in der Augustinergasse 2 (siehe S. 316) übergeben worden, das sie in seine ständige Ausstellung integriert hat. Im Haus gibt es lediglich noch ein Archiv, das für Forschungsarbeiten zur Missionsgeschichte genutzt werden kann. Ansonsten ist der nicht mehr benötigte Raum im Haus zu einem Hotel »bildungszentrum 21 basel« umgebaut worden, in dem man sogar in einem ›Hesse-Zimmer‹ übernachten kann, das im Stil von Hesses Basler Zeit eingerichtet ist und auch Bücher von ihm als Nachtlektüre bereitstellt.

## 9 Das Wohnhaus in der Stiftsgasse

Von der Basler Mission kehren wir wieder zum Spalentor zurück. – Es sei denn, man wolle vorher noch zur Burgfelder Straße 12 hinaus, wo Hermann Hesse im Sommer und Herbst 1901 wohnte; die Burgfelder Straße ist die stadtauswärts führende Verlängerung der Missionsstraße. Es ist allerdings ein gutes Stück bis dahin, was sich auch Hermann Hesse gesagt haben mag, da er sich bereits nach wenigen Monaten eine zentraler in der Stadt gelegene Wohnung gesucht hat. Diese fand er in der Stiftsgasse 5, in der er dann bis Ende Juli 1902 wohnte. Das Haus ist noch vorhanden und soll als nächste Etappe aufgesucht werden.

Um zur Stiftsgasse zu gelangen, gehen wir vom Spalentor nach links durch den Spalengraben oder den danebenliegenden interessanten Botanischen Garten der Universität zum Petersplatz, einem großen, ganz von schönen Linden und Ahornen beschatteten Platz, über den wir zum Petersgraben und zu der auf der anderen Straßenseite gelegenen Peterskirche gelangen. Vor der Kirche steht ein Denkmal für Johann Peter Hebel (1760-1826), der unweit von hier (siehe S. 292) geboren wurde. Die Errichtung dieses Denkmals mag Hermann Hesse miterlebt haben, da dies 1899 geschah. Hier wenden wir uns nach rechts und kommen nach kurzer Strecke in die kleine Stiftsgasse mit dem Haus Nr. 5.

## 10 Durch die Petersgasse zum Rheinufer

»*Allmählich lernte ich, namentlich auf Sonntagsspaziergängen mit meinem Vater, auch die innere Stadt näher kennen, den Rhein mit der Fähre beim Blumenrain und den Brücken, das Münster und die Pfalz, den Kreuzgang, das historische Museum, das damals über dem Kreuzgang untergebracht war.*«

Hermann Hesse: Basler Erinnerungen, SW 12, S. 79

Die »*innere Stadt*« auf den Spuren Hesses näher kennenzulernen ist auch das Ziel unserer nächsten Etappen. Zunächst soll dabei die oben erwähnte Fähre beim Blumenrain aufgesucht werden. Hierzu gehen wir zunächst weiter durch die Stiftsgasse hindurch, die zum Nadelberg führt, einer Gasse mit prächtigen alten Häusern, die nach links, dem Rheinufer zu, in die Petersgasse übergeht. Diese wiederum mündet in den Blumenrain ein, eine stattliche Straße, deren gegenüberliegende Häuserreihe mit der Rückseite auf den Rhein hinausschaut.

Die Fähre am Blumrain, die Klingentalfähre genannt wird, da sie zum ehemaligen Kloster Klingental übersetzt, findet man, indem man im Blumenrain eine kurze Strecke nach links geht bis zu dem Platz, der ›Totentanz‹ heißt, nach alten, in der Pestzeit 1439 entstandenen Fresken, die einst an der (1805 niedergerissenen) Friedhofsummauerung der am Platz stehenden Predigerkirche zu sehen waren und heute in Überresten im Historischen Museum verwahrt sind. Hier geht ein Weg nach rechts zum Rheinufer und zu dem dortigen Anlegeplatz der Fähre hinunter. Bevor man hinuntergeht, sollte man allerdings das nahe des Weges stehende schmale Haus Nr. 2 am Totentanz betrachten, dessen Rückseite auf

*Klingentalfähre um 1903; hinten die Mittlere Brücke und die Martinskirche*

den Anlegeplatz der Fähre hinausblickt: In diesem Haus wurde 1760 der große alemannische Dichter und Kalendergeschichtenerzähler Johann Peter Hebel geboren; seine Eltern standen im Dienst der Basler Patrizierfamilie Iselin.

Die Basler Fußgängerfähren über den Rhein, die nach den Symbolen der Kleinbasler Ehrengesellschaften ›Vogel Gryff‹ (Klingentalfähre), ›Leu‹ (Münsterfähre), ›Wilde Maa‹ (St.-Alban-Fähre) und ›Ueli‹ (St.-Johann-Fähre) heißen, sind eine alte Basler Institution. Schon 1854 wurde die erste dieser Fähren eingerichtet, und zwar von der Basler Künstlergesellschaft, die mit ihr ihre Finanzen aufbesserte. Das System, mit dem die bis zu 30 Passagiere fassenden Fähren den Rhein überwinden, ist in seiner Form einmalig; nur durch die Wasserkraft des Flusses werden sie an einem hoch über dem

Fluss gespannten Seil, über welches an einer Rolle das Leitseil der Fähre läuft, durch Schrägstellen der Fähre über den Fluss getrieben. Mit der Vermehrung der Rheinbrücken und dem Aufkommen der modernen Verkehrsmittel gerieten die Fähren in unserem Jahrhundert eine Zeitlang in Bedrängnis. Heute sind sie aber wieder sehr beliebt, da sie doch ein vorbildlich umweltfreundliches, weil völlig energiesparendes Verkehrsmittel darstellen. – Wer mag, kann sich für ein geringes Fahrgeld vom »Fährimaa« (Fährmann) nach Kleinbasel übersetzen lassen, um dann gleich wieder zurückzufahren, da der Stadtrundgang auf dieser Seite, in Großbasel, seine Fortsetzung hat.

Von der Fährenanlegestelle empfiehlt es sich, nach rechts, also rheinaufwärts, die schöne Fußgängerpassage am Rhein entlang in Richtung der Mittleren Brücke zu nehmen, da dies eine besonders pittoreske Rheinpartie ist. Hermann Hesse hat übrigens, wie wir aus Briefen wissen, manches erfrischende Bad im Rhein genommen und damit eine an der Calwer Nagold liebgewonnene Gewohnheit fortgesetzt. Obwohl die Nagold und der Rhein von der Größe her natürlich nicht miteinander vergleichbar sind, mag Hesse hier noch etwas anderes an seine Heimatstadt erinnert haben: Die Brückenkapelle auf der Mittleren Brücke hat mit ihrem spitzen Türmchen eine gewisse Ähnlichkeit mit der Calwer Nikolausbrückenkapelle (s. S. 69 ff.). Die mächtige Mittlere Brücke, die in ihrer heutigen Form 1903 bis 1905, also zu Hesses Basler Zeit, errichtet wurde, geht auf eine bereits um 1225 errichtete Brücke zurück, die lange Zeit bis nach Holland hinunter die einzige Rheinbrücke und bis ins 19. Jahrhundert hinein auch die einzige in Basel war.

Auf der Brücke stehend, sieht man auf der Kleinbasler Seite rheinaufwärts eine schöne Zeile mit altehrwürdigen Häu-

*Das Hotel ›Krafft‹ auf der Kleinbasler Seite, unweit der Mittleren Brücke, in dem Hesse im Winter 1923/24 mit Ruth Wenger wohnte*

sern; darunter auch das Gebäude des Hotels Krafft, in welchem Hesses zweite Frau, Ruth Wenger, von 1923 bis 1925 eine kleine Wohnung gemietet hatte, in der sich auch Hesse verschiedentlich aufhielt (siehe hierzu S. 301).

Wir wenden uns zur Fortsetzung des Stadtrundgangs aber wieder der Großbasler Seite zu, wo uns an der Fassade am Eckhaus auf der rechten Seite ein Kopf mit Krone und herausgestreckter Zunge begrüßt. Es ist dies der Basler Lällenkönig, der Hermann Hesse als Kind fasziniert hat (siehe S. 246). Seinen Namen hat er von seiner herausgestreckten Zunge, die baslerisch »Lälli« heißt. Dieser Lällenkönig aus Gips ist eine Nachbildung des originalen Lällenkönigs, der aus Kupferblech getrieben ist, mittels eines Uhrwerkes die Zunge herausstrecken sowie die Augen rollen kann und jetzt im Historischen Museum zu sehen ist. Er war am Brückentorturm über dem Tor bis zu dessen Abbruch im Jahr 1839 angebracht und streckte den Kleinbaslern auf der anderen Seite des Rheins die Zunge heraus. Die Kleinbasler revanchieren sich bis auf den heutigen Tag dadurch, dass die Kleinbasler Ehrengesellschaften ›Vogel Gryff‹, ›Leu‹ und ›Wilde Maa‹ am ›Vogel-Gryff-Fest‹, das sechs Wochen vor der Basler Fasnacht gefeiert wird, mit ihren Symbolen auf der Mittleren Brücke tanzen, wobei sie dem Lällenkönig und damit Großbasel demonstrativ den Hintern zukehren.

*11 Auf den Spuren des »Steppenwolfs« am Fischmarkt sowie in der Lothringerstraße 7*

Um zum *Fischmarkt* zu gelangen, lassen wir den Lällenkönig rechts liegen, gehen ein kurzes Stück der Eisengasse entlang und biegen dann nach rechts in das kleine Tanzgässlein ein, das zum Fischmarkt führt.

Im Zentrum des Platzes steht der im 14. Jahrhundert erbaute Fischmarktbrunnen, der sicherlich der prächtigste Brunnen Basels ist. In der Mitte eines zwölfeckigen Wasserbeckens steht eine filigrane Säule im gotischen Stil mit vier Wasserspeiern, über denen musizierende Engel einen Reigen tanzen; darüber stehen große Figuren des Gemeindepatrons Petrus, der Himmelskönigin Maria und des Schutzheiligen Johannes. Leider ist die Geschlossenheit des durch Jugendstilgebäude geprägten Platzes durch die nicht gerade gelungene neuzeitliche Überbauung an der westlichen Seite beeinträchtigt. Dieser Überbauung ist auch ein Gebäude zum Opfer gefallen, in dem Hermann Hesse oft ein und aus gegangen ist: der alte Gasthof ›Zum Storchen‹. Hier hat er nach eigenen Aussagen (s. S. 257) manche Partie Billard gespielt. Theo Baeschlin, der jüngere Sohn seiner Zimmerwirtin in der Mostackerstraße, berichtet darüber:

*»Ein kleines, aber munteres Kapitel für sich bildete H. H.'s Vorliebe für das Billardspiel, das wir teils im ›Storchen‹ und später im ›Métropol‹ ausgiebig betrieben. Aus dieser Zeit stammt auch ein lustiges, kleines ›Billard-ABC‹ von H. H.'s Hand, allwo er sich im ›H‹ mit folgendem Vers bespiegelt hat:*
   *›Stets ist der Hesse sehr verwundert,*
   *Verliert er die Partie auf Hundert.‹«*
                    Hermann Hesse in Augenzeugenberichten, S. 40

Der Fischmarkt war Hermann Hesses Kneipenviertel, denn noch ein weiteres von ihm frequentiertes Lokal lag an diesem Platz: die ›Pinte zum Helm‹. Auch dieses Weinlokal ist heute verschwunden; es stand an der Stelle des siebengeschossigen Geschäftshauses, in dessen Erdgeschoss sich ein Kleiderladen befindet. Hesse hat den ›Helm‹ während seines mehrmonatigen Arbeitsaufenthaltes in Basel Anfang und Ende 1924 regelmäßig besucht; er ist sogar in seinen Roman *Der Steppenwolf* als Schauplatz eingegangen. In einem Brief vom 31. März 1955 berichtet er darüber: »*[...] mein Weinlokal während meiner zwei Basler Winter um 1924 war der Helm am Fischmarkt, im Steppenwolf Stahlhelm, der auch längst nicht mehr steht.*«

Im *Steppenwolf* in *Harry Hallers Aufzeichnungen* schildert Hesse dessen abendlichen Aufbruch in seine Stammkneipe »Zum Stahlhelm« folgendermaßen:

*»Es ist eine schöne Sache um die Zufriedenheit, um die Schmerzlosigkeit, um diese erträglich geduckten Tage, wo weder Schmerz*

*Der Basler Fischmarkt mit dem Restaurant ›Helm‹ um 1920*

*noch Lust zu schreien wagt, wo alles nur flüstert und auf Zehen schleicht. Nur steht es mit mir leider so, dass ich gerade diese Zufriedenheit gar nicht gut vertrage, dass sie mir nach kurzer Dauer unausstehlich verhasst und ekelhaft wird und ich mich verzweiflungsvoll in andere Temperaturen flüchten muss, womöglich auf dem Wege der Lustgefühle, nötigenfalls aber auch auf dem Wege der Schmerzen. [...]*
*In solcher Stimmung also beschloss ich diesen leidlichen Dutzendtag bei einbrechender Dunkelheit. Ich beschloss ihn nicht auf die für einen etwas leidenden Mann normale und bekömmliche Weise, indem ich mich von dem bereitstehenden und mit einer Wärmflasche als Köder versehenen Bett einfangen ließ, sondern indem ich unbefriedigt und angeekelt von meinem bisschen Tagewerk voll Missmut meine Schuhe anzog, in den Mantel schlüpfte und mich bei Finsternis und Nebel in*

die Stadt begab, um im Gasthaus zum Stahlhelm das zu trinken, was trinkende Männer nach einer alten Konvention ›ein Gläschen Wein‹ nennen.

So stieg ich denn die Treppen von meiner Mansarde hinab, diese schwer zu steigenden Treppen der Fremde, diese durch und durch bürgerlichen, gebürsteten, sauberen Treppen eines hochanständigen Dreifamilienmiethauses, in dessen Dach ich meine Klause habe. Ich weiß nicht, wie das zugeht, aber ich, der heimatlose Steppenwolf und einsame Hasser der kleinbürgerlichen Welt, ich wohne immerzu in richtigen Bürgerhäusern, das ist eine alte Sentimentalität von mir. Ich wohne weder in Palästen noch in Proletarierhäusern, sondern ausgerechnet stets in diesen hochanständigen, hochlangweiligen, tadellos gehaltenen Kleinbürgernestern, wo es nach etwas Terpentin und etwas Seife riecht und wo man erschrickt, wenn man einmal die Haustür laut ins Schloss hat fallen lassen oder mit schmutzigen Schuhen hereinkommt. Ich liebe diese Atmosphäre ohne Zweifel aus meinen Kinderzeiten her, und meine heimliche Sehnsucht nach so etwas wie Heimat führt mich, hoffnungslos, immer wieder diese alten dummen Wege. Nun ja, und ich habe auch den Kontrast gern, in dem mein Leben, mein einsames, liebloses und gehetztes, durch und durch unordentliches Leben, zu diesem Familien- und Bürgermilieu steht. Ich habe das gern, auf der Treppe diesen Geruch von Stille, Ordnung, Sauberkeit, Anstand und Zahmheit zu atmen, der trotz meinem Bürgerhass immer etwas Rührendes für mich hat, und habe es gern, dann über die Schwelle meines Zimmers zu treten, wo das alles aufhört, wo zwischen den Bücherhaufen die Zigarrenreste liegen und die Weinflaschen stehen, wo alles unordentlich, unheimisch und verwahrlost ist und wo alles, Bücher, Manuskripte, Gedanken, gezeichnet und durchtränkt ist von der Not der Einsamen, von der Problematik des Mensch-

*seins, von der Sehnsucht nach einer neuen Sinngebung für das sinnlos gewordene Menschenleben.*

*Und nun kam ich an der Araukarie vorbei. Nämlich im ersten Stockwerk dieses Hauses führt die Treppe am kleinen Vorplatz einer Wohnung vorüber, die ist ohne Zweifel noch tadelloser, sauberer und gebürsteter als die andern, denn dieser kleine Vorplatz strahlt von einer übermenschlichen Gepflegtheit, er ist ein leuchtender kleiner Tempel der Ordnung. Auf einem Parkettboden, den zu betreten man sich scheut, stehen da zwei zierliche Schemel und auf jedem Schemel ein großer Pflanzentopf, in einem wächst eine Azalee, im andern eine ziemlich stattliche Araukarie, ein gesunder, strammer Kinderbaum von größter Vollkommenheit, und noch die letzte Nadel am letzten Zweig strahlt von frischester Abgewaschenheit. Zuweilen, wenn ich mich unbeobachtet weiß, benütze ich diese Stätte als Tempel, setze mich über der Araukarie auf eine Treppenstufe, ruhe ein wenig, falte die Hände und blicke andächtig hinab in diesen kleinen Garten der Ordnung, dessen rührende Haltung und einsame Lächerlichkeit mich irgendwie in der Seele ergreift. Ich vermute hinter diesem Vorplatz, gewissermaßen im heiligen Schatten der Araukarie, eine Wohnung voll von strahlendem Mahagoni und ein Leben voll Anstand und Gesundheit, mit Frühaufstehen, Pflichterfüllung, gemäßigt heitern Familienfesten, sonntäglichem Kirchgang und frühem Schlafengehen.*

*Mit gespielter Munterkeit trabte ich über den feucht beschlagenen Asphalt der Gassen, tränend und umflort blickten die Laternenlichter durch die kühlfeuchte Trübe und sogen träge Spiegellichter aus dem nassen Boden [...].«*

Hermann Hesse: Der Steppenwolf,<br>Roman (1927), SW 4, S. 28 ff.

*Das Haus in der Lothringerstraße, in dem Hesse im Winter 1924/25 in einer Mansardenwohnung am »Steppenwolf« schrieb*

Wer den Weg des Steppenwolfs zum Gasthaus »Zum Stahlhelm« nachvollziehen möchte, kann dies tun: Es ist der Weg von der Lothringerstraße 7 durch die Spitalstraße zum Totentanz und von dort durch den Blumenrain und die Spiegelgasse zum Fischmarkt. Das Haus *Lothringerstraße 7* ist im Stadtplan als Punkt 11b eingezeichnet, aber nicht in den Stadtrundgang aufgenommen, da es relativ weit draußen in der St.-Johann-Vorstadt steht. In diesem Haus hat Hermann Hesse den Winter 1924/25 über unterm Dach in einer Mansarde gewohnt und am *Steppenwolf* gearbeitet. In einem Brief von 1948 berichtet er darüber:

»[...] *dort, in einer sehr lieben kleinen Mansardenwohnung von 2 Stuben, habe ich die erste Hälfte des Steppenwolf ge-*

*schrieben. Wenn ich heimkam und die Treppen hinauf stieg, stand auf dem Vorplätzchen vor der Glastür im 2. Stock die schöne Araukarie.«*

Aus: Materialien zu Hermann Hesses »Der Steppenwolf«,
S. 154

Über die Umstände, die ihn damals für einige Monate aus dem Tessin nach Basel zurückbrachten, berichtet er in einem anderen Brief 1925:

*»Also ich habe in Basel, nah beim St. Johannstor, eine nette, stille Mansardenstube für diesen Winter, den ich auf Befehl der gnädigen Frau wieder in Basel zuzubringen habe. Ich wohne in meiner Klause, Ruth in ihrer, das heißt im Hotel Krafft, und den Tag über gehen wir unsern ernsthaften Geschäften nach, ich namentlich in der Universitätsbibliothek, wo ich fast täglich sitze und arbeite, trotz ganz verfluchter Augenschmerzen. Und am Abend erscheine ich dann im Appartement der Frau Hesse, finde irgendetwas zum Abendessen bereit, und dann bringen wir den Abend miteinander zu, in Gesellschaft der Katze, des Hundes und des Papageis Koko, der mein Freund ist und mich sehr ans Haus fesselt. Dann gehe ich im Nachtnebel wieder den Rhein entlang in mein Quartier.«*

Aus: Materialien zu Hermann Hesses »Der Steppenwolf«,
S. 42

Hermann Hesse hatte am 11. Januar 1924 in zweiter Ehe Ruth Wenger geheiratet (s. S. 402), die in Basel eine Gesangsausbildung absolvierte und dazu ein Appartement im Hotel Krafft am Kleinbasler Rheinufer gemietet hatte. Hesse arbeitete tagsüber in der Bibliothek an einer geplanten zwölfbändigen Edition »Das klassische Jahrhundert deutschen Geistes 1750-1850«, die letztendlich nicht zustande kam.

## 12 Der Marktplatz mit dem Rathaus

Vom Fischmarkt sind es nur wenige Schritte durch die Stadthausgasse zum *Marktplatz*, der vom *Rathaus* mit seiner roten, prächtig verzierten Fassade und dem hohen Turm dominiert wird.

Zu diesem Bauwerk gewann Hermann Hesse in seiner zweiten Basler Zeit ein ganz besonderes Verhältnis, indem er zwischen 1899 und 1904 miterlebte, wie an das um 1510 entstandene alte Rathaus rechts der hohe Turm und links der stattliche Trakt mit dem großen Erker angebaut wurde. Bei diesem mächtigen Erweiterungsbau war mit dem jungen Architekten Heinrich Jennen ein guter Bekannter Hermann Hesses tätig, mit dem er von Oktober 1899 bis April 1900 in der Holbeinstraße 21 sogar in einer Art Wohngemeinschaft gelebt hat (siehe S. 257 und 278 f.). Jennen war damals Bauleiter bei der Firma E. Fischer & Fueter, die mit dem Erweiterungsbau des Rathauses und auch des dahinter befindlichen Basler Staatsarchivs beauftragt war. Der erst 28-Jährige gewann im Jahr 1900 den 1. Preis in einem Architektenwettbewerb um die Erweiterungsbauten des Rathauses. Da die Realisierung dieses im neugotischen Stil gehaltenen Entwurfs erheblich mehr kostete als ursprünglich veranschlagt, kam es in der Stadt zu einigem Unmut, der sogar zu einer Volksabstimmung führte, bei welcher der Erweiterungsbau dann jedoch mit 3524 zu 2416 Stimmen abgesegnet wurde.

*Das Basler Rathaus 1904 nach seiner Erweiterung, die Hesse miterlebte. Geradeaus die Freie Straße, in der er arbeitete*

Dieser ›Skandal‹ um den Rathausneubau war für Hesse 1902/03 Anlass, mit der Erzählung *Das Rathaus* eine Art literarische Verteidigungsschrift für den Freund zu schreiben. Jennen wird darin Niklas genannt, Hesse selbst tritt unter dem Namen Veit auf. Im ersten Teil der Erzählung kommt es in einer Freundesrunde, die sich im Garten eines Basler Patrizierhauses zu einem geselligen Nachmittag trifft, zu einem Disput über den Baukostenskandal. Der junge Arzt Ugel hält Niklas vor, dass die Baukostenüberschreitung kein Versehen sein könne und die Bürger deshalb zu Recht verärgert seien. Daraufhin sieht sich Niklas zu einer Verteidigungsrede veranlasst, in der er zugibt, dass er den Kostenvoranschlag manipuliert habe, allerdings nicht um seinetwillen, sondern damit die Stadt zu einem ihr würdigen Bauwerk komme:

*»Ihr Freunde! Eigentlich ist mir ein Blick auf Eure Runde hier genug Rechtfertigung. Hier ist eine im Kern gesunde, drängende und hoffende Jugend versammelt. Wir spüren, dass unsere Stadt nach langen fleißig nüchternen Jahrzehnten nun eine Blüte treiben und sich der Welt glänzend und schenkend zeigen will. Alle Künste gären hier seit einiger Zeit in plötzlichem Wachstum und streben mit dunklem Trieb nach Vereinigung und neuer Macht. Die Stadt ist reich, seit langer Zeit her reich, und beginnt nun zum Bewusstsein ihres Reichtums zu erwachen.*

*Und diese Stadt, die in jeder Rücksicht heute rascher als je fortschreitet und vielleicht an Macht wie an Umfang sich verdoppeln wird, stand nun vor der Nötigung, ein neues Stadt- und Rathaus zu bauen. Ich sah die sparsamen Alten Bauziffern abwägen, ich sah die Parteien Günstlinge vorschieben und sah Handwerker und Halbkünstler feilschend und gierig sich um den großen Auftrag reißen. Alle Interessen waren flüssig: das des Geldes, des Geizes, der Partei, des Brotneides, nur nicht das der Kunst und der Liebe. Und ich sah unsere Stadt, welche auf hundert Jahre hinaus nicht wieder einen solchen Bau zu vergeben haben wird, vor einer unverzeihlichen Sünde stehen. Vom Augenblick dieser Erkenntnis an war ich der eifrigste Bewerber um den großen Bau. Er ist nun bald fertig. Die Stadt verliert an ihm ein paar Säcke voll Taler, die schon übers Jahr verschmerzt sein werden. Sie gewinnt an ihm nicht nur einen, wie ich sagen darf, guten Bau, sondern, was mir wichtiger*

*Das Basler Rathaus heute*

*schien, den sichtbaren Ausdruck ihrer stattlichen Macht und zugleich das in fröhlichem Trotz gesetzte Denkmal einer hoffnungsfrohen, lebenstüchtigen Jugend.«*

Hermann Hesse: Das Rathaus, Erzählung (1901),
SW 1, S. 510

Im weiteren Verlauf der Erzählung, die auch eine kleine Charakteristik des Basler Bürgertums zu zeichnen versucht, wird geschildert, wie Niklas vom Stadtrat eine als Abschlusshonorar vorgesehene Ehrengabe aberkannt wird, diese aber von einer Initiative aufgeschlossener Bürger dann doch ausgehändigt bekommt. – Die Frage, inwieweit Hesses Darstellung der Geschichte, wie die Basler zu ihrem stattlichen neuen Rathaus gekommen sind, den tatsächlichen Vorgängen entspricht, ist nicht mehr ganz genau zu beantworten. Ein wenig künstlerische Phantasie und Dramatisierung scheint er schon dazugegeben zu haben. Auch vom zweiten Teil der Erzählung, in dem er sich selbst (alias Veit) als freiwilligen Helfer auf den Gerüsten des Neubaus schildert, ist dies zu vermuten:

»*Ein warmer Vormittag glänzte über der tätigen Stadt. Im Rathaus meißelte, zimmerte und stäubte die zahlreiche Arbeiterschaft emsig durcheinander. Auf breiten Gerüsten saßen an den Wänden der Hofseite die Maler; aus der roten Fläche lachte da und dort der frisch angelegte Umriss einer Figur oder ein farbiges Wappen oder ein Stück Ornament in Blau und Goldgelb. Neben einem der Maler stand Veit, in lebhafter Rede begriffen. Er hatte als geschichtskundiger Kunstkenner bei den Malereien die Prüfung der Kostüme und des heraldischen Schmuckwerks übernommen und gab sich, über seine Aufgabe hinaus, alle Mühe, die Künstler und Gehilfen im frischen Zug zu erhalten, damit nirgends die persönlich lebendige Arbeit durch schablonenhaft Handwerksmäßiges litte oder verdrängt würde. Wo ein Künstler seine eigene, wenn auch abweichende Auffassung hatte und mit Trotz durchsetzte, freute er sich und beharrte mit Absicht in einer ansporenden Opposition. Wo aber einer müde werdend sich mit gedankenlosem Weitermachen begnügte und sich auf flache Füllsel legte, war er unerbittlich mit Tadel, Spott, ja Grobheit. So förderte er, ohne irgend Ruhm davon zu haben, die Arbeit und half redlich mit, das Niklas'sche Werk zu reinerer Vollendung zu bringen. Ohne dass man davon wusste, hatte er auch in Niklas' eigenen Zeichnungen im stillen Arbeitszimmer je und je ein Gesimse, eine Türkrönung, einen Treppenhausquerschnitt, ein Ecksteinprofil mit leisem Strich getadelt und auf seine schärfere, kräftigere Prägung gedrungen. Niklas war ihm dafür dankbar und*

*schätzte den unscheinbaren Menschen als stillen Mitarbeiter hoch.«*
Hermann Hesse: Das Rathaus, Erzählung (1901), SW 1, S. 519

Eine solche Mitarbeit Hesses an der Fassadengestaltung ließ sich bislang ebenso wenig nachweisen wie der in der Erzählung erwähnte, von Veit verfasste »*Traktat, der in klarer und schöner Sprache das künstlerische Wesen, den Organismus, die Entstehung und Vollendung des neuen Rathauses darstellte*«. Dennoch dürfte Hermann Hesse an diesem Bau tatsächlich einen gewissen Anteil haben, denn ein reger Austausch mit Jennen, besonders während der Zeit des Zusammenwohnens in der Holbeinstraße, ist in Briefen verbürgt (siehe S. 278f.).

Nach der Besichtigung des Rathauses mit den größtenteils um 1610 entstandenen Fassadenmalereien von Hans Bock, die sich auch im prächtigen Innenhof fortsetzen, ist zu empfehlen, sich auch die Gebäude an der Rückseite des Rathauses anzusehen. Diese erreicht man, indem man das links vom Rathaus den Berg hinaufführende enge Martinsgässlein hinaufsteigt. Links ist dort die Martinskirche, in der Großvater Hermann Gundert, wie Hesse in seinen *Basler Erinnerungen* schreibt (s. S. 245), oft die Eröffnungsansprache bei den Basler Missionsfesten gehalten hat. Rechts steht das große Staatsarchiv, das im Zusammenhang mit der Rathauserweiterung 1899 bis 1903 ebenfalls unter Beteiligung von Hesses Freund Jennen erbaut wurde. Wenn man durch den Arkadengang mit den düsteren Fresken von Heinrich Altherr hindurchgeht, kann man von einer Galerie einen schönen Blick auf die Dachlandschaft des Rathauses werfen. Lohnend machen diesen kleinen Umweg aber auch die beiden prächtigen Patrizierhäuser, die gegenüber vom Staatsarchiv stehen. Es sind dies das sogenannte Blaue und das Weiße Haus, die um 1665 für die Bandfabrikanten Lukas und Jakob Sarasin erbaut wurden und hier ihre repräsentativen Hofeinfahrten haben, während die Hauptfassaden zum Rhein hinausblicken.

## 13 Die Freie Straße mit der Reich'schen Buchhandlung

Das nächste Ziel soll das Gebäude in der Freien Straße 40 sein, in welchem die Reich'sche Buchhandlung residierte, als Hermann Hesse von September 1899 bis Januar 1901 in ihr als Sortimentsgehilfe arbeitete. Vom Weißen und vom Blauen Haus gehen wir hierzu die Martinsgasse bis an ihr Ende, um dann nach rechts den Stapfelberg zur Freien Straße hinabzusteigen. Die Freie Straße, die vom Marktplatz herkommt und über einen halben Kilometer zur Aeschenvorstadt hinausführt, ist die Hauptschlagader der Basler Altstadt. Heute ist sie als Fußgängerzone eine bevorzugte Einkaufsmeile in Basel.

Wenn man die Freie Straße vom Stapfelberg kommend betritt und nach links geht, findet man nach wenigen Metern auf der rechten Seite im Haus Nr. 32 die große, sehr gut sortierte Buchhandlung Thalia. Diese ist die Nachfolgerin der Buchhandlung Jäggi, die ihrerseits Nachfolgerin der Buchhandlung Lichtenhahn und Helbing war, die wiederum die Nachfolgerin der Reich'schen Buchhandlung war, in der Hermann Hesse gearbeitet hat; Helbing war ein Kollege von Hesse. Allerdings ist die Buchhandlung schon vor längerer Zeit umgezogen; die Reich'sche Buchhandlung und da-

*Die Reich'sche Buchhandlung um 1903.
Hier arbeitete Hermann Hesse 1899 bis 1901*

mit Hesses Arbeitsplatz befand sich nicht hier im Haus Nr. 32, sondern ein paar Häuser weiter im Haus Nr. 40, in dem sich heute die Bijouterie Bucherer befindet.

In diesem stattlichen Haus an der Ecke zum Pfluggässlein, das den Namen ›Haus zum Rosenfeld‹ trägt, ging Hermann Hesse von September 1899 bis Januar 1901 täglich ein und aus. Über die Buchhandlung berichtete er den Eltern im ersten Brief aus Basel:

»*Im Geschäft finde ich, scheint's, sehr viel Arbeit, aber nette Kollegen (5 und 1 Lehrling), ein sehr schönes Geschäft, neu und glänzend eingerichtet, und in Herrn Reich einen offenbar sehr angenehmen Chef. Ich besuchte ihn heute früh und lernte Frau und Tochter kennen. Die Frau ist eine Bernerin und sehr nett. Tischhauser ist Lehrling, ein etwas ungeschickter, aber sehr lieber und dienstwilliger Mensch. Meine Arbeit ist hauptsächlich das Expedieren der Journale (mir sehr unangenehm), Führen der ›kleinen Kasse‹ und Lagerordnen, Post frankieren etc. Französisch wird sehr viel gesprochen.*«

Hermann Hesse: Kindheit und Jugend vor 1900,
Band 2, S. 383

## 14 Pfluggässlein und Barfüßerplatz

Im Januar 1901 wechselt Hermann Hesse von der Buchhandlung Reich in das Antiquariat Wattenwyl, das gleich um die Ecke im Pfluggässlein war, um sich hier als Antiquar ausbilden zu lassen. Theo Baeschlin, der Sohn seiner Wirtin in der Mostackerstraße und selbst Buchhändler, berichtet darüber:

»*Seine Arbeit in der Buchhandlung R. Reich war, wie überall im Sortiment, wohl vielseitig, aber doch nicht restlos anregend. Seine schönste Basler Zeit begann wohl erst, als er den Laden mit dem Antiquariat vertauschte. Von diesem Antiquariat, das von einem sehr belesenen Antiquar, Herrn E. von Wattenwyl, geführt wurde, ging ein einzigartiger Zauber aus, dem auch ich mich nicht entziehen konnte. Eine hübsche Anzahl Schweizer Autoren des 18. Jahrhunderts habe ich dem alten Herrn abgehandelt. Außer H. H. war da noch ein sprachenkundiger Mitarbeiter, Herr Baur. Dieses Triumvirat behütete seine Schätze und betreute seine Kunden auf originelle Art und Weise. War da irgendein schönes Stück aufgetaucht oder mit einer Bibliothek angeboten, so geschah es nicht selten, dass über dem Katalogisieren schon sich die Frage auftat, wem dieses Buch wohl zu gönnen sei – der alte Herr von Wattenwyl trennte sich so ungern von ›seinen‹ Büchern! In diesem Milieu gedieh denn auch die literarische Tätigkeit H. H.'s augenscheinlich.*«

Hermann Hesse in Augenzeugenberichten, S. 39 f.

Zwei Jahre blieb Hesse bei Wattenwyl, dann gab er den Buchhandel auf, um sich ganz der Schriftstellerei zu widmen, seinem eigentlichen Lebensziel.

Das Antiquariat Wattenwyl gibt es heute nicht mehr, und auch sein ehemaliger Standort lässt sich nicht mehr genau bestimmen, da das Pfluggässlein weitgehend neuzeitlich überbaut ist.

Durch das Pfluggässlein hindurch kommt man zur Falknerstraße, die nach links zum Barfüßerplatz führt, einem alten Markt- und Messeplatz. Dieser Platz war Hermann Hesse aus der Kinderzeit in guter Erinnerung:

*»In den zwei oder drei letzten Jahren unserer damaligen Basler Zeit war die Messe im Oktober ein großes Erlebnis mit den Buden und Karussellen, den Moritatengesängen auf dem Barfüßerplatz und den süßen Messmocken und den vielen Örgelimännern [...].«*
Hermann Hesse: Basler Erinnerungen, SW 12, S. 79

Auch während seiner zweiten Basler Zeit hat Hermann Hesse den Barfüßerplatz öfter aufgesucht; nun allerdings weniger wegen der Messe als wegen des 1894 in der Barfüßerkirche, einer ehemaligen Franziskanerkirche aus dem 14. Jahrhundert, eingerichteten Historischen Museums, das neben einer Dokumentation der Geschichte Basels auch den Münsterschatz und die Fragmente der berühmten Totentanzfresken (vgl. S. 291) aufbewahrt und zeigt. Diese Dinge waren Hermann Hesse bereits in der Kinderzeit vom Vater nahegebracht worden, als sie noch beim Münster über dem Kreuzgang untergebracht waren.

## 15 Das Münster mit Kreuzgang und Pfalz

Das Münster erreicht man vom Barfüßerplatz aus, indem man links von der Barfüßerkirche (Historisches Museum) in die Barfüßergasse hineingeht und dann nach wenigen Schritten nach links die Kaufhausgasse und, die Freie Straße überquerend, den Münsterberg hinaufgeht, der direkt zum Münster führt.

Das Münster mit seinen zwei filigranen Türmen und dem mit bunten Ziegeln gedeckten Dach kann an dieser Stelle natürlich nicht ausführlich beschrieben werden; hier sei auf

*Turmblick vom Basler Münster zum Rhein*

die einschlägigen Führer verwiesen, die im Münster erhältlich sind. Es sei nur so viel gesagt: Die bauliche Hauptsubstanz geht auf einen im 12. Jahrhundert errichteten spätromanischen Bau zurück, der seinerseits jedoch auf wesentlich älteren Anfängen fußt. 1356 wurde das Münster (wie auch die Stadt) von einem Erdbeben teilweise zerstört. Die Schäden wurden durch Erneuerungen im gotischen Stil beseitigt. Die Türme haben im 15. Jahrhundert ihre jetzige Gestalt bekommen; sie können (außer im Winter) bestiegen werden und bieten eine beeindruckende Übersicht über Basel und seine Umgebung. Ebenfalls im 15. Jahrhundert wurden im Süden, also rechts vom Münster, die beiden Kreuzgänge in spätgotischem Stil ausgebaut. Hinter dem Chor des Münsters liegt steil über dem Rhein die sogenannte Pfalz, von deren Terrasse man einen schönen Blick auf den Rhein und das gegenüberliegende Kleinbasel hat.

Hermann Hesse lernte das Münster schon in den Kinderjahren unter der Führung des Vaters kennen, wie er in seinen *Basler Erinnerungen* berichtet (vgl. S. 247). Auch später hat er das Münster regelmäßig aufgesucht; so schreibt er z. B. im November 1899 an seine Eltern:

*»Am Münster bin ich fast jeden Tag, ohne zu studieren, und freue mich neben allem andern naiv an dem glänzend bunten Bilde, wenn man das farbige Dach und die feinen roten Türme gegen einen blauen Mittagshimmel sieht.«*
Hermann Hesse: Kindheit und Jugend vor 1900,
Band 2, S. 413

## *16 Das ehemalige Kunstmuseum in der Augustinergasse 2 und das heutige Kunstmuseum am St.-Alban-Graben*

Vom Münster nach links über den Münsterplatz mit seinen Barockfassaden schreitend, kommt man in die Augustinergasse. Das Haus Nr. 2 in dieser Gasse ist ein großer, 1849 eingeweihter spätklassizistischer Museumsbau. Dieses Gebäude hatte für Hesse eine Bedeutung wie sonst kein anderes in der Stadt. Zu seiner Basler Zeit beherbergte der Bau das *Kunstmuseum*. Dieses lernte er wiederum bereits in der Kindheit in Begleitung des Vaters kennen, und nach seiner Rückkehr nach Basel 1899 suchte er es, wie wir aus zahlreichen Briefen entnehmen können, regelmäßig auf, um sich zu erbauen und Studien zu treiben; in seinen *Basler Erinnerungen* berichtet er:

*Robert Zünds »Die Ernte«, Hermann Hesses Lieblingsbild
in den Basler Kinderjahren*

»Und von den Eindrücken, die mir das damalige Kunstmuseum bei einigen Besuchen unter der Führung meines Vaters gab, fand ich einige noch vollkommen lebendig, als ich zwölf oder mehr Jahre später wieder nach Basel zurückkehrte; zu diesen Eindrücken gehörten Böcklins Fresken im Treppenhaus, Holbeins Familienbild und der tote Christus, Feuerbachs Aretino und die Kinderidylle und das Bild von Zünd mit dem Kornfeld, das ich als Knabe besonders liebte.«
  Hermann Hesse: Basler Erinnerungen, SW 12, S. 79

Von all diesen von Hesse aufgezählten Kunstwerken sind heute freilich nur noch Böcklins Fresken im Treppenhaus hier im Gebäude Augustinergasse 2 zu sehen. Die übrigen Kunstwerke sind 1936 in das *neue Kunstmuseum* am St.-Alban-Graben umgezogen, das anschließend besucht werden soll. In der Augustinergasse 2 ist heute das Naturhistorische Museum untergebracht und unweit davon am Münsterplatz 20 das *Museum der Kulturen*, das auch zahlreiche Exponate aus der ehemaligen Ausstellung der Basler Mission zeigt (vgl. S. 289).

Der zweite Basler Aufenthalt 1899 bis 1904 war für Hermann Hesse eine intensive Zeit der autodidaktischen Fortbildung auf dem Gebiet der bildenden Kunst. Mit dieser Absicht im Kopf und einem Kunstdruck von Böcklins »Toteninsel« im Gepäck kam er von Tübingen, wo er literarische Studien in den Mittelpunkt gestellt hatte. Für Studien auf dem Gebiet der bildenden Künste schienen ihm nun der Geburtsort Arnold Böcklins und das reich bestückte Basler Kunstmuseum die richtigen Orte. Die Wichtigkeit des Kunstmuseums für ihn und den Einfluss, den es auf ihn ausübte, belegen zahlreiche Briefe, in denen er darüber berichtet. So schreibt er z. B. am 24. September 1899:

*»Vor Tisch reichte es eben noch zu einem flüchtigen Blick ins Museum. Dort ist manches verändert. Ich denke viele Stunden noch in diesen Sälen zuzubringen. Böcklin hat jetzt einen eigenen Saal mit 12 Bildern. Der Aufenthalt in diesem Böcklinzimmer ist überaus köstlich – Ihr wisst, wie sehr ich Böcklin schon verehrte, ehe ich Originale von ihm kannte – jetzt geht mir das Herz auf vor dieser unerhörten Pracht.«*

Hermann Hesse: Kindheit und Jugend vor 1900,<br>Band 2, S. 387

*Arnold Böcklins »Toteninsel«, Hermann Hesses Lieblingsbild während seiner Buchhändlerzeit*

Um diese Bilder zu sehen, muss man heute, wie gesagt, in das neue Kunstmuseum am St.-Alban-Graben gehen. Dieses liegt ca. einen halben Kilometer vom alten Museum entfernt und ist relativ einfach zu erreichen, indem man wieder zum Münster und dann geradeaus die Rittergasse hinuntergeht, die direkt auf den St.-Alban-Graben und das Kunstmuseum zuführt. Hierbei kommt man an der Bäumleingasse vorbei, in der Mia Bernoulli, die Hermann Hesse hier kennenlernte und 1904 heiratete, ihr Photoatelier hatte.

Das Basler Kunstmuseum ist die älteste in öffentlichem Besitz befindliche Kunstsammlung der Welt und zugleich die bedeutendste in der Schweiz. Das erste Geschoss präsentiert alte Meister des 15. und 16. Jahrhunderts (besonders Witz und Holbein), flämische und holländische Malerei des 16./17. Jahrhunderts (z. B. Rembrandt und Rubens), deutsche und schweizerische Malerei des 18./19. Jahrhunderts (z. B. Füssli und Nazarener), Impressionisten (u. a. Cézanne, Gauguin und van Gogh) und schließlich die von Hesse damals bevorzugte Malerei des späten 19. Jahrhunderts (Böcklin, Feuerbach, Hodler u. a.). Im zweiten Geschoss findet sich eine interessante Auswahl von Malerei und Plastik des 20. Jahrhunderts.

Die Sammlung deutscher und schweizerischer Malerei der zweiten Hälfte des 19. Jahrhunderts, darunter die weltweit umfänglichste Sammlung des Basler Malers Arnold Böcklin (1827-1901), ist im 1. Obergeschoss rund um den großen Innenhof zu sehen. Im Zentrum steht Böcklins berühmtes, 1880 entstandenes Gemälde »Die Toteninsel«, das er als Auftragsarbeit erstellte und mit den Worten kommentierte: »Sie erhalten, wie gewünscht, ein Bild zum Träumen. Es soll so still werden, dass man erschrickt, wenn an die Tür gepocht wird.« Die Bedeutung dieses Bildes für Hermann Hesse in jener Zeit spiegelt sich nicht nur in der Tatsache, dass er bereits in seiner Tübinger Wohnung einen Kunstdruck dieses Gemäldes aufgehängt hatte, sondern stärker noch in dem Vorgang, dass er sich von diesem Bild wahrscheinlich zu dem Prosastück *Notturno* in seinem 1899 erschienenen Buch *Eine Stunde hinter Mitternacht* hat anregen lassen:

*»In einem tiefen, tagebreiten Zederwald liegt ein See und eine granitene Burg verschlossen. Ein Schloss, für die Ewigkeit gebaut, kolossal und quaderfest, mit ungeheuren normannischen Ecktürmen und einer einzigen Türe. Diese öffnet sich auf eine Treppe aus breiten Quaderstufen, und die Treppe führt in den*

*schwarzen, bodenlosen See. Der eisgraue Wächter hört und erkennt mein Ross. Er tritt bedächtig durch die eherne Türe und über die grünlichen Stufen. Er löst das Königsboot von der schweren Kette und rudert lautlos mit einem Ruder über das spiegelschwarze Wasser. Er nimmt mich auf und steuert zurück.«*

Hermann Hesse: Notturno, in:
Eine Stunde hinter Mitternacht (1899), SW 1, S. 214

## 17 Das Wohnhaus ›Zum Sausewind‹ in der St.-Alban-Vorstadt 7

Vom Kunstmuseum zur St.-Alban-Vorstadt ist es nur ein Katzensprung. Diese zweigt von dem Platz beim Kunstmuseum nach rechts ab. Das ›Haus zum Sausewind‹ (Haus Nr. 7) findet man in der Straße nach kurzer Strecke auf der linken Seite. In ihm hat Hermann Hesse von August 1902 bis Januar 1903 gewohnt. Wie es ihm hierbei ergangen ist, schildert er 1931 in der Erinnerung *Beim Einzug in ein neues Haus*:

*»Während meiner Basler Jahre machte ich denn auch zum ersten Mal den Versuch, geschmackvoll und würdig zu wohnen, indem ich mir ein originelles hübsches Zimmer in einem Altbasler Hause mietete, ein Zimmer mit großem altem Kachelofen, ein Zimmer mit Vergangenheit. Ich hatte damit aber kein Glück; das Zimmer war wunderschön, aber es wurde niemals warm, obwohl der alte Ofen große Mengen Holz verschlang, und unter seinen Fenstern fuhren durch die scheinbar so ruhige Gasse morgens von drei Uhr an die Milch- und Marktwagen vom Albantor her über das Steinpflaster mit*

*einem Höllenlärm und raubten mir den Schlaf; geschlagen floh ich nach einiger Zeit aus dem schönen Zimmer in eine moderne Vorstadt.«*

Hermann Hesse: Beim Einzug in ein neues Haus,
SW 12, S. 137f.

Hiermit wäre der Stadtrundgang auf Spuren Hesses beendet. Von der Haltestelle beim Kunstmuseum kommt man mit der Tramlinie 2 problemlos zum SSB-Bahnhof zurück. Wer freilich noch mehr von Basel sehen will, dem sei empfohlen, die St.-Alban-Vorstadt bis zum St.-Alban-Tor weiterzugehen und von dort den Berg zum pittoresken St.-Alban-Tal und Mühlegraben hinabzusteigen.

## 18 Ausflug zum Wenkenhof nach Riehen

In dem der deutschen Grenze zu liegenden, mit Basel nahezu zusammengewachsenen großen Dorf Riehen befindet sich das *Landgut Wenkenhof* mit einem stattlichen Herrenhaus und einem schön angelegten, öffentlich zugänglichen Park. In den schräg gegenüber vom Herrenhaus liegenden Gebäuden des *Alten Wenkenhofs* war Hermann Hesse häufig zu Gast. Im Mai 1900 berichtet er den Eltern darüber:

»*Ich war viel spazieren und sonntags immer auswärts, gewöhnlich im Wenkenhof bei Riehen, wo ich immer die freundlichste Aufnahme und einen Stuhl am Abendtisch für mich bereit finde, auch etwa ein Bett zum Übernachten.«*

Hermann Hesse: Kindheit und Jugend vor 1900,
Band 2, S. 464

*Eingangstor zum Landgut Wenkenhof in Riehen*

Gastgeber im Wenkenhof war Dr. Rudolf Wackernagel (1855-1925), der Basler Staatsarchivar, den Hermann Hesse auch in seiner Stadtwohnung im Brunngässlein regelmäßig besuchte (s. S. 259). Die Gesellschaft, die sich hier auf dem herrlich gelegenen Landsitz traf, war für Hermann Hesse von Anfang an von großer Bedeutung. Hier traf er auch verschiedentlich mit Elisabeth La Roche (1876-1965), der etwa gleichaltrigen Tochter eines Basler Pfarrers zusammen, die er bereits aus der Kindheit kannte und in die er sich nun – ohne dass seine Gefühle erkannt und erwidert wurden – verliebte. Diese Begegnung fand in den 1900 und 1903 geschriebenen *Gedichten an Elisabeth* (SW 10, S. 68 f. und 148 f.) ihren Widerhall. Auch im *Tagebuch 1900* innerhalb des *Hermann Lauscher* (SW 1, S. 307 f.) ist sie Thema; der Wenkenhof taucht hier als »Riehenhof« auf:

»Basel, 19. Mai 1900.
Elisabeth. Ich traf sie im Garten. Sie trug eine neue Sommertoilette, sehr einfach, matt hellblau. Sie saß auf der Schaukel und wiegte sich wie ein schöner Vogel, der weiß, wie schön er ist. Und dann kam Frau Doktor, und es wurde dunkel, man trank Tee und Eiswasser, Sterne kamen herauf. Ich begleitete sie nach Hause und fühlte, dass ich heute langweilig war. Ich erzählte sogar von einem Roman, den ich schreiben wolle und den ich ihr zu dedizieren versprach.«
Hermann Hesse: Tagebuch 1900, in: Hermann Lauscher, SW 1, S. 311

Diesen der musisch sehr begabten Elisabeth La Roche »dedizierten« Roman hat Hermann Hesse ein paar Jahre später tatsächlich geschrieben: den Musikerroman *Gertrud*, in dessen erster Fassung (SW 2, S. 437-497) der autobiografische Basler Hintergrund sehr deutlich wird. Allerdings wurde diese Fassung zu Lebzeiten Hesses ebenso wenig veröffentlicht wie die 1901 geschriebenen *Briefe an Elisabeth* (SW 1, S. 484-492) und *Der Dichter. Ein Buch der Sehnsucht* (SW 1, S. 431-483), das ebenfalls die Geschehnisse um Elisabeth thematisiert. Dennoch hätte Elisabeth La Roche, die Musiklehrerin, Tänzerin und Choreografin wurde, die Verliebtheit des schüchternen Dichters zumindest anhand des 1900 veröffentlichten *Hermann Lauscher* und der 1902 veröffentlichten *Elisabeth*-Gedichte bemerken können. Sie selbst bekannte aber Jahrzehnte später, dass ihr das erst 1927 nach der Lektüre der ersten Hesse-Biografie von Hugo Ball aufgegangen sei.

Der Wenkenhof selbst ist Gegenstand des kleinen Prosastücks *Wenkenhof. Eine romantische Jugenddichtung* (SW 6, S. 91-94).

Der Alte Wenkenhof geht bis ins Mittelalter zurück und erhielt im 18. Jahrhundert seine heutige Form. Der Neue Wenkenhof wurde 1736 für den reichen Handelsherrn Johannes Zäslin als Villa in barockem Stil errichtet, im 19. Jahrhundert im Empire-Stil erweitert und zu Anfang des 20. Jahrhunderts weiter ausgebaut. Er wird heute von einer Stiftung verwaltet und für Veranstaltungen vermietet. Der angrenzende herrliche Wenkenpark, in dem sich Elemente englischer und französischer Barockgartenkunst zu einer gelungenen Komposition mischen, ist heute öffentlich zugänglich; im ehemaligen Marstall ist ein Café eingerichtet. Vom Basler Bahnhof ist der Wenkenhof mit der Tramlinie 2 bis Riehen und von dort ab der Haltestelle Bettingerstraße mit der Buslinie 32 zu erreichen.

## 19 Ausflug nach St. Chrischona

St. Chrischona, der Aussichtsberg Basels, hinter Riehen und Bettingen unmittelbar an der deutschen Grenze gelegen, lässt sich von Riehen mit der Buslinie 32/32A erreichen, mit der man auch zum Wenkenhof kommt.

Hermann Hesse ist die ca. 8 bis 10 km lange Strecke nach St. Chrischona mehrmals von Basel aus zu Fuß hinaus- und wieder zurückgewandert. So ist z. B. in einem Brief an den Verleger Eugen Diederichs vom 5. November 1899 zu lesen:

»*Heute Nachmittag will ich auf die Chrischona steigen. Es ist ein Tag wie Gold, klar, mild und farbig, das ganze Berner Oberland wird zu sehen sein. An solchen Tagen hab' ich Momente,*

*in denen ich um eine Stunde Licht und um die Sichtbarkeit eines weiteren Gipfels die ganze moderne Literatur samt meiner eigenen dahingäbe. Dieser stille Sommer hat mich endlich gelehrt, wie unbegreiflich schön die Welt ist.«*
Hermann Hesse: Die Briefe, Band 1, 1881-1904, S. 344

St. Chrischona hat seinen Namen von einer frühchristlichen Wallfahrtskirche, die der heiligen Christina geweiht war. Im 15. Jahrhundert wurde auf dem Berg ein gotisches Kirchlein erbaut, das ab 1840 zum Zentrum der Pilgermission wurde, die auch heute noch ihren Sitz auf St. Chrischona hat. 1984 hat die schweizerische Post auf dem Berg einen riesigen Sendeturm errichtet, der aber leider keine Aussichtsplattform besitzt; so bleibt der Terrasse bei der Kirche weiterhin die beste Aussicht vorbehalten, die an klaren Tagen über die Jurahöhen und bis hin zu den Berner Alpen gehen kann.

# Gaienhofen:
*Etablierung als Schriftsteller und Familienvater*

## Hermann Hesses Gaienhofener Zeit 1904-1912

»Gaienhofen ist ein ganz kleines schönes Dörflein, hat keine Eisenbahn, keine Kaufläden, keine Industrie, nicht einmal einen eigenen Pfarrer, so dass ich heut früh zur Beerdigung eines Nachbarn bei scheußlichstem Regen eine halbe Stunde über Feld waten musste. Es hat auch keine Wasserleitung, so dass ich alles Wasser am Brunnen hole, keine Handwerker, so dass ich die nötigen Reparaturen im Haus selber machen muss, und keinen Metzger, also hole ich Fleisch, Wurst etc. jeweils im Boot über den See aus dem nächsten thurgauischen Städtchen. Dafür gibt es Stille, Luft und Wasser gut, schönes Vieh, famoses Obst, brave Leute. Gesellschaft habe ich außer meiner Frau und unserer Katze nicht. Ich bewohne ein gemietetes Bauernhäuschen, für das ich jährlich 150 (hundertfünfzig) Mark Miete bezahle.

Es lebe Peter Camenzind! Ohne den hätte ich nicht heiraten und nicht hierherziehen können. Er hat mir 2500.– Mark eingebracht, davon kann ich zwei Jahre leben, wenigstens, wenn ich hierbleibe.

Die ›Berühmtheit‹, auf die ich mich anfänglich freute, ist weniger lustig, als ich dachte. Schullehrer und Vereine bitten im Geschäftsstil um Gratisexemplare meines Buches usw. Ein Journalist schrieb, er wolle mich für ein Buch über ›Zeitgenossen‹ interviewen. Ich schrieb ihm, er solle in eine Wasserheilanstalt [gehen]. Das war noch in Calw, hierher nach Gaienhofen kommt niemand, das ist doch zu abseits. Übrigens haben

1904 ziehen Mia und Hermann Hesse in das Bauernhaus, das sich im alten Gaienhofener Dorfkern bei Schule, Rathaus und Dorfkapelle befindet. Das untere Foto zeigt den Blick, den die Hesses aus ihrer Wohnstube auf den Dorfweg und die Viehtränke hatten, Foto: Mia Hesse

*die Briefe usw. jetzt nachgelassen, und es wird wieder Ruhe im Land.*

*Meine Hochzeit ging im Galopp. Da der Schwiegerpapa nicht einverstanden ist und nichts von mir will, kam ich daher gereist, solang er gerade nicht in Basel war, dann ging's subitissimo aufs Standesamt. Nun grollt der Alte von ferne, scheint aber allmählich sich zu beruhigen.*

*Und nun bin ich doch ein verheirateter Mann, und mit dem Zigeunern hat es einstweilen ein Ende. Die kleine Frau ist aber lieb und vernünftig. Freilich – dass ich heute ein kleines Fässchen Weißwein bestellt habe, weiß sie noch nicht. Der hiesige Wein ist nämlich schandenmäßig sauer.«*

Hermann Hesse: Die Briefe, Band 1, 1881-1904, S. 526

So berichtet Hermann Hesse im September 1904 dem befreundeten Schriftstellerkollegen Stefan Zweig über seinen Umzug nach Gaienhofen auf die Höri, jene Landzunge, die unterhalb des 700 m hohen Schiener Berges in den Untersee des Bodensees hineinragt, aus dem der Rhein in Richtung Basel hinausfließt. Über die Umstände, unter denen er und seine Frau Mia im August 1904 in Gaienhofen ankamen, schreibt Hesse 1960 in einer Erinnerung:

*»Meine erste Heirat fand im Sommer 1904 in Basel statt. Meine Braut hatte, während ich in Calw an einem Buch [Unterm Rad] arbeitete, eine ländliche Wohnung für uns gesucht und in einem kleinen Dorf am deutschen Ufer des Bodensees ein leerstehendes altes Bauernhaus entdeckt, etwas primitiv und auch etwas verwahrlost, aber hübsch und still. Das einzig Komfortable im Haus war ein schöner alter Kachelofen mit ›Kunst‹, von der Küche her heizbar, Wasser gab es im Hause nicht, das musste vom Brunnen in der Nähe geholt werden, Gas oder elek-*

trisches Licht gab es in der ganzen Gegend nicht, und es war auch nicht ganz einfach, das Dörfchen zu erreichen oder zu verlassen; außer dem Dampfschiff, das nur selten und bei Eis oder Sturm oft gar nicht fuhr, gab es nur einen Pferdepostwagen, mit dem man in stundenlanger Fahrt, mit langen Aufenthalten in jedem Zwischendorf, eine Bahnstation erreichen konnte.

Es war aber gerade das, was wir uns gewünscht hatten, ein verwunschenes, verborgenes Nest ohne Lärm, mit reiner Luft, mit See und Wald, und die Miete für unser ganzes Haus mit fünf Stuben kostete, glaube ich, etwa 150 Mark im Jahr. Wir hatten unsere Sachen schon vor manchen Tagen vorausgeschickt, aber als wir jungen Eheleute nun in unserem Dorf ankamen und einziehen wollten, standen wir vor einem leeren Haus, außer meinen Bücherkisten war noch nichts angekommen, weder Möbel noch Betten, es blieb uns nichts übrig, als zu warten und vorerst irgendeinen Gasthof aufzusuchen. Es wurde uns einer drüben am anderen Ufer empfohlen, wir ließen uns über den See rudern und fanden gute Aufnahme und Unterkunft. Immerhin, der Beginn unseres Unternehmens war etwas enttäuschend: Meine Frau hatte sich auf den Einzug und auf das Einrichten gefreut, ich auf das Aufstellen meiner Bibliothek und das Einweihen des großen neuen, aus München bestellten Schreibtisches, an dem ich noch heute arbeite. Stattdessen saßen wir untätig in einem fremden Dorf und Gasthaus, konnten auf das andere Ufer und ›unser‹ Dorf hinüber blicken, fuhren immer wieder mit dem kleinen Dampfer übers Wasser und sahen uns jedes Mal enttäuscht: Unser Hausrat war nicht eingetroffen. Irgendetwas schien da nicht zu stimmen bei unserem Sprung ins neue Leben, das ich mir knabenhaft halb als Idylle, halb als Robinsonade vorgestellt hatte, irgendein Kobold schien da zu spuken. Doch waren wir jung […]

*Mia und Hermann Hesse in der Gaienhofener Zeit*

und im großen Ganzen recht vergnügt auf Ausflügen, Schiffs- und Ruderbootfahrten, studierten den üppigen Flor in den gepflegten Bauerngärten und die Mundart der Thurgauer, und für mich waren namentlich die Fischerdörfer und die Ufergebiete mit ihren tausend Pfählen, ihren unheimlichen Strömungen und ausgedehnten hohen Schilfwäldern von hoher Anziehungskraft.«
Hermann Hesse: Besuch bei einem Dorfarzt, Erinnerung (1960), SW 12, S. 515 ff.

Doch dann treffen die Möbel ein, das alte Bauernhaus am Gaienhofener Dorfplatz wird eingerichtet, und das von dem Gedankengut der Reformbewegung der Jahrhundertwende inspirierte Experiment eines einfachen ländlichen Lebens kann beginnen. Man lebt sich rasch ein und bekommt auch

Kontakt zu den Dorfbewohnern, die täglich ihr Vieh am großen Brunnen vor dem Haus tränken. Hermann Hesse genießt, wie aus zahlreichen Briefen dieser Zeit ersichtlich wird, den Beweis, dass er auch handwerklich sich zu helfen vermag und das alte Gemäuer bewohnbar machen kann (vgl. S. 246 ff.). Neben dem Haus werden Blumen und Johannisbeersträucher gepflanzt, und Hesse lernt mit dem Ruderboot umzugehen, um überm See drüben im schweizerischen Städtchen Steckborn Lebensmittel und Gebrauchswaren holen zu können.

Auch der im oben zitierten Brief an Stefan Zweig erwähnte Sachverhalt, dass nach Gaienhofen niemand komme und man am Ort keine Gesellschaft habe, ändert sich bald. Hesse und seine Frau sind nicht die einzigen Kulturschaffenden, die den schönen, landschaftlich unverdorbenen Bodenseewinkel zum Refugium gewählt haben. In Emmishofen bei Konstanz lebt z. B. der aus Pforzheim stammende Schriftsteller Emil Strauß (1866-1960), der mit seinem Roman *Freund Hein* (1902) ein Buch geschrieben hat, das Hesses *Unterm Rad* wesensverwandt ist. Ihn hat Hesse bereits 1903 besucht, wobei er auf den Untersee als mögliche Wohngegend aufmerksam geworden ist. Und es folgen ihnen sogar einige Freunde nach Gaienhofen. So kommt der Maler und Kunsterzieher Max Bucherer, der Hesse schon aus Basel bekannt ist, und unterrichtet eine Zeitlang in dem Landerziehungsheim, das im Gaienhofener Schloss untergebracht ist. Vor allem aber zieht Ludwig Finckh, Hesses engster Freund aus der Tübinger Zeit (s. S. 219), mittlerweile Arzt und als Verfasser des Buches *Der Rosendoktor* auch schriftstellerisch erfolgreich, kurze Zeit nach den Hesses nach Gaienhofen und sorgt in seiner im Vergleich zu Hesse unbekümmert-lebenslustigen Art für Geselligkeit (vgl. S. 355 ff.). Auch sonstige

Bekannte aus nah und fern scheuen den Weg ins idyllische Gaienhofen durchaus nicht; so kommen z. B. Stefan Zweig und Ludwig Thoma zu Besuch. Hesse ist in Gaienhofen also keineswegs provinziell abgeschnitten; im Gegenteil, er schafft sich in dieser Zeit einen erstaunlichen Bekanntenkreis, der sich aus Künstlern und Kunstinteressierten aller Art zusammensetzt: Bruno Frank, Alfons Paquet, Jakob Schaffner, Wilhelm Schäfer, Wilhelm Schussen, Othmar Schoeck, Fritz Brun, Otto Blümel, Ludwig Renner, Hans Sturzenegger, Cuno Amiet, Albert Welti, Fritz Widmann sind nur einige der bekannteren.

Schriftstellerisch sind die Gaienhofener Jahre für Hesse ebenfalls sehr fruchtbar. Zunächst stellt er den Roman *Unterm Rad* fertig, den er 1903/1904 während eines längeren Aufenthalts im Vaterhaus in Calw begonnen hat. In ihm verarbeitet er seine Schulerlebnisse in Calw und Maulbronn 1891/92 (vgl. S. 36 ff.). Quasi als Nebenprodukt der Beschäftigung mit seiner Calwer Zeit entstehen zahlreiche *Gerbersauer Erzählungen*, die den Grundstock bilden für die drei 1907, 1908 und 1912 publizierten Erzählungsbände *Diesseits*, *Nachbarn* und *Umwege*. 1907 beginnt er mit ersten Erzählungen über seinen Vagabunden *Knulp*; 1910 erscheint der Musikerroman *Gertrud*. Außerdem entstehen, vor allem in den ersten Jahren, zahlreiche Prosaskizzen und Gedichte, in denen er die Bodenseelandschaft und das Dorfleben einfängt. (Diese sind in dem schönen, von Volker Michels 2010 herausgegebenen Band *Hermann Hesse. Jahre am Bodensee* zusammengefasst.) Doch damit ist seine Produktivität noch längst nicht am Ende: Neben den schriftstellerischen Werken verfasst er zahllose Buchkritiken und Aufsätze zu kulturellen Themen für verschiedene Kunst- und Kulturzeitschriften, wie z. B. »Die Rheinlande«, die »Propyläen« (den Kultur-

*Hermann Hesse mit Sohn Bruno bei der Kürbisernte 1909.
Foto von Mia Hesse*

teil der »Münchner Zeitung«), den »Schwabenspiegel« oder den »Simplicissimus«. Von besonderer Bedeutung ist seine feste Mitarbeit im literarischen Teil der von Ludwig Thoma und dem Verleger Albert Langen herausgegebenen »Halbmonatsschrift für deutsche Kultur« mit dem Titel »März«.

Auch in seiner Rolle als Familienoberhaupt macht Hermann Hesse Fortschritte. 1905 wird sein ältester Sohn, Bruno, geboren. Und da er solchermaßen zwei der drei traditionellen Aufgaben des Mannes erfüllt hat – ein Buch zu schreiben und ein Kind zu zeugen –, macht er sich 1907 schließlich an die dritte, indem er beschließt, ein eigenes Haus zu bauen (siehe S. 359 ff.). In diesem Haus im Erlenloh am Rand von Gaienhofen wachsen dann ab 1909 und 1911 auch seine weiteren Söhne Heiner und Martin auf.

So weit scheint also alles in bester Ordnung. Doch wer seine Werke und Briefe aus der Zeit aufmerksam liest, kann erkennen, dass sich schon früh Risse unter dieser glatten Oberfläche bilden. Bereits 1904 schreibt Hesse eine Prosaskizze mit dem düsteren Arbeitstitel *Im Philisterland*, in der er sich mit seiner Situation auseinandersetzt. Er schildert darin zunächst die Behaglichkeiten des Sitzens am heimischen Kachelofen, doch dann bricht es aus ihm heraus:

*»Aber seit die Wälder wieder rot und der See im Herbststurm blitzt und laubgrün und meerblau wird, seit die Ofenbehaglichkeit anfing und ich meine Ruder vom Strand geholt und unter Dach gebracht habe, befällt mich öfters ein Zorn über dies bequeme Hinleben. Wenn ich abends beim Dunkelwerden zum Strand hinuntergehe, rauschen an der Schifflände die Pappeln stark und zart, der feuchte Wind umarmt mich schnell, springt auf den See und fährt stöhnend über das bewegte Wasser hin. Dann tut mir das Herz im Leibe weh, dass ich kein Einsamer und Wanderer mehr bin, und ich gäbe mein bisschen Haus und Glück und Behagen gern für einen alten Hut und Ranzen, um noch einmal die Welt zu grüßen und mein Heimweh über Wasser und Land zu tragen.«*

Hermann Hesse: Herbstnächte, SW 13, S. 57

Geht man dieser Spur weiter nach, so fällt einem an Hesses schriftstellerischem Werk in jener Zeit manches auf, das man vorher vielleicht nicht so beachtet hat; z. B., wie oft Hesse in seinen Erzählungen die Vagabunden, die Außenseiter, die nicht in wohlgeordneten bürgerlichen Bahnen Lebenden in den Mittelpunkt stellt. Sie sind das Gegenbild zu seiner eigenen Existenz, die mit Beruf, Familie und Haus immer stärker in festgefahrene bürgerliche Bahnen hineingleitet. Sie locken ihn und machen ihm zugleich Angst. In seinem Innersten fühlt er sich ihnen verwandt, möchte sich zu ihnen gesellen und ein freies ungebundenes Leben führen. Zugleich fühlt er sich aber gezwungen, den seit der Jugend von außen auf ihn einwirkenden Kräften, vor allem der Familie, zu beweisen, dass er sehr wohl in der Lage ist, eine wohlgeordnete Existenz zu führen. Dieser Zwiespalt, den er später in seinen Romanen, insbesondere im *Steppenwolf*, zum Thema machen wird, beschäftigt ihn zunehmend. Er reagiert darauf mit häufigen Kopfschmerzen, nervöser Gereiztheit und depressiven Stimmungen. Immer öfter versucht er sich durch Reisen abzulenken und zu entziehen. Er fährt häufig geschäftlich oder privat nach München, wandert mit Kumpanen mehrmals durch Oberitalien, klettert in den Alpen herum und verbringt 1907 einen Monat in der Kommune, die Aussteiger und nach alternativen Lebensformen Suchende am Monte Verità oberhalb von Ascona gegründet haben. Den Höhepunkt findet dies Ende 1911, als er, nur wenige Wochen nach der Geburt seines dritten Sohnes, für drei Monate nach Indien fährt, genauer gesagt nach Hinterindien. Zusammen mit dem Maler Hans Sturzenegger schifft er sich am 4. September in Genua ein und reist auf dem Dampfer ›Prinz Eitel Friedrich‹ durchs Mittelmeer, Rote Meer und den Indischen Ozean nach Ceylon und von dort weiter nach Penang auf der Halbinsel Malakka, nach Singapur und nach Südsumatra. Nach Indien selbst, wo er eigentlich an der Westküste die Orte aufsuchen wollte, an denen seine Eltern und Großeltern missioniert hatten, kommt er nicht, da er gesundheitliche Probleme hat und die Reise früher als geplant abbrechen muss.

Als er im Dezember wieder zurück ist, die von der Reise erhoffte Abklärung seiner Lebenssituation jedoch nicht gefunden hat, versucht er durch einen Wohnortwechsel zu retten, was vielleicht schon nicht mehr zu retten ist. Das Ziel ist eine Stadt, die für ihn und seine Frau mehr Abwechslung und Anregung bieten soll. Die Wahl fällt auf Bern. Im Rückblick stellt er diesen Entscheidungsprozess selbst so dar:

*»Nun waren wir also richtig für Lebenszeiten eingerichtet und angesiedelt, friedlich stand vor unsrer Haustür der einzige große Baum unseres Grundstücks, ein alter gewaltiger Birnbaum, unter den ich eine Lattenbank gezimmert hatte, fleißig bestellte ich meinen Garten, pflanzte und schmückte, und schon kam mein ältestes Söhnchen mir im Garten spielend mit seinem Kinderspaten nach. Aber die Ewigkeit, für die wir gebaut hatten, dauerte nicht lange. Ich hatte Gaienhofen erschöpft, es war dort kein Leben mehr für mich, ich reiste nun häufig für kurze Zeiten weg, die Welt war so weit da draußen, und fuhr schließlich sogar nach Indien, im Sommer 1911. Die heutigen Psychologen, der Schnoddrigkeit beflissen, nennen so etwas eine ›Flucht‹, und natürlich war es unter anderem auch dies. Es war aber auch ein Versuch, Distanz und Überblick zu gewinnen. Im Sommer 1911 fuhr ich nach Indien und kam ganz am Ende des Jahres zurück. Aber das alles genügte nicht. Mit der Zeit fanden sich zu den verschwiegenen inneren Gründen unserer Unzufriedenheit auch die äußern, die zwischen Mann und Frau leicht diskutierbaren: ein zweiter und dritter Sohn war geboren, der älteste wurde schulpflichtig, meine Frau empfand zuweilen Heimweh nach der Schweiz und auch nach der Nähe einer Stadt, nach Freunden und nach Musik,*

*und allmählich gewöhnten wir uns daran, unser Haus als verkäuflich und unser Gaienhofener Leben als eine Episode zu betrachten. Im Jahr 1912 wurde die Sache reif, es fand sich ein Käufer für das Haus. Der Ort, an den wir jetzt ziehen wollten, nach acht Gaienhofener Jahren, war Bern.«*
Hermann Hesse: Beim Einzug in ein neues Haus, SW 12, S. 145f.

## Anreise nach Gaienhofen

Gaienhofen lässt sich mit öffentlichen Verkehrsmitteln auf verschiedene Weise erreichen. Man kann z. B. mit dem Zug nach Radolfzell reisen und von dort den Bus nach Gaienhofen nehmen. Oder man kann von Stein am Rhein oder von Konstanz/Kreuzlingen die auf der schweizerischen Uferseite verlaufende Bahnlinie bis Steckborn nehmen und dann mit dem Schiff nach Gaienhofen übersetzen. Diese Möglichkeit hat Hermann Hesse öfters genutzt; er beschreibt sie z. B. in seiner 1904 in Gaienhofen entstandenen Erzählung *Garibaldi*:

*»Dieser Tage fuhr ich mit der Eisenbahn von Steckborn nach Konstanz. Durch Obstbäume glänzte mattrot der abendliche Untersee, Bauerngärten mit Geranien, Fuchsien und Georginen leuchteten durch braune und grüne Lattenzäune; jenseits des Wassers lag die Reichenau und über Ried und Rebbergen das hohe Horner Kirchlein golden umleuchtet in der milden Abendklarheit. Es war noch heiß und ich hatte streng rudern müssen, um den Zug noch zu erreichen. Nun saß ich müde und gedankenlos allein in der Wagenecke und sah durchs offene*

*Fenster die wohlbekannten Berge, Matten und Wasser im roten Abenddunst verglühen.«*

Hermann Hesse: Garibaldi, Erzählung, SW 6, S. 278

Sofern aber genügend Zeit vorhanden, ist die schönste und von Hesse ebenfalls oft genutzte Art, Gaienhofen zu erreichen, eine Fahrt mit dem Linienschiff, die man an den am See gelegenen und mit Bahnhöfen versehenen Städten Radolfzell, Konstanz oder Stein am Rhein beginnen kann. Die Schiffe der Schifffahrtsgesellschaft, die den Untersee bedienen, fahren sogar bis Schaffhausen den Rhein hinab, sodass man auch dort zusteigen kann; diese Strecke zwischen Gaienhofen und Schaffhausen hat Hesse besonders geliebt:

*»Noch schöner ist eine Rheinfahrt im Sommer von hier nach Schaffhausen. Man kann sie im Dampfboot machen, und auch so ist sie wundervoll; schöner aber ist sie im kleinen Ruderboot, zu dreien oder vieren, mit einem Topf Himbeeren und einer Flasche Wein unterm Rudersitz. Da fährt man ein paar Stunden lang auf dem See und dann auf dem raschen, kräftig treibenden Rhein abwärts durch eine lichte, edle Landschaft, unter alten Brücken durch und an alten Städten und Kirchen vorüber, durch Waldufer und Binsen.«*

Hermann Hesse: Untersee, Erinnerung, SW 13, S. 286 f.

Das Fährboot klappert gemächlich die Orte links und rechts des Untersees ab und legt dabei auch am Landesteg in Gaienhofen an. Dort soll deshalb unser Rundgang durch Gaienhofen beginnen. Wer mit dem Auto anreist, findet in der Nähe des Landestegs auch Parkplätze.

# Rundgang durch Gaienhofen auf Hesses Spuren

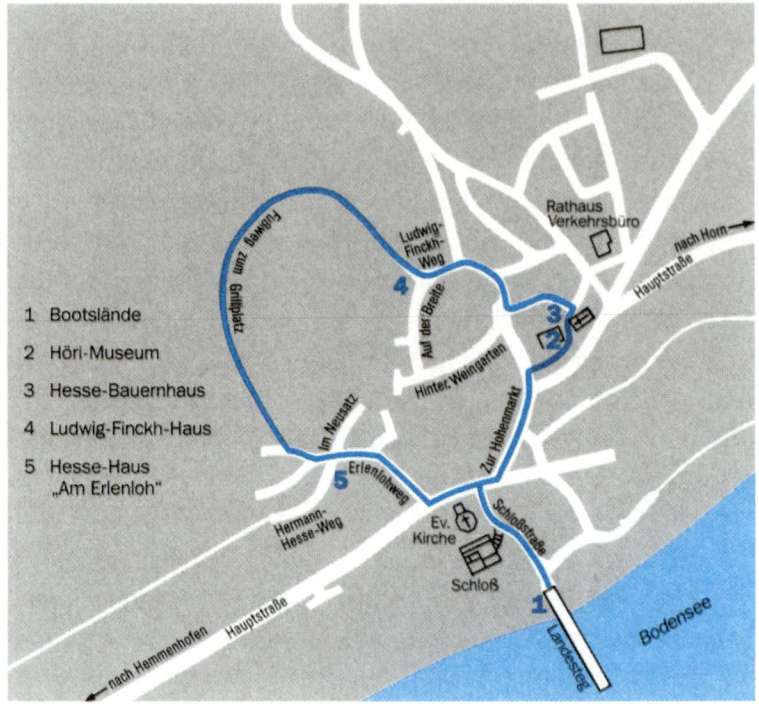

1 Bootslände
2 Höri-Museum
3 Hesse-Bauernhaus
4 Ludwig-Finckh-Haus
5 Hesse-Haus „Am Erlenloh"

*1 Beim Bootslandesteg am Gaienhofener Seeufer*

Die weit in den See hineingebaute Bootsanlegestelle (»Bootslände«) liegt unterhalb des Gaienhofener Schlosses. Am Zugang zum Steg steht das Zollhäuschen mit Kiosk, links davon ist eine kleine hübsche Uferpromenade angelegt, rechts würde man durch das (nicht immer zugängliche) Gelände der Internatsschule ›Schloss Gaienhofen‹ nach etwa 300 m Spaziergang am Uferstreifen entlang zu dem kleinen Strand kommen, der zu Hesses Haus »Am Erlenloh« gehörte und

*Blick von Hesses Einkaufsort Steckborn auf Gaienhofen. Am Hang in der Mitte das Hesse-Haus am Erlenloh, das damals allein stand*

heute vom dortigen Campingplatz einverleibt ist. Geradeaus geht der Blick über den See zum kaum einen Kilometer entfernten schweizerischen Städtchen Steckborn, das für Hesse eine wichtige Rolle gespielt hat:

»Unser Leben ist hier völlig einsam und ländlich, doch nicht ganz, was man poetisch-idyllisch nennt. Das Dörflein ist ganz klein und hat nur einen Bäcker, aber keine Läden, keinen Metzger usw. Ich muss also, sobald etwas nötig wird, nach Steckborn rudern und dort einkaufen. Dabei wird der Zoll passiert, und ich kann schon den ganzen Zolltarif für Küchensachen usw. auswendig, ziehe aber natürlich wo möglich das Schmuggeln vor. In Bälde hoffe ich nun auch ans Fischen zu kommen.«
Hermann Hesse: Die Briefe, Band 1, 1881-1904, S. 522

Am See war Hesse in seinem Element; hier konnte er seiner Liebe zum Wasser frönen, die sich bereits in seiner Jugend an der Calwer Nagold gebildet hatte: »*Am See habe ich ein kleines leichtes Ruderboot, ein Geschenk von Freunden, mit dem bin ich viel unterwegs, nehme auch zuweilen eine Hechtangel mit und setze ein primitives kleines Dreieckssegel auf.*«

In der 1905 entstandenen Schilderung *Dem Sommer entgegen* beschreibt er die festtäglichen Gefühle bei der Vorbereitung des Bootes für die neue Ruder- und Segelsaison. Und in einer anderen Schilderung, die unter den Überschriften *Hochsommer* und *Ein Bummeltag* veröffentlicht ist, skizziert Hesse die Bedeutung, die das Hinausfahren auf den See für ihn hatte:

»*Still löse ich die Kette vom Baumstamm, schiebe mein leichtes Boot ins Wasser, kniee hinten auf und stoße vom Strande ab. Der See liegt spiegelglatt und flimmert grün und silbern, die Sonne brennt in voller Mittagskraft herunter, und der jenseitige Seerand spiegelt einen blauen, leuchtenden, von festgeballten schneeweißen Sommerwolken durchzogenen Himmel.*

*Hinter mir entweicht das schattige Wiesenufer mit hohen Pappeln und breiten, alten, tiefhängenden Weiden, und mit dem Ufer flieht auch alles das zurück, was mir dort am Lande Arbeit und Freuden, Pein und Sorge macht. [...]*

*Zu Hause liegen Briefe, auf die ich antworten soll, und Rechnungen, die ich zahlen, und Einladungen, denen ich folgen soll, angefangene Arbeiten und aufgeschlagene Bücher. Alle Dinge scheinen mir, indes ich langsam seewärts rudere, uralt und wesenlos, dumm und unnötig, einer sonderbar entarteten Welt zugehörig, der ich entronnen bin und die ich nimmer verstehe.*«

Hermann Hesse: Ein Bummeltag, SW 13, S. 93

Auch den Seewintern wusste Hesse einiges abzugewinnen; da kam ihm zugute, dass er bereits in der Jugend auf der Nagold in Calw ein sicherer Schlittschuhläufer geworden war: »*Das Schönste, was der Winter uns hier bringen kann, ist eine ›Seegfrörne‹. Es kommt nicht jedes Jahr dazu, aber wenn es einmal glückt, gibt es nichts Herrlicheres, als den weiten Seespiegel mit frischem Eise vor sich zu haben und meilenweit darauf losfahren zu können*«, schreibt er 1912 in dem Feuilletonartikel *Untersee* (SW 13, S. 284 ff.). Und in einem Brief vom 1958 erinnert er sich: »*Einmal habe ich im Winter an einem frischen hellen Morgen als erster den frisch gefrorenen See beschritten und auf die blanke Spiegelfläche als erster die Spur meiner Schlittschuhe geschrieben. Das Eis war so hell, dass man unten jeden Fisch sehen konnte.*«

2 Das Hermann-Hesse-Höri-Museum

Um zum Museum zu kommen, gehen wir vom Landesteg zunächst die Schlossstraße hoch, am Schloss vorbei, das wie bereits zu Hesses Zeiten ein Landerziehungsheim beherbergt (Hesse erwähnt es in der Betrachtung *Untersee*). Die Schlossstraße mündet dann in die Hauptstraße, die wir nach rechts gehen bis zu der Straßengabelung, an der die Straße ›Zur Hohenmarkt‹ nach links von der Hauptstraße abzweigt. In dieser geht nach wenigen Schritten rechts ein Fußweglein ab, das zwischen Häusern und Gärten zum Museum hinaufführt, das aus zwei Gebäuden besteht: dem Höri-Museum und dem Hesse-Museum.

Das 1868 aus dem Umbau eines älteren Hauses entstandene schön renovierte Gebäude, in dem das Höri-Museum un-

*Das ehemalige Schul- und Rathaus, heute Höri-Museum*

tergebracht ist, war zu Hesses Zeit noch das Rat- und Schulhaus des Dorfes. Im Erdgeschoss gab es zwei Klassenzimmer. Von seinem ersten Gaienhofener Wohnhaus, das nur ein paar Schritte entfernt ist (oberhalb der Mauritius-Kapelle), konnte Hermann Hesse direkt auf den Schulhof blicken:

*»Da war Schulpause, und die Buben und Mädchen kamen zum Spielen auf den Platz. Die Buben kamen in atemlosem Galopp, die Mädchen in friedlich-stillen Zügen, fast alle hellblond, mit steif gewässerten Zöpfen. Es ging ein Versteck- und Fangspiel um die Kapelle herum los, mit dröhnendem Laufen und Stampfen und gewaltigem Gebrüll. Der Sieger wurde von zwei anderen durchgehauen. Auch manche Mädchen machten eifrig mit, die meisten aber verzehrten plaudernd ihr Stück Brot, gingen auf und ab oder saßen an die Mauer gelehnt auf dem*

*Boden. Eine ganz Kleine stand nebendraußen und weinte schmerzlich, während sie mit vollen Backen ihr großes Brot verzehrte, auf das die Tränen herunterliefen. Drei Knaben hockten unten am Brunnentrog und steckten die Köpfe zusammen; der eine von ihnen, ein Rothaariger, zeigte auf seiner flachen Hand den anderen eine tote Fledermaus. Daneben wuschen zwei andere im Trog ihre farbigen Sacktücher aus; eines davon hatte ein ungeheures Loch, und sein Besitzer tat mir leid, denn seine Mutter ist die schneidigste und strengste Frau im ganzen Dorf.*

*Im Hintergrund klatschte der Lehrer in die Hände, und im Augenblick war der Platz leer und wieder so totenstill wie immer. Aber zugleich ward auch das vorher übertönte Rauschen des Brunnens wieder laut, das Tag und Nacht in meine stille Stube klingt und ohne das ich nimmer sein möchte.«*

Hermann Hesse: Vor meinem Fenster. SW 13, S. 64f.

Das Höri-Museum ist in seiner heutigen Form im Jahr 1988 eingerichtet worden. Die Schätze, die es birgt, sowie die gelungene museumspädagogische Präsentation sind für eine Gemeinde von der Größe Gaienhofens schon außergewöhnlich. Der Reichtum an Ausstellungsstücken und Dokumentierbarem verdankt sich vor allem dem Sachverhalt, dass Gaienhofen und die anderen Dörfer der Höri bereits ab der Jahrhundertwende zum Refugium für zahlreiche Künstler wurden.

Das Museum, für dessen Besichtigung man sich Zeit reservieren sollte, ist folgendermaßen aufgebaut: Im Erdgeschoss befindet sich neben Kasse, Museumsshop und Cafeteria die gut bestückte Gemälde- und Skulpturengalerie mit Werken von Künstlern, die zeitweise auf der Höri ansässig waren. In einer Museumsinformation heißt es dazu: »Seit Beginn unseres Jahrhunderts kamen zahlreiche bildende Künstler auf die Höri. Unter den ersten waren Maler aus dem Freundeskreis von Hesse und Finckh, wie Max Bucherer, Otto Blümel und Ludwig Renner. Später ließen sich einige Landschaftsmaler hier nieder, unter ihnen Eugen Segewitz, Walter Waentig und Hugo Boeschenstein. Eine größere Anzahl von Künstlern siedelte während des ›Dritten Reichs‹ auf die Höri über. Es waren Künstler, die aus den städtischen Kunstzentren fliehen mussten, weil sie als ›entartet‹ galten oder weil sie im Krieg Wohnung und Atelier verloren. Helmuth Macke, Otto Dix, Max Ackermann und der Kunsthistoriker Walter Kaesbach waren die ersten, die hier Zuflucht und eine neue Heimat fanden. Ihnen folgten während des Krieges Ferdinand Macketanz, Erich Heckel sowie der Bildhauer Hans Kindermann und der Fotograf Hugo Erfurt. Curth Georg Becker, Walter Herzger, Rudolf Stuckert und Jean Paul Schmitz ließen sich kurz nach dem Krieg am Untersee auf der Höri nieder. Werke dieser Künstler, ergänzt durch Arbeiten einiger heute hier lebender Maler und Bildhauer, bilden den Schwerpunkt der Gemälde- und Skulpturengalerie.«

Der zweite Stock ist der »Literaturlandschaft Höri« gewidmet, also den Schriftstellern, die hier zeitweise wohnten und wirkten. Im Zusammenhang mit Hermann Hesse ist dabei besonders Ludwig Finckh (s. S. 354 ff.) von Interesse, der ihm 1905 nach Gaienhofen folgte und lebenslang hier wohnen blieb. Hermann Hesse entwickelte nach seiner Gaienhofener Zeit zu Finckh allerdings ein zunehmend kritisches Verhältnis, da dieser sich mehr und mehr in den Nationalismus verstrickte und 1933 einer der Schriftsteller war, die Hitler »treueste Gefolgschaft« gelobten. Nach dem Zusammenbruch des Nationalsozialismus suchte Finckh wieder Kontakt mit Hesse, besuchte ihn sogar in Montagnola, konnte diesen aber nicht von seiner Integrität überzeugen, sodass Hesse 1961 in einem Brief an seinen Sohn Heiner über Finckhs soeben erschienene Autobiografie *Himmel und Erde* scharf urteilte, obwohl Finckh darin geradezu Lobgesänge auf Hesse und seine Freundschaft zu ihm angestimmt hatte:

»*Von 1914 an ist es das Buch eines biederen Deutschnationalen und Hurrahpatrioten. Und von 1933 an ist es das Buch eines vernagelten alten Nazi, der 12 Jahre lang Heil Hitler geschrien hat und es am liebsten wieder täte. [...] Hätte ich gewusst, dass er nie umgelernt, eingesehen und bereut hat, so hätte ich ihn [1957] nie empfangen.*«
Hermann Hesse: Gesammelte Briefe, Band 4, S. 402 f.

Ein in diesem Zusammenhang interessanter thematischer Schwerpunkt des Museums liegt auf der Höri als Zufluchtsort für verfolgte Kulturschaffende während des Nationalsozialismus. Hier wird in einem Raum das Leben des Kunsthistorikers und Museumsleiters Walter Kaesbach dokumentiert, der wichtige Impulse für die Kunstszene auf der Höri setzte. Mit dem jüdischen Dichter Jacob Picard und dem Autor und Zeitschriftenherausgeber Udo Rukser wird an Schriftsteller erinnert, die in der Nazizeit auf die Höri kamen, bevor sie 1939/40 dann doch weiter ins Exil gehen mussten.

Bis 2014 befand sich in diesem Bereich des Museums auch die Ausstellung zu Hermann Hesse. Diese wurde jedoch 2015 in das benachbarte Haus verlagert, in dem Hesse die drei ersten Jahre seines insgesamt achtjährigen Aufenthalts in Gaienhofen verbrachte.

3 Das von Hesse 1904 bis 1907 bewohnte Bauernhaus und das heutige Museum darin

Wenn man aus dem Höri-Museum heraustritt, hat man davor den kleinen Platz mit der großen Linde als Zentrum fast ganz so vor Augen, wie ihn Hermann Hesse zwischen 1904 und 1907 täglich sah. Gegenüber steht die Sankt-Mauritius-Kapelle und links davon das alte Fachwerkbauernhaus, das Mia und Hermann Hesse 1904 anmieteten (vgl. S. 327ff.). Er hat es einmal folgendermaßen beschrieben:

*»Dies also war mein erstes Haus. Eigentlich hatten wir bloß die Hälfte des Hauses gemietet, die andere Hälfte bestand aus Scheune und Stall, die der Bauer zur eigenen Verwendung behielt. Der Wohnteil des Fachwerkhauses bestand unten aus einer Küche und zwei Stuben, deren größere mit dem großen Kachelofen unser Wohn- und Speisezimmer war, rohe Holzbänke liefen der halben Wand entlang, es war dort warm und behaglich zwischen den Holzwänden. Das kleine Zimmer daneben war das meiner Frau, dort stand ihr Klavier und Schreibtisch. Eine primitive Brettertreppe führte ins obere Geschoss. Dort war, dem Wohnzimmer unten entsprechend, ein großer Raum mit zwei Fenstern über Eck, aus denen, an der Kapelle vorbei, Stücke der Seelandschaft zu sehen waren; dies war mein Studierzimmer, darin stand der große Schreibtisch, den ich mir hatte bauen lassen und den ich als einziges Stück von damals noch heute habe, auch ein Stehpult stand wieder darin, und alle Wände voll von Büchern. Trat man ein, so musste man auf die hohe Balkenschwelle achten; wer das außer Acht ließ, stieß sich in der niedrigen Tür den Kopf an, es ist manchem passiert. Der junge Stefan Zweig musste bei seinem Besuch sich erst eine Viertelstunde hinlegen und erholen, ehe er sprechen konnte, er*

*Die 2002 aufgestellte Hesse-Statue des auf der Höri lebenden Bildhauers Friedhelm Zilly blickt in Richtung Hesse-Bauernhaus.*

war zu rasch und enthusiastisch eingetreten, als dass ich ihn noch vor der Schwelle hätte warnen können. Daneben waren auf diesem Boden noch zwei Schlafzimmer, und darüber ein großer Dachboden. Ein Garten war nicht bei diesem Hause, nur ein kleiner Grasfleck mit zwei, drei geringen Obstbäumen, dazu grub ich dem Haus entlang eine Rabatte und pflanzte Johannisbeersträucher und einige Blumen hinein.

In diesem Haus habe ich drei Jahre gewohnt, während dieser Zeit ist mein erster Sohn zur Welt gekommen und sind viele

*Gedichte und Erzählungen entstanden. Im ›Bilderbuch‹ und anderwärts findet sich manche Schilderung aus unsrem damaligen Leben. Etwas, was kein späteres Haus mehr zu geben hatte, macht dieses Bauernhaus mir lieb und einzigartig: Es war das erste! Es war die erste Zuflucht meiner jungen Ehe, die erste legitime Werkstatt meines Berufes, hier zum ersten Mal hatte ich das Gefühl von Sesshaftigkeit, und eben darum auch zuweilen das Gefühl der Gefangenschaft, des Verhaftetseins an Grenzen und Ordnungen; hier zum ersten Mal ließ ich mich auf den hübschen Traum ein, mir an einem Orte eigener Wahl etwas wie Heimat schaffen und erwerben zu können. Und es geschah mit geringen und primitiven Mitteln. Nagel um Nagel in diesen Stuben habe ich selber eingeschlagen, und es waren nicht gekaufte Nägel, sondern Kistennägel von unsrem Umzug, die ich Stück für Stück auf unsrer steinernen Hausschwelle geradegeklopft hatte. Ich habe die klaffenden Ritzen im Obergeschoss ausgestopft, mit Werg und mit Papier, und rote Farbe drüber gestrichen, ich habe in dem schlechten Boden bei der Hauswand gegen Trockenheit und Schatten um die paar Blumen gekämpft. Das Einrichten dieses Hauses war mit dem schönen Pathos der Jugend geschehen, mit dem Gefühl eigenster Verantwortlichkeit für unser Tun, und mit dem Gefühl, es sei fürs ganze Leben. Dazu hatten wir auch den Versuch gemacht, in dieser bäuerlichen Hütte ein ländliches, einfach-aufrichtiges, natürliches, unstädtisches und unmodisches Leben zu führen. Die Gedanken und Ideale, die uns dabei führten, waren ebenso verwandt mit denen Ruskins und Morris', wie mit denen von Tolstoi. Zum Teil war es geglückt, zum Teil misslungen, aber es war uns beiden mit allem Ernst gewesen, es war alles in Treue und Hingabe getan worden.«*

Hermann Hesse: Beim Einzug in ein neues Haus, Erinnerung (1931), SW 12, S. 139 ff.

*Der Platz vor dem Hesse-Bauernhaus mit dem Brunnen heute*

In der 1904 entstandenen Prosaskizze *Vor meinem Fenster* schildert Hesse ausführlich, was vor seinem Fenster im Laufe des Tages alles zu sehen und zu hören war. Er beginnt mit dem Sonnenaufgang, erzählt vom Plätschern des Brunnens vor dem Haus, der heute noch an derselben Stelle steht, beobachtet die Schulkinder, die lärmend auf den gepflasterten Platz zwischen Schulhaus und Kapelle stürmen (s. S. 342f.), hört von Ferne das Dampfschiff schnauben, unterhält sich mit der Postbotin, belauscht den Dorfklatsch am Brunnen, während das Vieh des Dorfes dort getränkt wird, sieht Handwerker und den Landboten über den Platz schreiten und lauscht schließlich in der Dämmerung dem Brunnenrauschen, das »schön und einfach wie ein Volkslied« klingt.

Einen Abend in dem alten Bauernhaus schildert er in der ebenfalls 1904 entstandenen Prosaskizze *Wenn es Abend wird*:

Er hat sich ein Buch zurechtgelegt, während im Nebenraum seine Frau, die eine ausgezeichnete Pianistin ist, leise Klavierstücke von Schumann und Chopin spielt, die ihn in eine träumerische Stimmung versetzen, in der er über das Leben und das Glück nachzusinnen beginnt:

*»Ich möchte nun auf einmal wissen, wann mein frohester Tag, meine seligste Stunde war.*

*Mein frohester Tag! Ich muss lachen. In meiner Erinnerung, da, wo die guten, reinen köstlichen Augenblicke aufgeschrieben sind, steht einer neben dem andern, zehn und hundert und viel mehr als hundert, und jeder ist fehlerlos, mit ungetrübter Lust gefüllt, und einer ist so schön wie der andere und keiner gleicht dem andern. Da ist ein Tag, vor Jahren im Hochgebirge verbracht, auf einer hohen Alp, zwischen Enzianen und kletternden Ziegen und Geißbubengejodel, ein feuchter, blanker Himmel darüber und in der Nähe das Rufen eines weißen Wasserfalles. Dann eine Morgenstunde, noch vor Sonnenaufgang, auf einer Odenwaldstraße, im Gespräch mit einem verirrten Landstreicher, voll von Morgenkühle, Frühlicht, Erwartung und Humor. Und eine andere Morgenstunde auf der Schwäbischen Alb, da saß ich im schüttelnden Postwagen und von vorn und hinten goss der Regen herunter und mir gegenüber eine Kleine, Sechzehnjährige, halb froh, halb ängstlich mit dem Unbekannten plaudernd, dann zuversichtlicher und schließlich fröhlich und ausgelassen wie ein Bub.*

*Aber wie kann ich den Abend vergessen, den warmen Juniabend am See, auf der dunklen Bank! Und unser langsames Gespräch, alle paar Minuten ein Wort, und unsern ersten Kuss! Oder die wunderbare Märchennacht, als ich zum ersten Mal, das Herz selig bedrückt von der Erfüllung jahrelanger Jugendsehnsucht, durch die Gassen von Florenz lief und über den*

*Ponte und wieder durch die alten Winkel auf die Piazza vor den schweigenden, himmelhohen Turm! O, und der erste Anblick des Meeres – der Vormittag, da ich über Genua auf den Hügeln schweifte, und unten schrie der Sturm das blaue und weiße Meer an den steilen Felsen empor! Auch jene Mittagsstunde darf ich nicht vergessen, da ich im Hofe eines südlichen Klosters auf dem herrlich glühenden Pflaster verschlief, und wie der Pförtner mich tadelnd weckte, und wie wir Freunde wurden und einen ergiebigen Gang in die kalten, massiv gewölbten, mächtigen Keller unternahmen. Auch nicht den schwülen Hochsommermittag, da ich bei Rheinfelden mich seufzend entkleidete und an still brütenden Wäldern vorbei unter einem stählernen Gewitterhimmel aufatmend rücklings den Rhein hinab schwamm.«*
Hermann Hesse: Wenn es Abend wird (1904), SW 13, S. 44 f.

Im Jahr 1907 ging die Zeit im Bauernhaus zu Ende; Hermann Hesse berichtet im Rückblick über die ausschlaggebenden Gründe:

»*Von unsrem Bauernhaus nahmen wir einen langsamen und leichten Abschied, denn wir hatten beschlossen, uns nun selber ein Haus zu bauen. Es hatten sich dafür verschiedene Gründe eingefunden. Erstens waren unsre äußeren Verhältnisse günstig, und bei dem einfach-sparsamen Leben, das wir führten, war jedes Jahr Geld zurückgelegt worden. Dann hatten wir schon lange Sehnsucht nach einem richtigen Garten, und nach einer freieren und höheren Lage mit weiter Aussicht. Auch war meine Frau viel krank gewesen, und es war ein Kind da, und solche Luxuseinrichtungen wie eine Badewanne und ein Badeofen schienen uns jetzt nicht mehr so ganz entbehrlich wie vor drei Jahren. Und, so dachten und sprachen wir, wenn un-*

sere Kinder nun hier auf dem Lande aufwuchsen, so war es schöner und richtiger, wenn sie es auf eigenem Grund und Boden, im eigenen Haus, im Schatten eigener Bäume tun konnten. [...] Kurz, es war beschlossen worden, Land zu kaufen und zu bauen. [...] Wir wählten einen Platz außerhalb des Dorfes, mit freier Aussicht über den Untersee. Man sah das Schweizer Ufer, die Reichenau, den Konstanzer Münsterturm und dahinter ferne Berge.«

Hermann Hesse: Beim Einzug in ein neues Haus, Erinnerung (1931), SW 12, S. 141 ff.

Dieses 1907 erbaute Hesse-Haus kann anschließend aufgesucht werden (siehe S. 359 ff.). Zunächst soll aber das von 1903 bis 1907 bewohnte Bauernhaus besichtigt werden, das vom Baukörper noch so ist, wie es vor über einem Jahrhundert war, als die Hesses darin wohnten. Davon ausgehend, sollte für das Hausinnere allerdings nicht erwartet werden, dass es auch dort weitgehend unverändert das Leben und Wohnen in jener Zeit zeigt. Es gab im Laufe der Jahrzehnte Renovierungen, die das Interieur veränderten, und die Gestalter der 2015 eingebauten neuen Ausstellung zielten deshalb auch nicht auf eine historische Restaurierung des Hauses und Rekonstruktion des Lebens in ihm ab. Vielmehr setzte die von Museumsleiterin Ute Hübner in Zusammenarbeit mit einem Projektteam der Konstanzer Hochschule für Technik, Wirtschaft und Gestaltung sowie Thomas Schmidt von der Marbacher Arbeitsstelle für Literarische Museen erstellte Ausstellung »Gaienhofener Umwege« auf moderne museale Inszenierung. So wird z. B. der Schreibtisch, den Hermann Hesse für dieses Haus anfertigen ließ und dann lebenslang benutzte, in seiner damaligen Schreibstube nicht im natürlichen Umfeld präsentiert, sondern im gänzlich verdunkelten Raum als museal überhöhtes von Scheinwerfern angestrahltes Exponat. In den anderen Ausstellungsräumen werden die Gaienhofener Themen »Sesshaft auf Zeit«, »Idylle im Nebel«, »Traum vom Anfang«, »Unterwegs zum Bürger«, »Ehe im Abseits«, »Ort zum Schreiben«, »Kunst unter Freunden« und »Indien im Gepäck« mit wenigen gezielten Exponaten aufbereitet. In jedem Raum dürfen die Besucher einen zentralen Text zum Thema zur Erinnerung mitnehmen.

Die übersichtlich und ästhetisch gestaltete Ausstellung ist museumspädagogisch funktional, allerdings hätte mancher Besucher vermutlich gerne doch noch etwas mehr von der einstigen Atmosphäre des Hauses und seiner Umgebung gespürt, die der Dichter in seinen Erinnerungen und Betrachtungen (siehe oben) so eindrücklich geschildert hat. Aber andererseits gibt es mit dem zweiten Hesse-Haus in Gaienhofen am Erlenloh eine Stätte, in der intensiv auf historische Rekonstruktion und Vergegenwärtigung der damaligen Lebenssphäre gesetzt wird, sodass es auch von daher sinnvoll erscheinen kann, dass hier ein anderer museumspädagogischer Ansatz gewählt wurde. Mit den beiden verschiedenartigen Hesse-Häusern hat Gaienhofen jedenfalls ein beeindruckendes museales Spektrum zur Aufarbeitung von Hermann Hesses örtlicher Biografie.

*4 Spaziergang zum Hermann-Hesse-Haus am Erlenloh*

(Hinweis: Wer diesen ca. eine halbe Stunde dauernden Spaziergang, der über das ehemalige Wohnhaus von Ludwig Finckh zu einem schönen Aussichtspunkt oberhalb des Dorfes führt, nicht machen möchte, kann auch direkt durch das

Dorf zum »Haus am Erlenloh« gehen. Hierzu muss man vom alten Hesse-Bauernhaus wieder am Höri-Museum vorbei den Fußweg zur Hauptstraße hinabgehen und dann die Hauptstraße an der evangelischen Kirche, die beim Schloss liegt, vorbei ein Stück in Richtung Hemmenhofen hinaus. Die erste Straße, die nach kurzer Wegstrecke rechts von der Hauptstraße abzweigt, ist der Erlenlohweg. Von diesem zweigt wiederum bald der Hermann-Hesse-Weg links ab. Das erste Haus links an diesem Weg ist das Haus, das Hermann Hesse 1907 erbauen ließ.)

Um zum Ludwig-Finckh-Haus zu kommen, geht man um das Hesse-Bauernhaus herum in die Kapellenstraße hinein. Diese mündet in die Straße ›Zur Hohenmarkt‹ ein, von der eine kurze Strecke oberhalb auf der linken Seite der Ludwig-Finckh-Weg abgeht, der direkt auf das Finckh-Haus zuführt. Dieses wurde im selben Jahr wie das Hesse-Haus am Erlenloh erbaut, vom selben Architekten, aber in einem anderen Baustil. Zuvor hatte an seiner Stelle ein altes Häuschen gestanden, das Finckh 1905 erworben hatte und über dessen Schicksal Hesse berichtet:

*»Zwei Bilder, zwei Erlebnisse stehen jedes Mal scharf und wohlerhalten in meinem Gedächtnis auf, wenn ich an die ersten Gaienhofener Jahre erinnert werde. Das erste Bild ist ein warmer strahlender Sommermorgen, der Morgen meines achtundzwanzigsten Geburtstages. Da wachte ich früh auf, von wunderlichen Tönen geweckt und beinah erschreckt, lief im Hemd ans Fenster, und unterm Fenster stand, von meinem Freund Ludwig Finckh aus den paar Nachbardörfern zusammengeholt, eine ländliche Blasmusik, die spielte einen Marsch und einen Choral, und die Hörner und die Klarinettenklappen funkelten in der Morgensonne.*

*Dies ist das eine Bild, das mir bei dem alten Hause einfällt. Das andre Bild hat ebenfalls mit meinem Freund Finckh zu tun. Auch diesmal wurde ich aus dem Schlaf geschreckt, aber es war noch mitten in der Nacht, und unterm Fenster stand nicht Finckh, sondern Freund Bucherer und meldete mir, dass das kleine Häuschen, das Ludwig Finckh sich gekauft und soeben für seine junge Frau hergerichtet hatte, in Flammen stehe. Schweigend gingen wir durchs Dorf hinauf, da stand der Himmel hochrot, und das kleine putzige Hexenhäuschen, eben erst frisch ausgebaut, gemalt und eingerichtet, brannte vor unsern Augen bis zur letzten Schindel nieder, während sein Besitzer auf der Hochzeitsreise war und morgen eintreffen und seine Frau in das Haus einführen sollte. Als der Trümmerhaufen noch glühte und rauchte, mussten wir uns auf den Weg machen, um dem Freund entgegenzugehen und ihn und seine Frau mit der Unglücksbotschaft zu empfangen.«*

Hermann Hesse: Beim Einzug in ein neues Haus,
SW 12, S. 141

In dem 1907 neu erbauten Haus lebte Ludwig Finckh bis zu seinem Tod im Jahr 1964. Finckh war zu Hesses Gaienhofener Zeit vielleicht Hesses engster Freund – was ihre spätere Entzweiung umso tragischer macht (siehe S. 344f.). Hugo Ball, Hesses erster Biograf, stellte ihre gemeinsame Gaienhofener Zeit folgendermaßen dar:

»Nun, dieser liebe Ludwig Finckh, der seinen Bernhardinerhund ›Isolda‹ nennt und seinen Esel ›Lump‹ und den man nahezu zum Brettldichter gestempelt hätte, er ist Hesse von Tübingen her verbunden, und sie finden sich am Bodensee wieder und bauen sich beide in Gaienhofen hübsche kleine Villen und angeln und segeln und treiben Gartenbau und Kinderzucht. –

*Blick von der Anhöhe oberhalb von Gaienhofen über das Finckh-Haus auf den See in Richtung Reichenau/Konstanz; rechts der Schweizer Ort Berlingen*

*Ja, und noch etwas mehr: sie suchen Homer und Ossian wieder lebendig zu machen. Sie haben es ziemlich indianerhaft; der ganze Untersee gehört ihnen: von Stein am Rhein bis Konstanz und von Radolfzell bis nach Steckborn hinüber. [...] Sie haben da ihre Segelboote und obliegen der Natur und dem Schmetterlingsfang. Sie führen ein Jäger- und Fischerleben wie nur Walt Whitman auf dem Michigan-See und Hamsun oben in seinen Fjorden.«*

Hugo Ball: Hermann Hesse, S. 97

Ludwig Finckh selbst hat die Wirkung, die ihr Treiben auf die Gaienhofener hatte, so beschrieben:

*»Schriftsteller? Was war das für ein unbekannter Beruf! Wir galten den Leuten als Müßiggänger, – ›So, gont ihr spaziere?‹ war der alltägliche Gruß für die ›Schriftsetzer‹, da wir keine Sensen trugen, wenn wir übers Feld gingen. Dabei war Hesse der fleißigste Arbeiter, den ich kannte.«*
Ludwig Finckh: Gaienhofener Idylle, S. 24 f.

Neben dem Finckh-Haus führt ein Weg in das idyllische, Döbele genannte Tälchen. Weiter hinten steigt der Weg nach links zu einer Anhöhe an, von der man bei guter Sicht einen großen Teil des Untersees bis zur Reichenau und nach Konstanz hin überblicken kann. Gegenüber liegt das schweizerische Seeufer mit dem Seerücken. Hermann Hesse ist diesen Weg oft gegangen; vielleicht hat er die sich hier bietende Aussicht vor Augen gehabt, als er 1912 die folgende Landschaftsbeschreibung verfasste:

*»Ich finde heute noch wie vor Jahren unsern Untersee schöner als irgend einen anderen Teil des Bodensees, und besonders unser badisches Ufer, der ›Höri‹, wo kilometerweit fast ohne jede künstliche Unterbrechung das stille, flache Ufer unzerstört wie in Urzeiten mit Schilf und Gebüsch, mit jungem Fischgewimmel und mit Enten- und Kiebitznestern sich erstreckt. Unser Seeufer wird durch keine Bahn, durch keine Straße, durch keine Kaimauer, noch andere Anlagen geschädigt, es spiegelt sich mit Pappeln, Weiden, Erlen, Wiesen und Schilf im seichten Wasser, kaum dass da und dort, weit voneinander entfernt, kleine Badehütten stehen. Gegenüber im Osten liegt die Reichenau mit Kloster und Dörfern, südlich drüben das Schweizer Ufer mit lauter schönen, alten, wohnlich freundlichen Dörfern und Städten, da und dort auf den Höhen zwischen Baumwipfeln ein alter Herrensitz, wie der Arenenberg und der Salenstein, an al-*

len Hügeln trotz der Nordlage noch reichliche Reste des ehemals blühenden Weinbaues. In unserem Rücken liegt waldig und wenig bewohnt der langgestreckte Schienberg, der uns von aller Welt abschneidet und in dessen weiten Wäldern wir im ersten Frühjahr Seidelbast und Schneeglöckchen, im Frühsommer Erdbeeren und Haselnussstecken für die Buben, im Herbst gute Pilze und schöne Eberschenzweige holen. Im Winter ist der Schienberg auch ein ganz gutes Skigelände, doch haben wir wenig Schnee.«

Hermann Hesse: Untersee, SW 13, S. 284f.

Die weite Landschaft löste bei Hermann Hesse immer wieder Fernweh und Vagabundierlust aus; Ludwig Finckh berichtet darüber:

»Und da mochte es vorkommen, dass er, im Zusammenstoß mit der Umwelt, verärgert und missmutig nach seinem Hut griff und davonging. Auf der Straße nach Horn holte er einen Landstreicher ein, der so fröhlich und unbekümmert dahinschritt, dass sie Tritt fassten und ins Gespräch kamen; der Bruder wusste sogleich, wo den anderen der Schuh drückte, und so kamen sie miteinander, schon ein wenig entlastet, ins nächste Dorf, wo sie sich vertraut in den ›Adler‹ setzten. Man ließ eine Flasche Wein auffahren, und die Zungen lösten sich vollends. Um Mitternacht schrieb Hesse an seine Frau eine Ansichtskarte aus Iznang [Ort zwischen Gaienhofen und Radolfzell]. – Am anderen Morgen war aller Unmut verflogen. Ein neuer Tag hatte begonnen, und Hesse – der Kumpan hatte sich schon auf die Füße gemacht – stieg ganz von selber durch die tauigen Wiesen den Weg hinan, der im Bogen über den Berg nach Gaienhofen führte. In seinem Haus angelangt, stand er bald an seinem Pult, wo er zu schreiben gewohnt war, als die

*Tür aufging und der Postbote seiner Frau die Karte reichte, die sie mit Verwunderung las: ›Iznang, den ... Auf meiner Reise durch die europäischen Länder bin ich hier angelangt und schicke Dir diesen Gruß! Hermi.‹«*
　　　　　Ludwig Finckh: Himmel und Erde, S. 67 f.

Vom Aussichtspunkt führt der Weg zu dem am Waldrand gelegenen Grillplatz, von dem wiederum ein Fußpfad mit Holztreppen in ein dorfwärts führendes Tälchen hinabführt. Den Weg am Bach entlang kommt man zum Erlenlohweg, von dem nach kurzer Strecke rechts der Hermann-Hesse-Weg abgeht. Das ehemalige Hesse-Grundstück und -Haus ›Am Erlenloh‹ (Hausnummer 2) liegt gleich links am Beginn des Weges.

*5 Das 1907 von Hesse erbaute Haus am Erlenloh*

Über den Bau des Hauses und das Leben in ihm berichtet Hesse in seiner 1931 verfassten Erinnerung *Beim Einzug in ein neues Haus*:

»*Kurz, es war beschlossen worden, Land zu kaufen und zu bauen. Ein von Basel her befreundeter Architekt, Hans Hindermann, war zur Verfügung, die Schwiegereltern gaben den größten Teil der Bausumme als Darlehen, Land war überall billig zu kaufen, ich glaube, der Quadratmeter kostete etwa zwei oder drei Groschen. So haben wir in unserem vierten Bodenseejahr ein Grundstück gekauft und ein hübsches Haus darauf gebaut. […] Das Haus war bequemer und größer als das verlassene, es war Raum darin für Kinder, Magd, Gast;*

*Schränke und Truhen wurden eingebaut, und wir brauchten das Wasser nicht mehr wie bisher vom Brunnen her zu tragen, es gab eine Wasserleitung im Haus, und unterm Boden einen Wein- und Obstkeller und eine Dunkelkammer für die Photographien meiner Frau, und noch dies und jenes Hübsche und Angenehme. [...] In meinem Arbeitszimmer war eine Bibliothek eingebaut und ein großer Mappenschrank. An allen Wänden drängten sich die Bilder, wir hatten manche Künstlerfreunde, kauften einiges und bekamen anderes geschenkt. [...]*

*Besonders üppig und fein hatte ich mir die Heizung meines Studierzimmers ausgedacht: da stand ein großer grüner Kachelofen, der als Dauerbrenner mit Kohlen geheizt werden konnte. Aber gerade dieser Ofen zeigte mir die Schattenseiten aller Bequemlichkeiten und technischen Verfeinerung: der Kerl heizte zwar gut, aber bei etwas föhnigem Wetter braute er Gase, die er nicht wieder loswerden konnte, und explodierte dann in einem Ton, den ich heute noch höre [...] und dann war es für manche Tage aus mit Heizung und Studierstube. Drei- oder viermal ist das passiert, und zweimal reiste ich gleich nach dem Unglück ab: kaum war der böse Knall erfolgt und meine Stube eingeräuchert, so packte ich die Handtasche, lief weg, bestellte in Radolfzell den Hafner und fuhr von da nach München, wo ich als Mitherausgeber einer Zeitschrift ohnehin zu tun hatte. Immerhin waren diese Eskapaden seltne Ausnahmen.*

*Beinahe wichtiger als das Haus wurde mir der Garten. Einen eigenen Garten hatte ich noch nie gehabt, und aus meinen ländlichen Grundsätzen ergab sich von selbst, dass ich ihn selber anlegen, bepflanzen und pflegen musste, und das habe ich denn auch manche Jahre lang getan. Ich baute im Garten einen Schuppen für das Brennholz und das Gartengerät, ich steckte gemeinsam mit einem mich beratenden Bauernsohn*

*Wege und Beete ab, pflanzte Bäume, Kastanien, eine Linde, eine Katalpe, eine Buchenhecke und eine Menge von Beerensträuchern und schönen Obstbäumen. Die Obstbäumchen wurden im Winter von den Hasen und Rehen abgenagt und zerstört, alles andere gedieh recht schön, und wir hatten damals die Erdbeeren und Himbeeren, den Blumenkohl, die Erbsen und den Salat im Überfluss. Daneben legte ich eine Dahlienzucht an, und eine lange Allee, wo zu beiden Seiten des Weges einige hundert Sonnenblumen von exemplarischer Größe wuchsen und zu ihren Füßen viele Tausende von Kapuzinern in allen Tönen von Rot und Gelb.«*

Hermann Hesse: Beim Einzug in ein neues Haus, SW 12, S. 143 ff.

Im September 1907 konnte die Familie Hesse den im März begonnenen Neubau beziehen. Alles in allem kam der Bau auf stark 20 000 Mark; einen großen Teil der Finanzierung streckte Schwiegervater Bernoulli vor. Die »Architekten-Rundschau«, die Anfang 1909 einen Artikel über die Neubauten von Hesse und Finckh bringt, berichtet von Baukosten von 24,30 Mark für den Kubikmeter umbauten Raumes; weiter heißt es darin unter der Überschrift »Zwei Dichterwohnungen am Bodensee«:

*»Die Landschaft des Untersees übt durch ihre ruhige freundliche Schönheit große Anziehungskraft aus auf geistig arbeitende Menschen, die dem Stadtgetriebe den Rücken kehren. So sind in neuerer Zeit verschiedene Gruppen von Ansiedlungen an verschiedenen Punkten des Sees entstanden, darunter im Sommer 1907 die Wohnhäuser der Schriftsteller H. Hesse und L. Finckh in Gaienhofen. Das Haus Hesse steht westlich des Dorfes an den gegen den Wald aufsteigenden, mit Wiesen und*

*Das Haus von Mia und Hermann Hesse um 1911*

*Obstbäumen bestellten Hängen. Man übersieht von dort die ganze Seefläche gegen die Reichenau und Konstanz nach Osten und bis gegen den Rheinausfluss nach Südwesten. Auf diese bevorzugte Lage ist in der Einteilung der Grundrisse Rücksicht genommen, indem das große Wohnzimmer des Erdgeschosses und das Arbeits- und Bibliothekszimmer im ersten Stock nach Südosten gelegt sind. Beide gewähren den Austritt auf Veranda und Terrasse. Die übrigen Wohn- und Schlafzimmer haben Süd- und Ostbeleuchtung, alle Nebenräume und die Treppe liegen nach Westen und Norden. Alle diese Räume sind in einfachster Art ausgestattet. Das Wohnzimmer erhielt eine einfache braune Täfelung und wurde zu einem früher entworfenen in hellem Eichenholz ausgeführten Mobiliar bestimmt: die Hauptzierde bildet der Kachelofen. Das Bibliothekszimmer konnte mit eingebauten Büchergestellen und Schränken ausgestattet werden. Das Äußere des Hauses findet seine Vorbilder am ehesten in einem der gemütlichen Haustypen der Ostschweiz. Das Keller- und Erdgeschoss sind massiv, das Obergeschoss ist in Fachwerk ausgeführt und mit einem Holzschindelschirm verkleidet, den das weit ausladende Dach schützt. In den Farben ist alles Grelle vermieden. Das Erdgeschoss ist ohne Zusatz von Farbe rauh verputzt, das Obergeschoss erhielt graugrünen Anstrich. Nur die grünen Läden und die weißen Fensterkreuze heben sich kräftig hervor. Das Dachgesims und das Holzwerk der Veranda sind in sattem dunklem Braun gehalten und mit weißen Ornamenten verziert.«*

Hesse als Bauherr in Gaienhofen, Reihe »Spuren«, Nr. 3, Marbach am Neckar 2002

Während der Zeit, in der die Familie in diesem Haus lebte, kamen der zweite Sohn, Heiner, (1909) und der dritte Sohn, Martin, (1911) zur Welt. Im Arbeitszimmer entstanden zahlreiche von Hesses *Gerbersauer Erzählungen*, der Musikerroman *Gertrud*, etliche der *Knulp*-Erzählungen sowie die Aufzeichnungen *Aus Indien*. Dichter, Maler und Komponisten aus nah und fern gingen im Haus aus und ein. Trotz aller Behaglichkeit und Zweckmäßigkeit konnte das Haus Hesse aber nicht auf Dauer von seiner inneren Unruhe befreien. Immer häufiger reiste er weg, schien Haus und Familie zu fliehen, bis er schließlich nur noch in einem Ortswechsel eine Perspektive zu sehen vermochte (vgl. S. 335f.).

1912 zog er mit Mia und den drei Söhnen dann nach Bern um, nachdem sich für das Haus am Erlenloh eine Käuferin gefunden hatte. Letztlich ging dieser Hausverkauf für Hesse nicht positiv aus, denn die erlösten Gelder gingen in der Inflation nach dem Ersten Weltkrieg weitgehend verloren. Einem Freund wird er in einem Brief berichten, mit dem Erlös für das Haus sei es ihm ergangen wie dem Hans im Glück, er habe sich mit dem letzten verbliebenen Geld gerade noch Essen für drei Tage kaufen können.

1920 wechselt das Haus am Erlenloh erneut den Besitzer, indem es von dem aus Zittau stammenden Kunstmaler Walter Waentig (1881-1962) erworben wird. In dessen Familienbesitz wird das Haus über 80 Jahre bleiben. 1935 stattet der Stuttgarter Schriftsteller Hermann Lenz dem »Hesse-Haus« einen Besuch ab und gibt folgende Aussage des Hausherrn Walter Waentig wieder: »Da kämen die Leute zu ihm ins Haus und schauten sich um, als habe er einen ausgestopften Steppenwolf im Zimmer, vielleicht dort hinterm Ofen.«

Nach Waentigs Tod 1962 wird das Haus von der Familie als Ferienpension und kurzzeitig auch als Altenheim genutzt; dabei erfährt es etliche Umbauten, welche die Architektur des Hauses beschädigen. 1992 wird die östliche Hälfte des großen Grundstücks verkauft und mit vier Doppelhäusern überbaut; die vorher freie Sicht vom Haus auf das Dorf und den See in Richtung Reichenau und Konstanz ist seitdem verstellt. 2003 wird das Haus selbst in schlechtem baulichem Zustand zum Verkauf angeboten. Nachdem bereits von Abriss gesprochen wurde, kauft Ende 2003 das Ehepaar Bernd und Eva Eberwein aus Rhoendorf am Rhein, das Beziehungen nach Gaienhofen hat, das Haus auf und beschließt eine denkmalgerechte Restaurierung. Anfang 2004 laufen die Arbeiten in Abstimmung mit dem Denkmalschutz an. Dabei wird das Innere und Äußere des Hauses wieder möglichst weitgehend auf die ursprüngliche architektonische Gestaltung zurückgeführt, wobei innen z. B. die Holzfußböden wie-

*Das restaurierte Hermann-Hesse-Haus Gaienhofen 2014
mit dem voll aufgeblühten Garten*

derhergestellt und außen der Schindelschirm fachgerecht restauriert wird. 2005 erhält das Haus den Denkmalpreis des Landes Baden-Württemberg.

In einem zweiten Schritt wird der Garten Hermann Hesses, soweit das Gelände noch vorhanden ist, rekultiviert. Dabei ist von großem Vorteil, dass Eva Eberwein Diplombiologin ist und sich außerdem in der Botanik der Höri auskennt, da sie hier aufgewachsen ist. Auf diese Weise kann der Garten im Laufe von zehn Jahren zu einem großartigen Schaugarten entwickelt werden, der die Gartenkultur zeigt, wie sie Hermann Hesse mit vielen einheimischen Gewächsen pflegte. Sogar eine Bodenarchäologin wird in den Rekultivierungsprozess einbezogen, die durch ihre Grabungen bestätigen kann, was Hesse einmal erwähnte, aber niemand so recht glauben wollte: Er hat einst bei der Anlage des Gartens, da es auf der Höri wenig Steinmaterial gibt, ihm unverlangt zugeschickte und nicht zusagende Bücher zum Befestigen der Gartenwege benutzt.

Auch das Innere des Hauses kann im Laufe der Jahre immer mehr so ausgestaltet werden, z. B. mit Leihgaben aus Hermann Hesses Nachkommenschaft, dass die damalige Wohnatmosphäre in Küche, Wohnzimmer, Kinderzimmer und Bibliothek nachvollziehbar wird.

Das »Hermann-Hesse-Haus Gaienhofen« ist ein Denkmal in Privatbesitz. Das Ehepaar Eberwein, das teilweise auch selbst im Haus wohnt, versucht dieses so gut wie möglich der Öffentlichkeit zugänglich zu machen. Dabei werden sie von einem Förderverein unterstützt, der Anfragen beantwortet und Führungen durchführt. – Zu den Kontaktmöglichkeiten, Öffnungszeiten, Führungen etc. siehe die touristischen Informationen im Innenumschlag des Bandes.

# Bern:
## Zeit der Krise und der Entscheidung für das Künstlertum

### Hermann Hesses Berner Zeit 1912-1919

»Der Ort, an den wir jetzt ziehen wollten, nach acht Gaienhofener Jahren, war Bern. In die Stadt selbst wollten wir zwar nicht ziehen, das wäre uns wie Verrat an unsern Idealen vorgekommen, aber wir wollten in der Nähe von Bern ein stilles ländliches Haus suchen, etwa ein ähnliches wie das wunderschöne alte Landgut, das mein Freund Albert Welti, der Maler, seit einigen Jahren bewohnte. Ich hatte ihn mehrmals in Bern besucht, und sein hübsches, leicht verwahrlostes Haus und Gütchen weit draußen vor der Stadt hatte mir sehr gefallen. Und wenn meine Frau ohnehin, aus Jugenderinnerungen her, eine große Liebe für Bern und Bernertum und alte Berner Landsitze hatte, so war für mich der Umstand, dort einen Freund wie Welti zu wissen, mitbestimmend, als ich mich für Bern entschied.

Als es aber soweit war und wir wirklich vom Bodensee nach Bern umzogen, da sah schon alles wieder anders aus. Ein paar Monate vor unserer Übersiedlung nach Bern waren Freund Welti und seine Frau rasch hintereinander gestorben, ich war zu seinem Begräbnis in Bern gewesen, und da hatte es sich ergeben, dass es, wenn wir nun schon nach Bern ziehen wollten, das Beste wäre, Weltis Haus zu übernehmen. Wir wehrten uns innerlich gegen diese Nachfolgerschaft, es roch uns zu sehr nach Tod, wir suchten auch nach einem andern Unterkommen in der Nähe Berns, aber es fand sich nichts, was uns gefallen

*Die hoch über der Aare gelegene Altstadt
der Schweizer Hauptstadt Bern mit dem Münster*

hätte. Das Weltihaus war nicht Weltis Eigentum gewesen, es gehörte einer Berner Patrizierfamilie, und wir konnten Weltis Miete übernehmen, zusammen mit einigem Hausrat und mit Weltis Wolfshündin Züsi, die ebenfalls bei uns blieb.«

Hermann Hesse: Beim Einzug in ein neues Haus,<br>SW 12, S. 146

Den 1862 in Zürich geborenen Maler Albert Welti und seine Frau lernte Hesse wahrscheinlich während seiner Gaienhofener Zeit kennen, als er öfter geschäftlich in München war, wo die Weltis vor ihrem Umzug 1908 nach Bern lebten. Weltis von Arnold Böcklin (siehe S. 316 ff.) beeinflusste Bilder mit Traumszenen beeindruckten Hesse, und eines mit dem Titel »Das Haus der Träume« hat er 1914 als Anregung für einen gleichnamigen Roman genommen, der allerdings Fragment blieb.

Im September 1912 zieht die Familie Hesse also in das Haus im Melchenbühlweg in Bern-Ostermundigen ein, das zuvor von den Weltis bewohnt worden war. Über Bern und die Berner berichtet Hesse an seinen Schulfreund Otto Hartmann:

*»Was Du über den Stolz der Berner gehört hast, ist nicht aus der Luft gegriffen, obwohl übertrieben. Die Berner stellen noch immer die konservativen Aristokraten in der Schweiz dar, das Volk einstiger Herren, Führer und Diplomaten, die sich in der neueren Zeit von der Politik etwas grollend zurückgezogen haben. Sie sind stolz, aber auch nobel und ruhig, man kann nirgends so unbehelligt leben wie hier. Dazu die schönste alte Stadt der Schweiz, und ein Land voll Kraft und Schönheit, rassiger üppiger Baumwuchs, tiefer Boden, gutes Wasser, nahe Berge. Bis jetzt war Bern sehr abgelegen, nur Basel ist nah; aber diesen Sommer geht der Lötschberg auf, dann können wir in 5 bis 6 Stunden nach Mailand kommen, darauf warte ich sehr. Du musst Dir bei Gelegenheit Bern ansehen und dann bei mir absteigen, ich wohne bescheiden, aber still und nobel vor der Stadt draußen in einem etwas verwahrlosten alten Berner Aristokratengütchen, ohne andre Nachbarschaft als Felder, Bäume und Berge.«*
Hermann Hesse: Die Briefe, Band 2, 1905-1915, S. 336 f.

Und an Ludwig Thoma schreibt er nach München:

*»Sieht man Sie nie in Bern? Ich hätte eine Mordsfreude. Ich wohne mit meiner zahlreichen Familie schön in einem alten Landgut vor der Stadt, den Bergen gegenüber unter alten Bäumen. Was ich brauche, sind vorderhand ein paar nette Freunde, gute Musik, schöne rassige Landschaft, eine alte solide*

*Bürgerhäuser und Brunnen in der Berner Altstadt; hier die Marktgasse mit Käfigturm und Schützenbrunnen*

*Stadt und ein Bahnhof, so dass man zuweilen wegfahren kann.«*
        Hermann Hesse: Die Briefe, Band 2, 1905-1915, S. 321

All diese Dinge, die Hesse sich hier wünscht, bekommt er in Bern. Einige Freunde hat er bereits, andere kommen hinzu; Musikveranstaltungen bietet die Stadt reichlich (vgl. S. 383ff.); zu den engsten Bekannten zählt Fritz Brun, der Dirigent des Stadtorchesters. Schöne rassige Landschaft hat Hesse direkt vor dem Fenster; bei klarem Wetter sieht man vom Landgut am Melchenbühlweg bis zu den mächtigen Bergen der Jungfraugruppe. Und die stolzen Berner Häuserzeilen mit ihren schier endlosen Arkaden sind so ziemlich das Solideste, was man sich als Altstadt wünschen kann. – Allerdings vermag all dies die eigentlichen Probleme Hesses, die ihn in Gaienhofen bedrängt haben, auch nicht zu beseitigen: die zunehmenden Schwierigkeiten mit seiner Ehe und seiner Rolle als Familienoberhaupt, das Gefühl des Angebundenseins und die Sehnsucht nach einer freien Künstlerexistenz. Und deshalb wird, nachdem sich der Effekt des Neuen in Bern nach einiger Zeit abgenutzt hat, der Berner Bahnhof zunehmend wichtiger für Hesse, indem er sein in den letzten Jahren zur Gewohnheit gewordenes unstetes Reiseleben wiederaufnimmt.

Bereits in Gaienhofen hat Hesse begonnen, an dem Roman *Roßhalde* zu arbeiten, der um die Themen Ehe und Künstlertum kreist. In Bern schreibt er diesen zügig fertig; dem Schauplatz gibt er Züge seines Landguts am Melchenbühlweg (vgl. S. 387ff.), wodurch unmissverständlich wird, dass die Eheprobleme der Romanhauptfigur, des Malers Johann Veraguth, auch die seinigen sind. Unmittelbar nach dem Erscheinen des Buchs im März 1914 bekennt er seinem Vater in einem Brief:

»*Heute ist mein neues Buch herausgekommen. Der Roman hat mir viel zu schaffen gemacht und ist für mich ein, wenigstens einstweiliger, Abschied von dem schwersten Problem, das mich praktisch beschäftigt hat. Denn die unglückliche Ehe, von der das Buch handelt, beruht gar nicht nur auf einer falschen Wahl, sondern tiefer auf dem Problem der ›Künstlerehe‹ überhaupt, auf der Frage, ob überhaupt ein Künstler oder Denker, ein Mann, der das Leben nicht nur instinktiv leben, sondern vor allem möglichst objektiv betrachten und darstellen will –*

*ob so einer überhaupt zur Ehe fähig sei. Eine Antwort weiß ich da nicht; aber mein Verhältnis dazu ist in dem Buch möglichst präzisiert; es ist darin eine Sache zu Ende geführt, mit der ich im Leben anders fertig zu werden hoffe, und die mir doch überaus wichtig ist.«*
Hermann Hesse: Die Briefe, Band 2, 1905-1915, S. 387 f.

Die Ehe im Roman scheitert; die Hoffnung Hesses, dieses Ende in seiner eigenen Ehe abwenden zu können, stellt sich als Illusion heraus; der Auflösungsprozess seiner Ehe und Familie nimmt in den folgenden Jahren immer raschere Formen an. Die zunehmende Vereinsamung und Schwermut seiner Frau Mia, der man durch den Umzug in die Nähe der Stadt Bern hatte vorbeugen wollen, kann nicht mehr durchbrochen werden. Als 1914 der dreijährige Sohn Martin an Gehirnhautentzündung erkrankt und über einen langen Zeitraum intensiv gepflegt werden muss, zehrt dies ihre Kräfte auf. Hierdurch verstärkt sich ihre Neigung zur Depression, die sich schließlich ab 1916 zu einer Erkrankung ausweiten wird, die in den folgenden Jahren immer wieder klinisch behandelt werden muss. Ende 1918 berichtet und beichtet Hesse seiner Schwester Adele:

»*Ich habe, seit den 14 Jahren meiner Ehe, manches gelitten, wovon niemand weiß. Die letzten Monate waren die schwersten, für Mia und für mich selber [...]. Mia, die seit drei Wochen mit Brüdi* [dem siebenjährigen Sohn Martin] *im Tessin war, ist in eine schwere Psychose verfallen und musste in großer Verwirrtheit und Alteration in ein Sanatorium gebracht werden.*«
Hermann Hesse: Die Briefe, Band 3, 1916-1923, S. 175

In dem 1918 erscheinenden Märchen *Iris*, das Hesse Mia widmet, heißt es über die Hauptfigur, von der alle Hesse-Biografen übereinstimmend der Auffassung sind, dass diese eine Spiegelung Mias sei:

»*Sie war älter, als er sich eine Frau gewünscht hätte. Sie war sehr eigen, und es würde schwierig sein, neben ihr zu leben und seinem gelehrten Ehrgeiz zu folgen, denn von dem mochte sie nichts hören. Auch war sie nicht sehr stark und gesund und konnte namentlich Gesellschaft und Feste schlecht ertragen. Am liebsten lebte sie, mit Blumen und Musik und etwa einem Buch um sich, in einsamer Stille, wartete, ob jemand zu ihr käme, und ließ die Welt ihren Gang gehen. Manchmal war sie so zart und empfindlich, dass alles Fremde ihr weh tat und sie leicht zum Weinen brachte. Dann wieder strahlte sie still und fein in einem einsamen Glück, und wer es sah, der fühlte, wie schwer es sei, dieser schönen seltsamen Frau etwas zu geben und etwas für sie zu bedeuten. Oft glaubte er, dass sie ihn liebhabe, oft schien ihm, sie habe niemanden lieb, sei nur mit allen zart und freundlich, und begehre von der Welt nichts als in Ruhe gelassen zu werden. Er aber wollte anderes vom Leben, und wenn er eine Frau haben würde, so müsste Leben und Klang und Gastlichkeit im Hause sein.*«
Hermann Hesse: Iris, Märchen (1918), SW 9, S. 127

Zu den privaten Wirren kommt 1914 der Schock des Weltkriegsausbruchs hinzu, der Hesse tief trifft. In Zeitungsartikeln versucht er mäßigend auf die Kriegsparteien einzuwirken. Er schafft es jedoch nicht, einen eindeutigen Standpunkt einzunehmen, da ihm zum einen das Inhumanum des Krieges ein Gräuel ist, er aber andererseits für Deutschland, dessen Staatsbürger er noch ist (die schweizerische Staatsbür-

*Hermann Hesse im Berner Garten mit Mia und Sohn Heiner*

gerschaft wird er erst 1923 wieder erhalten), Sympathien hegt und nicht in den Verdacht geraten will, ein ›vaterlandsloser Gesell‹ zu sein. In diesen Ruf gerät er bei der nationalistisch-militaristisch gesinnten deutschen Presse aber dennoch, und zudem bekommt er auch noch Prügel von der pazifistischen Seite. Verzweifelt versucht er seinen Standpunkt in öffentlichen Briefen klarzustellen, wobei er aber nicht begreift, dass in solchen Zeiten der Hysterie und Gegenhysterie nur hundertprozentige Ergebenheitsadressen geschätzt werden. Erst im Laufe dieser Auseinandersetzung befreit er sich zu einer kompromisslosen Haltung gegen jeden Nationalismus und Militarismus, die er lebenslang beibehalten wird.

1914 meldet er sich aber zunächst, um nicht als feige und pflichtvergessen zu gelten, freiwillig im deutschen Konsulat in Bern zum Militärdienst. Er wird jedoch bei der Musterung wegen seiner schlechten Sehkraft und seines Alters abgelehnt. Daraufhin bietet er sich für zivilen Dienst an und wird 1915 der deutschen Kriegsgefangenenfürsorge mit Sitz in Bern zugeordnet. Er bekommt hierbei die Aufgabe, die deutschen Gefangenen in den Gegnerländern mit Buchlektüre zu versorgen. Dieser Aufgabe widmet er sich mit großem Engagement bis an den Rand seiner Kräfte. Er verschickt dabei nicht nur große Teile seiner eigenen Bibliothek und sammelt unermüdlich Bücher und Gelder für Bücher, sondern gründet auch eine Zeitschrift für die Kriegsgefangenen und einen eigenen Verlag zum Druck geeigneten humanistisch geprägten Lesestoffs.

Als ihn 1916 mit dem Tod seines Vaters ein weiterer Schlag trifft, steht Hesse am Rande des psychischen Zusammenbruchs. Er fasst daraufhin den Entschluss, sich einer psychoanalytischen Therapie zu unterziehen. Hierzu begibt er sich in das Kurhaus Sonnmatt bei Luzern, wo ihn der C.-G.-Jung-Schüler Josef Bernhard Lang therapiert. Dieser verdeutlicht ihm, dass er, wenn er nicht zugrunde gehen wolle, klare Entschlüsse fassen muss, was er mit seinem Leben noch anfangen möchte. Ein solcher Entschluss ist dann 1919 der, das missglückte Experiment der Familiengründung und Sesshaftigkeit abzubrechen und künftig nur noch seinem Künstlertum zu leben. In einem Brief vom 11. Februar 1919 an seinen Winterthurer Freund und Mäzen Georg Reinhart berichtet er über die bestehende Situation:

*»Gestern war ich nochmals in Küsnacht und hatte lange Beratungen mit dem Arzt, der meine Frau hauptsächlich behandelt [...]. Er will meine Frau noch bis Ende Februar in Küsnacht behalten, sie aber dann entlassen. Ich hoffe, sie dann für eine Weile bei Freunden unterzubringen.*

*Für später ist alles noch etwas dunkel. Doch wir sind darin einig, dass für die Zukunft eine Trennung in der Weise nötig ist, dass meine Frau die Kinder versorgt, ich aber ganz meiner Arbeit lebe, also nicht bei meiner Familie. Jedenfalls werden wir es einmal auf diese Art versuchen, denn ein baldiger Wiederbeginn des Zusammenlebens wäre mir vollkommen unmöglich. Andererseits ist bei unsern Umständen, und bei dem Befinden meiner Frau, an Scheidung nicht zu denken. Mir läge daran auch nichts, da ich den Irrtum meiner Ehe nicht bei meiner Frau suche, sondern nur bei mir, und keinerlei Lust zu anderweitigen Frauen-Beziehungen habe. Mir ist im Lauf dieser drei furchtbaren Jahre das Wesen meiner Lebensaufgabe einigermaßen klargeworden, und damit der Weg gewiesen, den ich gehen muss.«*

Hermann Hesse: Die Briefe, Band 3, 1916-1923, S. 192

Hermann Hesse beschließt, sich von der Familie zu trennen und durch einen Umzug ins Tessin die Distanz herzustellen, die nötig scheint. Mia befindet sich zu diesem Zeitpunkt noch in klinischer Behandlung. Die Kinder bringt er bei Bekannten oder in Internaten unter. Bruno wird ab 1920 ganz in der Familie des befreundeten Malers Cuno Amiet in Oschwand aufwachsen, Heiner und Martin sind abwechselnd in Pflege oder in Internaten oder bei der Mutter. Aber der Kontakt Hesses zu seinen Söhnen wird nie abbrechen, sondern über Briefe und Ferienbesuche kontinuierlich weiterbestehen. Bruno wird später Kunstmaler, Heiner Dekorateur und

Grafiker und Martin Fotograf. Auch zu Mia bleibt er in Kontakt, um die familiären Dinge zu regeln; die Ehe wird erst 1923 geschieden. Mias psychischer Zustand hat sich zu dieser Zeit so weit stabilisiert, dass ihr wieder möglich ist, ein selbstbestimmtes Leben zu führen und sich auch um die Söhne zu kümmern; es gibt Fotos von ihr, die sie noch in hohem Alter bei Bergwanderungen mit ihren Söhnen in den Alpen zeigen. Sie wird 1963 sterben, ein knappes Jahr nach Hermann Hesse, im Alter von 95 Jahren.

Hesse trägt 1919 aber schwer an der Verantwortung für die Auflösung der Familie, die er bei sich sieht. In dieser Situation greift er wieder einmal zu seiner Strategie, seelische Belastungen durch schriftstellerische Bearbeitung in den Griff zu bekommen. Es entsteht dabei die düstere Novelle *Klein und Wagner*, die von einem Mann handelt, der seine Frau und Kinder ermordet hat und gen Süden flieht. Den Stoff entnimmt er einem Zeitungsbericht, er ist also nicht autobiografisch, aber in einem Brief vom Herbst 1919 an den befreundeten Schriftsteller Carl Seelig verdeutlicht Hesse den Bezug, den er zu sich sieht:

*»[...] Sie haben wieder Schweres erlebt und sich Wunden aufgerissen, und Sie schreiben mir, dass Sie verstehen könnten, wie ein Mensch unter Umständen zum Mörder wird. Nun, gerade damit war auch ich, der ich ja kein Weiser, sondern ein sehr leidender und rastloser Mensch bin, diesen ganzen Sommer beschäftigt, mit dem Mörder nämlich, der auch in mir lebt, und habe versucht, ihn in eine gefährliche und kühne Dichtung zu bringen, vielleicht um ihn für eine Weile aus dem eigenen Herzen loszuwerden.*

*[...] Der Mörder mahnt immer wieder laut und peinigend an die Tiefen in uns, die voll Schlamm und dunkler Urwelt*

*sind. Der andre Trieb geht nach Reinigung, Verklärung, Güte, aber er geht auch nach Beschönigung des Peinlichen, nach Weglügen und Verschweigen des Unverdauten.*

*[...] Und nun, fast schon ein alter Mann, nachdem mir alles, was das Leben mir an äußeren Gütern und Erfolgen gab, wieder zusammengebrochen ist, nach der Trennung von Liebe, Ehe, Familie, dem Verlust des äußern Wohlbehagens, der Vereinsamung durch Gesinnung während dem Krieg – nach alledem bin ich, krank und halb irrsinnig vor Leid, zu mir selbst zurückgekommen und muss vor allem das alles, was ich früher weggelogen oder doch verschwiegen hatte, anschauen und anerkennen, alles Chaotische, Wilde, Triebhafte, ›Böse‹ in mir. Ich habe darüber meinen früheren schönen harmonischen Stil verloren, ich musste neue Töne suchen, ich musste mich mit allem Unerlösten und Uralten in mir blutig herumschlagen – nicht um es auszurotten, sondern um es zu verstehen, um es zur Sprache zu bringen.*

*[...] Je weniger wir uns vor unsrer eigenen Phantasie scheuen, die im Wachen und Traum uns zu Verbrechern und Tieren macht, desto kleiner ist die Gefahr, dass wir in der Tat und Wirklichkeit an diesem Bösen zugrund gehen.«*

Hermann Hesse: Die Briefe, Band 3, 1916-1923, S. 263 f.

Dieser Brief zeigt sehr deutlich, wie der fortwährende Versuch, die existentiellen Herausforderungen durch Schreiben zu erhellen und zu bewältigen, der Hauptantrieb von Hesses schriftstellerischem Schaffen ist. Und hieraus wird auch erklärbar, warum die Berner Jahre trotz oder gerade wegen der persönlichen und zeitgeschichtlichen Wirren und Erschwernisse für Hesse schriftstellerisch fruchtbar waren: Es entstehen in dieser Zeit der Roman *Roßhalde*, das Romanfragment *Das Haus der Träume*, und er stellt die in Gaienhofen begonnenen Erzählungen um den Vagabunden *Knulp* und den Reisebericht *Aus Indien* fertig. 1914 erscheint die Gedichtsammlung *Musik des Einsamen*, 1916 das Erzählungsbändchen *Schön ist die Jugend*, 1919 die Sammlung *Märchen*, der Essayband *Kleiner Garten*, der dramatische Versuch *Heimkehr*, die Erzählung *Kinderseele* und nicht zuletzt natürlich der Roman *Demian. Die Geschichte einer Jugend*, den Hesse unter dem Pseudonym Emil Sinclair veröffentlicht und der eine neue Stufe in seinem Schaffen bedeutet. Zu *Demian* bemerkt Hesse viele Jahre später:

*»Sinclair war das Pseudonym, das ich einst, in der bittersten Prüfungszeit meines Lebens, für einige meiner Aufsätze während des Krieges von 1914 und dann für den ›Demian‹ gewählt hatte, nicht ohne dabei an Hölderlins Freund und Gönner in Homburg, Isaak von Sinclair, zu denken, dessen Name mir seit frühester Jugend teuer war und einen heimlichen Klangzauber besaß. Und unter dem Zeichen ›Sinclair‹ steht für mich heute noch jene brennende Epoche, das Hinsterben einer schönen und unwiederbringlichen Welt, das erst schmerzliche, dann innig bejahte Erwachen zu einem neuen Verstehen von Welt und Wirklichkeit, das Aufblitzen einer Einsicht in die Einheit im Zeichen der Polarität, das Zusammenfallen der Gegensätze, wie es vor tausend Jahren die Meister des Zen in China auf magische Formeln zu bringen versucht haben.«*
  Hermann Hesse: Vorwort zur Neuausgabe von
  »Sinclairs Notizbuch« 1962, SW 12, S. 209

Dies ist der Stand der Dinge, als Hermann Hesse 1919 ins Tessin aufbricht. Das Wagnis und die Chance, die damit verbunden sind, wird er später in der Rückschau so darstellen:

»*Der Abschied von Bern fiel mir übrigens nicht mehr schwer. Es war mir klargeworden, dass es moralisch nur noch eine Existenzmöglichkeit für mich gab: meine literarische Arbeit allem anderen voranzustellen, nur noch in ihr zu leben und weder den Zusammenbruch der Familie noch die schwere Geldsorge, noch irgendeine andere Rücksicht mehr ernst zu nehmen. Gelang es nicht, so war ich verloren. Ich fuhr nach Lugano, saß einige Wochen in Sorengo und suchte, dann fand ich in Montagnola die Casa Camuzzi und zog dort im Mai 1919 ein. Aus Bern ließ ich nur meinen Schreibtisch und meine Bücher kommen, im Übrigen lebte ich mit gemieteten Möbeln.*«
Hermann Hesse: Beim Einzug in ein neues Haus,
SW 12, S. 148 f.

Anzumerken ist noch, dass Hermann Hesse selbst nicht mehr nach Bern zurückgekehrt ist, aber ein großer Teil seines Nachlasses, der in der Schweizerischen Nationalbibliothek im Schweizerischen Literaturarchiv in der Hallwylstraße 15 (erreichbar mit Tram 6, 7 oder 8 über die Haltestelle Helvetiaplatz) archiviert ist. Der andere Teil befindet sich im Deutschen Literaturarchiv in Marbach am Neckar.

## Rundgang durch Bern und Gang zum Melchenbühlweg

Auch in Bern soll die Suche nach Spuren Hermann Hesses wieder am Bahnhof beginnen. Dieser liegt sehr günstig am Beginn der Berner Altstadt, die auf einem Bergrücken hoch über der Aare steht und als Erstes besichtigt werden soll. In Hesses Werk finden sich zwar kaum Stellen, an denen er auf

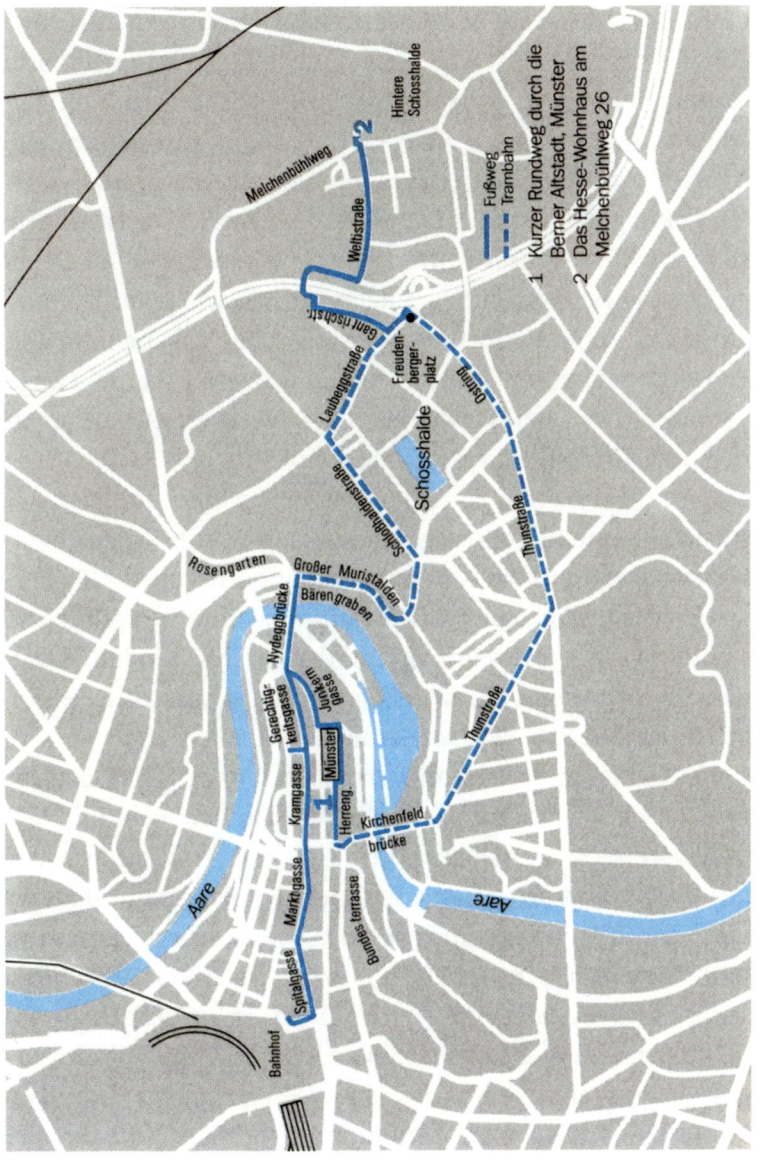

diese eingeht – seine Berner Jahre fielen in eine zu unruhige Zeit, als dass er zahlreiche beschauliche Betrachtungen hätte schreiben können, wie er es an seinen vorherigen Wohnsitzen gerne getan hat –, aber nach Bern zu fahren, ohne die Altstadt zu besichtigen, wäre eine Sünde. Sie besitzt noch ein völlig geschlossenes bauliches Ensemble und ist mit ihren trutzigen Häusern mit den weit vorspringenden Dachgesimsen und den Laubengängen ganz so, wie man sich eine alpenländische Hauptstadt vorstellt. Die Arkaden in den Erdgeschossen der Häuser haben insgesamt eine Länge von über 6 km, sodass man auch bei Regenwetter trockenen Hauptes durch die Gassen flanieren kann.

Hier ein Vorschlag für einen kurzen, ca. eine Stunde in Anspruch nehmenden Rundgang: Auf dem Bahnhofsplatz nach rechts schreitend, kommt man zu der barocken Heiliggeistkirche, die 1726 erbaut wurde. Dahinter führt die Spitalgasse stadteinwärts, die zusammen mit der anschließenden Marktgasse, der Kramgasse und der Gerechtigkeitsgasse die Mittelachse der Berner Altstadt bildet. Entlang dieser Gassenflucht stehen mit dem Käfigturm und dem Zeitglockenturm zwei prächtige alte Stadttore, die bis 1250 bzw. 1350 in Funktion waren. Der Zeitglockenturm (›Zytglogge‹) hat eine astronomische Uhr mit einem schönen Figurenspiel aus dem Jahr 1530, das jeweils kurz vor der vollen Stunde in Aktion tritt. In den Gassen stehen in fast regelmäßigen Abständen schöne alte Brunnen, die auf das Jahr 1545 zurückgehen. Am Beginn der Gerechtigkeitsgasse geht nach links die Kreuzgasse zum prächtigen, 1406 bis 1416 im gotischen Stil erbauten Rathaus hinüber, das eine Besichtigung lohnt. Danach sollte man wieder in die Gerechtigkeitsgasse zurückkehren und an deren besonders schönem Brunnen vorbei zur Nydeggbrücke hinabgehen, welche die Aare in hohem Bogen überspannt. An ihrem gegenüberliegenden Ende liegt der Bärengraben, ein Freigehege für etliche Vertreter des Berner Wappentieres. Wer eine besonders schöne Aussicht auf die Altstadt genießen will, kann noch ein Stück nach links zum Rosengarten hoch oder nach rechts dem Muristalden entlang gehen. Danach sollte man wieder über die Nydeggbrücke in die Altstadt zurückgehen und dort gleich nach links in die Junkerngasse einbiegen, die einige besonders schöne alte Fassaden aufweist. Sie führt direkt auf den Münsterplatz und das um 1421 erbaute spätgotische Münster zu. Hermann Hesse hat das Münster mit einiger Regelmäßigkeit besucht, um die hier veranstalteten Konzerte zu hören. In der 1913 geschriebenen Betrachtung *Alte Musik* berichtet er darüber:

*»Vor den Fenstern meines einsamen Landhauses fiel zäh und hoffnungslos der graue Regen, und ich hatte wenig Lust, noch einmal die Stiefel anzuziehen und den weiten schmutzigen Weg in die Stadt zu machen. Aber ich war allein, und meine Augen schmerzten von langer Arbeit, und von allen Wänden meines Studierzimmers sahen mich die goldenen Bücherreihen mit ihren schweren Fragen und Pflichten unleidlich an, die Kinder lagen schon schlafend in ihren Betten, und mein kleines Kaminfeuer war ausgegangen. Ich entschloss mich also zu gehen, suchte das Konzertbillett hervor, zog die Stiefel an, legte den Hund an die Kette und machte mich im Regenmantel auf den Weg durch Schmutz und Nässe.*
  *Die Luft war frisch und duftete bitter, schwarz kroch der Feldweg zwischen den hohen krummen Eichen in launigen Bogen um die Nachbargüter. Aus einem Portierhäuschen schimmerte Licht. Ein Hund schlug an, kam ins Zürnen, bellte höher und höher hinauf und musste, sich überschlagend, plötzlich aufhören. Aus einem Landhause hinter schwarzen Gebüschen*

*Detail aus dem Eingangsportal des Berner Münsters*

hervor tönte Klavierspiel. Nichts Schöneres und Sehnsüchtigeres, als so am Abend allein im Feld zu gehen und aus einem einsamen Hause Musik zu hören; eine Ahnung von allem Guten und Liebenswerten wacht da auf, von Heimat und Lampenlicht, Abendfeierlichkeit in stillen Räumen, von Frauenhänden und alter häuslicher Kultur.

Da war schon die erste Laterne, stiller bleicher Vorposten der Stadt, und wieder eine, und nahe schimmernde Vorstadtgiebel, und dann plötzlich hinter der Mauerecke blendend in grellem Bogenlicht die Tramstation, wartende Menschen in langen Mänteln, plaudernde Kondukteure mit nassen triefenden Mützen und matt auf feuchten Röcken schimmernden Uniformknöpfen. Ein Wagen knatterte heran, blaue Blitze unter sich, hell und warm mit breiten Glasscheiben. Ich steige auf, wir fahren, aus dem erleuchteten Glasgehäuse sehe ich *nächtige Straßen breit und öde, an der Ecke da und dort eine Frau, die unterm Regenschirm auf unsern Wagen wartet, und jetzt hellere und lebendigere Straßen, und plötzlich strahlend jenseits der hohen Brücke die ganze Stadt im Abendglanz der Fenster und Laternen und unter der Brücke tief und fern das Flusstal mit dem dunkel heraufspiegelnden Wasser und den weißschaumigen Wehren.*

*Ich steige aus und gehe durch die Arkaden einer schmalen Gasse dem Münster entgegen. Auf dem kleinen Münsterplatz funkelt ein Laternenlicht schwach und kühl im nassen Steinpflaster, auf der Terrasse wehen die Kastanienbäume, über dem rötlich erleuchteten Portal verschwindet schmal in unendlicher Höhe der gotische Turm in die nasse Nacht. Ich warte ein wenig im Regen, werfe endlich die Zigarre weg, trete in den hohen Spitzbogen. Menschen in feuchten Kleidern stehen gedrängt, hinter seiner hellen Scheibe sitzt der Kassierer, ein Mann fordert meine Karte, ich trete in den Dom, den Hut in der Hand, und alsbald weht aus schwach erhellten Riesengewölben mir erwartungsvolle heilige Luft entgegen. Kleine Ampeln senden zaghafte Lichtstrahlen an den Säulen und Pfeilerbündeln empor, Strahlen, die sich im grauen Gestein verlieren und hoch oben warm und zart in den Wölbungen versickern.*

*[...]*

*Da, ein hoher starker Orgelton. Er füllt, anwachsend, den ungeheuren Raum, er wird selber zum Raume, umhüllt uns ganz. Er wächst und ruht aus, und andere Töne begleiten ihn, und plötzlich stürzen sie alle in einem hastigen Davonfliehen in die Tiefe, beugen sich, beten an, trotzen auch und verharren gebändigt im harmonischen Bass. [...] Und er endet prächtig und gewaltig wie die untergehende Sonne und hinterlässt im Verstummen die Welt voll Glanz und Seele.«*

Hermann Hesse: Alte Musik (1913), SW 13, S. 335 ff.

Hermann Hesse lässt sich von der Musik in der gewaltigen Akustik des Münsterraums verzaubern und kehrt zufrieden und erfüllt in sein vor der Stadt liegendes Haus zurück: »*Nun mag ich gerne zur Ruhe gehen und wieder eine Weile das Leben erproben und sein Spielball sein.*«

Um diesen Heimweg nachzuverfolgen, gehen wir vom Münster, nachdem wir von dessen auf der Rückseite liegender Aussichtsterrasse noch den Blick zur Aare hinab genossen haben, durch die Herrengasse zum Casinoplatz und dann nach rechts über den Theaterplatz, an dessen oberem Ende sich die Trambahnhaltestelle beim Zytglogge-Turm befindet. Dort nehmen wir die Tram Nr. 7 in Richtung Ostring und fahren mit ihr bis zur Endstation. Die Hintere Schosshalde, in deren Bereich das Hesse-Haus steht, liegt jenseits der heute hier die Landschaft zerschneidenden Autobahn. Um die Autobahn zu überwinden, muss man von der Haltestelle Ostring zunächst ein kurzes Stück die Laubeggstraße in Richtung Stadt gehen, um dann nach rechts in die Gantrischstraße hineinzugehen. An deren Ende findet sich eine Fußgängerbrücke über die Autobahn. Der Fußweg mündet auf der anderen Seite in das Ende der Giacomettistraße, von der nach kurzer Strecke links die Weltistraße abgeht, die nach Hesses Freund und Vormieter benannt ist. Diese – zu Hesses Zeit ein Feldweg – gehen wir geradeaus hoch, bis sie auf den Melchenbühlweg trifft. Das langgestreckte Haus, das jenseits des Melchenbühlwegs rechter Hand liegt, ist das Haus Nr. 26, das Hermann Hesse mit seiner Familie zwischen 1912 und 1919 bewohnt hat. Haus und Grundstück sind in Privatbesitz und deshalb nicht zugänglich.

# Das Haus am Melchenbühlweg 26

Über den Einzug in das Haus, das sie als Nachmieter des mit ihnen befreundeten und kurz zuvor verstorbenen Malers Albert Welti ab September 1912 anmieteten (s. S. 367f.), berichtet Hermann Hesse:

*»Ein altes Berner Landhaus, weit von der Stadt in den Feldern gelegen, mit einem streng symmetrisch angelegten alten Garten, einem laufenden Brunnen, Hunden und Vieh, einem Wäldchen von Ahornen, Eichen und Buchen. Eine Menge kleiner Stuben mit angegilbtem Getäfel und rissigen alten Tapeten, eine steinerne, sehr herrschaftliche Wendeltreppe, ein hübsches, lichtes Sälchen, sonst alles primitiv und bescheiden. An den Wänden hängen die Porträts von ehemaligen Besitzern des Hauses, mit Perücken und Jagdhüten, Ansichten vom Vesuv aus dem 18. Jahrhundert und alte Stiche [...].*

*In einer Pause geht man dann einmal auf die Veranda, die von einem alten Glyzinenbaum über und über eingewachsen ist, und späht, ob vielleicht das Wetter hell werde, dass man die Berge sieht. Oder man schaut in den verwilderten Garten und überlegt ein wenig, was sich bei gutem Willen daraus machen ließe, man findet Obst unter den Bäumen und späte Blumen in den Rabatten, verwildertes Erdbeergeschlinge mit verspäteten kleinen Früchten und Kastanien, die blankbraun aus geborstenen Hülsen leuchten. Man denkt sich ein fleißiges und verträgliches Leben und hat Lust zu guten Vorsätzen. Vor sich, in kleiner Entfernung, weiß man die Stadt mit Musik und anderen Genüssen, und drüben auf der anderen Seite in tröstlicher Nähe weiß man die Jungfrau und den Eiger, das Wetterhorn und die vielen grünen Täler und Alpen des Oberlandes.«*
Hermann Hesse: Umzug (1912), SW 12, S. 95f.

*Das Landhaus am Melchenbühlweg mit Garten*

Das Haus schien alle Vorzüge zu haben, welche die Familie wünschte: Ruhe zum Schreiben für Hesse, kulturelle Abwechslung für Mia und ihn in der nahen Stadt, Bewegungsfreiheit für die Kinder:

»*Das Haus am Melchenbühlweg bei Bern, oberhalb von Schloss Wittigkofen, war nun eigentlich in jeder Hinsicht die Verwirklichung unsrer alten, seit den Basler Zeiten mehr und mehr befestigten Vorstellung von einem idealen Hause für Leute von unsrer Art. Es war ein Landhaus im Berner Stil mit dem runden Berner Giebel, der an diesem Haus durch seine starke Unregelmäßigkeit etwas besonders Gewinnendes an sich hatte, ein Haus, das aufs angenehmste und in einer wie für uns eigens ausgesuchten Mischung bäuerliche und herrschaftliche Merkmale vereinigte, halb primitiv, halb vornehm-patrizisch, ein Haus aus dem siebzehnten Jahrhundert, mit Anbauten und Einbauten aus der Empirezeit, inmitten ehrwürdiger uralter Bäume, von einer riesigen Ulme ganz überschattet, ein Haus voll wunderlicher Winkel und Versponnenheiten, manchmal behaglicher, manchmal spukhafter Art. Es gehörte dazu ein großes Stück Bauernland mit Bauernhaus, die waren an einen Pächter vergeben, von welchem wir die Milch fürs Haus und den Mist für den Garten bekamen. Zu unsrem Garten, der gegen Süden vom Hause abwärts streng symmetrisch mit Steintreppen in zwei Terrassen angelegt war, gehörten schöne Obstbäume und gehörte auch noch, zweihundert Schritt etwa vom Wohnhaus entfernt, ein sogenanntes ›Boskett‹, ein Wäldchen aus ein paar Dutzend alten Bäumen, darunter herrlichen Buchen, das auf einem kleinen Hügel lag und die Gegend beherrschte. Hinter dem Hause rauschte ein hübscher steinerner Brunnen, die große Veranda nach Süden war von einer riesigen Glyzine umwachsen, von dort blickte man über die Nachbarschaft und viele Waldhügel auf die Berge, deren Kette man vom Thuner Vorberggebiet bis zum Wetterhorn alle sah, die großen Berge der Jungfraugruppe in der Mitte. [...] Und innen in diesem Hause gab es mancherlei interessante und schätzenswerte Dinge: hübsche alte Kachelöfen und Möbel und Beschläge, elegante französische Pendülen unter Glasglocken, alte hohe Spiegel mit grünlichem Glas, in dem man wie ein Ahnenbild aussah, ein marmorner Kamin, in dem ich an jedem Herbstabend Feuer brannte.«*

Hermann Hesse: Beim Einzug in ein neues Haus (1931),
SW 12, S. 146f.

Das Anwesen ist heute renoviert, im Grundbestand aber noch weitgehend so, wie Hermann Hesse es hier schildert. Unter dem Rundgiebel auf der Südseite liegt die Terrasse, von der man über eine nach unten breiter werdende Steintreppe in den streng symmetrisch angelegten Garten gelangt, an dessen gegenüberliegendem Ende ein kleiner Gartenpavillon unter einem gewaltigen Baum steht. Links vom Garten, noch innerhalb der Umfriedung des Grundstücks, befindet sich eine Baumwiese mit Obstbäumen. Zur anderen Seite hin schützt eine hohe Mauer und eine Hecke vor Einblicken vom Melchenbühlweg her.

Die literarischen Werke, die Hesse in diesem Haus geschrieben hat, sind auf S. 378f. aufgeführt. In seinem Romanfragment *Das Haus der Träume* (SW 8, S. 134-157) und im Roman *Roßhalde* (SW 3, S. 5-142), dessen Titel Hesse wohl von der Flurstückbezeichnung ›Schosshalde‹ ableitete, tauchen Haus und Garten als Schauplatz auf. Allerdings ist »Roßhalde« keine genaue Abbildung des Landgutes am Melchenbühlweg; Hesse hat das Haus im Roman in einen größeren Park mit einem Atelierhaus eingebettet, der sein Vorbild im Landgut ›Belair‹ seines Schaffhauser Malerfreundes und Indienreisegefährten Hans Sturzenegger hat.

Das wenig glückliche Ende der Zeit im Haus im Melchenbühlweg (vgl. S. 376ff.) hat Hesse selbst im Rückblick so beschrieben:

*»Kurz, es war alles, wie wir es nicht besser hätten ausdenken können – und war trotzdem schon von Anfang an verschattet und unglücklich. Dass diese unsre neue Existenz mit dem Tod der beiden Weltis begonnen hatte, war wie ein Vorzeichen. Dennoch genossen wir zu Anfang die Vorzüge des Hauses, die unvergleichliche Aussicht, den Sonnenuntergang überm Jura, das gute Obst, die alte Stadt Bern, in der wir einige Freunde hatten und gute Musik hören konnten, nur war alles ein wenig resigniert und gedämpft; erst manche Jahre später hat meine Frau mir einmal gesagt, dass sie von Anfang an in dem alten Hause,*

*Das Haus am Melchenbühlweg, eines der ersten Aquarelle,
die Hermann Hesse auf Anraten seines Psychoanalytikers ab 1917
zu malen begann*

von dem sie doch gleich mir entzückt schien, oft Angst und Bedrückung, ja etwas wie Furcht vor plötzlichem Tod und vor Gespenstern fühlte. Es kam nun langsam der Druck heran, der mein bisheriges Leben verändert und zum Teil vernichtet hat. Er kam, nicht ganz zwei Jahre nach unsrer Übersiedlung, der Weltkrieg, es kam für mich die Zerstörung meiner Freiheit und Unabhängigkeit, es kam die große moralische Krise durch den Krieg, die mich zwang, mein ganzes Denken und meine ganze Arbeit neu zu begründen, es kam das jahrelange schwere Kranksein unsres jüngsten, dritten Söhnchens, es kamen die ersten Vorboten der Gemütskrankheit meiner Frau – und während ich durch den Krieg amtlich überanstrengt und mora-

*lisch immer mehr verzweifelt war, bröckelte langsam alles das zusammen, was bis dahin mein Glück gewesen war. In der spätern Kriegszeit saß ich in dem abgelegenen Hause, das kein elektrisches Licht hatte, oft ohne Petroleum im Finstern, allmählich ging unser Geld verloren, und schließlich, nach langen bösen Zeiten, kam die Krankheit meiner Frau zum Ausbruch, sie war lange Zeit in Heilanstalten; im verwahrlosten, viel zu großen Berner Hause war der Haushalt kaum mehr aufrechtzuerhalten, die Kinder musste ich in Pension weggeben, lange Monate saß ich mit einer treu gebliebenen Magd ganz allein in dem verödeten Haus, und wäre längst fortgegangen, wenn mein Kriegsamt mir das erlaubt hätte. Endlich, als im Frühling 1919 auch dies Amt zu Ende und ich wieder frei war, verließ ich das verzauberte Haus in Bern, in dem ich nun beinahe sieben Jahre gewohnt hatte.«*
Hermann Hesse: Beim Einzug in ein neues Haus,
SW 12, S. 147 f.

## Schloss Bremgarten und Landhaus ›Lohn‹ in Kehrsatz

Schloss Bremgarten liegt ein paar Kilometer außerhalb der Kernstadt von Bern auf einem kleinen von der Aare umflossenen Bergsporn. In diesem idyllischen, hoch über dem Fluss gelegenen Schlösschen wohnte der Zementfabrikant und Kunstmäzen Max Wassmer (1887-1970), den Hesse während seiner Berner Zeit kennenlernte und mit dem er lebenslang in Kontakt blieb. In Bremgarten lässt Hesse in der *Morgenlandfahrt* die Bundesfeier der Morgenlandfahrer stattfinden (vgl. SW 4, S. 548 f.).

In dem 1927 entstandenen *Bilderbogen von einer kleinen Reise* schildert Hesse einen Besuch in Bremgarten:

»*Aber da gab es einen sehr bequemen Zug nach Bern, wie ich fand, und dieser Zug schien mir verlockend. Zwar steckte Bern für mich voll böser Erinnerungen, ich hatte dort die schrecklichen Kriegsjahre verbracht. Aber nahe bei Bern wusste ich ein altes Schloss über der Aare, ein Schloss aus einer Eichendorff-Novelle, wo unter alten Nussbäumen und Kastanien kühle Brunnen rauschten, und über den besonnten Rasen königliche Pfauen stolzierten, wo es ein Turmzimmer gab, in dem ich oft gewohnt hatte, und ein paar Wände voll herrlicher Bilder und einen guten Keller und liebe Freunde, die mich, falls sie nicht gerade verreist wären, gut aufnehmen würden.*

*[...] in Bern machte ich nicht lange halt, sondern fuhr schnell durch die Wälder zu dem einsamen Schloss und den Pfauen hinaus, deren wilde Schreie mich begrüßten, und zu den Kindern, die im Gras und am ovalen Weiher spielten, und zu meinen Freunden, die sich freuten, mich wiederzusehen. [...] Im Turmzimmer schlief ich ein, vom Fliederduft betäubt, früh von den Pfauen geweckt, lag ein paar Stunden mit Max und den Frauen und Kindern an der Sonne, kostete den Sommerduft und das kühle strenge Blaugrün der reißenden Aare, sah ein paar schöne Bilder an von Louis Moilliet, den ich über alles liebe [...].*«
   Hermann Hesse: Bilderbogen von einer kleinen Reise
       (1927), SW 14, S. 32 f.

Vom Berner Bahnhof aus erreicht man das Schloss Bremgarten problemlos mit der Buslinie 21. Leider kann man es nicht besichtigen, da es privat bewohnt ist. Trotzdem lohnt sich ein Ausflug nach Bremgarten. Besichtigenswert ist nämlich auch das weiter vorne auf dem Bergsporn gelegene pittoreske Kirchlein. Die Fenster im Chor sind von dem oben erwähnten, in Bern geborenen und u. a. durch seine Mal-Reise nach Tunesien 1914 mit Paul Klee und August Macke bekannt gewordenen Maler Louis Moilliet (1880-1962) gestaltet, der mit Hesse befreundet war und im *Klingsor* als »Louis, der Grausame« vorkommt (siehe S. 447f.). Sein Grab findet sich dicht bei dem Kirchlein.

Ein weiterer Ausflug auf Hesses Spuren von Bern aus könnte zu dem ›Landsitz Lohn‹ führen, der in dem ca. 5 km südlich von Bern gelegenen Ort Kehrsatz liegt, der mit dem Zug (Richtung Thun) erreichbar ist. Der Eingang zum Landsitz befindet sich gleich gegenüber vom Bahnhof Kehrsatz. In dem schönen patrizischen Anwesen, das dem befreundeten Rechtshistoriker Friedrich Emil Welti (1857-1940) gehörte, war Hesse gern zu Besuch. Hier entstand 1941 das folgende Gedicht:

*Sommermittag auf einem alten Landsitz*

*Die Linden und Kastanien hundertjährig*
*Atmen und rauschen sacht im Wind,*
*Der Springquell blitzt und wendet sich willfährig*
*Im Hauch der Lüfte, in den Wipfeln sind*
*Die vielen Vögel fast verstummt zur Stunde.*
*Die Straße draußen schweigt im Mittagsbrand,*
*Verschlafen dehnen sich im Gras die Hunde,*
*Heuwagen knarren fern durchs heiße Land.*
*[...]*

Hermann Hesse: Die Gedichte, SW 10, S. 367

# Montagnola:
## *Fluchtpunkt, Wahlheimat und Ort der endgültigen künstlerischen Entfaltung*

## Hesses Zeit in Montagnola 1919-1962

»*Mir das Leben leicht und bequem zu machen, habe ich leider niemals verstanden. Eine Kunst aber ist mir immer zu Gebote gestanden: die Kunst schön zu wohnen. Seit der Zeit, da ich meinen Wohnort mir selber wählen konnte, habe ich immer außerordentlich schön gewohnt, zuweilen primitiv und mit sehr wenig Komfort, aber immer habe ich eine charakteristische, große, weite Landschaft vor meinen Fenstern gehabt. Nie aber habe ich so schön gewohnt wie im Tessin, und noch keinem meiner Wohnorte bin ich so viele Jahre treu geblieben […]. Die Tessiner Landschaft, die ich im Jahre 1907 zum ersten Mal gründlicher kennenlernte, hat mich stets wie eine vorbestimmte Heimat oder doch wie ein ersehntes Asyl angezogen und empfangen. In vielen meiner Dichtungen ist sie beschrieben, in einigen spielt sie die Hauptrolle, und eines meiner Bücher, das ›Wanderung‹ heißt, ist nichts als ein Lobgesang an die Tessiner Landschaft.*

*Seit Jahren ist es mein Wunsch, ein Häuschen und ein wenig Land in der Luganeser Gegend zu besitzen und meine Tage hier zu beenden. Denn auch die Tessiner liebe ich sehr, nicht nur ihre Landschaft und ihr Klima. Es hat in den elf Jahren, die ich unter ihnen wohne, noch nie ein böses Wort zwischen uns gegeben.*

*Ich habe es oft ausgesprochen: ein Dichter ist in vielen Beziehungen das anspruchsloseste Wesen der Welt. Aber in anderen*

*Beziehungen wieder verlangt er viel, und stirbt lieber, als dass er verzichten würde. Mir zum Beispiel wäre es unmöglich zu leben, ohne dass die Umgebung meinen Sinnen wenigstens ein Minimum an echter Substanz, an wirklichen Bildern böte. In einer modernen Stadt, inmitten von kahler Nutz-Architektur, inmitten von Papierwänden, inmitten von imitiertem Holz, inmitten von lauter Ersatz und Täuschung zu leben, wäre mir vollkommen unmöglich, ich würde da bald eingehen. Hier im Tessin aber finde ich manche Dinge, die nicht nur schön und wohlig anzusehen, sondern auch voll tausendjähriger Tradition und Kultur sind. Der nackte steinerne Tisch bei der steinernen Bank unterm Kirschlorbeer oder Buchsbaum, der Krug und die tönerne Schale voll Rotwein im Kastanienschatten, das Brot und der Ziegenkäse dazu – das alles war zur Zeit des Horaz auch nicht anders.«*

Hermann Hesse: Wahlheimat (1930), SW 12, S. 127f.

*Hesse-Aquarell 1923 und Foto 1950 von Montagnola*

Als Hermann Hesse im Mai 1919 nach Montagnola kommt und eine preiswerte Wohnung in dem altertümlichen, wunderlich verträumten Palazzo der Familie Camuzzi mietet, weist nichts darauf hin, dass dies der Ort werden sollte, an dem er über 43 Jahre hinweg eine neue Heimat finden wird und zugleich ein Refugium, in dem jene Werke entstehen, die seinen weltweiten Ruhm begründen. Vielmehr sieht es so aus, als ob das damalige kleine Bergdörfchen Montagnola Hesse nur als vorübergehender Fluchtort diene, an dem er sich weltabgeschieden zurückziehen kann, bis er größere Klarheit über seine Lage erlangt hat. Es ist ja eine recht verzweifelte Situation, die ihn von Bern in das Tessin getrieben hat (vgl. S. 375 ff. und 390 ff.): Seine Ehe ist gescheitert, seine Familie zerbrochen, der Krieg hat große Teile seines Weltbildes zerschlagen und die Inflation sein auf deutschen Konten lagerndes Vermögen entwertet. Er besitzt praktisch nichts mehr, außer der Hoffnung auf sein künstlerisches Talent und dem Willen, nicht zu resignieren, sondern vorwärtszugehen und Neuland zu betreten. 1931 wird Hermann Hesse darüber im Rückblick schreiben:

*»Es war mir klar geworden, dass es moralisch nur noch eine Existenzmöglichkeit für mich gab: meine literarische Arbeit allem andern voranzustellen, nur noch in ihr zu leben und weder den Zusammenbruch der Familie noch die schwere Geldsorge, noch irgendeine andre Rücksicht mehr ernst zu nehmen. Gelang es nicht, so war ich verloren. Ich fuhr nach Lugano, saß einige Wochen in Sorengo und suchte, dann fand ich in Montagnola die Casa Camuzzi und zog dort im Mai 1919 ein. [...] Freilich besaß ich hier gar nichts, und bewohnte auch nicht das Haus, sondern nur eine kleine Wohnung von vier Stuben als Mieter, ich war kein Hausherr und Familienvater mehr, der ein Haus und Kinder und Dienstboten hat, seinem Hund ruft und seinen Garten pflegt; ich war jetzt ein kleiner abgebrannter Literat, ein abgerissener und etwas verdächtiger Fremder, der von Milch und Reis und Makkaroni lebte, seine alten Anzüge bis zum Ausfransen austrug und im Herbst sein Abendessen in Form von Kastanien aus dem Walde heimbrachte.«*
  Hermann Hesse: Beim Einzug in ein neues Haus (1931),
SW 12, S. 148 f.

Dennoch erlebt Hesse den ersten Sommer in Montagnola in einer Art euphorischer Stimmung. Die südliche Lebensart, die Befreiung vom Alpdruck der Kriegsjahre, aber auch eine Art von Galgenhumor angesichts der Unwägbarkeiten, die über ihm schweben, tragen das ihre dazu bei. Es ist der Sommer des *Klingsor*, von dem es in der gleichnamigen Erzählung, die Hesse in dieser Zeit in einem Zuge niederschreibt, heißt, er habe seine Lebenskerze »*an beiden Enden brennen gehabt, mit einem bald jubelnden, bald schluchzenden Gefühl von rasender Verschwendung, von Verbrennen, mit einer verzweifelten Gier, den Becher ganz zu leeren, und mit einer tiefen, verheimlichten Angst vor dem Ende*« (SW 8, S. 286). Der Maler »*Klingsor*« ist 42 Jahre alt und wohnt in der Casa Camuzzi; er ist ein Spiegelbild Hesses, der in jener Zeit selbst intensiv zu malen beginnt:

»*[A]ls Gnade vom Himmel kam hinzu ein Sommer, wie ich nur sehr wenige erlebt habe, von einer Kraft und Glut, einer Lockung und Strahlung, die mich mitnahm und durchdrang wie starker Wein.*

*Das war Klingsors Sommer. Die glühenden Tage wanderte ich durch die Dörfer und Kastanienwälder, saß auf dem Klappstühlchen und versuchte, mit Wasserfarben etwas von dem flutenden Zauber aufzubewahren; die warmen Nächte saß ich bis zu später Stunde bei offenen Türen und Fenstern in Klingsors Schlösschen und versuchte, etwas erfahrener und besonnener, als ich es mit dem Pinsel konnte, mit Worten das Lied dieses unerhörten Sommers zu singen. So entstand die Erzählung vom Maler Klingsor.*«
Hermann Hesse: Erinnerung an Klingsors Sommer (1938),
SW 12, S. 212

In *Klingsors letzter Sommer* verarbeitet Hesse wieder einmal, wie so oft in seinen Werken, seine eigenen Erlebnisse und seelischen Befindlichkeiten und gießt sie in ausdrucksstarke literarische Bilder. Die Spannungen in Hesse entladen sich in einem Schaffensrausch; die expressive Sprache der dabei entstehenden Texte verrät die Höhen und Tiefen, durch die

Hesse in dieser Zeit gegangen ist. Er selbst schreibt dazu im Rückblick:

»*Aber das Experiment, um das es ging, ist geglückt, und trotz allem, was auch diese Jahre schwer gemacht hat, sind sie schön und fruchtbar gewesen. Wie aus Angstträumen aufgewacht, aus Angstträumen, die Jahre gedauert hatten, sog ich die Freiheit ein, die Luft, die Sonne, die Einsamkeit, die Arbeit. Ich schrieb noch in diesem ersten Sommer hintereinander den ›Klein und Wagner‹ und den ›Klingsor‹, und entspannte damit mein Inneres so weit, dass ich im folgenden Winter den ›Siddhartha‹ beginnen konnte. Ich war also nicht zugrunde gegangen, ich hatte mich nochmals zusammengerafft, ich war noch der Arbeit, der Konzentration fähig; die Kriegsjahre hatten mich nicht, wie ich halb gefürchtet hatte, geistig umgebracht. Materiell hätte ich jene Jahre nicht zu überdauern und meine Arbeit nicht zu leisten vermocht, wären nicht mehrere Freunde mir immer wieder treulich beigestanden.*«
  Hermann Hesse: Beim Einzug in ein neues Haus (1931),
SW 12, S. 149

Hesse hat damit die Krise allerdings keineswegs ein für alle Mal überwunden. Dies war ihm noch lange nicht vergönnt. Die nächsten Probleme kamen bereits mit dem Roman *Siddhartha*, der sich mit der Bemühung verband, neue geistige Wurzeln zu finden. Hesse muss die Arbeit 1920/21 mehrfach wegen geistiger und körperlicher Erschöpfung unterbrechen; 1921 unterzieht er sich einer Psychoanalyse bei dem berühmten Analytiker C. G. Jung in Küsnacht. Noch existentieller wird die Krise Mitte der 1920er-Jahre. Am 19. Februar 1926 schreibt er in einem Brief: »*Ich lebe nun seit sieben Jahren, seit meinem Weggang von Bern, außerhalb der Menschenwelt, ohne Familie, ohne jede Lebensgemeinschaft, beinah jeden Tag vor dem Problem des Selbstmordes stehend [...].«* (Die Briefe, Band 4, 1924-1932, S. 132)

Der Roman *Steppenwolf* legt von dieser Krise ein ebenso beredtes wie faszinierendes Zeugnis ab (vgl. S. 296 ff.). Auch dieses Werk zeigt wiederum, wie das beständige Ringen um ein seelisches Gleichgewicht der geheime unabdingbare Motor von Hesses Schaffen ist. Indem er die Probleme und Lösungsmöglichkeiten im Roman modellhaft durchspielt, macht er sie für sich beherrschbarer. Mit Harry Haller, dem *Steppenwolf*, thematisiert Hesse den durch die zwei Seelen in seiner Brust zerrissenen Menschen: *»Die eine Hälfte will fressen, saufen, morden und dergleichen einfache Dinge, die andere will denken, Mozart hören und so weiter, dadurch entstehen Störungen und es geht es dem Manne nicht gut, bis er entdeckt, dass es zwei Auswege aus seiner Lage gibt: entweder sich aufzuhängen oder aber sich zum Humor zu bekehren.«* (Brief vom 18.8.1925, in: Die Briefe, Band 4, 1924-1932, S. 105) Hermann Hesse entschließt sich zu Letzterem.

Zwölf Jahre wohnt er in der Casa Camuzzi. In diesen Jahren entstehen die Werke, die man als das Zentrum seines Schaffens betrachten kann: *Klingsor, Siddhartha, Steppenwolf* und *Narziß und Goldmund*. Teile davon, besonders des *Steppenwolf*, schreibt er allerdings auch in Basel (s. S. 300 f.) sowie Zürich, wo er die Winter verbringt, um den allzu einsamen Monaten in der nur unzureichend beheizbaren Casa Camuzzi zu entgehen. 1925 bis 1931 bekommt er hierzu von seinen Zürcher Freunden und Mäzenen Fritz und Alice Leuthold, die er beide auf seiner Indienreise 1911 kennengelernt hat, am Schanzengraben 31 in Zürich eine Wohnung zur Verfügung gestellt. Die Winter 1923/24 und 1924/25 hatte er auf Veranlassung seiner zweiten Frau, Ruth Wenger, in

Basel verbracht, da diese dort eine Gesangsausbildung absolvierte (vgl. S. 301).

Ruth Wenger hat Hesse bereits 1919 im *Klingsor*-Sommer im nahe bei Montagnola gelegenen Carona kennengelernt (siehe S. 456), wo die Eltern der damals 22-Jährigen, der Delemonter (Delsberger) Stahlwarenfabrikant Theo Wenger (1868-1928) und die Märchenschriftstellerin Lisa Wenger (1858-1941), ein Sommerhaus besaßen. Auf beständiges Drängen Theo Wengers legalisiert Hermann Hesse die bald entstehende Beziehung zu Ruth im Januar 1924. Ein geregeltes Eheleben kommt mit der 20 Jahre jüngeren Frau allerdings nie zustande; Ruth lebt die meiste Zeit in Basel und Carona, Hesse in Montagnola und Zürich. Zwar mag es für beide die große Liebe gewesen sein, aber keiner von beiden fand langfristig im anderen das, was er brauchte; die Lebensvorstellungen und auch die Alltagsroutinen waren zu verschieden, sodass die Ehe bereits drei Jahre später so gut wie nicht mehr existierte und auf Wunsch Ruths 1927 geschieden wurde.

Trotz dieser abermaligen negativen Erfahrung mit der Ehe, lässt sich Hermann Hesse 1931 ein weiteres Mal, wie er es selbst ausdrückt, »den Ring durch die Nase ziehen«. Und dieses dritte Mal geht es gut, entsteht tatsächlich eine lebenslange Partnerschaft. Die Auserwählte – ein Ausdruck, der hier eigentlich nicht ganz stimmt, da mehr sie es ist, die ihn auserwählt – ist die 1895 in Czernowitz geborene Kunsthistorikerin Ninon Ausländer, die bereits als Schülerin in einem Briefwechsel mit Hesse stand. 1918 hat sie zwar zunächst den Ingenieur und bekannten Pressezeichner Benedikt Fred Dolbin geheiratet. Anfang der 1920er-Jahre trennt sie sich jedoch wieder von ihm und sucht Kontakt zu Hesse, wobei es zu sporadischen Treffen kommt, teils in Montagno-

*Hermann und Ninon Hesse vor ihrer
neuerbauten »Casa Rossa« 1931*

la, teils in Zürich. 1927 zieht sie nach Montagnola. Hesse, der eben von Ruth Wenger geschieden worden ist, wehrt sich jedoch gegen jede Art von neuer verbindlicher Beziehung. Außerdem fürchtet er um seine Konzentration auf das soeben begonnene Werk *Narziß und Goldmund*.

Ninon versteht es jedoch mit Beharrlichkeit, sich dem an einer Schwäche der Augenmuskulatur leidenden Dichter als Vorleserin und auch als Gesprächspartnerin mit großem Verständnis für sein Werk unentbehrlich zu machen. Schritt für Schritt wird sie zur Managerin des schwierigen Gesamtunternehmens Hesse, sodass er schließlich einwilligt, als die Zürcher Freunde und Mäzene Elsy und Hans C. Bodmer vorschlagen, für ihn und Ninon in Montagnola ein gemeinsames Wohnhaus zu bauen und auf Lebenszeit kostenfrei zur Verfügung zu stellen. Hesse bedingt sich allerdings aus, dass er im Haus einen weitgehend separaten Wohntrakt eingeräumt bekommt, damit er ungestört arbeiten kann (vgl. S. 439 f.).

Kurz nach Einzug in das neue Haus im Juli 1931 entschließt sich Hesse, halb freiwillig, halb von Freunden gemahnt (u. a. von Katia und Thomas Mann, die er und Ninon Anfang 1931 beim Winterurlaub in St. Moritz treffen), die Verbindung mit Ninon zu legalisieren. Im Oktober teilt er Elsy und Hans Bodmer mit, dass im November auf dem Standesamt in Montagnola die Trauung ohne weitere Feier stattfinden werde: »*Da Ninons erste Ehe in diesem Sommer endlich geschieden wurde und ich ihr nach dem Hausbau etc. doppelt verpflichtet bin, konnte ich trotz meiner Abneigung gegen die Ceremonie nicht anders.*«

Aber aus dieser dritten Ehe wird trotz unübersehbarer Vorbehalte und Ängste eine lebenslange funktionierende Partnerschaft. Ninon Hesse vermochte es offensichtlich, mit

*Hermann Hesse bei der Arbeit im Garten,
fotografiert von seinem Sohn Martin*

dem oft übersensiblen, von Verstimmungen, Depressionen, Augenschmerzen, Gicht, Rheuma und manchmal auch hypochondrischen Zuständen heimgesuchten Schriftsteller zum Positiven umzugehen, ihn in seiner Arbeit zu unterstützen und auch das schwierige Umfeld zu steuern und zu verwalten.

Eine Vorbedingung des gelingenden Zusammenlebens war sicherlich, dass Hermann Hesse nach seiner tiefen und existentiellen Krise in den 1920er-Jahren, nun in den 1930er-Jahren, im fünften Lebensjahrzehnt stehend, ruhiger und abgeklärter wurde. Hieran hatte u. a. sicher auch das Haus und v. a. der Garten seinen Anteil, der Hesse wieder die Möglichkeit eröffnete, zur Erholung von den intellektuellen Anstrengungen ein bäuerlich-schlichtes Leben führen zu können, das ein alter Traum von ihm war. Der auf Einladung Hesses nach Montagnola gekommene und ab 1933 in der Casa Camuzzi lebende Maler, Zeichner und Illustrator Gunter Böhmer (1911-1986), den Hesse einmal seinen »Gartenbruder« nannte, berichtet darüber in seinem Nachwort zu der von ihm illustrierten und 1976 in der Insel-Bücherei erschienenen Ausgabe von *Stunden im Garten*:

»*In diesen Zeiten* [1933-1960] *stand nicht nur meine Staffelei oft zwischen Hesses Rebstöcken, lagen nicht nur meine Skizzenbücher neben seinen Gärtnergeräten: vor allem schleppten wir gemeinsam Gießkannen und Mistkübel, schaufelten einen Gartenweg aus, spielten zwischendurch zur Erholung eine Partie Boccia, feierten mit nachbarlichen Freunden die arbeitsfrohen Vendemmia-[Weinernte-]Feste, sammelten jederzeit Laub für die kultischen Feuer, schwiegen, sprachen, lachten miteinander. Kaum war ich – meist am frühen Nachmittag und meist mit einem Sack voller ›Probleme‹ – aufgetaucht, so verkündete mir Hesse ohne Umschweife seine täglich wechselnden und präzisen Gartenarbeitspläne – niemals jedoch, ohne vorher scherzhaft-listig ein Gelächter anzuzetteln. Dieser keineswegs ironisierenden Auflockerung meiner stummen und dennoch gehörten Fragenkomplexe folgten nach einer geheimen Spielregel meist später – im Laufe unserer Hantierungen, unaufgefordert und wie nebenbei, halb im Zwiegespräch, halb monologisierend – seine stets teilnahmeoffenen, fast immer heiteren oder erheiternden Antworten.*«

Gunter Böhmer, Nachwort zu Hermann Hesse:
Stunden im Garten – Der lahme Knabe, Zwei Idyllen.
Insel Verlag, Frankfurt am Main 1976, S. 113 f.

Die Veränderung macht sich auch in seinem nun entstehenden Alterswerk bemerkbar. Hierzu zählen vor allem *Die Morgenlandfahrt* (1932) und die *Stunden im Garten* (1936), die Sammlungen mit kleineren Prosastücken wie *Gedenkblätter* (1937) und *Traumfährte* (1945) sowie die späten Gedichte und sein großes resümierendes Alterswerk *Das Glasperlenspiel* (1943). Hesse selbst kennzeichnet die neue Zielsetzung in diesen Werken im Vergleich zu seinen bisherigen Werken folgendermaßen: »*Ich bin den fragwürdigen Weg des Bekennens gegangen, ich habe, bis zur ›Morgenlandfahrt‹, in den meisten meiner Bücher beinahe mehr von meinen Schwächen und Schwierigkeiten gezeugt als von dem Glauben, der mir trotz der Schwächen das Leben ermöglicht und gestärkt hat.*« (Brief vom 19. November 1935)

Und noch eine weitere Veränderung stellt sich ein, die Gisela Kleine in ihrer Biografie über *Ninon und Hermann Hesse* so umschreibt:

»*Die Opferthematik seines Spätwerkes sprengte den konventionellen Begriff des Dichters auf und erweiterte ihn ins Seelsorgerische. Bedrängt durch die zahllosen Leserbriefe, die seine Bücher auslösten, übernahm er eine über den Bereich des Ästhetischen hinausreichende Rolle, die sich nicht mehr allein von seinem literarischen Rang ableitet: das Amt eines Fährmanns, eines Lotsen durch die Lebensklippen. Damit wurde er zur geistlichen Instanz, und er opferte nach dem Krieg für diese Wegweisung ratsuchender Menschen täglich viele Stunden, indem er die Leserpost gewissenhaft beantwortete und dabei jeder ernsthaften Anfrage aufs persönlichste entsprach. Bei dieser Art von höherer Lebenshilfe bewegte er sich im Grenzbereich zwischen Dichtung, Religion und Philosophie und entwickelte dabei eine gemeindebildende Anziehungskraft, die ihn*

*Hermann Hesse beim Lesen der Post am Schreibtisch*

in ihren Auswirkungen stark belastete: aber auch das gehörte zum Opferdienst, den er annahm wie seine pietistischen Vorfahren ihre konfessionell gebundene ›Mission‹.«

Gisela Kleine: Ninon und Hermann Hesse, Biographie eines Paares. Insel Verlag, Berlin 2017, S. 394

Es wird geschätzt, dass er auf diese Weise bis zu seinem Tod bis zu 40 000 Leserbriefe beantwortet hat.

Ganz besonders gefordert wurde Hesses Rat, aber auch praktische Hilfe, während der nationalsozialistischen Barbarei in Deutschland und des von dieser entfachten Zweiten

Weltkriegs. Zahlreiche ins Exil gehende Schriftsteller und Gelehrte fanden in Montagnola eine erste Anlaufstelle, darunter z. B. Thomas Mann und Bertolt Brecht. Aber auch für viele unbekanntere Emigranten und Verfolgte leisteten Hermann und Ninon Hesse in dieser Zeit ideelle und materielle Hilfe. Ninon Hesse war von der nationalsozialistischen Rassenwahnpolitik zudem unmittelbar persönlich betroffen, da viele in der Bukowina lebende Angehörige ihrer jüdischstämmigen Familie tödlich bedroht waren und in die Massenvernichtungslager verschleppt wurden. Unter größten Anstrengungen konnte sie ihre Schwester Lilly Kehlmann schließlich in die Schweiz holen. Hermann Hesse entfaltete eine umfangreiche Korrespondenztätigkeit, die in manchem an seine aufopfernde Arbeit während des Ersten Weltkriegs anknüpfte. Vor öffentlichen Aufrufen und Aktivitäten schreckte er allerdings aus seinen früheren Erfahrungen heraus (siehe S. 373 ff.) zurück, was ihm nach dem Krieg von einigen Journalisten zum Vorwurf gemacht wurde.

Die geistige Welt erkannte aber in Hermann Hesse neben dem mit ihm befreundeten Thomas Mann einen der bedeutenden Bewahrer der großen deutschen humanistischen Tradition. Aus dieser Erkenntnis heraus erhielt er 1946 (als allererste Auszeichnung, die ihm in Deutschland verliehen wurde!) den renommierten Goethe-Preis der Stadt Frankfurt und kurz darauf in Stockholm den Nobelpreis für Literatur. Weitere Ehrungen folgten 1947 mit der Ehrendoktorwürde der Universität Bern, 1950 dem Wilhelm-Raabe-Preis, mit der Aufnahme in die Friedensklasse des Ordens Pour le mérite 1954 und mit dem Friedenspreis des Deutschen Buchhandels ein Jahr später. Hesse nahm diese Ehrungen gelassen hin, von den Feierlichkeiten hielt er sich stets fern.

Die letzten Jahre lebte Hesse so zurückgezogen wie möglich in seinem Haus und Garten; mit seiner großen Leserschaft blieb er auf dem Weg der Korrespondenz in Kontakt, soweit es ihm seine Kräfte erlaubten. Von seiner Frau vor allzu großem Andrang abgeschirmt, empfing er aber noch fast täglich Freunde und sorgsam ausgewählte Gäste zu Gedankenaustausch, Geselligkeit und Spiel.

Zu seinem 85. Geburtstag am 2. Juli 1962 verlieh ihm die Gemeinde Montagnola die Ehrenbürgerwürde; Hesse dankte mit einer kurzen Ansprache. Seine Montagnoleser Zeit hatte er bereits zwei Jahre zuvor in der kleinen Prosaskizze *Vierzig Jahre Montagnola* so gewürdigt:

*»Als ich vor einundvierzig Jahren auf der Suche nach einer Zuflucht, zum ersten Mal nach Montagnola kam und eine kleine Wohnung mietete, unter deren Balkönchen damals neben späten Magnolien ein gewaltig hoher Judasbaum in Blüte stand, war ich ein Mann ›in den besten Jahren‹ und war gesonnen, nach einem vierjährigen Krieg, der auch für mich mit Niederlage und Bankrott geendet hatte, von vorn anzufangen. Und Montagnola war damals ein Dörfchen, zwar kein ärmliches und geducktes wie manches andere in der Gegend, aber doch ein bescheidenes, kleines und stilles, in dem es ein paar herrschaftliche Häuser aus älterer Zeit und zwei, drei neuere Landhäuser gab, das aber einen vorwiegend bäuerlichen Anblick bot. – Heute, ein paar Jahrzehnte später, bin ich kein Mann in guten oder besten Jahren mehr, sondern einer von den gebrechlichen und etwas komischen Gemeindegreisen, der nicht daran denkt, mit irgendetwas von vorn zu beginnen, der sein Grundstück kaum mehr verlässt und drunten auf dem Friedhof von St. Abbondio einen hübschen kleinen Platz gekauft hat. Montagnola ist kein Dorf und macht keinen bäuerlichen Eindruck mehr, es ist ein Vorstädtchen mit etwa viermal so vie-*

*Hermann Hesse in seiner letzten Lebenszeit, aufgenommen
von seinem Sohn Martin*

*len Einwohnern, mit einem stattlichen Postamt und Konsumladen, einem Café und einem Zeitungskiosk geworden, wir nennen es unter uns ›Stadt Segelfoss‹, an Hamsun denkend.*

*So ändern sich mit den Jahren die Menschen und die Dinge, es lässt sich nichts dagegen tun. – Aber in diesen paar Jahrzehnten habe ich in Montagnola viel Gutes, ja Wunderbares erlebt, von Klingsors flackerndem Sommer bis heute, und habe dem Dorf und seiner Landschaft viel zu danken. Ich habe meiner Dankbarkeit auch immer wieder Ausdruck zu geben versucht. Ich habe oft und oft das Lied dieser Berge, Wälder, Rebenhänge und Seetäler gesungen, auch jenes Balkönchen in Klingsors Wohnung und jener hohe Judasbaum – er war der höchste, den ich je gesehen, und ist später einem Föhnsturm zum Opfer gefallen – sind beschrieben und gepriesen worden. Ich habe Hunderte von Bogen guten Malpapiers und viele Farbtuben verbraucht, um mit Aquarellfarben oder Zeichenfeder den alten Häusern und Hohlziegeldächern, den Gartenmauern, dem Kastanienwald, den nahen und fernen Bergen meine Reverenz zu erweisen. Auch manchen Baum und Strauch habe ich hier gepflanzt, ein kleines Bambusgehölz am Waldrande und viele Blumen, und so hoffe ich, wenn ich auch kein Tessiner geworden bin, die Erde von St. Abbondio werde mich freundlich beherbergen, wie es Klingsors Palazzo und das rote Haus am Hügel so lange Zeit getan hat.«*

Hermann Hesse: Vierzig Jahre Montagnola (1959),
SW 12, S. 180 f.

Am 9. August 1962, knapp sechs Wochen nach seinem 85. Geburtstag, starb Hermann Hesse im Schlaf und wurde unter großer Anteilnahme auf dem Friedhof von St. Abbondio beigesetzt.

# Anfahrt nach Montagnola

»*Es war hübsch, wieder durch den Gotthard zu fahren – ich mag diese Fahrt wohl mehr als hundertmal gemacht haben und kann sie immer noch genießen. Es war sehr hübsch, in Göschenen noch einmal tüchtig schneien zu sehen, in Airolo vom Schnee Abschied zu nehmen, in Faido die ersten Wiesenblumen, vor Giornico die ersten blühenden Aprikosenbäume und Birnbäume zu erblicken.*«
Hermann Hesse: Rückkehr aufs Land, SW 14, S. 16

Das notierte Hermann Hesse im Frühjahr 1928, als er aus seinem Winterquartier in Zürich mit dem Zug wieder ins Sommerquartier nach Montagnola zurückreiste. Jeder, der diese Reise – die am Vierwaldstätter See vorbei zum Gotthardtunnel hinaufführt, bevor man auf der Südseite der Alpen über Bellinzona nach Lugano hinabgelangt – um die Osterzeit einmal macht, wird sie mit ziemlicher Wahrscheinlichkeit so erleben. Allerdings hat dieses Erlebnis seinen Preis; Hesse stöhnte bereits 1927:

»*Die Ankunft in Lugano war nicht entzückend. Die Übervölkerung der Erde hat mir seit langem nicht mehr so übel entgegengeschrieen wie hier, wo um die Zeit der Ostern sich die Fremden zusammenscharen wie die Heuschrecken.*«
Hermann Hesse: Rückkehr aufs Land, SW 14, S. 16

Das Tessin ist ohne Zweifel nach wie vor eine der schönsten Gegenden Europas. Aber das hat es bei Touristen eben beliebt gemacht und es auch zum Domizil für Reiche werden lassen. Die Wunden, die ihm mit der Arroganz des Geldes geschlagen werden, sind allenthalben zu sehen. Auch Her-

Anfahrt nach Montagnola

1 Hesses Grab

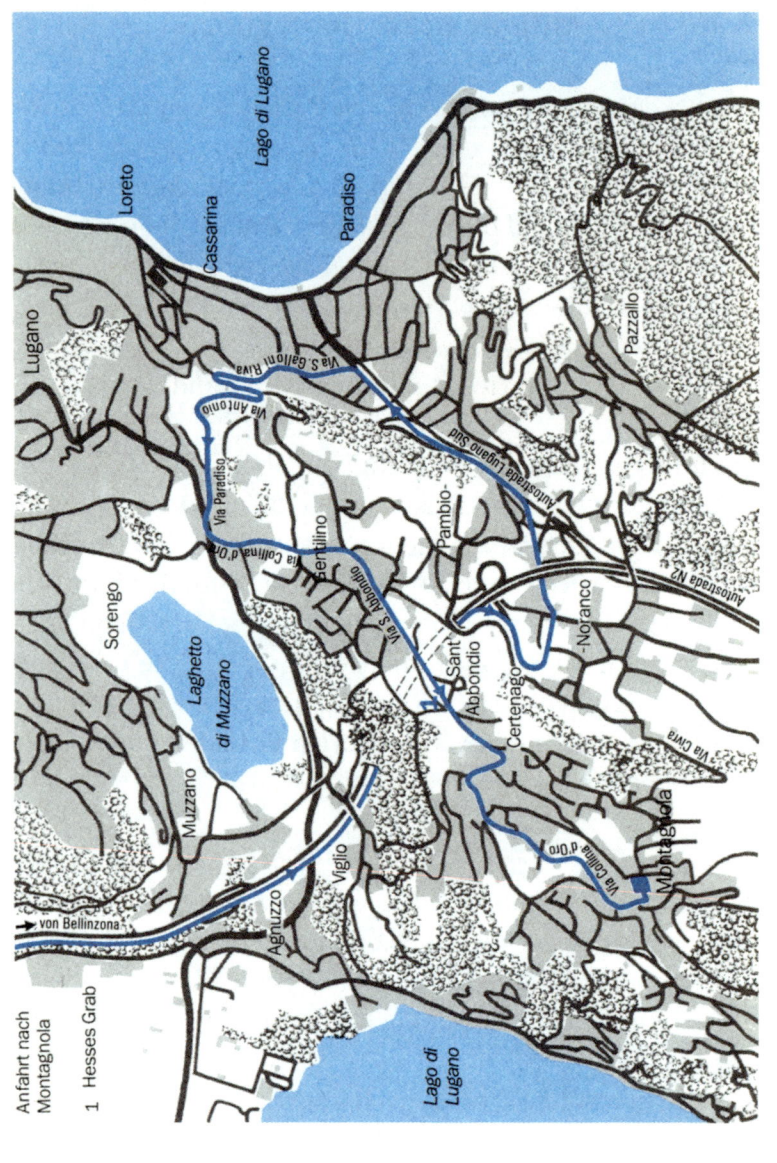

mann Hesse hat schon die Anfänge dieses Prozesses erlebt, bei dem das einst eher kleinbäuerlich strukturierte Land zur Wohngegend für Reiche wurde, die für viele nicht mehr bezahlbar ist. Bereits 1923 schrieb er zum allmählichen Verschwinden der alten Tessiner Welt:

»*[O]hne mich gegen den ›Fortschritt‹ irgend zu wehren, ohne die lebendige Flut der Veränderungen anzuklagen, bedaure ich doch im Herzen jede neue Autostraße, jeden Betonbau, jeden korrigierten Lineal-Flusslauf, jeden eisernen Leitungsmast, die auch in diese zurückgebliebene Welt sich eindrängen und deren Geist längst schon die Wurzeln dieses Idylls bloßgelegt hat. Auch hier geht es zu Ende mit dieser alten Welt, es wird auch hier bald vollends die Maschine über die Hand, das Geld über die Sitte, die rationelle Wirtschaft über die Idylle siegen, mit gutem Recht, mit gutem Unrecht.*

*Uns Schwärmer wird das betrüben, es wird uns aber nicht hindern, unser ebenso gutes Recht, unser ebenso gutes Unrecht weiter zu üben, und mancher von uns weiß auch, mit dem Verstand oder dem Herzen, dass es sich hier nicht um Fortschritt und Romantik, um Vorwärts oder Rückwärts handelt, sondern um Außen und Innen, dass wir nicht die Eisenbahn und das Auto scheuen, nicht das Geld und die Vernunft, sondern nur das Vergessen Gottes und das Verflachen der Seelen, und dass erst hoch über all diesen Gegensatzpaaren von Maschine und Herz, Geld und Gott, Vernunft und Frömmigkeit der Himmel wahren Lebens, echter Wirklichkeit sich wölbt.*«
Hermann Hesse: Madonna d'Ongero, SW 13, S. 428f.

Montagnola, einst ein Dorf von Weingärtnern und Kleinbauern, jetzt vorwiegend eine noble Vorstadtwohngegend von Lugano, erreicht man vom Luganer Bahnhof aus mit dem Bus. Dieser fährt allerdings nicht direkt vor dem Bahnhof ab, sondern in der Via Sorengo, die hinter dem Bahnhof liegt; in diese gelangt man, indem man vor dem Bahnhof nach links geht und die dort befindliche Unterführung nimmt, die zur Piazzale di Besso führt, an deren oberem Ende sich die Bushaltestelle befindet; ab der Unterführung ist diese mit ›Autopostali‹ (Postbus) ausgeschildert.

Wer mit dem eigenen PKW direkt nach Montagnola anreisen möchte, nimmt auf der Autobahn von Bellinzona kommend am besten die Ausfahrt Lugano-Süd, die kurz hinter einem längeren Tunnel liegt. Über die Ausfahrtsstraße erreicht man die Strada Cantonale; auf ihr fährt man unter der Autobahn durch zur Autostrada Lugano-Süd. Dieser folgt man in die Stadt hinab, bis sie kurz nach einer Bahnunterführung endet; hier fährt man links in die Via S. Calloni, von der sich nach ca. 300 m wieder links die Via Antonio Riva in Serpentinen den Berg hochwindet. Die Straße mündet oben in die größere Via Ponte Tresa ein, von der nach ca. 100 m links die Via Collina d'Oro abgeht, die über die Ortschaften Gentilino und Certenago nach Montagnola hinaufführt.

## Hermann Hesses Grab auf dem Friedhof von Sant' Abbondio

Das erste Besichtigungsziel erreichen wir bereits vor Montagnola. Und zwar gleich hinter der Ortschaft Gentilino, die an der Via Collina d'Oro einen starken Kilometer unterhalb von Montagnola liegt. Auf der linken Straßenseite taucht dort eine schön gelegene Kirche im Tessiner Stil auf, mit

*Kirche Sant' Abbondio vor der Kulisse des Monte San Salvatore*

einer prächtigen Zypressenallee davor. Es ist die Kirche Sant' Abbondio, die Hesse in seiner Betrachtung *Kirchen und Kapellen im Tessin* (SW 13, S. 408-411) als eine der besonders sehenswerten Kirchen erwähnt. Auf der gegenüberliegenden Straßenseite befindet sich ein großer Friedhof. Hier liegt Hermann Hesse begraben.

Um zum Grab zu gelangen, muss man rechts an der Friedhofskapelle vorbei einige Stufen hinab und zur rechten hinteren Ecke des Friedhofs gehen. Dort steht vor zwei Lebensbäumen, die für Hermann Hesse und seine Frau Ninon gepflanzt wurden, ein schlichter, ein aufgeschlagenes Buch andeutender Grabstein aus ungeglättetem Granit mit Hermann Hesses Geburts- und Sterbedatum: 2. Juli 1877 – 9. August 1962. Davor eine kleine Steinplatte für seine vier Jahre nach ihm gestorbene Frau Ninon, geborene Ausländer.

*Hermann Hesses Grab auf
dem Friedhof von Sant' Abbondio*

Hesses betont protestantisch schlichtes Grab steht in einem eigenartigen Gegensatz zu dem südländisch-katholisch-barocken Gepränge der anderen Gräber, deren Gestalter zum Teil keine Scheu vor einem geradezu kitschig anmutenden Pomp hatten; da sitzen mannsgroße Engel auf den Gräbern oder Miniaturkapellen überwölben sie. Diese hier weitverbreitete Grabmalkunst hätte zu Hermann Hesse kaum gepasst; in seiner Betrachtung *Madonna d'Ongero* bezeichnet er sie als »protzig«.

Ein paar Schritte seitlich von Hesses Grab in einer Mauer mit Urnengräbern ist die Gedenkplatte für seinen langjährigen Freund, den Maler und Zeichner Gunter Böhmer (1911-1986), eingelassen. Hinter der Friedhofkapelle findet sich das Grab des berühmten Dirigenten Bruno Walter (1876-1962).

Auch Hugo Ball, der Freund Hesses und Verfasser der ersten Hesse-Biografie, fand hier 1927 seine letzte Ruhe.

## *Ankunft in Montagnola*

Vom Friedhof weiterfahrend, kommt man zunächst durch die Ortsteile Barca und Certenago, bevor nach einem guten Kilometer bergauf Montagnola erreicht wird, das heute der Verwaltungssitz der ca. 4500 Einwohner zählenden Gemeinde ›Collina d'Oro‹ ist, welche die ca. 20 Ansiedlungen auf diesem ›goldenen Hügel‹ oberhalb von Lugano vereint. Das eigentliche Dorf Montagnola beginnt bei dem Hotel-Albergo ›Bellevue-Bellavista‹. Kurz dahinter wird die Straße zwischen den Häusern zu einer engen Gasse, bevor sich auf der linken Seite die Piazza Brocchi öffnet, der geräumige Platz im Zentrum von Montagnola. Am oberen Ende des Platzes steht das Rathaus, daneben das große Schulzentrum von Collina d'Oro. Auf dem Platz hält der Bus und es gibt auch Parkmöglichkeiten, weshalb der Rundgang hier beginnen soll.

Der erste Gang wird selbstverständlich der Casa Camuzzi gelten, dem verzauberten Palazzo Klingsors, in dem Hesse selbst von 1919 bis 1931 gewohnt hat. Danach soll es zur Casa Rossa oder Casa Hesse gehen, die 1931 ein reicher Mäzen für Hesse etwas außerhalb des Ortskerns von Montagnola gebaut und ihm auf Lebenszeit kostenlos zur Verfügung gestellt hat.

# Rundgang durch Montagnola auf Hermann Hesses Spuren

*1 Die Casa Camuzzi, Hesses Wohnsitz 1919-1931*

Die Casa Camuzzi beeindruckt am meisten, wenn man sie von unten betrachtet: Oben am Hang thronend, erschien sie Hesse mit ihren »*Treppengiebeln und Türmchen [...] ganz wie das ländliche Schloss einer Eichendorffnovelle*«. Um diesen Blick zu erreichen, gehen wir am unteren Ende der Piazza Brocchi das steile Sträßchen ca. 100 m hinab. Vom unteren Ende des dortigen Parkplatzes sieht man die Casa Camuzzi links oben am Hang. Hermann Hesse hat über sie geschrieben:

»*Dies schöne wunderliche Haus [...] hat mir viel bedeutet, und war in mancher Hinsicht das originellste und hübscheste von all denen, die ich je besaß oder bewohnte. Freilich besaß ich hier gar nichts und bewohnte auch nicht das Haus, sondern nur eine kleine Wohnung von vier Stuben als Mieter [...].*

*Und so habe ich also die letzten zwölf Jahre in der Casa Camuzzi gewohnt, Garten und Haus kommen im ›Klingsor‹ und in anderen meiner Dichtungen vor. Manche Dutzendmale habe ich dies Haus gemalt und gezeichnet und bin seinen verzwickten launischen Formen nachgegangen; namentlich in den beiden letzten Sommern, zum Abschied, habe ich vom Balkon, von den Fenstern, von der Terrasse aus noch alle Blicke gezeichnet, und viele von den wunderlich schönen Winkeln und Gemäuern im Garten. Mein Palazzo, Imitation eines Barock-Jagdschlosses, der Laune eines Tessiner Architekten vor etwa fünfundsiebzig Jahren entsprungen, hat außer mir noch eine ganze Reihe Mieter gehabt, aber keiner ist so lange geblieben*

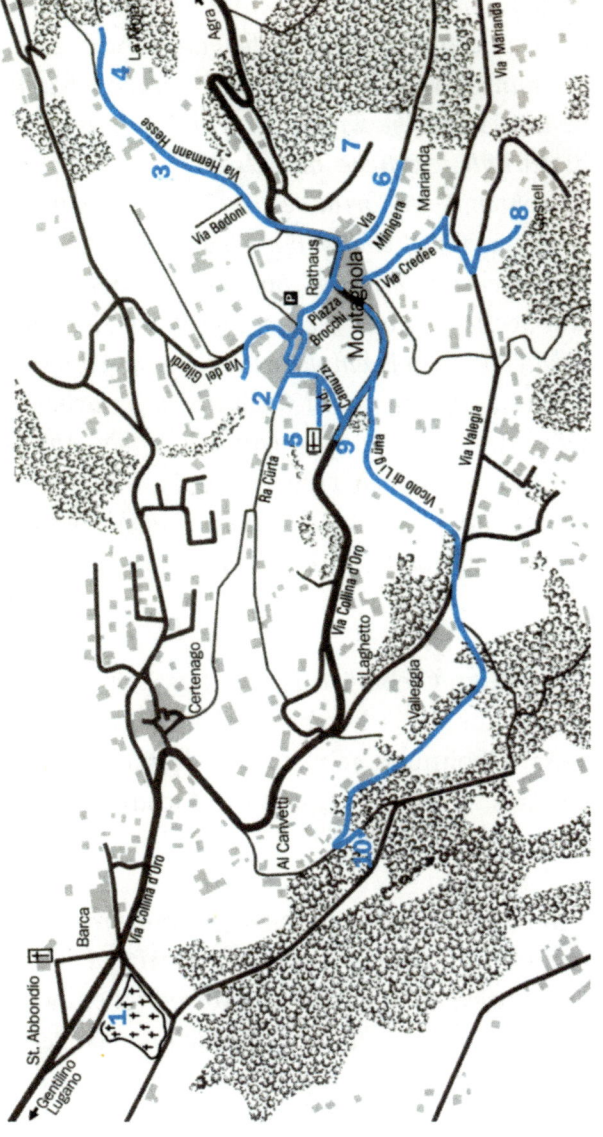

1 Grab Hesses auf dem Friedhof bei St. Abbondio
2 Casa Camuzzi
3 Hermann-Hesse-Gedenkstätte
4 Casa Hesse, Hesses Wohnhaus 1931–1962
5 ehemalige Offizina Bodoni
6 Die „chinesische Mauer"
7 Der rote Pavillon
8 Der „Ölberg" (Roccolo comunale)
9 Hotel-Albergo „Bellavista-Bellevue"
10 Grotto Cavicc

*wie ich, und ich glaube, keiner hat ihn so geliebt (auch belächelt) und ihn so zur Wahlheimat werden lassen wie ich. Aus einer ungewöhnlich üppigen und munteren Baulust entstanden, im lustvollen Überwinden großer Terrainschwierigkeiten, hat dieser halb feierliche, halb drollige Palazzo ganz verschiedene Ansichten. Vom Portal des Hauses führt pompös und theatralisch eine fürstliche Treppe hinab in den Garten, der in vielen Terrassen mit Treppen, Böschungen und Mauern sich bis in eine Schlucht hinab verliert und in dem alle südlichen Bäume in alten großen Exemplaren vorkommen, ineinander verwachsen, von Glyzinien und Clematis überwuchert. Für das Dorf selbst liegt das Haus fast ganz verborgen. Aus dem Tale unten sieht es, mit seinen Treppengiebeln und Türmchen [...], ganz wie das ländliche Schloss einer Eichendorffnovelle aus.«*

Hermann Hesse: Beim Einzug in ein neues Haus (1931), SW 12, S. 149f.

Im rechten Giebel ist im zweiten Stock das hoch über dem Gartenabhang schwebende Balkönchen zu sehen, das zu Hesses Wohnung gehörte und dessen Vorteile und Aussichten er 1926 in der Betrachtung *Abendwolken* eindringlich beschrieben hat:

*»An der Ostwand meines Wohn- und Arbeitszimmers ist eine Balkontüre, die steht vom Mai bis tief in den September hinein Tag und Nacht offen, und davor hängt ein winziger Steinbalkon, einen Schritt breit und einen halben Schritt tief. Dieser Balkon, kaum einen Quadratmeter groß, ist mein bester Besitz. Seinetwegen habe ich mich vor manchen Jahren entschlossen, mich hier niederzulassen, seinetwegen bin ich trotz mancher Enttäuschungen und Fluchtwünsche immer wieder hier wohnen geblieben, seinetwegen kehre ich nach allen Reisen im-*

*Die Casa Camuzzi von unten gesehen*

mer wieder mit einer gewissen Dankbarkeit, einem gewissen Heimweh hierher zurück. Es ist immer mein Stolz und meine Kunst gewesen, schön zu wohnen und eine ausgesucht schöne, weite Aussicht vor meinen Fenstern zu haben; so schön wie hier aber ist keine meiner früheren Aussichten gewesen. Mag dafür der Kalk von den Wänden bröckeln, die Tapete in Fetzen hängen, mag es an vielen Bequemlichkeiten fehlen – dieser Aussicht wegen bleibe ich hier wohnen.

Vor dem Balkon fällt ein alter, südlicher Baumgarten steil den Berg hinunter: Palmen mit dicken Fächerkronen, Kamelien, Rhododendren, Mimosen, Judasbaum, dazwischen einige hohe Eiben, von Glyzinien überklettert, Rosenterrassen. Dieser steile verschlafene Garten hängt zwischen mir und der Welt, er und ein paar stille Bachschluchten, mit Kastanienwald bestanden; auf ihre Wipfel blicke ich hinab, ihr Laub rauscht mir

*Tag und Nacht, aus ihnen tönt am Abend der traurige Eulenschrei herüber, sie schützen mich vor der Welt, vor den Häusern, vor den Straßen, vor dem Lärm und Staub, Gestank und Geschmetter. Ganz und gar zwar konnte ich der Welt nicht entfliehen, ich bin auch hier oben noch mit ihr verbunden, allzu eng und gut, durch eine Fahrstraße, auf welcher täglich mehrmals ein scheußliches Postautomobil entbehrliche Briefe zu mir und Ausflügler aus Preußen und Sachsen in die schönen, einst so stillen Dörfer dieses Hügels bringt. Auch ein Telegraphendraht geht hier herauf, der mich schon viel erschreckt und belästigt hat. Dennoch bin ich hier verhältnismäßig geschützt, und in den paar Stunden, in denen ich mich ganz abschließe, kann hier wirklich kein Anruf der Welt, es sei denn eine Feuersbrunst im eigenen Hause, mich erreichen. Es sind die Stunden am Nachmittag, die ich auf meiner schmalen Terrasse in der Sonne liege, und eine Stunde am Abend, nach dem Abendessen, wenn der Tag zu verglühen beginnt. Zu diesen Stunden ist meine bergwärts gelegene Haustür verschlossen, eine Glocke ist nicht da, und wenn ich nun auf meinem Zwergbalkon sitze, die Palmen und den leichten Rosenduft des Gartens unter meinen Füßen, dann kann kein Mensch mich stören, dann bin ich geschützt.*

*Dann sehe ich, über Garten und Waldschluchten hinweg, den nahen Salvatore und hinter ihm den Generoso stehen, sehe den blitzenden Seearm von Porlezza und die hohen, bis tief in den Sommer hinein verschneiten Berge jenseits des Comersees, und dies alles ist nur Bild, spricht nur zum Auge, ist entmaterialisierte Welt, denn zwischen ihr und mir liegt Garten und Wald, und ein paar hundert Meter Höhenunterschied, und filtert mir die Luft.*

*[...]*

*Manchmal, wenn ich so am Abend sitze und zu den Abend-*

Aquarell von Hermann Hesse vom rechten Giebel der Casa Camuzzi mit dem Balkönchen, das zu seiner Wohnung gehörte

wolken hinüberschaue, die über dem Porlezzasee gerade in meiner Höhe schwimmen, dann bin ich nahezu zufrieden. Ich sehe die Welt da unten liegen und denke: du kannst mir gestohlen werden. [...] Es hat sein sehr Gutes, die Welt möglichst wenig ernst zu nehmen, das Wettrennen aufzugeben und den anderen zuzusehen. Überhaupt das Zuschauen! Das ist eine Kunst, die man in der Welt nicht lernt, man lernt sie erst als Besiegter, als Ausrangierter. Und dann sieht man erst, was das für eine gute, eine heilsame, eine raffinierte und lustige Kunst ist!

Ich habe sie an den Abendwolken gelernt. Immer wenn ich so am Abend mein Balkonstündchen versitze, habe ich es mit den Wolken zu tun, denn mein hohes Vogelnest blickt ja mitten in die Wolken hinein. Bei Regenwetter, bei den wilden leidenschaftlichen Wettern dieses Klimas, kommen die Wolken bis in meine Stube herein, hängen in weißgrauen bleichen Fetzen am Balkongitter, kriechen mir bis an die Schuhe, und winden sich draußen hinauf und hinab, in die grünen tiefen Bergtäler, die bei jedem Blitz so erschrocken aufleuchten, in den frostigen schwarzen See, in die blasse saugende Himmelshöhe hinauf. Bei gutem Wetter aber, wenn der See blau blitzt und violette Abendschatten hat, wenn in den fernen Dörfern die Fensterscheiben aufglitzern und die Westkante der Berge wie aus durchscheinendem rosigen Edelstein glüht, dann sind auch die Wolken sehr farbig und guter Laune und spielen stundenlang ihre absichtslosen, seligen Kinderspiele.«

Hermann Hesse: Abendwolken (1926), SW 13, S. 460 ff.

Berühmt geworden ist das Balkönchen v. a. durch die Erzählung *Klingsors letzter Sommer*; dort taucht es gleich zu Beginn auf:

»*Ein leidenschaftlicher und raschlebiger Sommer war angebrochen. Die heißen Tage, so lang sie waren, loderten weg wie brennende Fahnen, den kurzen schwülen Mondnächten folgten kurze schwüle Regennächte, wie Träume schnell und mit Bildern überfüllt, fieberten die glänzenden Wochen dahin.*

*Klingsor stand nach Mitternacht, von einem Nachtgang heimgekehrt, auf dem schmalen Steinbalkon seines Arbeitszimmers. Unter ihm sank tief und schwindelnd der alte Terrassengarten hinab, ein tief durchschattetes Gewühl dichter Baumwipfel, Palmen, Zedern, Kastanien, Judasbaum, Blutbuche, Eukalyptus, durchklettert von Schlingpflanzen, Lianen, Glyzinien.«*

Hermann Hesse: Klingsors letzter Sommer, SW 8, S. 285

Eine weitere Stelle in Hesses Werk, an der er Haus, Balkon und Garten beschreibt, ist die Schilderung *Klage um einen alten Baum*. Sie ist in Band 14 der *Sämtlichen Werke* zu finden, aber auch in dem von Volker Michels zusammengestellten Band *Hermann Hesse: Tessin*, der fast alle Betrachtungen und Gedichte zum Tessin sowie eine Auswahl schöner Hesse-Aquarelle enthält.

Um die Casa Camuzzi nun von der Bergseite her zu besichtigen, gehen wir wieder zum unteren Ende der Piazza Brocchi hinauf und dort nach rechts durch einen Durchgang, der mit einem Hinweisschild auf das ›Museo Hesse‹ ausgeschildert ist. Nach ca. 40 m kommt man dabei zu dem sehr verlockenden Museums-Café ›Boccadoro‹ (»Goldmund«) und nach weiteren 20 m zum ›Museo Hermann Hesse‹ selbst. An beiden gehen wir aber zunächst vorbei, um gleich hinter dem Museum zur Bergseite der Casa Camuzzi mit dem Eingangsportal zu kommen. Die bald freundlich, bald schelmisch, bald satyrisch und fratzenhaft lächelnden Köpfe über den barock umrahmten Fenstern machen deutlich, weshalb Hermann Hesse den um 1855 erbauten Palazzo »*halb feierlich, halb drollig*« genannt hat.

Zu Hermann Hesses Wohnung führte gleich hinter dem großen Eingangsportal links eine Treppe in den zweiten

*Eingang zum Museo Hesse und dahinter die Casa Camuzzi*

Stock hoch. Die Wohnung selbst, die Hesse von 1919 bis 1931 bewohnte, hat er uns in der kleinen Betrachtung *Spaziergang im Zimmer* vor Augen geführt; hier ein Auszug daraus:

*»In dunkler Höhe zwischen zwei Fenstern hängt die kleine altitalienische Madonna, die ich einst, vor sehr vielen Jahren, auf einer Reise in Brescia bei einem Trödler gekauft habe, eins der wenigen Stücke, die mich durch lange Zeiten und viele Wechsel meines Lebens begleitet haben. Sie, die alten Bücher und der große Schreibtisch sind die hergebrachten alten Stücke meiner Einrichtung. Die andern Möbel gehören der Hausfrau. Auch sie sind in zehn Jahren mir vertraut geworden, und man sieht ihnen allmählich das Altwerden an. Der kleine Polsterstuhl am Schreibtisch ist durchgesessen, unterm alten grünen*

Stoff beginnen die Gurte sichtbar zu werden, und das hübsche Kanapee ist auch etwas hart und löcherig geworden. An den Wänden hängen meine Aquarelle, dazwischen ein Kopf von Greco, das schöne Bildnis des jungen Novalis, das Bild des elfjährigen Mozart. Auf dem Bibliotheksschemel steht eine große fatale Kiste mit Zigarren, noch halb voll, es war ein Gelegenheitskauf, und sie bewährten sich nicht [...].

Auch aus Indien sind Erinnerungen da, vor allem ein kleiner, grell bemalter Halbgötze und ein winziger, flötespielender Krischna aus gelber Bronze, der hat mir an manchem verregneten Winterabend Musik gemacht [...].

Von den Dingen, die mir in neuester Zeit zugekommen sind, schätze ich besonders eine schöne gläserne Vase in alter Kelchform, ein Geschenk meiner Freundin. Meistens stehen in diesem durchsichtigen Kelch ein paar einzelne Blumen, Zinnien oder Nelken, oder kleine sanfte Feldblumen.«
                Hermann Hesse: Spaziergang im Zimmer (1928),
                                    SW 14, S. 116 f.

Hermann Hesse verließ die Casa Camuzzi 1931 nach zwölf Jahren. Über die näheren Umstände berichtet er:

»[Das Haus] war mehr das meinige als irgendeines der früheren, denn hier war ich nicht Ehemann und Familienvater, hier war nur ich allein zu Hause, hier hatte ich in den bangen harten Jahren nach dem großen Schiffbruch mich durchgekämpft, auf einem Posten, der mir oft vollkommen verloren schien, hier hatte ich viele Jahre die tiefste Einsamkeit genossen, und auch an ihr gelitten, hatte viele Dichtungen und Malereien gemacht, tröstende Seifenblasen, und war mit allem so verwachsen, wie ich es seit der Jugend mit keiner andern Umgebung gewesen war. Zum Dank habe ich dies Haus oft genug ge-

*malt und besungen, habe ihm auf viele Arten zu erwidern gesucht, was es mir gab und war.*

*Wäre ich in meiner Einsamkeit geblieben, hätte ich nicht nochmals einen Lebenskameraden gefunden, so wäre es wohl nie dazu gekommen, dass ich das Camuzzihaus wieder verlassen hätte, obwohl es in vielen Beziehungen für einen alternden und nicht mehr gesunden Menschen unbequem war. Ich habe in diesem märchenhaften Haus auch bitter gefroren und allerlei andere Not gelitten. Darum war in den letzten Jahren je und je der Gedanke aufgetaucht, aber niemals recht ernst genommen worden: vielleicht doch noch einmal umzuziehen, ein Haus zu kaufen, zu mieten oder gar zu bauen, wo ich fürs Alter eine bequemere und gesundere Unterkunft hätte. Es waren Wünsche und Gedanken, nichts weiter.*

*Da ereignete sich das schöne Märchen: in der ›Arch‹ in Zürich saßen wir an einem Frühlingsabend des Jahres 1930 und plauderten, und die Rede kam auch auf Häuser und Bauen, und auch meine gelegentlich auftauchenden Hauswünsche wurden erwähnt. Da lachte plötzlich Freund B. mich an und rief: ›Das Haus sollen Sie haben!‹«*

Hermann Hesse: Beim Einzug in ein neues Haus (1931),
SW 12, S. 151

Dieses von dem Züricher Freund und Mäzen Dr. Hans C. Bodmer, Verwaltungsrat der Zürcher Papierfabrik, 1931 in Montagnola erbaute und Hesse auf Lebenszeit kostenfrei zur Verfügung gestellte Haus soll später aufgesucht werden.

Zunächst soll aber die Casa Camuzzi noch etwas genauer in Augenschein genommen werden. Haus und Garten können zwar nicht von innen besichtigt werden, da sie sich in Privatbesitz befinden, sie können aber immerhin von außerhalb gelegenen Standorten aus speziellen Blickwinkeln betrachtet werden. Wenn man am hinteren Ende des kleinen Platzes vor der Casa Camuzzi durch den Durchgang auf den Fußweg geht, hat man nicht nur einen weiten Blick Richtung Lugano, sondern kann auch die Casa von dieser Seite anschauen. Man sieht dabei auf einen älteren, unverputzten Teil des Gebäudes, der mit schmalen Fensterschlitzen und vier Ecktürmchen und dazwischen verlaufenden Zinnen burgartig wirkt. Zwischen diesen Türmchen und Zinnen befindet sich ein Freisitz, den Hermann Hesse von seiner Wohnung aus erreichen konnte und den er für Sonnenbäder nutzte. Von ihm geht auch ein weiter Blick über Lugano und den See.

Die andere Möglichkeit, einen Blick auf interessante bauliche Details des Hauses zu werfen, eröffnet sich von dem oberhalb der Casa Camuzzi etwas versteckt gelegenen Kirchlein von Montagnola: Wenn man dem schmalen Weg hinter dem stattlichen, oberhalb der Casa Camuzzi gelegenen Haus, der Casa Lombarda, den Berg hinauf folgt, hat man vom Vorplatz der ›Cappella San Nazzaro‹ aus einen schönen Blick auf die interessante Dachlandschaft der Casa Camuzzi sowie auf das Türmchen, welches den Zentralbau der Casa über dem Eingangsportal krönt.

Außer Hermann Hesse haben die Casa Camuzzi noch eine ganze Reihe von bekannten Künstlern bewohnt. So logierte in den 1930er-Jahren der später erfolgreiche Schriftsteller und Zeichner Peter Weiss (1916-1982) in Hesses ehemaliger Wohnung und illustrierte u. a. dessen autobiografisches Märchen *Kindheit des Zauberers*. In den 1940er-Jahren bezog der Maler Hans Purrmann (1880-1966), der oft als der deutsche Matisse bezeichnet wird, das Atelier. Und im anderen Flügel des Hauses hatte der Maler, Zeichner und Illustrator Gunter Böhmer (1911-1986) von 1933 bis zu seinem Tod 1986 sein

Atelier und seine Wohnung zusammen mit seiner Frau, der Gobelin-Weberin Ursula Böhmer-Bächler. All diese Künstler fanden ihr Unterkommen in der Casa Camuzzi auf Vermittlung Hermann Hesses. Außerdem waren in der Casa u. a. die Schriftsteller Hugo Ball, Emmy Ball-Hennings, Max Brod, Martin Buber, T. S. Eliot, Richard Huelsenbeck, Klabund, Annette Kolb, Thomas Mann, Romain Rolland, René Schickele, Jakob Wassermann, Stefan Zweig, die Maler Carl Hofer und Louis Moilliet und die Komponisten Eugene d'Albert und Othmar Schoeck zu Gast. Der Schweizer Schriftsteller Hermann Burger (1942-1989) schrieb hier Teile seines ersten Romans, *Schilten*.

*2 Das Museo Hermann Hesse im Torre Camuzzi*

Die illustre Schar von Künstlern, die mit der Casa Camuzzi in Berührung gekommen ist, hat natürlich den Gedanken erwachsen lassen, darin ein Museum, ein Kulturzentrum oder eine internationale Begegnungsstätte für Schriftsteller und Künstler einzurichten. Leider konnte diese Idee in den 1990er-Jahren, als das Haus zum Verkauf stand, nicht verwirklicht werden, obwohl Hermann Hesses Sohn Heiner sich sehr dafür engagierte. Der eigens dafür gegründete »Freundeskreis zur Erhaltung der Hermann Hesse-Stätten e.V.« konnte nicht rasch genug die dafür erforderlichen Gelder auftreiben, sodass die Casa von anderer, finanziell gut ausgestatteter Seite aufgekauft und in private Eigentumswohnungen aufgeteilt wurde. Auch der Versuch, wenigstens die ehemalige Hesse-Wohnung aufzukaufen und der Öffentlichkeit zugänglich zu machen, scheiterte. Zum Glück konnte dann

*Ausstellungsraum im Museo Hesse im Torre Camuzzi mit der Schreibmaschine Hermann Hesses*

aber doch 1997 ein Nebengebäude der Casa Camuzzi, der ›Torre Camuzzi‹, gepachtet und darin das »Museo Hermann Hesse Montagnola« eingerichtet werden, das von der »Fondazione Hermann Hesse Montagnola« betrieben wird. Es wurde schon bald zu einem der meistbesuchten Museen im Tessin und bietet seither Jahr für Jahr auch ein interessantes Veranstaltungsprogramm und Sonderausstellungen.

Es ist erstaunlich, was in dem nicht allzu großen turmähnlichen Gebäude geboten wird: Im Erdgeschoss kommt man hinter dem Eingang in einen Museumsshop, der ein fast komplettes Sortiment der Hesse-Literatur bereitstellt. Im Untergeschoss ist ein kleines Kino eingerichtet, in dem Dokumentationen zum Leben und Werk des Dichters laufen. Das eigentliche Museum im 1. Stock bietet, ansprechend präsentiert, schöne Originalexponate, mit denen Hermann Hesses Leben in seinen über 40 Montagnola-Jahren veranschaulicht wird: sein Schreiben, sein Malen, sein geselliges und alltägliches Leben. In einem Zwischenstockwerk wird seine multikulturelle Weltanschauung dokumentiert, und im Dachgeschoss ist Raum für die kleinen, aber immer sehr instruktiven und gut kuratierten Sonderausstellungen zu Aspekten seines Schaffens.

Das Museum wird seit 1998 sehr verdienstvoll geleitet von Regina Bucher, von der im Museumsshop das insel taschenbuch *Mit Hermann Hesse durchs Tessin* erworben werden kann, das den vorliegenden Band durch einige sehr attraktive Spaziergänge und Wanderungen ergänzt.

*3 Der Hesse-Gedenkstein in der ›Via Hermann Hesse‹*

Der Hesse-Gedenkstein liegt auf dem Weg zur »Casa Rossa«, in der Hermann Hesse seine letzten drei Jahrzehnte wohnte. Um dorthin zu gelangen, muss man vom Museo Hesse – eventuell nach einer Pause im Museums-Café ›Boccadoro‹ – wieder zur Piazza Brocchi zurück. An deren oberem Ende führt die Ortsdurchfahrtsstraße bergauf. Von dieser biegt nach einer langgezogenen Kurve links die ›Via Hermann Hesse‹ ab. Auf dieser kommt man nach ca. 150 m auf der linken Seite zu einer kleinen Anlage, in der ein Granitstein mit zwei Bänken unter drei Birken steht. Dies ist der Gedenkstein, der 1977 zum 100. Geburtstag Hermann Hesses von der Gemeinde Montagnola aufgestellt wurde, wie die Steininschrift zeigt: »Montagnola a Hermann Hesse nel centenario della nascita 2. VII. 1977.« Darunter steht auf Italienisch und

Deutsch das Hesse-Zitat: »*Und dann betrachte ich unser Dorf, dies kleine warme Genist, worin jede Linie und Fläche mir so lang und genau bekannt ist.*«

Der Ort für den Gedenkstein wurde gewählt, weil Hermann Hesse genau an dieser Stelle, wo in früherer Zeit bereits eine Bank unter zwei Bäumen gestanden hat, öfters die Aussicht ins Tal genossen und gemalt haben soll. Und hier in der Nähe, vermutlich irgendwo oberhalb des Gedenksteins am Hang, der heute bebaut ist, ist auch die Stelle, die Hesse in der 1926 entstandenen Prosaskizze Vom Malen beschreibt, aus der das Zitat auf dem Gedenkstein stammt:

»*Ich ging denn also am Spätnachmittag aus, den Rucksack mit dem Malzeug auf dem Rücken, den kleinen Klappstuhl in der Hand, und suchte den Platz, den ich mir schon am Nachmittag gemerkt hatte. Es ist ein steiler Abhang über unserem Tessiner Dorf, früher von dichtem Kastanienwald bedeckt, im letzten Winter aber kahlgeschlagen. Dort zwischen den noch ein wenig duftenden Baumstrünken hatte ich schon mehrmals gemalt. Von hier aus sah man die Ostseite unseres Dorfes, lauter dunkle, alte Dächer aus Hohlziegeln, auch ein paar hellrote, neue, ein Gewinkel von nackten Steinmauern, überall Bäume und Gärtchen dazwischen, da und dort hing ein wenig weiße oder farbige Wäsche an der Luft. Jenseits die großen blauen Bergzüge, tiefes Ultramarin, rechts unten ein Stück Luganersee, fern und winzig ein paar helle, schimmernde Dörfchen.*

*Nun hatte ich gegen zwei Stunden Zeit, während die Sonne langsam sank und das Licht langsam wärmer und tiefer wurde. Ehe ich zu zeichnen begann, überblickte ich eine Weile das vielfältige Tal bis zum See hinab, und dann betrachtete ich un-*

*ser Dorf, dies kleine warme Genist, worin jede Linie und Fläche mir so lang und genau bekannt ist.«*
Hermann Hesse: Vom Malen (1926), SW 13, S. 466f.

Vom Gedenkstein ist es nur eine kurze Strecke die Via Hesse entlang bis zur Toreinfahrt zum Grundstück der »Casa Rossa«.

## 4 Die »Casa Rossa«, Hermann Hesses Wohnhaus 1931-1962

Die Toreinfahrt zum Grundstück des ehemaligen Hesse-Hauses, das wegen des damaligen roten Verputzes auch »Casa Rossa« genannt wurde, ist leicht zu erkennen. Die späteren Besitzer, eine italienische Industriellenfamilie, die das Anwesen nach dem Tod von Ninon Hesse im Jahr 1966 von den Erben Hans Bodmers (siehe S. 430) erwarben, haben die Toreinfahrt mächtig aufgeputzt und mit zwei großen Statuen der antiken Helden Castor und Pollux auf den Pfeilern links und rechts versehen.

(Anmerkung: Grundstück und Haus sind bis heute in Privatbesitz und deshalb nicht zugänglich. Die Chance, den Wohnsitz des Literaturnobelpreisträgers und das Grundstück, das er anlegte, bepflanzte und in mehreren Dichtungen und Betrachtungen beschrieb, als Kulturdenkmal von Weltrang zu erhalten und der Öffentlichkeit zugänglich zu machen, wurde leider bereits in den 1960er-Jahren vertan. Weder die Schweiz noch der Kanton Tessin zeigten Interesse daran. Nun dürfte es zu spät oder schwierig sein, da in dem seither vergangenen halben Jahrhundert das Anwesen natürlich Veränderungen erfahren hat. Seit 2015 ist das Grundstück sogar von einer teilweisen Überbauung bedroht; der

Hang unterhalb des Hauses entlang der Via Hermann Hesse wurde dafür damals vermessen. Bis heute – Anfang 2017 – ist aber noch nichts geschehen. Als Alternative steht, von Literaturinteressierten und dem Schweizer Heimatschutz vorgeschlagen, ein Literaturhaus und -park zur Diskussion. Die Chancen dafür sind aber schwer einschätzbar. Es ist nur zu hoffen, dass die kulturgeschichtliche Bedeutung dieses Grundstücks und Hauses doch noch rechtzeitig erkannt wird und hier eventuell ein Projekt entsteht, vergleichbar dem, das die Bundesrepublik Deutschland 2016 zusammen mit Förderern beim Thomas-Mann-Haus in Pacific Palisades / Kalifornien auf den Weg gebracht hat.)

Am linken Torpfeiler, der zu Hesses Zeit noch sehr schlicht war, war in den 1950er-Jahren die berühmt-berüchtigte Aufschrift »Bitte keine Besuche« angebracht, die Gunter Böhmer auf Wunsch Hesses in seiner von vielen Suhrkamp-Buchumschlägen der 1950er-Jahre bekannten Pinselschrift anfertigen musste. Gunter Böhmer schreibt darüber in seiner Erinnerung *In Hesses Nähe*:

*»[E]ines Tages jedenfalls ließ Hesse mit seinem charmantesten Seufzerlächeln die Bemerkung fallen: ›Wenn mir doch jemand an mein Gartentor in Böhmerschrift malen würde: Bitte keine Besuche.‹ Was blieb dem Jemand anderes übrig, als bejahend die Achseln zu zucken? [...] Immerhin stellte Hesse tatsächlich bald eine retardierende Wirkung der ›Bitte‹ fest, und ich war wohl der einzige, der sie am skrupellosesten ignorierte, weil mich jedes Mal mein Elaborat beschämte und verdross. Ärger, Enttäuschung und bitteren Spaß bereitete es allerdings auch zahlreichen anderen Betrachtern, zwar kaum auf Grund schriftkünstlerischer Kriterien, eher aus plausibleren Kausalitäten. Diese ›Leser‹ machten sich per Bleistift oder Taschenmesser*

*Die Casa Hesse oder Casa Rossa zu Lebzeiten des Dichters*

*Luft, und ich musste alle Jahre wieder versuchen, sowohl die Mauerrisse und Schriftabblätterungen auszubessern, als auch diese Herzensergießungen wieder abzuschaben und dabei graphologische, charakterologische, psychologische, politologische, soziologische, kosmologische und zoomorphe Erkenntnisse zu sammeln. Von ›Wie schade!‹ bis ›Thomas Mann grüßt‹, von ›Na dann nicht!‹ bis ›Du kannst mich!‹ waren alle Redensarten und Niveaustufen vertreten, und einem Spaßvogel war es nahezu gelungen, zwischen ›Bitte‹ und ›Besuche‹ das ›keine‹ wegzukratzen. Hesse ignorierte das alles oder amüsierte sich gelegentlich darüber. Denn natürlich wurde der Gedenk- bzw. Mahn-Stein nicht nur zur Wandzeitung umfunktioniert, sondern auch mit wilder Leidenschaft photographiert, publiziert, besungen und beinahe zum Ewigkeitswert erhoben. Als schließlich reportiert wurde, das Drei-Worte-Bild zeige Hesses ›skripturale Weisheit‹, und als in einer Ovation sogar noch seine ›zittrig gewordene Greisenhandschrift an der Gartentortafel‹ ehrerbietig beweint wurde, da war nicht leicht herauszufinden, wer der Betroffene zu sein hatte, Hesse oder ich. Gelacht haben wir beide.«*

Hermann Hesse in Augenzeugenberichten, S. 295ff.

Unnötig war die Bitte nicht, denn Hesse wäre zeitweise geradezu überflutet worden von Besuchern. Auch darüber berichtet Gunter Böhmer:

*»[J]a, ich hörte sein gereizt hingeseufztes ›Eben!‹, als die zwanzigste Besucherin am Abend eines ›überlaufenen‹ Tages, ihren ›Knulp‹ zwecks Signierung in zitternden Händen, aufschluchzte: ›Ach Herr Hesse, in welch wundervoller Einsamkeit Sie leben!‹ und ich las, dieweil die Verzückte die Augen gen Himmel drehte, in seiner flehenden, verdeckten Handbewegung den eindeutigen, oft genug gehörten Wunsch: ›Dieses Huhn soll mir gestohlen werden‹. Dennoch empfing er beinahe alle Besucher – und viele mit Freude –, konnte aber einen Studienrat, der mit einer wilden, blödelnden Schulklasse eingefallen war, anfauchen, wie eben nur Steppenwölfe fauchen.«*

Ebenda, S. 285

In den letzten Jahren traf seine Frau Ninon eine sehr strenge Vorauswahl bei den Besuchern; an der Haustür war ein Wunsch Hesses in Form eines Spruches angebracht, den er einem imaginären altchinesischen Dichter zugeschrieben hatte:

*»Worte des Meng-Hsiä*
*(alt-chinesisch)*

*Wenn Einer alt geworden ist und das Seine getan hat,*
*steht ihm zu, sich in der Stille mit dem Tode zu befreunden.*
*Nicht bedarf er des Menschen. Er kennt sie, er hat*
*ihrer genug gesehen. Wessen er bedarf, ist Stille.*
*Nicht schicklich ist es, einen Solchen aufzusuchen,*
*ihn anzureden, ihn mit Schwatzen zu quälen.*
*An der Pforte seiner Behausung ziemt es sich*
*vorbeizugehen, als wäre sie Niemandes Wohnung.«*
    Hermann Hesse: Sein Leben in Bildern und Texten, S. 302

Auch heute muss man sich mit einer Besichtigung von der Grundstücksgrenze aus begnügen, allerdings ist die hohe Thuja-Hecke blickdichter als die einst von Hesse gepflanzte Buchenhecke. Den besten Blick auf das Haus, das mittlerweile auch nicht mehr rot (laut Romain Rolland »aprikosenrot«), sondern hellbeige verputzt ist, hat man am Ende des ca. 200 m langen Grundstücks, beim dortigen Gartentor. Das kleine Haus unterhalb des Haupthauses ist ein ehemaliges Stallgebäude, das Hesse als Garten- und Gerätehaus benutzte und das erst nach seiner Zeit zu einer Wohnung für den Grundstücksverwalter ausgebaut wurde.

Die Casa Rossa wurde 1931 von dem Mäzen Hans C. Bodmer (s. S. 430) ganz nach den Bedürfnissen Hesses und seiner Frau Ninon gebaut. Der französische Schriftsteller Romain Rolland, der Hesse kurz nach dem Einzug besuchte, berichtet darüber am 26. August 1933 in seinem Tagebuch:

»*Hesse und seine Gefährtin freuen sich wie Kinder über ihr hübsches, ganz neues Nest, das sie eingerichtet haben [...]. Das erste, worauf Hesse mich aufmerksam macht, ist die Unabhängigkeit der beiden Lebensgefährten, die gesichert sei – (ist das so gewiss?) –, und zwar durch die (relative) Unabhängigkeit der Wohnungen, jede mit einem Separateingang (doch in der Mitte durch gemeinsame Räume verbunden): Hesses Wohnung geht nach Lugano und Montagnola hinaus, die von Ninon nach dem San Salvatore und dem Monte Generoso [...].*«

Hermann Hesse in Augenzeugenberichten, S. 141f.

Tatsächlich bestand das Haus, wie der Bauplan zeigt, eigentlich aus zwei Häusern, die mit separaten Eingängen versehen waren und pro Stockwerk jeweils nur eine Verbindungstür hatten. In seinem Trakt, dem von unten gesehen rechten, mit dem Balkon und der Terrasse, hatte Hesse im oberen Stock sein »Studio«, das eigentliche Arbeitszimmer, das niemand ohne seine Erlaubnis betreten durfte, sowie sein Schlafzimmer und Bad. Darunter, ebenerdig, befand sich das »Atelier«, das als vielfältig benutzte Mal- und Schreibwerkstatt diente. Daneben befand sich die große Bibliothek, die zugleich als Teeraum, Musikzimmer und Empfangsraum diente. Hier nahm Hesse morgens, wenn er ungestört arbeiten wollte, allein das Frühstück ein; um vier Uhr wurde hier gemeinsam der »z'Vieri«-Tee getrunken und abends Musik gehört oder noch häufiger gelesen, d. h., Ninon las vor, damit Hesse seine zeitlebens schmerzanfälligen Augen schonen konnte. Baulich gehörte die Bibliothek bereits zu Ninons Trakt, der die doppelte Größe hatte, da er neben ihren privaten Räumen – einem geräumigen Studio und einem Schlafzimmer im vorderen Teil des oberen Stocks – auch die Ge-

*Hermann Hesse in der Bibliothek mit seiner Frau Ninon und deren Schwester Lilly Kehlmann*

meinschaftsräume wie Bibliothek, Esszimmer und Küche im Erdgeschoss sowie die drei nach hinten gelegenen Zimmer umfasste, die als Gast- und Dienstbotenzimmer genutzt wurden.

Ein anschauliches Bild über das Leben in der Casa Hesse vermittelt der Band *Hermann Hesse in Augenzeugenberichten*, der nicht nur Schilderungen intellektueller Besucher, sondern z. B. auch den Bericht einer Bediensteten im Hesse'schen Haushalt enthält: »Im näheren Umgang mit ihm traten besonders zwei Wesenszüge hervor, die einander zu widersprechen schienen, aber in Wirklichkeit vielleicht ein und dasselbe sind: Seine allgemeine Menschenscheu und seine unendlich gütige Liebenswürdigkeit jedem einzelnen gegenüber.« (Ebenda, S. 236)

Von besonderer Bedeutung war für Hesse das über 10 000 qm große Grundstück, auf dem er endlich wieder einen Garten anlegen konnte:

*»Irgendwo heimisch zu sein, ein Stück Land zu lieben und zu bebauen, nicht bloß zu betrachten und zu malen, teilzuhaben am bescheidenen Glück der Bauern und Hirten, am vergilischen, in zweitausend Jahren unveränderten Rhythmus des ländlichen Kalenders, das schien mir ein schönes, zu beneidendes Los, obwohl ich selbst es einstmals gekostet und erfahren hatte, dass es nicht genüge, um mich glücklich zu machen.*

*Und siehe, dies holde Los war mir jetzt noch einmal zugedacht, es war mir in den Schoß gefallen wie eine reife Kastanie dem Wanderer auf den Hut fällt, er braucht sie nur zu öffnen und zu essen. Ich war, wider alles Erwarten, noch einmal sesshaft geworden und besaß, nicht als Eigentum, aber doch als lebenslänglicher Pächter, ein Stück Land! Eben erst hatten wir unser Haus darauf gebaut und waren eingezogen, und jetzt begann für mich, aus vielen Erinnerungen her vertraut, noch einmal ein Stückchen bäuerlichen Lebens. Ich hatte es damit nicht mehr leidenschaftlich und heftig im Sinn, ich würde es mehr lässlich betreiben, mehr die Muße suchen als die Arbeit, mehr am blauen Herbstfeuerrauche träumen als Wälder roden und Pflanzungen anlegen. Immerhin, ich hatte eine schöne Weißdornhecke gepflanzt, und Sträucher und Bäume und viele Blumen, und jetzt brachte ich diese Spätsommer- und Herbsttage, die unvergleichlichen, beinahe ganz im Gras und Garten hin, mit kleinen Arbeiten, mit dem Schneiden der jun-*

*gen Hecke, dem Vorbereiten eines Gemüsegartens für den Frühling, dem Säubern der Wege, dem Reinigen der Quelle – und bei allen diesen kleinen Arbeiten hatte ich ein Feuer auf der Erde brennen, ein Feuer aus Unkraut, aus dürrem Gezweig und Dörnicht, aus grünen oder braunwelken Kastanienschalen.*

*Zuweilen im Leben, mag es im Übrigen sein wie es wolle, trifft doch etwas wie Glück ein, etwas wie Erfüllung und Sättigung. Gut vielleicht, dass es nie lange währen darf. Für den Augenblick schmeckt es wundervoll, das Gefühl der Sesshaftigkeit, des Heimathabens, das Gefühl der Freundschaft mit Blumen, Bäumen, Erde, Quelle, das Gefühl der Verantwortlichkeit für ein Stückchen Erde, für fünfzig Bäume, für ein paar Beete Blumen, für Feigen und Pfirsiche.«*

Hermann Hesse: Tessiner Herbsttag (1931), SW 14, S. 163 f.

Vor dem Hausbau bestand das Grundstück aus Wiesen- und Rebhängen. Einen Teil des Rebhanges behielt Hesse bei und kelterte sich aus den Trauben seinen eigenen Wein. Im hinteren Teil des Grundstücks, nahe beim Wald, legte er ein Bambusgehölz an; darüber eine Bocciabahn, auf der er zur Entspannung gern und ausgiebig spielte; dabei konnte er ungnädig werden, wenn er verlor. In der Nähe des Gartenhauses war der Gemüsegarten; überall entlang der Wege befanden sich farbenprächtige Blumenrabatten. Die *Stunden im Garten*, das Schauen und Arbeiten, das meditativ betriebene Unkrautjäten, die fast kultisch betriebenen Gartenfeuer und ähnliche Vergnügungen hat Hesse in seinem gleichnamigen Büchlein eingehend beschrieben:

*»Morgens so gegen die sieben verlass ich die Stube und trete*
*Erst auf die lichte Terrasse, dort brennt die Sonne schon*
*wacker*

*Zwischen den Schatten vom Feigenbaum, die raue granitne Brüstung fühlt sich schon warm an. Hier liegt und wartet mein Werkzeug.«*
Hermann Hesse: Stunden im Garten, SW 9, S. 601

Im hinteren Teil des Grundstücks am Hang oben war besagte Bocciabahn. Thomas Manns jüngste Tochter Elisabeth Mann-Borghese erinnerte sich 2002 in einem Zeitungsartikel:

»*Hermann Hesse liebte Boccia. Ich entdeckte das während der tragischen Monate der Emigration, die wir [1933] in der Villa Castagnola in Lugano verbrachten. Oft haben wir von dort das Ehepaar Hesse in seinem schönen Haus im nahen Montagnola zur Teestunde besucht. Es waren wohltuende und entspannende Besuche. Die erste Stunde verbrachte man über einer Tasse Tee, frischem Gebäck und tröstlicher Unterhaltung über Literatur und über die politische Lage. Schon als Vierzehnjährige hörte ich diesen Unterhaltungen mit größtem Interesse zu. Nach etwa einer Stunde ging man dann in den wohlgepflegten Garten, wo eine Bocciabahn auf uns wartete. Wir spielten alle – Hermann Hesse, mein Vater, meine Mutter und ich. Meine Mutter und ich mit leidlichem Geschick, mein Vater mit mehr Glück als Geschick. Hermann Hesse aber mit Meisterschaft. Ländlich gekleidet, mit offenem Hemd trat er ein paar Schritte vorwärts, erhob die nicht leichte Kugel über seinen Kopf und schmetterte sie dann genau dahin, wo sie das ganze Spiel zerstob und allein, zum Berühren nah an der kleinen Kugel, die das Ziel war, zur Ruhe kam.*«
Frankfurter Allgemeine Zeitung,
Feuilleton vom 2. April 2002

## 4 Sonstige Hesse-Spuren in Montagnola

Auf dem Weg zurück von der ehemaligen Casa Hesse zum Dorf kommt man kurz hinter dem Hesse-Gedenkstein an der rechts von der Via Hermann Hesse abzweigenden Via Bodoni vorbei. Sie ist nach der Officina Bodoni benannt, einer kleinen bibliophilen Buchdruckerwerkstatt, die in den 1920er-Jahren ihren Sitz in dem Haus rechts oberhalb der Casa Camuzzi hatte. Hermann Hesse, der ein großer Freund bibliophiler Drucke war und selbst zahlreiche für Freunde und Mäzene anfertigen ließ, war mit dem Inhaber, Giovanni (Hans) Mardersteig, gut bekannt. Er hat darüber 1923 in seiner Betrachtung *Die Officina Bodoni in Montagnola* berichtet (SW 14, S. 376-379). Die Officina Bodoni, die sich der Pflege des Erbes des großen italienischen Schriftgestalters Giambattista Bodoni (1740-1813) widmet und kostbare Drucke in Handarbeit herstellt, gibt es auch heute noch, allerdings nicht mehr in Montagnola, sondern seit 1927 in Verona.

Kurz bevor man wieder die Piazza Brocchi erreicht, zweigt von der Hauptstraße links die Via Minigera ab. Diese hat auf der Bergseite entlang eines großen, ehemals herrschaftlichen Grundstücks eine lange Stützmauer aus Stein, die Hermann Hesse scherzhaft die »Chinesische Mauer« getauft hat. Oberhalb, in dem großen Grundstück, liegt ein alter, einstmals rot, jetzt gelb gestrichener Gartenpavillon, der Hesse zu dem folgenden Gedicht angeregt hat:

*Roter Pavillon*

*Roter Pavillon, im Park verborgen,*
*Wo er sich in wilden Wald verliert.*
*Als du noch in deinem jungen Morgen*

*Lachtest, wie hast du den Park geziert!*
*Hast auf der Terrasse dich gebrüstet,*
*Schlank, achtkantig, zierlich, kühn, kokett,*
*Feste wurden oft in dir gerüstet,*
*Jagdtrunk, Vogelessen und Bankett.*
*[...]*
Hermann Hesse: Roter Pavillon (1937), SW 10, S. 353

An der Piazza Brocchi führt gleich hinter dem Postgebäude (PTT) ein Sträßchen, die Via Credee, bergab. Wenn man die erste Abzweigung rechts nimmt in die Gasse Vicolo di Pavü, kommt man nach kurzer Strecke über die Via Valegia zur links abgehenden Via Castell, von der aus ein Wiesenweg zu einem kleinen am Waldrand gelegenen Hügel mit einem Türmchen führt. Diesen idyllischen Ort unterhalb des Dorfes hat Hesse den »Ölberg« getauft. Der restaurierte Turm ist ein alter Roccolo, der in früheren Zeiten dem Vogelfang diente.

Wieder zurück auf dem Dorfplatz oben, kann man noch nach links durch die sich hier eng zwischen den Häusern hindurchwindende Straße gehen, die kurz nach dem Engpass einige schöne Blicke ins Tal hinab eröffnet. Nach weiteren ca. 200 m kommt man zu dem schon eingangs erwähnten Hotel-Albergo ›Bellavista-Bellevue‹. In diesem hat Hesse öfters Gäste untergebracht, und auf der Terrasse der Osteria oder im schönen Schattengarten nebenan ist er gerne mit Freunden bei einem Glas Rotwein gesessen. Im *Klingsor* lässt er Klingsor und Louis, d. h. sich und Louis Moilliet (s. S. 394), hier zechen:

*»Abends saßen sie im Garten des Wirtshauses. Fische ließen sie sich backen, Reis mit Pilzen kochen und gossen Maraschino über Pfirsiche. [...] Sie stießen an, sie tranken aus, im Garten*

*stieg Louis aufs Zweirad, schwang den Hut, war fort. [...] Klingsor lächelte traurig. Wie liebte er diesen Zugvogel! Lange stand er im Kies des Wirtsgartens, sah die leere Straße hinab.«*

## Spaziergänge in der Umgebung von Montagnola

### Zu den Grotti

»*Tief in den Wäldern schön und geheimnisvoll liegen unsere Schatzkammern, die kühlen kleinen Weinkeller der Bauern, wo am Feiertag und etwa auch am Abend bei der Boccia-Bahn freundliche Menschen ein Glas Landwein trinken, ein Stück Brot essen und miteinander plaudern. Hier verglühen mir manche warme, stille, nachdenkliche Abende voll Torheit und Sommerduft, voll Wehmut und Einsamkeit, voll Gedanken und Kinderei.*«

Hermann Hesse: Sommertag im Süden (1919),
SW 13, S. 394

Mit dem Rückgang des Weinbaus auf der Collina d'Oro ist in den letzten Jahrzehnten natürlich auch mancher Grotto verfallen und verschwunden. Hesses Lieblingsgrotto, der Grotto Cavicc, ist aber noch vorhanden und ein Treffpunkt für Liebhaber einheimischer Weine und Speisen. Er soll im Folgenden aufgesucht werden.

Vom ›Bellavista-Bellevue‹ ca. 100 m dorfwärts führt die Gasse Vicolo di Ligüna steil den Berg hinab. Diese trifft nach stark 300 m auf die Via Valegia, die man schräg überquert, um dann den Hohlweg durch den Wald weiter abwärts zu gehen. An der Abzweigung, die nach kurzer Strecke kommt, hält man sich rechts. Der Weg führt nun ca. einen halben Kilometer am Hang entlang, wobei links eine baumbestandene Wiese und danach rechts oben Häuser auftauchen. Auf der Höhe der Häuser zeigen sich unterhalb des Weges im Waldschatten die ersten Weinkellerhäuschen. Der Grotto Cavicc ist von oben gut zu erkennen an seinen roten Tischen auf der Freiterrasse. Hier ist Hesse gern mit Freunden gesessen; in der Erinnerung *Tessiner Sommerabend* schreibt er:

*»Im Wald, an der Schattenseite des Berges, liegen die Grotti, die Weinkeller des Dorfes, ein kleines, zwerghaft phantastisches Märchendorf im Walde, lauter Stirnseiten kleiner steinerner Giebelhäuser, die keine Rückseite haben, denn Dach und Haus verliert sich im Boden, und tief in den Berg hinein sind die Felsenkeller gebohrt. Da liegt der Wein in grauen Fässern, Wein vom vorigen Herbst und auch noch Wein vom vorvorigen, älteren gibt es nicht. Es ist ein sanfter, sehr leichter, traubiger Wein, von roter Farbe, er schmeckt kühl und sauer nach Fruchtsaft und dicken Traubenschalen.*

*Wir sitzen bei einem Grotto am steilen Waldhang auf kleiner Terrasse, die man auf ungefügen Stufen erklimmt und die Raum für einen oder zwei Tische hat. Ungeheuer steigen die Stämme der Bäume empor, alte riesige Bäume, Kastanie, Platane, Akazie. Sie streben hoch hinan, durch ihr Gezweig blickt wenig Himmel, oft bin ich bei fallendem Regen hier gesessen, im Freien im Walde, stundenlang, und bin von keinem Tropfen berührt worden.«*

Hermann Hesse: Tessiner Sommerabend (1921),<br>SW 13, S. 412

Die von Hesse erwähnte Bocciabahn befindet sich unterhalb des Sträßchens, das an den Grotti entlangführt. Würde man

*Grotto im Kastanienwald.
Aquarell von Hermann Hesse 1924*

dieses Sträßchen, die Via ai Canvetti, weitergehen, so käme man nach einem knappen halben Kilometer zum Friedhof von Sant' Abbondio. Von dort könnte man die hinter dem Friedhof weiterführende Via Bora da Besa bis zur nächsten Kreuzung gehen, von der in Gentilino die Via ai Grotti abzweigt, an der man noch weitere Grotti findet.

*Zum Strand am Luganer See*

»[D]ie Vögel in den unendlichen Kastanienwäldern fangen zu singen an. Ich stecke mir ein Stück Brot in die Tasche, und ein Buch, und einen Bleistift, und die Badehose, und verlasse mein Dorf, um einen langen Sommertag im Wald und See zu Gast zu sein.«
Hermann Hesse: Sommertag im Süden (1919), SW 13, S. 393

»Ein kleiner Weg führt vom Dorf an den See hinunter, ein kleiner Fuß- und Geißenweg; den gehe ich oft, den Sommer über viele hundertmal, und manchmal auch im Winter.
Der Weg ist nicht ganz leicht zu finden. Er biegt von der Fahrstraße ab an einer Stelle, wo niemand es vermutet, und sein Eingang ist in der grünen Zeit des Jahres ganz mit Gestrüpp verwachsen, Brombeergerank und Farnkräutern. Man biegt durch diese Wildnis ein, dann fällt der Weg schnell, fast senkrecht durch einen dünnen und doch dichten Wald hinab, durch ein Gehölz von jungen Kastanienbäumchen, lauter dünnen, schlanken Stangen.«
Hermann Hesse: Der kleine Weg (1919), SW 13, S. 403

Der kleine Weg, den Hermann Hesse im Sommer viele Male gegangen ist, um an den Badestrand bei Cantonetto und Agnuzzo zu kommen, ist heute, fast 100 Jahre nachdem er ihn beschrieben hat, in dieser Weise nicht mehr nachzuvollziehen. Die Fuß- und Geißenwege der Gegend sind meist verschwunden oder durch Straßen überbaut. Auch ist der Hang zwischen Montagnola und dem Luganer See mittlerweile nicht mehr überall urwüchsige Wald- und Wiesenlandschaft, sondern zum Teil durch Neubausiedlungen verändert. Die Anfänge dieses Prozesses der Zersiedelung hat Hermann Hesse selbst schon 1927 konstatiert, als er aus seinem Winterquartier in Zürich nach Montagnola zurückkehrte:

»[E]s muss nachgesehen werden, was sich während eines halben Jahres hier wieder verändert hat, und wieviel Schritte der Prozess vorwärtsgegangen ist, der allmählich auch diese geliebte Gegend ihrer lang bewahrten Unschuld entkleidet und mit den Segnungen der Zivilisation erfüllt. Richtig, bei der unteren Schlucht ist wieder ein ganzer Waldhang glatt abgeholzt, und es wird eine Villa gebaut, und an einer Kehre ist unsere Straße verbreitert worden, das hat einem zauberhaften alten Garten den Garaus gemacht.«
Hermann Hesse: Wiedersehen mit Nina (1927),<br>SW 14, S. 21

Es gibt heute schon noch verschwiegene Pfade an den Strand hinunter, zum Teil durch trockene Bachbette führend, wie es Hesse beschrieben hat. Allerdings sind diese auch heute noch »*nicht ganz leicht zu finden*« und nur trittfesten Wanderern mit gutem Schuhwerk zu empfehlen. Relativ bequeme, befestigte Wege zum See sind die folgenden:

Beim Postamt am Dorfplatz von Montagnola (Piazza Brocchi) die Via Credee und Via Marianda hinunter, bis rechts die Via Selva Piana abzweigt, die nach Orino hinabführt, das am See liegt. Orino kann man auch über den gleich zu Beginn von der Via Credee rechts abzweigende Vicolo di Pavü und die anschließende Via Orino erreichen. Allerdings muss man von Orino noch einen knappen Kilometer an der vielbefahrenen Uferstraße entlang, um zum Strand von Cantonetto zu gelangen. Wenn man dies vermeiden will, könnte man z. B. zunächst zum Grotto Cavicc gehen (siehe S. 448 f.) und von dort weiter bergab durch den Wald zu dem Weiler Viglio, von dem aus man den Strand über die kleine Via Cantonetto erreichen kann. Alle drei Wege sind vom Zentrum von Montagnola aus ca. 2-3 km lang.

Das Badeerlebnis am Strand bei Cantonetto, der nach dem nahe gelegenen malerischen Dörfchen Agnuzzo auch Agnuzzostrand genannt wird, hat Hesse in der Erinnerung *Strand* geschildert:

*»Dieser Sommer ist von indischer Glut. Auch der See ist längst nicht mehr kühl, aber am Spätnachmittag weht jeden Tag ein Wind gegen unsern Strand, dann ist es Erfrischung in den Wellen zu baden und dann nackt im Wind zu stehen. Um diese Zeit steige ich häufig den Berg hinab zum Strande. Manchmal nehme ich Zeichenblock und Wasserfarben mit und Proviant und eine Zigarre, um den ganzen Abend da zu bleiben.*
*[...]*
*Ich hänge den Rucksack an einen Ast, ich reiße die Kleider ab, kaum ertragen die nackten Fußsohlen den durchglühten Kies. Das seichte Wasser, in das ich trete, ist warm wie die Luft, erst draußen beim Schwimmen empfinde ich eine Ahnung von Kühle, tief tauche ich in den dunklen blauen Ab-*

*grund hinab. Ich lege mich auf den Rücken, treibe lang, jede Welle schlappt mir launass über Augen und Mund, aber der Wind kühlt, langsam, mit leisem Saugen zieht er die Hitze aus meiner aufatmenden Haut. Gestillt kehre ich zurück, rolle mich eine Weile im seichten Strandwasser, springe hoch und werfe mich in den brennenden Sand an die Sonne, liege lange tot, um nochmals heiß zu werden und das Spiel noch einmal zu spielen. [...]*

*Die Sonne ist tiefer gesunken, viel Zeit ist vergangen, vielleicht habe ich geschlafen. Ich richte mich auf, wische mir Steinchen und Muschelscherben von den Schenkeln, bald werde ich Hunger spüren und gehen. Mit Missvergnügen denke ich an den steilen Heimweg den Berg hinan.«*

Hermann Hesse: Strand (1921), SW 13,<br>S. 415 ff.

## Nach Agra

Wer die Aquarelle Hermann Hesses kennt, wird bei Wanderungen auf der Collina d'Oro auf Schritt und Tritt auf vertraute Motive treffen. Besonders erwähnenswert ist vielleicht die Kirche des hinter Montagnola auf dem höchsten Punkt der Collina d'Oro gelegenen Ortes Agra, die Hesse mehrere Male gemalt hat und deren Aussichtsterrasse ein Lieblingsort bei seinen Malausflügen war; die Kirche enthält übrigens ein schönes, von Hesse erwähntes Beispiel Tessiner Illusionsmalerei.

Wer zu Fuß von Montagnola nach Agra gehen möchte, kann z. B. an der Casa Hesse vorbei einen Waldweg nach Bigogno hinaufwandern und in diesem Örtchen der parallel

*Blick auf Agra. Aquarell von Hermann Hesse 1929*

zur Autostraße verlaufenden Via Municipio folgen, auf der man direkt die Kirche von Agra erreicht.

Auch vom letzten Bergvorsprung der Collina d'Oro hinter dem Dörfchen Agra hat Hesse gerne gemalt. Hier stand bis vor ein paar Jahrzehnten das imposante Sanatorium von Agra, eine Filiale der Deutschen Lungenheilstätten Davos, also des Thomas Mann'schen ›Zauberbergs‹. Lange stand es leer und zerfiel, bis es durch einen baugleichen Neubau ersetzt wurde, der als exklusive Residenz Hotel und Eigentumswohnungen enthält. Den Blick, der hier weit über den italienischen Teil des Luganer Sees hin zu den Hügeln bei Varese geht, hat Hermann Hesse den »Blick nach Italien« genannt und mehrfach gemalt.

Am Dorfende von Agra (oder andersherum an der Kirche von Agra) beginnt ein sehr schöner, von Hermann Hesse gerne mit Gästen begangener Rundweg um den Bergkopf oberhalb von Agra herum. Man hat dabei grandiose Blicke auf den See bei Ponte Tresa mit dem Monte Caslano und die Bergkette, die den Luganer See vom Lago Maggiore trennen. Auf dem Weg kommt man u. a. an einem alten, gut erhaltenen Vogelfangturm, dem Roccolo Adamini, und dem Grotto Posmonte vorbei, der traditionelle Tessiner Gerichte mit Polenta anbietet.

## Auf den Spuren Klingsors von Montagnola nach Carona

Die Vorlage für diese Wanderung bildet das Kapitel *Der Kareno-Tag* in Hesses autobiografisch inspirierter Erzählung *Klingsors letzter Sommer*. Dort heißt es zu Beginn:

*»Zusammen mit den Freunden aus Barengo und mit Agosto und Ersilia unternahm Klingsor die Fußreise nach Kareno. Sie sanken in der Morgenstunde, zwischen den stark duftenden Spiräen und umzittert von den noch betauten Spinnweben der Waldränder, durch den steilen warmen Wald hinab in das Tal von Pampambio, wo vom Sommertag betäubt an der gelben Straße grelle gelbe Häuser schliefen, vornübergeneigt und halbtot, und am versiegten Bach die weißen metallenen Weiden hingen mit schweren Flügeln über den goldenen Wiesen. Farbig schwamm die Karawane der Freunde auf der rosigen Straße durch das dampfende Talgrün: die Männer weiß und gelb in Leinen und Seide, die Frauen weiß und rosa, der herrliche*

*Ausflug mit Freunden nach Carona am 24. Juli 1919, geschildert im Kapitel »Der Kareno-Tag« im »Klingsor«. Von links: Anny Bodmer, Paul und Margherita Osswald, Hermann Hesse, Ruth Wenger und Hermann Bodmer*

veronesergrüne Sonnenschirm Ersilias funkelte wie ein Kleinod im Zauberring.«

Hermann Hesse: Klingsors letzter Sommer (1920), SW 8, S. 296

Bei »den Freunden aus Barengo« handelt es sich um Dr. Hermann Bodmer (1876-1948), in der Erzählung »*der Doktor*« genannt, und seine Frau, die Malerin Anny Bodmer (1882-1930), die in Sorengo wohnten, dem Ort oberhalb von Lugano, in dem die Straße nach Montagnola und zu den anderen Orten der Collina d'Oro abgeht. »*Agosto und Ersilia*« sind der 36-jährige Schweizer Bildhauer Paolo Osswald (1883-1935) und seine Frau, die italienische Malerin Margherita Osswald-Toppi (1897-1971). Ziel der 1919 unternommenen Wanderung ist ein Besuch bei der »*Königin der Berge*« in »*Kareno*« (= Carona), womit Ruth Wenger (1897-1994) gemeint ist, die 1924 die zweite Ehefrau Hermann Hesses wird.

Die *Kareno-Tag*-Episode hat also eine reale Entsprechung in Hesses Biografie. Auskunft darüber gibt auch ein Brief, den Hesse am 24. Juli 1919 an seinen Malerfreund Louis Moilliet (1880-1962) geschrieben hat, der als »*Louis der Grausame*« eine wichtige Rolle in *Klingsors letzter Sommer* spielt:

»*Auch in Carona waren wir, sahen die Kanonenkugeln und den violetten Generoso wieder, und das feine Mädchen Ruth lief in einem feuerroten Kleidchen herum, begleitet von einer Tante, zwei Hunden und einem leider wahnsinnigen Klavierstimmer, es war eine herrliche Menagerie. Das Ganze endete in einem finsteren Grotto, der irgendwo steil in der Luft hing, unten sausten beleuchtete Eisenbahnen vorbei, man küsste Weiber und Baumstämme, es war grauenhaft schön.*«

Hermann Hesse: Die Briefe, Band 3, 1916-1923, S. 229

So wie der biografische Hintergrund der Erzählung ohne größere Schwierigkeiten zu entschlüsseln ist, sind auch die Schauplätze relativ leicht zu enträtseln. Die Namen der Orte sind lediglich ein wenig spielerisch verfremdet: Aus Lugano wird *Laguno*, aus Carona *Kareno*, aus Sorengo *Barengo*, aus Pambio *Pampambio*, aus Monte San Salvatore *Monte Salute*, aus Monte Generoso *Monte Gennaro*, aus Pazzallo *Palazetto* und aus der Collina d'Oro *Monte d'Oro*; lediglich Montagnola wird als *Castagnetta* etwas besser getarnt, wohl in Anspielung auf die vielen von Hesse geliebten Kastanienwälder um Montagnola, deren Früchte ihm in der ersten, finanziell knappen Zeit dort zur Bereicherung seiner Speisekammer gedient haben.

Trotz dieser unschwer zu lokalisierenden Orte erfordert es Konzentration, diese Wanderung von Klingsor und seinen Freunden nachzuvollziehen. Die Orts- und Wegangaben sind unvollständig, was verständlich ist, da es Hesse in dieser expressionistischen Erzählung schließlich um die Darstellung ganz anderer Dinge ging als um die geografisch exakte Beschreibung von Wegen und Landschaften. Und manche der damaligen Wege und landschaftlichen Gegebenheiten haben sich auch verändert. So viel lässt sich jedoch an Wegbeschreibung aus *Klingsors letzter Sommer* entnehmen:

Die Wanderer brechen »*in der Morgenstunde*« von einem Ort auf der Collina d'Oro auf. Dies kann man daraus schließen, dass sie zuerst in das »*Tal von Pampambio*« hinabsteigen, also das Tal zwischen der Collina d'Oro und dem Bergzug, auf dem das Wanderziel, der Ort »*Kareno*« (Carona), liegt. Den Namen für das Tal leitet Hesse dabei von der an seinem oberen Ende liegenden Ortschaft Pambio ab. Als Aufbruchsort können wir mit einiger Wahrscheinlichkeit Klingsors bzw. Hermann Hesses Wohnort Montagnola annehmen, da die Wanderung durch »*den steilen warmen Wald*« ins Tal hinabführt und dies auf der Collina d'Oro erst bei Montagnola der Fall ist.

Nehmen wir also an, dass Klingsor mit seinen Freunden von Montagnola aus ins Tal hinabgestiegen ist. Während des Abstiegs sehen sie in der Talebene »*an der gelben Straße grelle gelbe Häuser*«. Ob damit eine bestimmte Ortschaft oder allgemein die Besiedlung im Tal gemeint ist, lässt sich nicht mit Sicherheit sagen. Im Tal angekommen, durchqueren sie auf einer Straße das »*dampfende Talgrün*« und gehen auf der anderen Talseite den Berg hinauf, wobei der Weg »*wie eine Leiter steil bergan durch die Farnkräuter, den großen Berg empor*« führt. Im »*durchsonnten spielenden Kastanienschatten*« klimmen sie »*den engen Bergweg hinan*«. »*Bei einem Bauernhaus, blau und orange*«, probieren sie »*gefallene grüne Sommeräpfel in der Wiese, kühl und sauer*«. Schließlich brechen sie »*aus dem durchsprenkelten Schatten des Waldpfades auf die offene breite Fahrstraße hinaus, die licht und heiß in großen Spiralen zur Höhe*« führt. Dabei haben sie eine grandiose Aussicht bis zu den schneebedeckten Alpenbergen, und über ihnen tritt »*über dem Wald von Akazien und Kastanien [...] der höckrige Gipfel des Salute hervor*«. Wenig später erreichen sie auf dieser Straße den »*Bergrücken*«, von dem sich »*eine neue Welt dem Blick*« eröffnet und auf dem ein »*winziges Dorf*« liegt.

Diese Stationen der Wanderung lassen sich gut entschlüsseln: Klingsor und seine Mitwanderer durchqueren das Tal und erreichen nach steilem Anstieg die von Lugano-Paradiso über Pazzallo, Carabbia und Ciona nach Carona führende Straße unterhalb von Ciona, wo sich die Straße in großen Serpentinen zu dem auf dem Bergrücken liegenden Örtchen emporwindet. Von dort eröffnet sich ein weiter Blick auf die andere Seite, die von dem mächtigen Massiv des Monte Generoso beherrscht wird. Wenn man nun davon ausgeht, dass die Straßenserpentinen unterhalb von Ciona auf einem Weg erreicht worden sind, der »*wie eine Leiter steil bergan*« führte, so kann man auf den Ausgangsort der Wanderer im Tal unten rückschließen: Dieser muss die Ortschaft Grancia sein, die direkt unterhalb von Ciona liegt. Dafür spräche auch,

*Das Dorf Carona, Aquarell von Hermann Hesse 1927*

dass es von Montagnola nach Grancia einen alten Verbindungsweg gibt; einen solchen gab es früher auch von Grancia nach Ciona, nur ist er heute durch einen neuzeitlichen Siedlungsarm des seitlich unterhalb von Ciona gelegenen Dorfes Carabbia verbaut.

Der Rest der Wanderung ist relativ klar: Von Ciona aus gehen die Wanderer der Straße entlang in das circa einen halben Kilometer entfernte Carona, das sie durch den heute noch vorhandenen engen Torgang betreten, der auf den Kirchplatz führt. In Carona (*Kareno*) besuchen sie die Familie Wenger in ihrem Haus, der ›Casa Constanza‹, die wegen ihrer Bemalung mit Blumen und einem Papageienkäfig im Giebel auch das »Papageienhaus« genannt wird. Von dort brechen sie erst am späten Nachmittag wieder auf und wandern am Berghang des Monte San Salvatore entlang in Richtung Lugano-Paradiso, mit dem Vorsatz, zum Abendessen in Sorengo (*Barengo*), dem Wohnort der Bodmers, zu sein, um dort in einem Gasthaus am Muzzano-See Fisch zu essen. Diesen Plan geben sie aber wieder auf, da die Sonne bereits bei der Ortschaft Pazzallo (*Palazetto*) untergeht und Klingsor schon jetzt müde und hungrig ist. Der Weg nach Sorengo ist ihm zu weit, da er ja später noch nach Montagnola in seine Wohnung zurückmuss. Deshalb beschließen sie, in der Nähe von Pazzallo ein Grotto zu suchen und dort zu essen. Dieses könnte das noch heute existierende ›Grotto Morchino‹ am Rande von Pazzallo gewesen sein. Nach einem ausgelassenen Gelage im Grotto steigen sie vollends ins Tal hinunter (vermutlich bei Pambio) und gehen dann auf getrennten Wegen heim: Klingsor nach Montagnola, die anderen nach Sorengo.

Im Folgenden soll versucht werden, für eine Wanderung von der Casa Camuzzi in Montagnola zum »Papageienhaus« in Carona einen Vorschlag zu unterbreiten, der verschiedenen Ansprüchen gerecht wird: Zum einen soll erreicht werden, dass man auf dem gewählten Weg tatsächlich die *Kareno*-Wanderung Klingsors in der Natur nachempfinden kann; dazu gehört auch, dass der Wanderweg so ausgewählt ist, dass man möglichst weitgehend durch Landschaftspartien wandert, die denen der Klingsor-Zeit wenigstens noch einigermaßen ähnlich sind. Zum anderen wurde darauf geachtet, dass die ausgewählten Wege schön und wandergerecht angelegt sind und möglichst eine Ausschilderung besitzen.

(P. S.: Wer sich die Wanderung – eine Strecke benötigt

ca. 2-3 Stunden – nicht zutraut oder sie aus anderen Gründen nicht unternehmen kann, kann auch mit dem Auto oder Bus von Lugano aus nach Carona fahren. Es verkehren regelmäßig Postbusse.)

*Wandervorschlag*

Wir beginnen unsere Wanderung also an Klingsors Domizil, der Casa Camuzzi in Montagnola. Von dort gehen wir zum Marktplatz des Ortes (der Piazza Brocchi) und über diesen hinweg ein Stück die Hauptverkehrsstraße (Via Collina d'Oro) hinauf zur Via Hermann Hesse, die wir bis zum Ende des Grundstückes der ehemaligen Casa Hesse (»Casa Rossa«) durchschreiten. Dort, unmittelbar am Waldrand, biegen wir nach links den Berg hinunter von der Via Hermann Hesse ab, die hier in einen Waldweg übergeht. Durch diesen kleinen Hohlweg, der nach kurzer Strecke wieder flacher wird und durch einen schönen Laubwald gemächlich talabwärts führt, erreicht man nach einigen hundert Metern die kleine geteerte Via Vignino; an der Einmündung steht eine Wandertafel mit der Aufschrift ›Vignino 15 min‹. Nach einem knappen Kilometer taucht sodann der Weiler Vignino auf, der im Wesentlichen aus einem Bauerngehöft besteht. Von hier hat man eine schöne Aussicht auf die hoch am jenseitigen Bergzug einsam im Wald thronende Wallfahrtskirche Madonna d'Ongero, die von Hesse ausführlich beschrieben worden ist und deshalb im Anschluss an den Besuch in Carona aufgesucht werden soll (siehe S. 478 ff.). Links von der Kirche, hinter dem bewaldeten Bergrücken versteckt und von hier nicht sichtbar, liegt Carona.

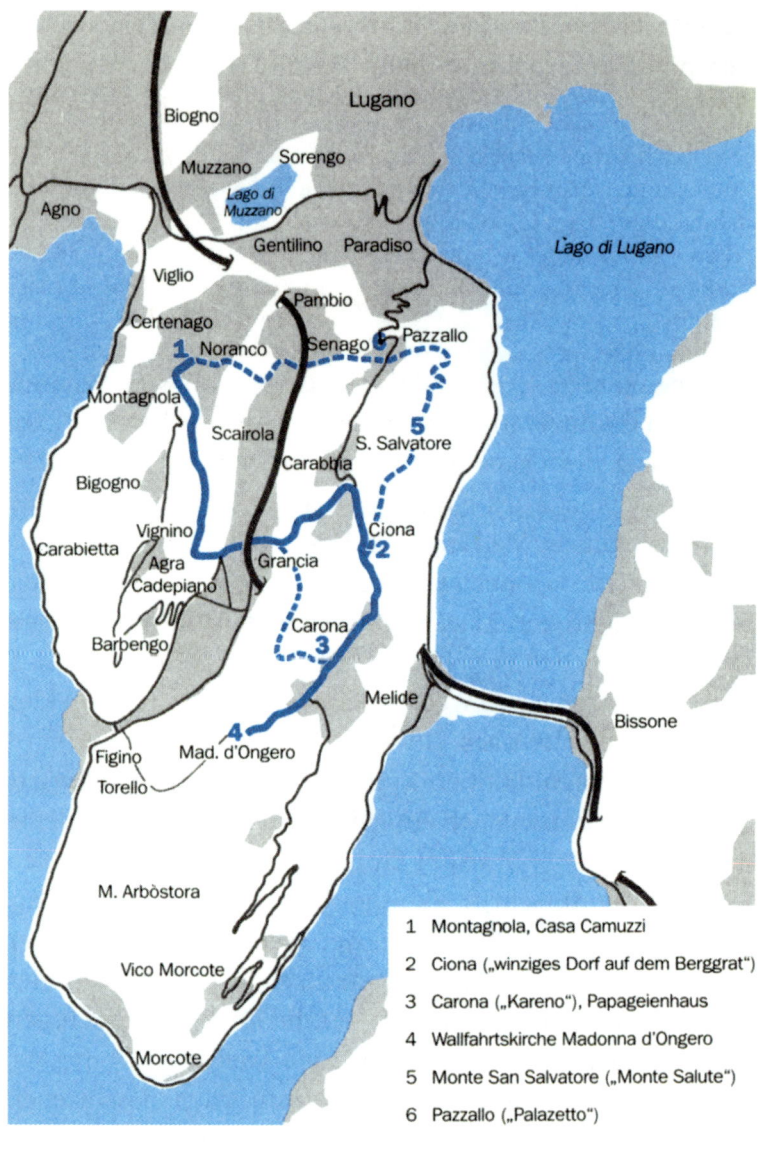

Etwa 100 m hinter dem Bauerngehöft liegt links an der Straße ein einzelnes kleines Häuschen. Unmittelbar hinter diesem führt links ein unscheinbarer, weil etwas zugewachsener Weg den Berg hinunter. Auf diesem erreicht man rasch die Talsohle. Im Gegensatz zum bisherigen Weg vermag das nun folgende Wegstück durch das Tal hindurch nicht an die im *Klingsor* beschriebene Landschaft zu erinnern. Das »*dampfende Talgrün*« und die »*goldenen Wiesen*« sind auch hier im Tal, wie auf der gesamten Strecke von Lugano her, längs der in den 1970er-Jahren gebauten Autobahn durch Gewerbe- und Industrieansiedlungen verdrängt worden.

Was würde Hermann Hesse wohl zu dieser massiven Überbauung der Natur zugunsten menschlichen Profits sagen, die auch von der Terrasse seines ehemaligen Hauses droben am Hang zu sehen und deren Lärm dort intensiv zu hören ist? – Bereits 1926 musste er diesbezüglich feststellen, dass offensichtlich »*keine Zivilisation möglich ist ohne Vergewaltigung der Natur*« und dass »*der zivilisierte Mensch allmählich die ganze Erde in eine langweilige und blutlose Anstalt aus Zement und Blech verwandelt*«, was ihn zu der »*alten bösen Frage*« führte, ob die menschliche »*Kultur etwas anderes sei als eine arge Versündigung an der Mutter Natur*«. (SW 19, S. 11 f.) – Eine Frage, die bis heute noch erheblich an Brisanz gewonnen hat!

Solchermaßen ist diese Wanderung nicht nur eine auf Spuren einer vergangenen Zeit, sondern auch auf Spuren des Verlustes. Dies wird besonders deutlich, wenn man statt dem »*dampfenden Talgrün*« nun eine Autobahnunterführung durchschreiten muss. Ein wenig Trost findet man auf der anderen Seite in Gestalt des noch einigermaßen erhaltenen Kerns des Dörfchens Grancia, das mit seiner schönen traditionellen Tessiner Bauweise wieder mehr in *Klingsor*-Stimmung zu versetzen vermag.

An der alten Kirche vorbei, vor der zwei prächtige Platanen stehen, führt der Weg zwischen den Häusern den Berg hinauf; ein schöner Brunnen bietet Gelegenheit zur Erfrischung. Kurz nach den letzten Häusern gabelt sich der Fußweg. Ein großer, gusseiserner Wegweiser gibt als Ziel des nach links mit Stufen steil den Berg hinaufführenden Weges die Ortschaften Pazzallo (45 min), Carabbia (45 min) und Carona (1 h 10 min) an. Bei dem geradeaus führenden Weg ist neben den weiter oben im Tal liegenden Orten Figinio und Torello ebenfalls Carona als Ziel angegeben.

Wer die Wahl hat, hat die Qual. Ein Kompromiss wäre hier eventuell, dass man den einen Weg jetzt beschreitet und den anderen auf dem Rückweg. Schön sind beide, und sie sind auch etwa gleich lang und gleichermaßen wandergerecht. Der links den Berg hochführende ist der im *Klingsor* beschriebene. Auf diesem Weg, der auch etwas bequemer ausgebaut ist, erreicht man zuerst das auf halber Höhe gelegene malerische Dorf Carabbia, von dem aus man ein herrliches Panorama genießen kann, und muss dann auf der Straße (auf den von Hesse im *Klingsor* erwähnten Straßenserpentinen) hinauf nach Ciona gehen, das ebenfalls in der Erzählung beschrieben ist. Eine gewisse Beeinträchtigung des Wandergenusses besteht darin, dass die Straße Lugano–Carabbia–Ciona–Carona heutzutage, zumal an Feiertagen und in der touristischen Hochsaison, stark befahren ist.

Der andere, geradeaus führende Weg hat dagegen den Vorteil, dass man Carona auf ihm durch schöne Kastanienwälder bergauf schreitend erreicht, ohne eine Ansiedlung zu berühren. Er ist der naturnähere, mit schönen Aussichten im oberen Teil auf die Collina d'Oro bei Agra. Er ist aber mit Sicherheit nicht der *Klingsor*-Weg; jedoch hat Hesse ihn mit einiger Wahrscheinlichkeit bei anderer Gelegenheit ebenfalls benutzt, und zwar 1921 bei einer Wanderung mit dem befreundeten Dichter Hugo Ball und dessen Frau Emmy. Aus der 1922 entstandenen Prosaskizze *Das schreibende Glas* geht hervor, dass bei diesem Ausflug nach Carona ein direkter Weg vom Tal aus eingeschlagen wurde:

»*Mit Balmelli und Emmy stieg ich durch den steilen Wald nach dem Bergdorf, wo meine Freunde wohnten. Am glühenden Hang pflückten wir warme glänzende Brombeeren, aßen Brot, saßen im spärlichen dürren Gras unterm Waldschatten, tranken Wasser am kleinen steinernen Brunnen, stiegen weiter durch verwachsene Fußwege und leergetrocknete Bachläufe. Müde kamen wir auf der kühlern Höhe an, es ging Wind, und Regentropfen wehten schräg. Im Haus der Freunde waren nur die Frauen da, der Vater verreist. Wir ruhten und wurden gespeist, es gab Wein, Kaffee, Zigaretten.*«
Hermann Hesse: Das schreibende Glas, Erzählung, SW 8, S. 357

Es gibt zwischen Montagnola und Carona wohl kaum einen Weg, den Hesse nicht gegangen ist, da er zur Zeit seiner Verbindung mit Ruth Wenger diese Strecke unzählige Male zurückgelegt hat und anzunehmen ist, dass er hierbei verschiedene Wege ausprobierte.

Von Grancia nach Carona führen zwei Wege:
1. Der direkte Weg nach Carona: Der Weg ist durchgehend mit einem roten Strich markiert, der in der Regel auf Bäume oder Marksteine gesprayt ist. Aufpassen muss man nach den ersten paar hundert Metern, wo sich der Pfad an einer Bachklamm entlanglaufend teilt; der geradeaus führende Weg endet nach einer kurzen Strecke bei einer Schießanlage; richtig ist der mit einem roten Pfeil markierte Weg, der nach

rechts abbiegt. Dieser geht dann durch einen kleinen Hohlweg schräg den Berg hoch und stößt bei dem Schild ›Zona di tiro a palla‹ auf einen relativ eben am Berg entlanglaufenden Weg, den Wanderweg Carabbia–Figino. Auf diesem bleibt man so lange, bis dieser zu fallen beginnt. An dieser Stelle ist eine Weggabelung mit Wegweisern. Ein gelbes Schild mit der Aufschrift ›Carona‹ zeigt, dass man hier den links den Berg hochführenden Weg wählen muss. Nun ist es nicht mehr weit bis zur Bergkante, wo die ersten Ausläufer des Dorfes Carona in Gestalt eines einzeln stehenden Hauses und eines markant auf einem Hügel thronenden Türmchens auftauchen. Nach rechts das kleine Sträßchen entlangschreitend, gelangt man nach kurzer Strecke beim ›Grotto del Pan Perdü‹ (siehe S. 482f.) an den Beginn des eigentlichen Dorfes. Man könnte allerdings vom Waldrand aus auch den ausgeschilderten kurzen und schönen Wanderweg nach Ciona hinüber einschlagen und sich dann auf Klingsors Spuren von dort Carona nähern, wie beim folgenden Weg ausführlich beschrieben.

2. Der über Carabbia und Ciona führende Weg nach Carona (Klingsor-Weg): Dieser in Grancia nach links gehende Weg führt mit schönen Aussichten auf das gegenüberliegende Montagnola (die Casa Hesse ist von hier aus gesehen das höchstgelegene Gebäude des Dorfes, links oben am Waldrand) einige hundert Meter den Berg hoch bis zu einer Straße und einem Wasserfall. Dort zeigt ein Schild ›Carona‹, dass der Weg an der linken Seite des Wasserfalls mit gut ausgebauten Naturstaffeln weiter den Hang hinaufführt. Eine Irritation löst eine Weggabelung nach ca. 100 m aus (oberhalb des Häuserkomplexes mit Swimmingpool). Empfehlenswert ist der untere, geradeaus führende Weg.

Der weitere Weg nach Carabbia ist unproblematisch; man

*Blick hinüber nach Montagnola;
oben links die ehemalige Casa Hesse*

muss lediglich an der ausgeschilderten Weggabelung auf halber Höhe die Richtung Carabbia/Monte San Salvatore einschlagen (der andere Weg geht nach Pazzallo). Durch ein kleines Wiesentälchen erreicht man sodann das schön an den Berghang gebaute Carabbia. An einem Dorfbrunnen besteht Gelegenheit, den Durst zu löschen. Von dort sind es nur wenige Meter bis zur Durchgangsstraße, die in Richtung Ciona/Carona den Berg hinaufführt. Wenig oberhalb des Dorfendes beginnt die Straße sich in Serpentinen den steilen Abhang des Monte San Salvatore hinaufzuwinden. Hier hat man herrliche Aussichten auf die Collina d'Oro und das Umland von Lugano mit den sich am Horizont auftürmenden Bergketten, die zum Teil ständig Schneehauben tragen. Und irgendwo hier ist dem *Klingsor*-Text zufolge die kleine Wandertruppe auf einem heute nicht mehr auffindbaren Waldpfad auf die Straße gelangt:

*»Sie brachen aus dem durchsprenkelten Schatten des Waldpfades auf die offene breite Fahrstraße hinaus, die führte licht und heiß in großen Spiralen zur Höhe. Klingsor, die Augen mit der dunkelgrünen Brille geschützt, ging als letzter und blieb oft zurück, um die Figuren sich bewegen und ihre farbigen Konstellationen zu sehen. Er hatte nichts zum Arbeiten mitgenommen, absichtlich, nicht einmal das kleine Notizbuch, und stand doch hundertmal still, bewegt von Bildern. Einsam stand seine hagere Gestalt, weiß auf der rötlichen Straße, am Rand des Akaziengehölzes. Sommer tauchte heiß über den Berg, Licht floss senkrecht herab, Farbe dampfte hundertfältig aus der Tiefe herauf. Über die nächsten Berge, die grün und rot mit weißen Häusern aufklangen, schauten bläuliche Bergzüge und lichter und blauer dahinter neue und neue Züge und ganz fern und unwirklich die kristallenen Spitzen von Schneebergen. Über dem Wald von Akazien und Kastanien trat freier und mächtiger der Felsrücken und höckrige Gipfel des Salute* [Monte San Salvatore] *hervor, rötlich und hellviolett.«*
       Hermann Hesse: Klingsors letzter Sommer,
       SW 8, S. 299

Ebenso expressiv, aber zugleich naturgetreu beschrieben, findet man in der Erzählung die auf der Passhöhe stehende kleine Ortschaft Ciona und die sich bei ihr eröffnende Aussicht auf die andere Seite:

*»Der Bergrücken war erreicht, und jenseits brach eine neue Welt dem Blick entgegen: hoch und unwirklich der Monte Gennaro* [Monte Generoso], *aufgebaut aus lauter steilen spitzen Pyramiden und Kegeln, die Sonne schräg dahinter, jedes Plateau emailglänzend auf tief violetten Schatten schwimmend. Zwischen dort und hier die flimmernde Luft, und unendlich*

*tief verloren der schmale blaue Seearm, kühl hinter grünen Waldflammen ruhend.*
*Ein winziges Dorf auf dem Berggrat: ein Herrschaftsgut mit kleinem Wohnhaus, vier, fünf andere Häuser, steinern, blau und rosig bemalt, eine Kapelle, ein Brunnen, Kirschbäume. Die Gesellschaft hielt in der Sonne am Brunnen, Klingsor ging weiter, durch einen Torbogen in ein schattiges Gehöft, drei bläuliche Häuser standen hoch, mit wenig kleinen Fenstern, Gras und Geröll dazwischen, eine Ziege, Brennnesseln. Ein Kind lief vor ihm fort [...].*
*Langsam kehrte er zur Gesellschaft zurück, das Herz voll von Träumen. Auf der Mauer des Gutes, dessen Wohnhaus leer und geschlossen schien, waren alte raue Kanonenkugeln befestigt, eine launische Treppe führte durch Gebüsch zu einem Hain und Hügel, zuoberst ein Denkmal, da stand barock und einsam eine Büste, Kostüm Wallenstein, Locken, gewellter Spitzbart. Spuk und Phantastik umglühte den Berg im gleißenden Mittagslicht, Wunderliches lag auf der Lauer, auf eine andere, ferne Tonart war die Welt gestimmt. Klingsor trank am Brunnen, ein Segelfalter flog her und sog an den verspritzten Tropfen auf dem kalksteinernen Brunnenrand.«*
Hermann Hesse: Klingsors letzter Sommer, SW 8, S. 300f.

Einige Details haben sich im Lauf der fast 100 Jahre natürlich verändert. Und die expressive Atmosphäre kann nur erleben, wer zu günstiger Stunde und Jahreszeit mit der richtigen Stimmung an den Ort kommt. Anderes lässt sich aber unschwer noch finden: das Herrschaftsgut, die Kapelle, der kleine Brunnen (neben der Bushaltestelle), die alten Wohnhäuser mit den verwitterten bunten Putzen und sogar die steinernen Kanonenkugeln, die auf der Mauer des großen gelben Hauses gegenüber der Kapelle angebracht sind (in dem es ein Ristorante gibt). Auch die Büste soll noch im Gebüsch auf dem kleinen Hügel oberhalb der alten Häuser stehen; sie ist aber nicht mehr zugänglich, da Einzäunungen den Weg versperren.

Die etwa einen halben Kilometer lange Wegstrecke von Ciona nach Carona hinüber beschreibt Hesse folgendermaßen:

»*Dem Grat nach führte die Bergstraße weiter, unter Kastanien, unter Nussbäumen, sonnig, schattig. An einer Biegung eine Wegkapelle, alt und gelb, in der Nische verblichene alte Bilder, ein Heiligenkopf engelsüß und kindlich, ein Stück Gewand rot und braun, der Rest verbröckelt. Klingsor liebte alte Bilder sehr, wenn sie ihm ungesucht entgegenkamen, er liebte solche Fresken, er liebte die Wiederkehr dieser schönen Werke zum Staub und zur Erde.*

*Wieder Bäume, Reben, heiße Straße blendend, wieder eine Biegung: da war das Ziel, plötzlich, unverhofft: ein dunkler Torgang, eine große hohe Kirche aus rotem Stein, froh und selbstbewusst in den Himmel hinan geschmettert, ein Platz voll Sonne, Staub und Frieden, rot verbrannter Rasen, der unterm Fuße brach, Mittagslicht von grellen Wänden zurückgeworfen, eine Säule, eine Figur darauf, unsichtbar vor Sonnenschwall, eine Steinbrüstung um weiten Platz über blauer Unendlichkeit. Dahinter das Dorf, Kareno, uralt, eng, finster, sarazenisch, düstere Steinhöhlen unter verblichen braunem Ziegelstein, Gassen bedrückend traumschmal und voll Finsternis, kleine Plätze plötzlich in weißer Sonne aufschreiend [...].*«
Hermann Hesse: Klingsors letzter Sommer, SW 8, S. 301

Auch hier ist die Zeit nicht spurlos vorübergegangen. Die Bäume, die der Bergstraße zu Klingsors Zeit Schatten gespendet haben, sind verschwunden. Die Straße ist zur modernen Autostraße ausgebaut, die keine Bäume brauchen kann. Ebenfalls verschwunden ist die alte Wegkapelle, dafür gibt es gleich nach Ciona eine moderne Apartmentsiedlung in Flachdachwaschbetonarchitektur. Weitgehend unverändert geblieben ist dagegen die grandiose Aussicht unterwegs und der dunkle Torgang am Eingang nach Carona, der auf den sonnigen Kirchplatz mit dem pittoresken Blick auf den alten Dorfkern führt. Hier hat sich kaum etwas verändert; die Sträßchen im Dorfinnern sind immer noch gleich schmal, sodass Autos ihre Schwierigkeiten haben, und weiten sich nur dann und wann zu kleinen Plätzen. »Sarazenisch« wirkt Kareno heute allerdings kaum noch, eher touristisch.

Über den Weg, den Klingsor und seine Freunde in Carona nehmen, um zum Haus der Familie Wenger zu gelangen, heißt es in der Erzählung:

*»Erwartungsvoll brach die Karawane durch die blaue Schattenschlucht der Gassen, kein Mensch, kein Laut, kein Huhn, kein Hund. [...] eine Schattenmauer schwand hinweg, und ein kleiner greller Platz mit zwei gelben Palästen lag still und blendend im verzauberten Mittag, schmale steinerne Balkone, geschlossene Läden, herrliche Bühne für den ersten Akt einer Oper. [...]*

*Hier musste es sein, hier wohnte sie. Das Haus schien aber ohne Tor zu sein, nur rosig gelbe Mauer mit zwei Balkonen, darüber am Verputz des Giebels eine alte Malerei: Blumen blau und rot und ein Papagei. [...]*

*Sie fanden eine winzige Türe in einer Nebengasse, eine heftige Glocke, teuflischer Mechanismus, schrillte böse auf, eng wie eine Leiter führte eine steile Treppe empor. [...]*

*Plötzlich stand die Königin der Gebirge da, schlanke elasti-*

*Das »Papageienhaus« in Carona, das Ziel der Wanderung*

sche Blüte, straff und federnd, ganz in Rot, brennende Flamme, Bildnis der Jugend. [...] Durch Räume mit Steinböden und offenen Bogen kam man in einen Saal, wo barocke wilde Stuckfiguren über hohe Türen emporflackerten und rundum auf dunklem Fries gemalte Delphine, weiße Rosse und rosenrote Amoretten durch ein dicht bevölkertes Sagenmeer schwammen. Ein paar Stühle und am Boden die Teile eines zerlegten Flügels, sonst war nichts in dem großen Raum, aber zwei verlockende Türen führten auf die zwei kleinen Balkone über dem strahlenden Opernplatz hinaus, und gegenüber über Eck brüsteten sich die Balkone des Nachbarpalastes, auch sie mit Bildern bemalt, dort schwamm ein roter feister Kardinal wie ein Goldfisch in der Sonne.

*Man ging nicht wieder fort. Im Saale wurden Vorräte ausgepackt und ein Tisch gedeckt.«*

Hermann Hesse: Klingsors letzter Sommer, SW 8, S. 302 ff.

Die Casa Constanza – das »Papageienhaus« – und der wunderschöne kleine Platz finden sich heute noch weitgehend unverändert. Man erreicht ihn, indem man von der Kirche aus der Hauptstraße folgt. Man kommt dabei an dem von Glyzinien überwachsenen Garten des ›Gasthauses zur Post‹ vorbei und nach einer Biegung der Straße geht ein Tordurchgang nach rechts ab, der auf den Platz führt.

Die im *Klingsor* geschilderte Wanderung am 22. Juli 1919 führte Hermann Hesse erstmals ins »Papageienhaus«, in dem er die Schriftstellerin und Malerin Lisa Wenger (1858-1941), ihren Mann, den Stahlwarenfabrikanten Theo Wenger (1868-1928), und ihre Tochter Ruth (1897-1994), die eine Ausbildung als Sängerin und Malerin absolviert, kennenlernt. Die Wengers verbringen in Carona, das schon früh zum Wohnsitz für allerhand Künstler wurde, ihre Sommer. – Carona wird auch später, zur Zeit der Emigration deutscher Künstler vor der nationalsozialistischen Barbarei, eine Rolle spielen. 1933 kamen die deutsche Märchenerzählerin Lisa Tetzner (1894-1963), Verfasserin u. a. des bekannten Jugendbuches *Die schwarzen Brüder* (1940/41), und ihr Mann Kurt Kläber (1897-1959), der unter dem Pseudonym Kurt Held das noch bekannntere Jugendbuch *Die rote Zora und ihre Bande* (1941) schrieb, nach Carona, wo sie sich später ein Haus bauten und als geachtete Mitbürger lebten und auch mit Hermann Hesse Kontakt pflegten. Bei ihnen legten 1933 u. a. Bertolt Brecht und Helene Weigel Zwischenstation ein auf dem Weg ins Exil. – Das Haus von Lisa Tetzner und Kurt Kläber, die Casa Pantrovà, erreicht man von der Casa Constanza, indem man auf ihrer linken Seite in die Via Montàa hineingeht und an deren Ende in die Via Canavaa, wo es die rosa verputzte Villa mit der Nr. 1 ist. Das 1954 erbaute Haus dient seit Lisa Tetzners Tod als Künstlerhaus.

Doch zurück zu *Klingsor*: Ruth, die »*Königin der Gebirge*« fasziniert Klingsor auf den ersten Blick:

»*Eine Sekunde lang empfand er aufzuckend: ›Wäre ich zehn Jahre jünger, zehn kurze Jahre, so könnte diese mich haben, mich fangen, mich um den Finger wickeln! Nein, du bist zu jung, du kleine rote Königin, du bist zu jung für den alten Zauberer Klingsor! Er wird dich bewundern, er wird dich auswendig lernen, er wird dich malen, er wird das Lied deiner Jugend für immer aufzeichnen; aber er wird keine Wallfahrt um dich tun, keine Leiter nach dir steigen, keinen Mord um dich begehen und kein Ständchen vor deinem hübschen Balkon bringen.‹*«

Hermann Hesse: Klingsors letzter Sommer, SW 8, S. 303

Hermann Hesse selbst wird sich nicht an die Überlegungen seines *Klingsor* halten; er verliebt sich in Ruth Wenger, und diese in ihn; vier Jahre später heiraten sie; zu einem geregelten Eheleben kommt es freilich nicht, und 1927 wird die Ehe deshalb auf Wunsch von Ruth bereits wieder geschieden (vgl. S. 402).

Einen Besuch im »Papageienhaus« beschreibt Hesse auch noch an anderer Stelle seines Werkes. In der Erzählung *Das schreibende Glas* (SW 8, S. 357-361) schildert er einen Besuch mit dem befreundeten Schriftstellerehepaar Emmy und Hugo Ball bei den Wengers, wobei man zum Zeitvertreib allerhand spiritistische Experimente unternahm.

Den Nachmittag verbringt Klingsor mit seinen Freunden und den Gastgebern in einem Wäldchen in der Nähe des Dorfes. Eventuell gingen sie hierzu vom Dorf aus ein kleines Stück in Richtung der einsam im Wald gelegenen Wallfahrtskirche Madonna d'Ongero. Einen Besuch dieses idyllischen, einen knappen Kilometer von Carona entfernten Ortes sollte man keinesfalls versäumen; der Weg dorthin wird im Anschluss an das vorliegende Kapitel beschrieben.

Für den Rückweg von Carona nach Montagnola stehen eine ganze Reihe von reizvollen Möglichkeiten offen:

1. Die einfachste wäre, auf dem morgendlichen Weg wieder zurückzuwandern, wobei nun der andere Weg nach Grancia eingeschlagen werden könnte. Diesen findet man, indem man vom Papageienhaus wieder auf die Durchfahrtsgasse zurückkehrt und bergaufwärts am Hotel ›Villa Carona‹ vorbei zum ›Grotto del Pan Perdü‹ geht; an diesem führt rechts ein Sträßchen aus dem Dorf hinaus; vor dem turmartigen Gebäude auf einem kleinen Hügel, das nach kurzer Strecke in Sicht kommt, geht der Fußweg nach Grancia nach links in den Wald hinunter. (Vom gleichen Punkt führt auch ein schöner Waldweg nach Ciona hinüber, woraus sich eine weitere Streckenmöglichkeit ergibt.)

2. *Klingsor*-nah wäre eine Rückwanderung über Ciona nach Pazzallo (*Palazetto*), wobei hier der zwar schweißtreibende, aber sehr lohnende Weg über den Gipfel des Monte San Salvatore dem Weg der Straße nach vorzuziehen wäre. Dieser Weg ist ab Ciona sehr gut ausgeschildert, birgt aber fast alpine Herausforderungen. Vom Gipfel kann man entweder zu Fuß weiter nach Pazzallo hinab oder mit der Seilbahn. Von Pazzallo müsste man sodann weiter über Senago ins Tal hinunter nach Noranco und von dort auf der anderen Talseite die Via Civra nach Montagnola hinauf. Wem dies zu weit ist, der könnte mit der Seilbahn gleich ganz nach Lugano-Paradiso hinabfahren, den Stadtbus Nr. 10 zum Hauptbahnhof nehmen und von dort mit dem Postbus nach Montagnola zurückfahren.

3. Eine weitere schöne, aber nur guten Wanderern zu

empfehlende Möglichkeit für den Rückweg bestünde darin, von Carona zur Madonna d'Ongero hinauszuwandern (siehe den folgenden Abschnitt), von dort gleich weiter am Abhang entlang nach Torello und Figino hinunterzugehen und auf der anderen Talseite dann über Barbengo nach Agra und Montagnola hinauf.

## Von Carona zur Wallfahrtskirche Madonna d'Ongero

Die Wallfahrtskirche Madonna d'Ongero bei Carona hat Hesse besonders geliebt und oft aufgesucht. Beschrieben hat er sie im Tessin-Teil des *Bilderbuchs* sowie in den Schilderungen *Madonna d'Ongero* und *Madonnenfest im Tessin*. In Letzterer heißt es:

*»Hoch am Monte Arbostara, aus den endlosen Kastanienwäldern weiß hervorleuchtend, steht eine alte kleine Kirche, der Mutter Gottes geweiht, eine Wallfahrtskirche, deren Glocken man nur wenige Mal im Jahr läuten hört. Von vielen Zaubern und Geheimnissen umgeben liegt diese Kirche, mit ihrem hellen Turm und der freundlichen Vorhalle, weit abgelegen an einem schwer aufzufindenden Waldpfade, nur ein einziges Dorf liegt in der Nähe, auch dies eine halbe Stunde von ihr entfernt. Diese Wald- und Wallfahrtskirche sucht die Menschen nicht und will nicht gekannt sein, das ist es, was ich so sehr an ihr liebe, sie sucht nicht Ruhm, sondern Verborgenheit, sie strebt nach Anonymität, im Gegensatz zum Kram und Markt der Geschäfte, der Kunst, der Wissenschaft, der Literatur und all dieser Kinderbetriebsamkeiten, und darin ist sie den vollendeten*

*Wallfahrtskirche Madonna d'Ongero bei Carona,
Aquarell von Hermann Hesse 1923*

*Menschen, den Weisen und Heiligen, verwandt. Seit manchen Jahren kenne ich dies Heiligtum genau und habe oft meine Freude an den Spielen und Geheimnissen, mit denen es sich umgibt. In den Sommermonaten, und namentlich zur Zeit der Kastanienblüte, spielt die Kirche in ihrem Wald Verstecken, an manchen Tagen sucht das Auge sie den ganzen Vormittag vergeblich, sie ist weg, sie hat sich verloren und taucht erst später, wenn die Westsonne auf ihre Mauern fällt, wieder empor, und nie ist man sicher, ob sie wieder genau am alten Orte steht.«*

Hermann Hesse: Madonnenfest im Tessin, SW 13, S. 437f.

Hesse beschreibt hier die Kirche, wie er sie von der Collina d'Oro zwischen Montagnola und Agra aus auf der anderen Seite des Tales hoch am Berg vor Augen hatte; sie leuchtet dort an klaren sonnigen Tagen verlockend aus dem Grün des gänzlich mit Laubwald bedeckten Berghanges. Über den Weg, auf dem sie erreichbar ist, schreibt Hesse:

*»Vom nächsten Dorfe aus ist sie leicht zu erreichen, aber dies Dorf* [Carona] *selber will erst erreicht sein, es gehört zu den armen, rauen Bergnestern der Gegend. Wer aber von der anderen Seite her die Madonna besuchen will, und zwar gerade von der Seite her, von der man sie, vom Tale aus, so weiß und freundlich locken sieht, der mache sich auf lange raue Wege und auf Enttäuschungen gefasst: auf steilen Ziegenpfaden muss er durch den Wald, und oben, schon in großer Höhe, läuft der kleine Pfad in drei, vier noch kleinere auseinander, und keiner ist der rechte, und am Ende hört, wenn man nicht besonderes Glück hat, jeder Weg auf, und man hat sich durch Schluchten mit Steingeröll und Ginstergestrüpp und Brombeergeranke zu schlagen, und die Kirche, die vom Tale aus so hell und deutlich zu sehen war und so leicht zu erreichen schien, duckt sich verkürzt hinter die Wipfel und ist nicht zu finden. Oft bin ich dort gewesen, und die meisten Male bin ich fehlgegangen, einige Male aber zog sie mich zu sich, ohne dass ich sie gesucht hätte, und ich stand verwundert auf einer einsamen Waldstreife plötzlich vor der rötlichen Stützmauer*

*und der lichten Fassade mit dem friedevollen Vorbau und schaute durchs vergitterte Fensterchen neben der Almosenschale in die Dämmerung des Raums hinein und sah hinten etwas Goldenes leise und ahnungsvoll glänzen und wusste, dass das die goldene Madonna war. An Sommerabenden um die Zeit des Sonnenuntergangs ist der kleine Platz vor der Waldkirche der schönste in der ganzen weiten Gegend. Aber das geschieht sehr selten, dass um diese Stunde noch ein Mensch dort oben anzutreffen ist.«*
Hermann Hesse: Madonnenfest im Tessin, SW 13, S. 438

Um die einsame, 1624 im Wald bei Carona erbaute Kirche von Montagnola aus einigermaßen verlässlich zu erreichen und sich nicht auf den von Hesse geschilderten steilen Ziegenpfaden zu verirren, die heute zum größten Teil wieder zugewuchert sind, muss man einige Umwege in Kauf nehmen:

Die eine Route geht dabei über Agra und Barbengo ins Tal hinunter und steigt dann auf der anderen Seite, über Figino und Torello am Abhang des Monte Arbostara auf ausgeschildertem Weg zur Wallfahrtskirche hinauf. Die andere Route zur Madonna d'Ongero führt über Carona. Da die Strecke zwischen Montagnola und Carona im vorhergehenden Kapitel bereits ausführlich beschrieben worden ist, beschränken wir uns hier nun auf die Beschreibung des Weges von Carona zu der einen knappen Kilometer entfernten Kirche. Dabei können wir uns an Hesses Beschreibung in seiner Schilderung *Madonna d'Ongero* halten:

»*Von Carona am Monte Salvatore ging ich sommerabends, gleich nach Sonnenuntergang, zur Madonna hinüber. Aus den letzten patrizisch stolzen Häusern des Dorfes steigt der steini-*

*ge Weg etwas bergan, ein paar Gärten liegen zu beiden Seiten, Feigenbäume über ockerfarbne Mauer hängend, im fetten Laub die fetten, satten Früchte schwellend, rückwärts sieht man bald das Dorf gelagert, Dach in Dach gedrängt, uniform, einfarbig, primitiv und schön wie eine Negersiedlung, hier und dort Polentarauch aus dem Kamin, das Ganze ein brauner, großer Steinhaufen, in dem die gespeicherte Wärme des Julitages lang noch nachglüht.*

*Die Gärten hören auf, Fußwege verlieren sich überall, launig, spielerisch, vielstrahlig in die Haine, ins gelbe Gerstenfeld, in die dunklen Pyramidenreihen der Bohnenäcker. Ein Grotto liegt am Sträßchen, er heißt ›del pan perdu‹, zum verlorenen Brot, eine leere Boccia-Bahn, darüber die Terrassenmauer, aus dem schön rosigen Stein dieses Berges, warm, schmelzend von Farbe, sanft im Grünen brennend, so wie bei Renoir die rosigen Frauen aus dem Grün hervorschimmern, warme Edelsteine auf untergelegtem Samt. Eine alte Skulptur schaut edel aus dem Gemäuer, von klassischer Haltung, aber durch Alter und Verwitterung hinüber ins Frühe, Gotische, Wildere und Innigere verwandelt, eine Gottesmutter mit dem toten Sohn im Schoß.«*

Hermann Hesse: Madonna d'Ongero, SW 13, S. 427

Das ›Grotto del Pan Perdü‹ (»Grotto zum verlorenen Brot«) findet man am Ende des Dorfkerns in Richtung Vico Morcote, ein Stück nach dem Hotel ›Villa Carona‹ auf der rechten Seite. Es hat seit Hesses Zeit wohl einige Modernisierungen erfahren, aber am Aufgang auf der linken Seite findet man tatsächlich noch die bei Hesse erwähnte kleine Pietà.

Über das hier ansteigende Sträßchen gelangt man nach kurzer Strecke zum ummauerten Friedhof des Ortes; auf der anderen Seite steigt ein Laubwaldhain zu einer erhöht gelegenen burgartig anmutenden Kirche an. Bei Hesse heißt es zu dieser Stelle:

*»Rechts überm Sträßchen hinter stillen alten Bäumen still und alt steht Santa Marta, aus rotem Stein, Turm und Giebel noch vom Licht umspült, mit schiefgesunkenem Kreuz auf dem Turmdach. Links vom Wege durch das Gittertor einer Mauer sieht der Friedhof heraus [...].«*
Hermann Hesse: Madonna d'Ongero,<br>SW 13, S. 430

An der Rückmauer des Friedhofs findet sich ein schlichtes Grab; es ist das Grab der Eltern von Hermann Hesses zweiter Frau, Ruth; die Märchenschriftstellerin Lisa Wenger und ihr Mann Theo haben hier 1941 bzw. 1928 ihre letzte Ruhestätte gefunden.

Am Friedhof vorbei führt das Sträßchen zum ›Centro sportivo‹ von Carona, wo es sich verengt und nach links zur Hauptstraße hinabführt. Dort biegt der Weg, nun mit ›Santuario Madonna d'Ongero‹ ausgeschildert, nach rechts ab und läuft auf den Wald zu, wo er in einen schönen Waldweg übergeht. Dabei findet sich bald eine erfreuliche Überraschung am Wegesrand: Der von Hesse erwähnte »*uralte, wasserlose Brunnen am Weg, mit Tierfratzen*« ist noch da und spendet sogar wieder Wasser.

Der Rest des Weges ist unproblematisch; lediglich bei dem Marienhäuschen, das kurz nach dem Brunnen folgt, muss man auf dem unteren Weg bleiben. Das Weitere hat Hermann Hesse treffend beschrieben:

*»Nun geht es durch den Wald, schon am Geräusch des Laubes beim Vorüberstreifen fühle ich, dass hier zwischen den Kasta-*

*Kreuzweg zur Wallfahrtskirche Madonna d'Ongero*

nien auch Buchen stehen, hierzulande selten und schon darum stets willkommen und begrüßt. Plötzlich mündet der Weg in eine breite, stolze Rampe, die zwischen zwei Reihen von Stationenhäuschen zur Madonna hinaufführt. Feierlich leitet der begraste Anstieg zur Kirche empor, einer in hellem warmem Rotgelb dämmernden Vorhalle entgegen, und hinter Kirche und Bäumen blendet Himmelshelle und durchglänzte westliche Ferne ahnungsvoll herein, und aufatmend steh ich oben. Da steht die alte Marienkirche schlafend mitten im schweigenden Walde, einsam am endlosen waldbewachsenen Berghang, und vor der bedachten Vorhalle ist Raum geblieben für eine halbrunde Schanze, eine von niederer Mauer umfasste Pfalz, und von da fällt der Blick unendlich leicht, beschwingt und frei, unendlich erstaunt, gespannt, beglückt und sehnlich immer weiter gezogen über eine grenzenlos weitgebreitete Berglandschaft mit vielen hundert Gipfeln hin und darüber in eine noch weitere, noch mächtigere, noch lockendere Himmelsland-

*schaft hinein. Es gibt viel Schönes auf der Erde, Schöneres als dies gibt es nicht. Zu Füßen, vor der kleinen Mauer, stürzt der waldige Berg steil in ein kleines, friedevolles, schon nächtiges Wiesental hinab, am jenseitigen Hang dieses nahen Tales kleben ein paar helle Dörfer und Kirchen* [genau gegenüber liegt Agra, rechts davon Montagnola], *nach Südwest öffnet das schwarzgrüne Tal sich gegen den See, mitten im silberspiegelnden abendblassen See steht thronend ein steiler, runder Kuppelberg, um den zu beiden Seiten das blassschimmernde Wasser die Arme schließt, dort liegt Caslano, und hinter See und Kuppelberg steigen andere Berge auf, italienische und Schweizer Berge, Höhe hinter Höhe, Kette hinter Kette, zuhinterst und zuhöchst Monte Rosa und blasse Walliser Gipfel, dazwischen Täler mit Dörfern, Höhenzüge mit Kapellen, Waldrücken und Hütten auf sanften Hügelwellen schwebend, die herrliche Bergreihe des Lema, Gambarogno und Tamaro, und nach links und rechts, den ganzen sichtbaren Halbkreis füllend, blaue, schwarze, graue, rosige, luftige Berge und Bergzüge, endlos hintereinander aufgestellt, alles klar gegen den noch rot und golden leuchtenden Himmel gehoben, dessen Wölkchenflammen langsam erlöschen.«*

Hermann Hesse: Madonna d'Ongero, SW 13, S. 430f.

Dieses Panorama hat man heute von der Kirchenterrasse nicht mehr ganz, da der umgebende Wald höher als damals ist; aber die gegenüberliegende Collina'Oro mit dem oberhalb von Montagnola gelegenen Agra ist immer noch schön zu sehen.

Hermann Hesse ist oft von Montagnola herübergepilgert, um hier am zweiten Sonntag im September das Jahresfest mitzuerleben. Seine Eindrücke hat er in der Erinnerung *Madonnenfest im Tessin* festgehalten:

»*Auch dieses Jahr war ich drüben, stieg am Morgen durch den feuchten Wald hinauf, schreckte viele Eidechsen aus dem Heidekraut, fand im feuchten Moos noch eine späte Cyclame blühen und kam gegen Mittag zur Kirche, wo mich fröhlicher Lärm empfing. Im Walde waren Buden aufgeschlagen, Fahnen wehten, und rote Luftballons, Kränze und Girlanden schmückten den Kirchaufgang. Eine Musikkapelle war da und Händler mit Backwerk und Spielzeug, ein Wirt schenkte Weine und Kaffee aus; viele Familien lagerten im Grase und aßen Mittag, packten aus Körben, Säcken und Papieren ihr Brot, ihren Käse, ihre Trauben. Für die richtig Frommen war der Hauptteil des Festes schon vorüber: die vormittäglichen Messe. Für mich stand der hohe Augenblick des Festes noch bevor.*

*[...] Als die Tafelfreuden vorüber waren und die Menschen etwas stiller geworden, ordnete sich eine Prozession von Mädchen mit angehefteten Engelsflügeln. Ein großes Kreuz mit dem Heiland wird voran getragen. Und nun kommt aus der Kirche hervor, aus dem Portal, das sie beinahe streift, und unter der aufstrahlenden Vorhalle hindurch, die Madonna gegangen, sie selber, die große Goldene, die sonst nur als warmer Goldschein im Kirchendämmer zu erblicken ist. Sie kommt gegangen, auf den Schultern der Träger leise schwankend, aufleuchtend in der Herbstsonne, den kleinen Sohn auf den Armen, eine milde, schöne, innige Figur, Anmut und Würde, Hoheit und Zartheit strahlend. Dieser Augenblick ist mein Kirchenfest und Gottesdienst fürs ganze Jahr.*«

Hermann Hesse: Madonnenfest im Tessin,<br>SW 13, S. 440f.

Eine sehr schöne Möglichkeit, von der Madonna d'Ongero nach Carona zurückzukehren, wäre, von der Kirche weiter geradeaus um den Bergzug des Monte Arbostara herum

*Blick vom ›Parco San Grato‹ auf Carona und
den Monte San Salvatore; dahinter der Luganer See bei Lugano*

über die ›Alpe Vicania‹ und den ›Parco San Grato‹ zu gehen. Allerdings sollte man sich für diese Wanderung schon einen halben Tag Zeit nehmen. Aber es lohnt sich, denn man hat auf dieser Tour immer wieder grandiose Ausblicke über den See und die dahinter liegenden Bergketten. Auf der ›Alpe Vicania‹ kann man einkehren, und etwas später auch in dem hoch über Carona am Berg gelegenen ›Parco San Grato‹, einem großen öffentlichen Park mit unzähligen Azaleen und Rhododendren, die von Mitte April bis Anfang Juni ihre Blütenpracht entfalten. Von ihm aus hat man einen großartigen Panoramablick über Carona, den Monte San Salvatore und den See bei Lugano.

# Literaturverzeichnis

Es wurde aus folgenden Werken Hermann Hesses zitiert:

*SW = Hermann Hesse: Sämtliche Werke in 20 Bänden.* Herausgegeben von Volker Michels. Suhrkamp Verlag, Frankfurt am Main 2001-2005. Hinweis: Die Ausgabe liegt in 20 gebundenen Bänden im Schuber vor sowie in zwei textidentischen Taschenbuch-Kassetten: Kassette 1 *Das erzählerische Werk* (= Band 1-10) und Kassette 2 *Das essayistische Werk* (= Band 11-20).

Band  1: Jugendschriften
Band  2: Die Romane *Peter Camenzind, Unterm Rad, Gertrud*
Band  3: Die Romane *Roßhalde, Knulp, Demian, Siddhartha*
Band  4: Die Romane *Der Steppenwolf, Narziß und Goldmund, Die Morgenlandfahrt*
Band  5: Die Romane: *Das Glasperlenspiel*
Band  6: Die Erzählungen 1, 1900-1906
Band  7: Die Erzählungen 2, 1907-1910
Band  8: Die Erzählungen 3, 1911-1954
Band  9: Die Märchen, Legenden, Übertragungen, Dramatisches, Idyllen
Band 10: Die Gedichte
Band 11: Autobiographische Schriften I, *Wanderung, Kurgast, Die Nürnberger Reise, Tagebücher*
Band 12: Autobiographische Schriften II, Selbstzeugnisse, Erinnerungen, Gedenkblätter und Rundbriefe
Band 13: Betrachtungen und Berichte I, 1899-1926
Band 14: Betrachtungen und Berichte II, 1927-1961
Band 15: Die politischen Schriften. Eine Dokumentation

Band 16: Die Welt im Buch I, Rezensionen und Aufsätze
1900-1910
Band 17: Die Welt im Buch I, Rezensionen und Aufsätze
1911-1916
Band 18: Die Welt im Buch I, Rezensionen und Aufsätze
1917-1925
Band 19: Die Welt im Buch I, Rezensionen und Aufsätze
1926-1934
Band 20: Die Welt im Buch I, Rezensionen und Aufsätze
1935-1962

*Hermann Hesse: Die Briefe.* Geplant in 10 Bänden, herausgegeben von Volker Michels. Suhrkamp Verlag, Berlin 2012ff.
Band 1: Die Briefe 1881-1904, Berlin 2012
Band 2: Die Briefe 1905-1915, Berlin 2013
Band 3: Die Briefe 1916-1923, Berlin 2015
Band 4: Die Briefe 1924-1932, Berlin 2016

*Hermann Hesse: Gesammelte Briefe.* Vier Bände: 1895-1921, 1922-1935, 1936-1948, 1949-1962. Herausgegeben in Zusammenarbeit mit Heiner Hesse von Ursula und Volker Michels. Suhrkamp Verlag, Frankfurt am Main 1973, 1979, 1982, 1986.

*Hermann Hesse: Kindheit und Jugend vor Neunzehnhundert.* Hermann Hesse in Briefen und Lebenszeugnissen, ausgewählt und herausgegeben von Ninon Hesse, Band 1: 1877-1895, Band 2: 1895-1900. Suhrkamp Verlag, Frankfurt am Main 1966 bzw. 1978, Taschenbuchausgabe 1984 bzw. 1985.

*Hermann Hesse in Augenzeugenberichten.* Herausgegeben von Volker Michels. Suhrkamp Verlag, Frankfurt am Main 1987.

*Marie Hesse. Ein Lebensbild in Briefen und Tagebüchern.* Herausgegeben von Adele Gundert. Insel Verlag, Frankfurt am Main 1977.

*Literaturhinweise:*

Wer nicht die Gesamtausgabe *Sämtliche Werke* anschaffen möchte, findet die *Romane* Hermann Hesses auch in einzelnen Taschenbuchausgaben des Suhrkamp Verlags, ebenso wie die *Gedichte*.

Die *Erzählungen* Hermann Hesses sind ebenfalls in sechs einzelnen Suhrkamp-Taschenbuchbänden greifbar:
*Erlebnis in der Knabenzeit*. Sämtliche Erzählungen 1899-1902
*Heumond*. Sämtliche Erzählungen 1903-1905
*Das erste Abenteuer*. Sämtliche Erzählungen 1905-1907
*Die Heimkehr*. Sämtliche Erzählungen 1908-1910
*Der Weltverbesserer*. Sämtliche Erzählungen 1911-1918
*Traumfährte*. Sämtliche Erzählungen 1919-1955

Zu Hermann Hesse und Calw gibt es beim Stadtarchiv Calw einen Dokumentationsband:
*Hermann Hesse und seine Heimatstadt Calw. Chronologie eines wechselvollen Verhältnisses*. Von Herbert Schnierle-Lutz, Calw 2011.

Zu den Werken, die Hermann Hesses Bodensee-Zeit betreffen, liegt ein sehr schöner Bild-Text-Band vor:
*Hermann Hesse: Jahre am Bodensee*. Betrachtungen, Er-

zählungen, Briefe und Gedichte. Herausgegeben von Volker Michels, mit Bildern von Katharina und Siegfried Lauterwasser. Insel Verlag, Berlin 2010

Dasselbe gilt für das Tessin:
*Hermann Hesse: Tessin.* Betrachtungen, Gedichte und Aquarelle. Herausgegeben von Volker Michels. Suhrkamp Verlag, Frankfurt am Main 1990; seit 1993 auch als Taschenbuch beim Insel Verlag.

Schöne ergänzende Wanderungen auf der Collina d' Oro und dem weiteren Tessin auf Spuren Hermann Hesses bietet der Band *Mit Hermann Hesse durchs Tessin.* Ein Reisebegleiter von Regina Bucher, insel taschenbuch, Insel Verlag, Berlin 2010.

Nach wie vor den größten Fundus an Bildern und Erläuterungen enthält der Band *Hermann Hesse: Sein Leben in Bildern und Texten.* Herausgegeben von Volker Michels. Insel Verlag, Frankfurt am Main 1987.

# Abbildungsverzeichnis

Friedel Ammann, Basel: Seite 288
Archiv Basler Mission: 251 (QQ-30.027.0503)
Günter Bosch, Stuttgart: 48, 179, 226, 267, 338, 381, 414, 421, 464
bs.ch: 305 (Juri Weiss)
Deutsches Literaturarchiv Marbach: 63, 329, 374, 403, 405, 425, 457
Martin Hesse: Frontispiz, 397, 403, 405, 411, 438, 442
Hermann Hesse-Editionsarchiv, Dr. Volker Michels, Offenbach/Main: 23, 27, 34, 52, 54, 216, 220, 222, 253, 256, 258, 262, 297, 326, 332, 362, 391, 396, 425, 450, 455, 461, 479
Hesse Museum Gaienhofen: 326 unten
Erhard Knittel, Maulbronn: 157
Joachim Krüger, Korntal-Münchingen: 181
Kunstmuseum Basel: 315 (Martin P. Bühler)
The Metropolitan Museum of Art, New York: 317
Herbert Schnierle-Lutz, Bad Teinach-Kentheim: 42, 50, 85, 94, 106, 121, 125, 131, 138, 147, 150, 153, 189, 192, 195, 197, 199, 208, 227, 229, 231, 269, 294, 300, 313, 321, 339, 342, 347, 349, 356, 365, 368, 370, 384, 388, 417, 418, 423, 428, 433, 469, 474, 484, 487
Wladyslaw Sojka, Lörrach: 246
Staatsarchiv Basel: 274 (BILD 3, 718), 292 (NEG A 1503), 297 (NEG A 2022), 309 (BILD 2, 583)
Stadtarchiv Calw: 18, 20, 70, 73, 80, 86, 89 (Johannes Luz), 101, 111, 115, 128, 136, 144 (Johannes Luz)
Stadtarchiv Maulbronn: 162, 174, 185, 204
Stadtarchiv Tübingen: 237 (D150/924.356)
Stadtmuseum Tübingen: 213, 241

Weitere Nachweise über das Bildarchiv des Insel Verlags.

**Mit Hermann Hesse Venedig neu entdecken**

Hermann Hesses Schilderungen von Venedig zählen zum Schönsten und Substanziellsten, womit je ein deutscher Dichter dieser »Stadt des Müßiggangs, der Liebe und der Musik« gehuldigt hat. Wer mit ihm das Labyrinth ihrer Gassen, Kanäle und Brücken durchstreift, wird vieles mit neuem Blick entdecken und »dem schönen Wunder auf den Grund sehen«.
Dank seines Sensoriums für die zu jeder Tageszeit wechselnden Lichteffekte vermag Hesse, den Farbenzauber der Lagune auf eine Weise zu vermitteln, dass er dem Leser unmittelbar vor Augen steht. Ähnlich lebensnah und anschaulich sind auch die Schilderungen des Alltags und seiner Erlebnisse mit den Bewohnern auf den Inseln dieser märchenhaften Kapitale am Adriatischen Meer.

**Hermann Hesse, Lagunenzauber.**
Aufzeichnungen aus Venedig. Herausgegeben von Volker Michels. insel taschenbuch 4449. 207 Seiten

**»Und jedem Anfang wohnt ein Zauber inne, der uns beschützt und der uns hilft zu leben.«**

»Bei Hermann Hesse fühle ich mich zuhause. Seine Vorstellung vom eigenen Weg – das kam bei mir schon früh an. Keinem anderen Schriftsteller fühle ich mich so verbunden.«
*Udo Lindenberg*

Hermann Hesse war ein Suchender. Sein großes dichterisches Werk, für das er 1946 den Nobelpreis erhielt, legt Zeugnis davon ab. Immer neue Leser in aller Welt lassen sich von seinen Gedichten faszinieren.
Dieser Band versammelt viele der schönsten und beliebtesten Gedichte von Hermann Hesse. Die vorliegende Auswahl wurde von ihm selbst, ein Jahr vor seinem Tod, zusammengestellt.

**Hermann Hesse, Stufen.** Ausgewählte Gedichte.
insel taschenbuch 4047. 252 Seiten